图书编校差错案例浅析

魏翕然◎著

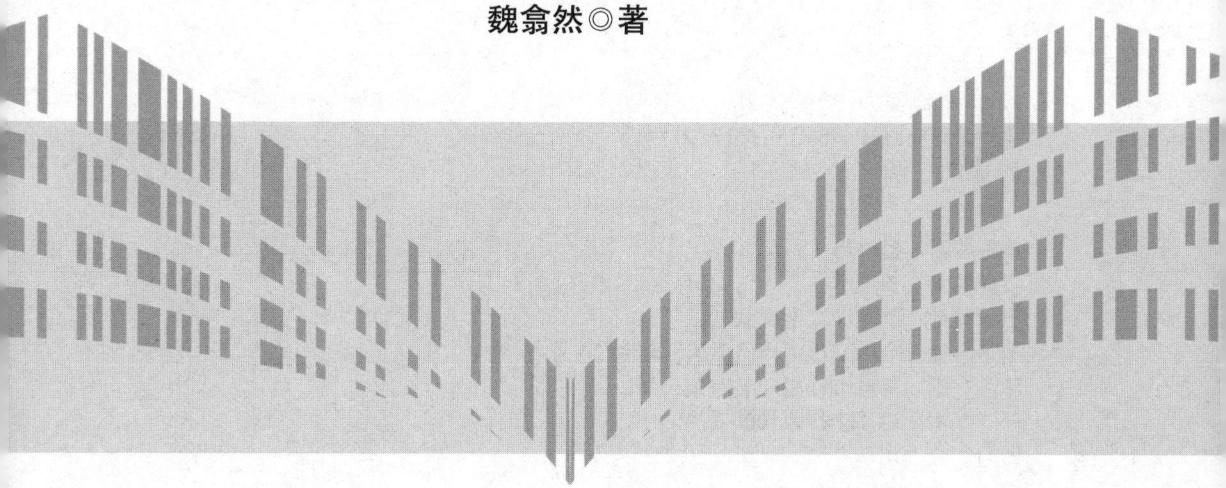

黑龍江大學出版社
HEILONGJIANG UNIVERSITY PRESS
哈尔滨

图书在版编目（CIP）数据

图书编校差错案例浅析 / 魏翕然著． -- 哈尔滨 ：黑龙江大学出版社，2022.7
ISBN 978-7-5686-0836-7

Ⅰ．①图… Ⅱ．①魏… Ⅲ．①图书－编辑工作－案例 ②图书－校对－案例 Ⅳ．①G232.2

中国版本图书馆 CIP 数据核字（2022）第 104034 号

图书编校差错案例浅析
TUSHU BIANJIAO CHACUO ANLI QIANXI
魏翕然 著

策划编辑 杨琳琳
责任编辑 杨琳琳
出版发行 黑龙江大学出版社
地 址 哈尔滨市南岗区学府三道街 36 号
印 刷 三河市佳星印装有限公司
开 本 720 毫米 ×1000 毫米 1/16
印 张 16
字 数 238 千
版 次 2022 年 7 月第 1 版
印 次 2022 年 7 月第 1 次印刷
书 号 ISBN 978-7-5686-0836-7
定 价 62.00 元

本书如有印装错误请与本社联系更换。

前　言

图书编校质量是图书出版工作的大事，是出版社的生命线，更影响着出版人的职业生涯。近年来，国家对图书的编校质量要求越来越严格。从2011年起，国家新闻出版广电总局连续开展“出版物质量管理年”“出版物质量规范年”“出版物质量保障年”“出版物质量专项年”“出版物质量提升年”等质量专项年活动，可见国家对出版物质量的重视和提升出版物质量的决心。这对于知识的正确传播无疑是一个有力的保障，是广大读者的福音，同时也使出版工作者和出版单位肩负的责任不断加重，忽视质量的代价也越来越沉重。然而，如今的出版单位纷纷转企，在追求经济效益的压力下，出版社对图书出版品种数的要求逐渐攀升，相应地，图书编辑的文字工作量与日俱增，这对图书编校质量的保障构成了威胁。出版社和编辑均面临着数量和质量的矛盾，也就是图书的经济效益和社会效益的矛盾。

笔者自从加入出版行业以来，先后从事过校对、编辑、质检等工作，从不同的角度对图书编校林林总总的差错类型有所关注，积累了一些浅薄的经验，但同时也深深地感觉到，图书编辑工作越做越谨小慎微，越做越苦于知识储备的匮乏，需要学习的知识浩如烟海。在此笔者将自己在工作中搜集的一些错例进行梳理和总结，限于笔者的水平，本书可能难以承担系统的“科普”或教育的“范例”的重任，而是像读书学习时总结整理的“错题本”，既是对笔者前期有限的工作成果的回顾，也是对后期工作的警示和鞭策，同时也企盼就这些问题同读者探讨、切磋，更好地防范图书编校差错。

本书采取图文并茂的形式，将在实际质检工作中遇到的典型编校差错实例拍摄成照片进行汇总，并大体上按照《图书质量管理规定》《图书编校质量差错认定细则》《图书编校质量差错判定细则计错表》等规范，对这些编校差错实例进行分类，力求直观、生动地呈现这些差错的样态，使读者一目了然。本书中插图较多，并未一一编排图题、图序，未加特殊说明的情况下，以“先文后图”的原则，图片均附在相应说明文字的下方。不同类别的差错存在交叉点，即同一个差错可能属于《图书编校质量差错判定细则计错表》中多个类别，限于篇幅，本书不重复使用相同的错例。此外，如有需要，则对涉及的国家和行业相关标准予以引用和说明，并结合笔者自己的工作体会，对这些类型差错的成因、防范建议等加以浅析。由于笔者水平所限，书中难免存在疏漏及错误，望读者不吝赐教。

目录

目录

绪 论

图书出版是生产文化产品的过程，对图书的编辑加工和校对则是这一生产过程的核心环节，是确保图书质量的关键。作为知识传播的重要媒介，图书的质量问题不容小觑。小到读者良好的阅读体验和正确的知识获取，大到国家政策、科技信息等准确的发布与传播，都有赖于图书内容的精准，而这一切，除了依靠图书作者足够的知识储备和责任心之外，更离不开出版工作者对出版物编校质量的严格把关。

中华人民共和国成立以来，国家对出版物的质量高度关注，且质量检查力度呈现逐年递增的态势。早在1959年，针对当时出版发行工作中存在片面追求数量、忽视质量、粗制滥造严重的现象，中央提出：一切出版物的出版发行，必须有目的、有计划地进行，必须首先注意质量，考虑它的实际效果，不能为了出版而出版、为了发行而发行。根据国家新闻出版广电总局出版产品质检中心的数据，1993年10月至1994年1月，新闻出版署抽查了北京的18家出版社的23种图书，有20种为不合格，合格仅3种。合格率为13%，不合格占87%。优质品和良好品为0。有的图书差错率比国家标准高四至五倍。1994年3月至4月，新闻出版署又抽查了9家出版社的古籍今译图书，结果均为不合格品。由此可见，当时图书的编校质量还不容乐观。

1995年，对部分图书编校质量抽查时发现，不合格率下降至69%，到1998年新闻出版署对564家出版社的1785种图书进行普查时，合格率已上升到78.1%。形势已逐渐趋于好转。

2011年，全国开展了以“质量管理年”为主题的检查活动，其中567家出版社自查图书7566种，出版主管部门抽查图书1396种。检查对象涉及文艺作品、少儿读物、教辅读物等。此后几年，国家连续开展了“出版物质量规范年”“出版物质量保障年”“出版物质量专项年”“出版物质量提升年”等一系列质量专项年活动，图书编校质量逐年提升。如今，国家依据《中华人民共和国产品质量法》《出版管理条例》《图书质量管理规定》《图书质量保障体系》等，对图书质量的监督抽查已成为常态。

根据《图书质量管理规定》第五条，差错率不超过万分之一的图书，其编校质量属合格。差错率超过万分之一的图书，其编校质量属不合格。一直以来，国家对“万分之一”这条红线始终没有放松。然而，在编校实践中“万分之一”这个标准往往并不是很容易达到。除了知识结构、编校水平等编辑自身方面的因素以外，还有以下几方面影响编校质量的外在因素不容忽视。

第一，时间紧，任务重。图书编校不可急于求成，否则往往事倍功半。从初稿到清样，要经历逐字逐句用心加工的过程，正所谓“功到自然成”，没有下足够的功夫，很多错误就难以消除。国家规定的“三校一读”制度是保障图书质量的关键步骤。然而目前出版单位纷纷转企，融入了市场的大潮，因此必然要考虑经济效益，对编辑的最低工作量加以规定。如果标准定得偏高，编辑的工作压力增大，为了尽快完成出版任务，往往不能够沉下心来做编辑加工，即存在“赶工”的情况，对语句分析不到位、遗漏错别字、忽视知识性问题在所难免。其中，前后文照顾不周，句式杂糅以及多字、少字、颠倒字等比较典型的问题，往往都是由于“急于求成”而被忽视的。粗略读起来很通顺、很有道理的语句，只要慢下来仔细一分析，便很可能发现其经不起推敲。由此可见，数量和质量这对矛盾始终是绕不开的，从根本上说就是图书的经济效益和社会效益的矛盾始终存在，因此一直都需要找出一个合理的平衡点。

《图书质量管理规定》要求的检查范围包括：“图书的正文、封面（包括封一、封二、封三、封底、勒口、护封、封套、书脊）、扉页、版权页、前言（或序）、后记（或跋）、目录、插图及其文字说明等。正文部分的抽查必须内容（或页码）连续且不少于10万字，全书字数不足10万字的必须检查全书。”但这并不意味着只把前10万字的质量抓上来就万事大吉。一本书的任何角落，只要存在文字，就有隐藏问题的可能，因此须“有墨必看”，“洗脸不洗脖子”的做法必然后患无穷。

第二，缺乏作者的理解。有的作者对编辑的工作性质存在或多或少的误解，他们不清楚图书还要经过编辑加工环节，还要接受国家的检查，认为出书是自己的事情，只要能尽快印出来，有错误也无所谓，甚至对编辑严格细致的改稿工作不以为然，认为是小题大做。如今信息大爆炸，互联网上各种文章浩如烟海，有人甚至认为互联网上人人都可以发布消息，于是人人都可以搞出版，既省钱又省事，不再需要出版社来出版图书传播知识了。这种不理解除了让责编觉得自己辛苦付出的心血得不到认可之外，更重要的是有时会在出版时间上加上了不合理的限制。这必然给稿件质量的提升带来很大的影响。从事编辑工作的人都深有体会，互联网上文字的质量良莠不齐，和国家对图书出版的要求存在差距。编辑的工作做在了大多数人看不到的地方，因此一方面要保证书稿的质量，接受国家的严格检验，另一方面也要做好作者的工作，避免作者的因素影响图书质量。

第三，信息不畅。编辑工作要与时俱进，以国家最新的政策精神做指引，紧随国家对图书出版的导向，做国家政策和读者之间的桥梁，因此获取国家对编辑工作的最新要求尤为重要。如果基层的编辑人员没有渠道获知最新的动态，或者渠道不畅通、流于形式，只固守已有的经验和知识结构，是难以跟上时代的步伐的。一旦国家对编辑工作有最新要求，如果获取不到，将影响图书对新精神的贯彻。虽然互联网上可以看到宏观层面的政策性文件，但是落实到细节的层面上，消息就显得缺乏可操作性，因为宏观的国家标准、行业标准无法涉及所有的细节问题，同时不乏新近出现的尚未得到规范、存在争议的问题，各出版单位的编辑人员对标准的掌握情况也参差不齐，当所出版的图书被认定为不合格时，有时不清楚错在何处，为什么这样计错，这样即使再认真做编辑加工，要想保证图书质量也是有心无力的。因此在如今的信息时代，应该随时领悟国家最新的精神，特别是细节方面的要求，以便认真执行，以更有效地提升图书的编校质量。

由此可见，编辑工作并不好做，成为一名优秀的编辑也绝非一朝一夕，要守住"万分之一"这条红线，离不开终身学习、点滴积累，更离不开兢兢业业、耐心细致。笔者把在实际工作中遇到的图书编校的典型差错进行了简单的整理，并按照《图书质量管理规定》（见附录1）、《图书编校质量差错判定细则计错表》(见附录 2)进行分类,分章汇总在本书中,并结合相应的标准、依据加以评析,以便把抽象的图书差错类型形象化、具体化,便于理解。同时,通过对曾经遇到的差错的积累和总结,也可以防范类似差错的再次出现,起到一定的警示作用,既是警示读者,也是警示笔者自己。虽然图书编校差错五花八门,不胜枚举,但很多差错属于同一类的共性问题。本书中所选错例力求具有典型性,以便以点带面,起到四两拨千斤的作用。相信只要不断积累经验,认清各类错误高发区并对其多多留意、认真研判,就必然有助于防范越来越多类型的差错,逐步提高编校质量。

第 1 章　正文中的文字差错

正文中的文字差错在通常情况下是板上钉钉的,即我们所称的“硬伤”,一旦出现此类差错,多数情况下很难从其他的角度加以申辩,因此也是一类需要重点防范的差错。根据《图书编校质量差错率计算方法》,正文中的文字差错每处计 1 个差错。前后颠倒字,可以用一个校对符号改正的,每处计 1 个差错。阿拉伯数字、罗马数字差错,无论几位数,都计 1 个差错。同一错字重复出现,每面计 1 个差错,全书最多计 4 个差错。每处多、漏 2—5 个字,计 2 个差错,5 个字以上计 4 个差错。要避免文字差错,除了多查、多积累之外,最主要的就是逐字细读,认真编校。

1.1　一般性错字、别字

如今书稿的编排大都采用计算机,因此错字出现的情况并不多,通常只出现在书法作品等手写文字中。此外,一些通过文字识别的方式自动录入的文稿中可能出现跟原稿字形相近的错字或不规范字形。这样的错误通常十分隐蔽,稍有疏忽便容易遗漏。

1.1.1　音近别字

常见的别字有音近别字和形近别字,以及二者兼有的情况。

采用拼音输入法输入文稿,音近别字常常出现,有一些音近别字意义明显不符合,只要认真阅读,很容易发现差错。此类错误有的可以被黑马软件识别出来,但很多情况下利用联想输入法输入错误的字,前后文也能组成词语,就只能人为判断了。如下面几例。

间的关系也展开了激励的争辩。相比其

光子器件领域有了机器特殊的重要地位。

的重要发现和性质。

1. 奥尔光　人类第一次工业化使用的

府并没有因此而放弃发展相对

在数千年的“黄粮国税”，开始

期，公营住宅的建设规模也达到高峰，最

的公营住宅对于解决大量进程农村人

施肥、喷洒农业、收割、烘干，甚至入库主要

配备 GPS 大型拖拉机）。

江到达现在生活的兴安岭一代。鄂温克

（2）晶界、亚晶界

晶体结构相同但位向不同的晶粒之间的界面称为晶界。当相邻晶粒的位向差小10°时，称为小角度晶界；位相差大于10°时，称为大角度晶界。在实际晶体内，每个粒内的原子排列并不齐整，往往能够观察到由直径10 ~ 100 μm的晶块，且彼此间存着不大的位相差，这些晶块之间的内界面简称亚晶界。

n，水洗，自然干燥后，至于显微镜下

世界。他借以发现世界的过程是以他的自我为以包括特殊的秉赋、排他主义观点、动机和情感，自我保存，并使其他一切都屈从于这一自我保

为日常现实，因而上帝被排除在外，被还原为一个纯粹的旁观者，但是“人类成为上帝——他的孤独、选择，他用干枯的脚淌过生命的水域，这些都重新引入了宗教意识的诸多因素”②。卢卡奇的《小

让我感到奇怪的是，那个做儿子的男孩儿并不阻止父亲的行为，而是默不做声地接受了父亲夹来的肉片，然后在悄无声息地把肉片夹回父亲的碗中。周而复始，那父亲碗

再

④这句话点名了中心，懂得对他人让步的人，他的胸怀和修养更令人敬佩。

明

圆棒形的法式面包、高加索风味的大圆面包、造型独特的胎子面包、形似冰棍的热狗面包，此外还有椰自面包、小甜面包、夹馅面包、果酱面包，花样繁多，应有尽有。

蓉

役到城外去收税，来到了一个毛草房的跟前，这草房聪慧机智的爷孙儿俩。在门外，衙役高叫着："老刘收税，还不赶快出来迎接！"只见门缝里探出一个小

茅

1939 年 9 月 1 日欧洲战争的爆发，通过海陆来自中欧

路

惧自己的命运会触到不幸，他默发现有那些伙伴的笔记。他惋惜

迹

，且当 Asp229 亲核进攻时，这个位点起着稳定作用。

Arg254(254－27)→Phe　Phe 的结构中有一对共轭孤对电子，生疏水堆叠作用，如图 2－10 所示，有利于稳定第七个糖分子生环化反应，生成 β－CD。

Asp355(355－27)→Arg　Asp229 亲和进攻使得其羧基的氧原并以离子化状态存在，而这时用带正电核的 Arg 代替 355 位置电核的 Asp，正电子的存在更有利于 Asp229 亲核进攻 C_1 原子，

核

"蓝"常被俗用作"兰"，导致这样的别字容易被忽略。

子服装喜用青、兰、棕等颜色，女子

蓝

然而有些音近别字在意义上与正字有相近之处，判断起来就存在一定

的困难。例如“受到”与“收到”、“谈(说、讲)到”与“谈(说、讲)道”、“形式”与“形势”、“期间”与“其间”、“绝不”与“决不”、“型”“形”与“性”、“不止”与“不只”、“调节”与“调解”、“配置”与“配制”、“反应”与“反映”、“带”与“戴”等常出现错用的情况。

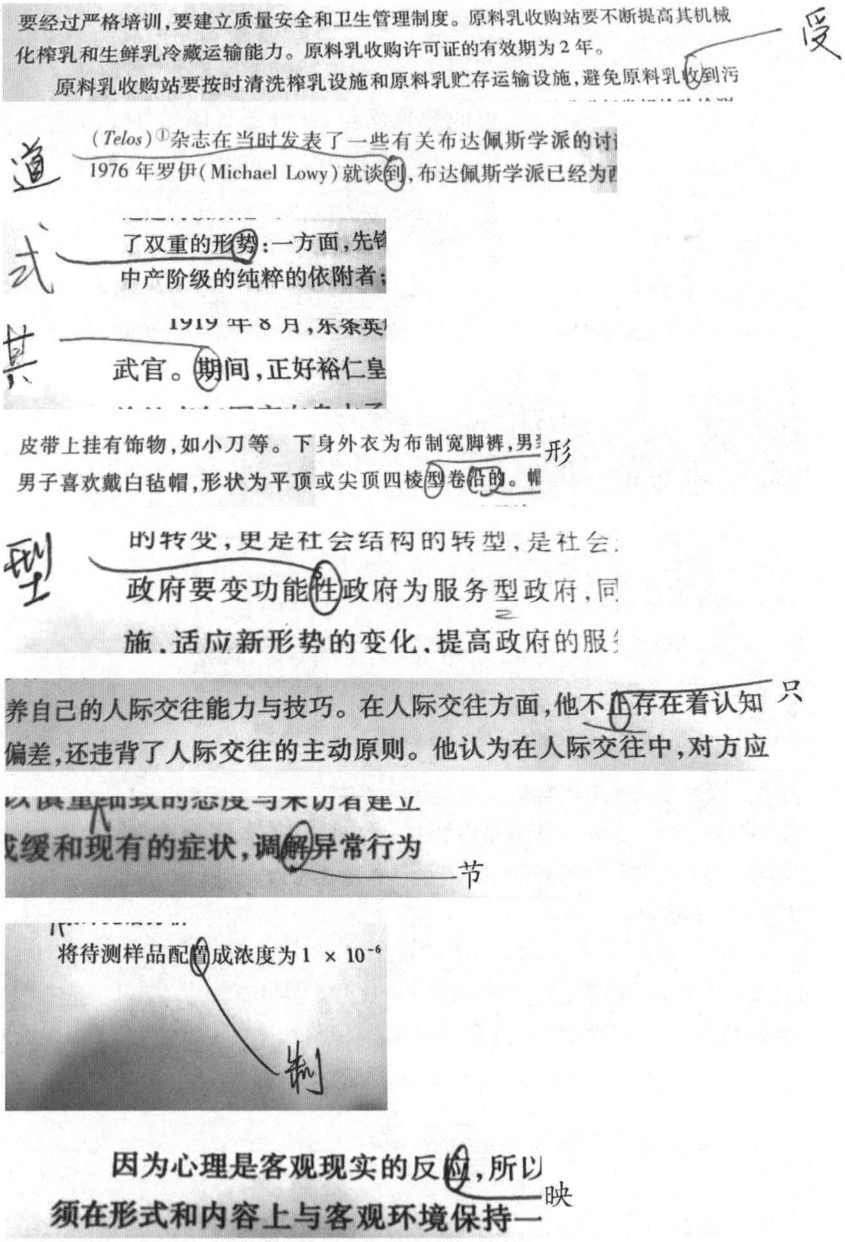
要经过严格培训,要建立质量安全和卫生管理制度。原料乳收购站要不断提高其机械化榨乳和生鲜乳冷藏运输能力。原料乳收购许可证的有效期为2年。
原料乳收购站要按时清洗榨乳设施和原料乳贮存运输设施,避免原料乳收到污

(*Telos*)①杂志在当时发表了一些有关布达佩斯学派的讨
1976年罗伊(Michael Lowy)就谈到,布达佩斯学派已经为西

了双重的形势:一方面,先锋
中产阶级的纯粹的依附者;

1919年8月,东条英
武官。期间,正好裕仁皇

皮带上挂有饰物,如小刀等。下身外衣为布制宽脚裤,男
男子喜欢戴白毡帽,形状为平顶或尖顶四棱型卷沿的。帽

的转变,更是社会结构的转型,是社会
政府要变功能性政府为服务型政府,同
施,适应新形势的变化,提高政府的服

养自己的人际交往能力与技巧。在人际交往方面,他不止存在着认知
偏差,还违背了人际交往的主动原则。他认为在人际交往中,对方应

以慎重细致的态度与来访者建立
减缓和现有的症状,调解异常行为

将待测样品配置成浓度为1 × 10⁻⁶

因为心理是客观现实的反应,所以
须在形式和内容上与客观环境保持一

牛，用温水清洗其乳房并擦净，之后用 0.5% 的新洁尔灭棉球擦拭乳
头，之后用消毒纸巾擦干，带上灭菌手套后采集乳样。采样时先弃去

戴

也有的别字组成的词语单独看起来并无大问题，需要深入理解前后文才能判断出来。甚至有些错误会在不经意间干扰阅读者的思路，影响理解。

位置当作状态，也可以将
量的取值属于n维欧式空
取值的欧式空间$\mathfrak{R}^n$为状态

氏

科举制，则是统治者网络人才、扩大统治基

罗

有意义的.同样，分段连续型随机微分方程的精确解是不容易表示出其
显示表达式的，因此，对分段连续型随机微分方程数值解的研究是很

式

大城市落户条件，严格控制特大城市人口规模
放开户籍制度，让人口在城乡之间只有流动

自由

优势，实现产业机构升级是我们所试图
试，从而为黑龙江省的产业结构升级和

结

1978 年的农村土地改革是农民摆脱对土地的依赖，

使

从 1982 年开始，家庭联产承包责任制
在“包干到户”的承包责任之下，土地归

制

富差距很大的国家，贫困人口多数集中于城市，形成了全球著
贫民窟在巴西成为“法维拉”，指临时搭建的简陋住房集中地。
统计局的界定，贫民窟是指 50 户以上聚居在一起，房屋建筑

称

点拨：文中没有明显的表示时间的词语，不是按事件的顺序描
作者把自己记忆最美好的西山、昆明湖、八达岭长城三处景

时

的进城务工人员收入增长较快。从务工地点看，2009年，在直辖市、省会城市、地级市、县级市和建制镇务工的进城务工人员平均余额收入分别为 1569元、1425元、1402元、1359元和 1348元。分地区看，在东部、中部和西部地区的进城务工人员月均收入分别为 1422元、1350元和 1378元，分别比 2006年增长了 36.1%、54.3%和 48.8%。

月

音近别字中，“他/她/它”错用的频率非常高，值得注意。“他”“她”“它”的区分并不复杂，但要判断使用得对错，或识别出稿中使用错误的情况，就必须要读懂文稿的意思。

一种方法。
以荷兰画家伦勃朗的名字命名的。它善于运用

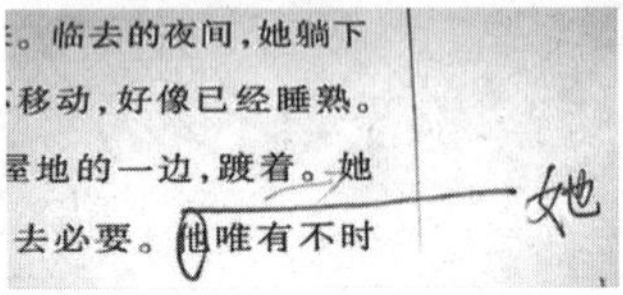
临去的夜间，她躺下
移动，好像已经睡熟。
屋地的一边，踱着。她
去必要。他唯有不时

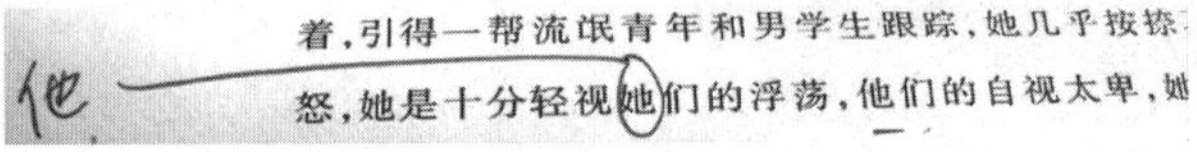
着，引得一帮流氓青年和男学生跟踪，她几乎按捺
怒，她是十分轻视她们的浮荡，他们的自视太卑，她

，像海边的岩石他不能被世界晓得它是

一些英语等外语译著中，由于原文中“他们”“她们”“它们”都用单词 they 表示，如未弄清其指代的对象，翻译成中文常会用错。结合前后文通常有助于找出此类问题。

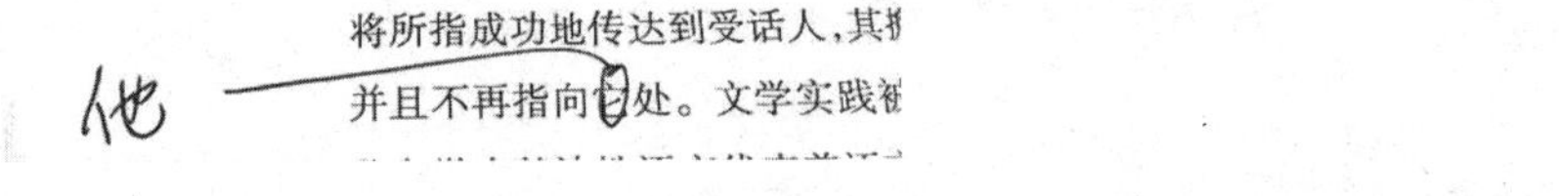
通过违反逻辑形式的方式构造出来的，因此他们并不是真正的命题。所以它们
是不可说的，我们应当保持沉默。

根据《现代汉语词典》，当表示“另外的、其他的”意思时，只能使用“他”。“她”“它”均无此义项。

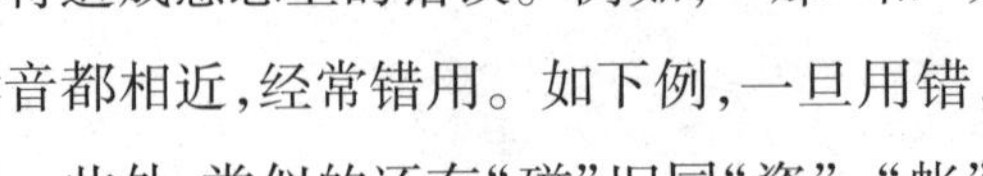
将所指成功地传达到受话人，其
并且不再指向它处。文学实践

有一些字在过去曾经是通用的，例如，“么”旧同“吗”，“罢”旧同“吧”，“底”旧同“的”，等等。但如今意义大都有了分化，已不再通用。如果混用，有时将造成意思上的错误。例如，“那”和“哪”在过去曾经通用，加上字形和读音都相近，经常错用。如下例，一旦用错，句子的意义将发生变化，影响理解。此外，类似的还有“磁”旧同“瓷”、“帐”旧同“账”等。

“大爷，这是谁？”我不解地问。“
小虎。”“他现在在那儿？”大爷沉

心理健康。心理学家英格里士指出：“心理健康是指一种持续的
心理状态，当事人在哪种情况下，能做出良好的适应，具有生命的活

，碗的周遭圈围着磁盘。

“的”旧同“得”，如今则须分化使用。补语前的“得”在很多情况下错用为“的”。但需区分省略中心语的“的”字短语的情况，例如“他说的很对”“他说得很对”，第一句省略主语中心语，第二句“很对”做“说”的补语，两种用法都是正确的。下例中很难说成省略主语中心语，因为即使是省略，省略的恰恰也应该是前面的“灯光”。

灯光给的通常要硬一些，使人物与背

“的”“地”“得”的区分通常情况下也并不复杂，具体的使用场合《现代汉语词典》规定得很清楚，只要弄清语法结构，大都能够正确使用。但有很多作者并不清楚三者的区分，这样就给编辑加工带来了不少麻烦。

动词前面的“的”和“地”互相错用的情况较为突出。

这种同质化的趋势，使悲剧与传统哲学相联系，并为思辨的理解，
为后－形而上学的现代哲学家所便捷的掌握。悲剧经验是理智

如下例中，“进行”做谓语，“判断”用作名词，做“进行”的宾语，因此“地”应为“的”。

滑，使他们无法承受来自各方面的
件进行正确地判断，以至于他们选

“慢慢”本应为前置状语，如果“地”用成“的”，它就变成了修饰“学生”的定语，致意思错。

在学生互评时，面对学生在评价对方时老是挑毛病、找缺点的情况，她常常身
先示范，经常以“你的方法真独特，说明经过了细致的考虑，但我还想给你补充一
点……你思考问题很全面，如果你能这样说就更好了”等语言引导学生对他人做
出客观的评价。慢慢的学生学会了去发现别人的优点，学会了用欣赏的眼光去看
别人。品评他人的馨香，为了能给伙伴一个评价，学生们除了要根据自身的习惯

"……的一下""……的一声"均应为"的"。

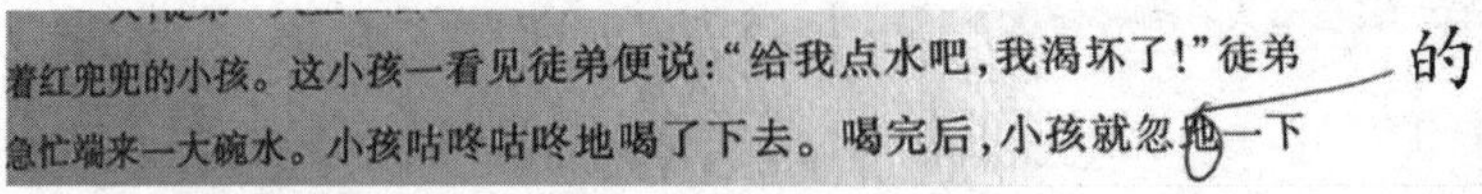
着红兜兜的小孩。这小孩一看见徒弟便说:"给我点水吧,我渴坏了!"徒弟
急忙端来一大碗水。小孩咕咚咕咚地喝了下去。喝完后,小孩就忽地一下

需注意的是,"似的""总的来说"等情况为固定用法,不能按照语法公式来套用。

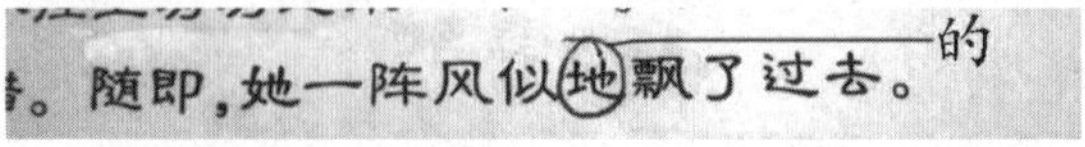
。随即,她一阵风似地飘了过去。

1.1.2 形近别字

形近别字大多出现在五笔等输入法输入的文稿或经文字识别录入的文稿中。与音近别字的识别侧重于要求编辑的理解和判断相比,形近别字的识别则需要敏锐的眼力和高度集中的注意力,稍有疏忽,很容易放过此类错误。

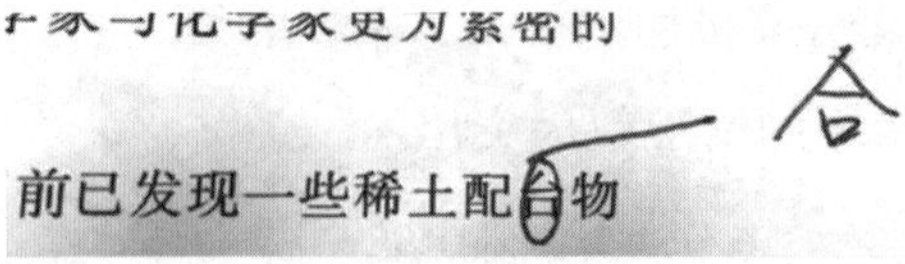
前已发现一些稀土配台物

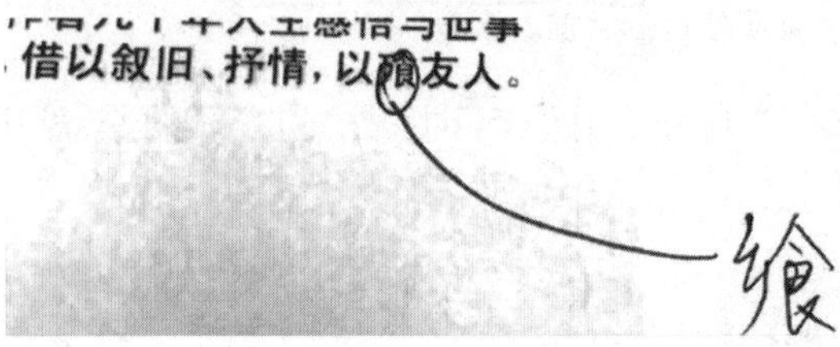
借以叙旧、抒情,以馈友人。

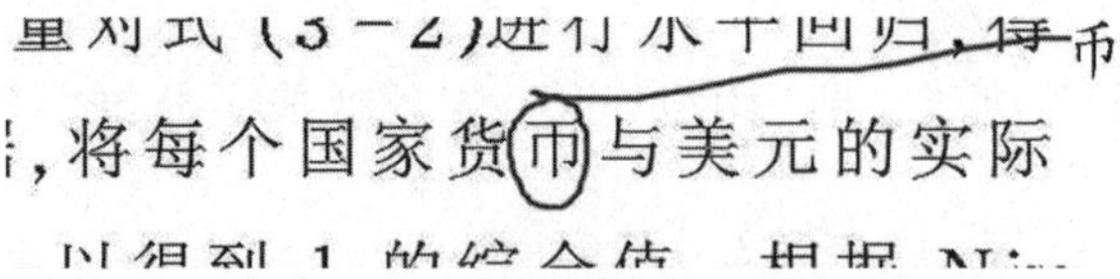
,将每个国家货市与美元的实际

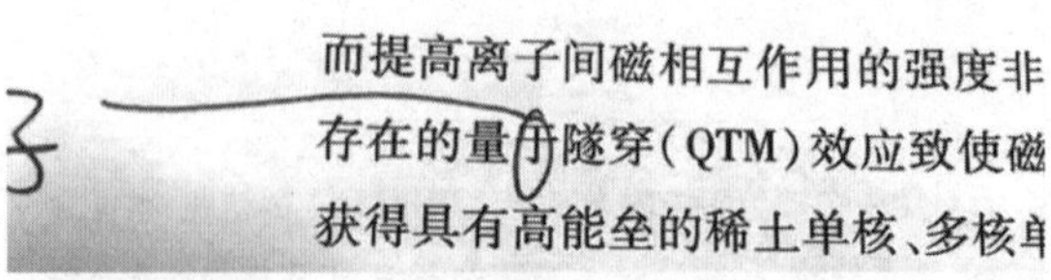
而提高离子间磁相互作用的强度非
存在的量于隧穿(QTM)效应致使磁
获得具有高能垒的稀土单核、多核

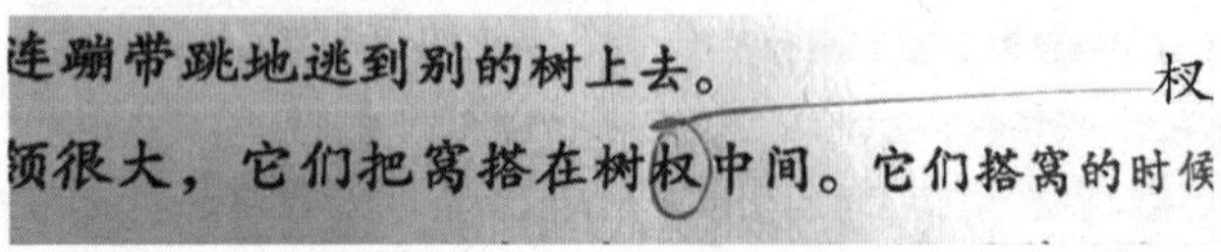
连蹦带跳地逃到别的树上去。
领很大,它们把窝搭在树杈中间。它们搭窝的时候

物理化学实验

解平衡和磺基水杨酸电离平衡的表现稳定常数）。

观

?”就打发管家赶紧上那儿去看看，到底是怎么回事，摸摸
一看真有这事，就挨屋瞅，就看孩子在坑上，墙上有一幅
抢走了。回到财主老爷家给老爷一看，老爷说：“嘿嘿，

炕

12.1 g 三羟甲基氨[illegible]甲烷，用水定容至 100 mL。
0.385 g 乙酸铵，用 950 mL 水溶解，用乙酸将溶

基

2 明清会元状元科举文墨今译

此文为硃笔誉录的会试墨卷，以供考官批阅；

誊

花织物质地精美，使用镂空花版印制而
或单色的丝织物上印图案花纹，然后再
中也出土过套色印花绢，绢底为绛色，
然后印了一组小卷涡状百花纹，最后

绛

样，要么那样，二者不能兼而有之。
种感情冲突在作祟。

祟

第1章　金属表面特性

少用位错密度这一参数来描述。常用的表示位错密度的方法有两种
体积晶体中所包含的位借线总长度 $\rho, \rho = L/V$，单位是 m^{-2}；其二定义为
积的位错线数目，单位也是 m^{-2}。晶体中的位错密度可用电子显微镜

错

①碳化物的溶解与折出。在摩擦过程中，接触区所
过剩相和铁的晶格之间发生相互转变而产生相变，即

析

体润滑剂还可制成粉末渗入液体润滑剂中，
固体润滑膜能减少金属接触点的数量，并抑

掺

可掌握时，就尽量保待在相同条件下

持

“日”和“曰”互相错用是高频错误。

落后、过时、陈腐的部分做清理、批判，肃清其影响。

手：“一曰淬厉其所本有而新之，二日采补其所本无

民之义》)①这就是，一方面要对中国传统文化中有价

曰

“氽”和“汆”字形很相像，且较为生僻。

热菜类：猪肉炖粉条、羊肉氽酸菜、牛肉炖土豆、肉骨炖豆腐

得莫利炖鱼、胡萝卜炖排骨、牛肉炖萝卜丝等食品。

水果类：冻柿子、冻梨、冰糖葫芦等。

cuan 汆

“教”错成了“都”，表面上似乎还算通顺。

⑥师傅都给鲁班“刨工”。

教

⑦师傅都给鲁班“凿工”。

“目前”应为“日前”，否则过去变成了现在。

也一拖再拖。有一天，老友的儿子突然登门，

臂戴黑纱，泪流满面地告之其父已于目前病

故的噩耗。李苦禅惊得跌坐在椅中，想起老

“钼”错成了字形很相近的“铝”，导致出现知识性错误，极容易误导读者。

(1) 试剂。稀硝酸(1 + 2.5)；高锰酸钾溶液(2%)；钼酸铵 – 酒石酸钾溶液：取等体积的铝酸铵(10%)与酒石酸钾钠(10%)混匀；氟化钠 – 氯化亚锡溶液：氟化钠24 g溶于

钼

“对于摩擦”应为“对干摩擦”，如不细读，便难以发觉。

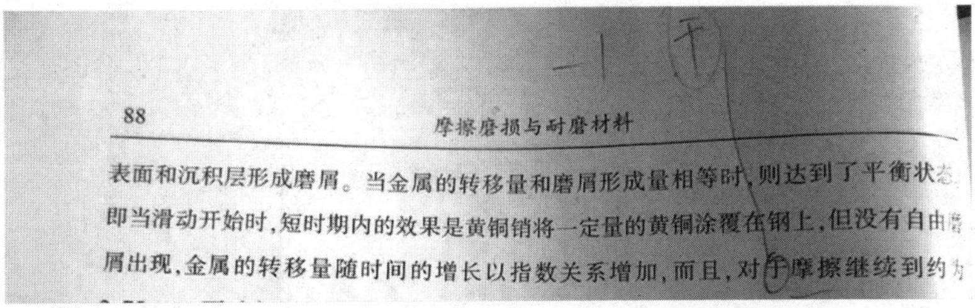
88　摩擦磨损与耐磨材料
表面和沉积层形成磨屑。当金属的转移量和磨屑形成量相等时，则达到了平衡状态
即当滑动开始时，短时期内的效果是黄铜销将一定量的黄铜涂覆在钢上，但没有自由磨
屑出现，金属的转移量随时间的增长以指数关系增加，而且，对于摩擦继续到约为

其中，“拆字”“合字”很容易把我们的思维引入歧途。下例中的人名如不查证，就难以发现其中的错误。

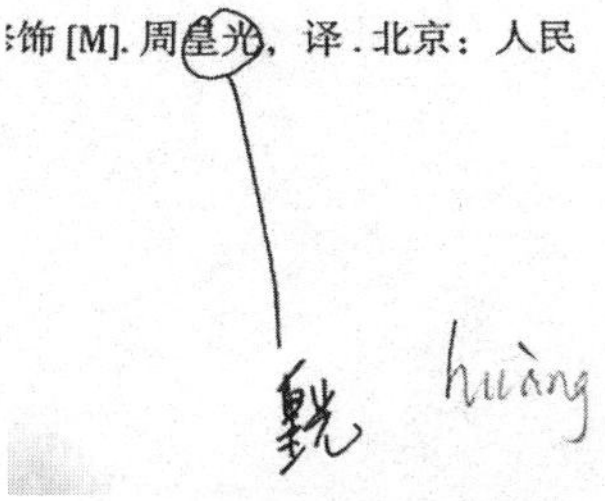
饰 [M]. 周星光，译 . 北京：人民

一字线、半字线和汉字“一”，数字“0”、字母“O”和汉字“〇”常互相错用，尤其是一字线和汉字“一”的错用，如不留神很容易遗漏。

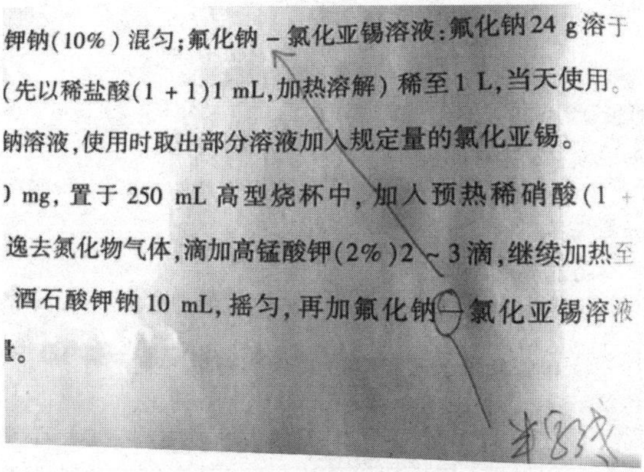
钾钠(10%)混匀；氟化钠 – 氯化亚锡溶液：氟化钠 24 g 溶于
(先以稀盐酸(1 + 1)1 mL，加热溶解）稀至 1 L，当天使用。
钠溶液，使用时取出部分溶液加入规定量的氯化亚锡。
) mg，置于 250 mL 高型烧杯中，加入预热稀硝酸(1 +
逸去氮化物气体，滴加高锰酸钾(2%)2 ~ 3 滴，继续加热至
酒石酸钾钠 10 mL，摇匀，再加氟化钠一氯化亚锡溶液
土。

有的形近别字导致表达的意思错误或相反，后果更加严重，也更加隐蔽。

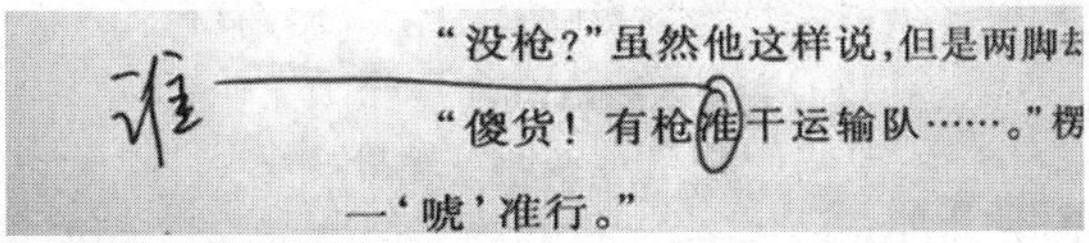
“没枪？”虽然他这样说，但是两脚
“傻货！有枪准干运输队……。”楞
—‘唬’准行。”

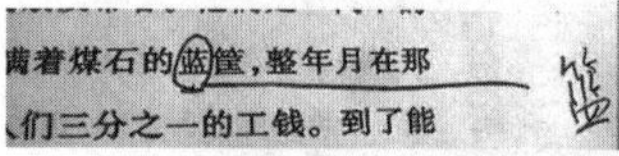
满着煤石的蓝筐，整年月在那
人们三分之一的工钱。到了能

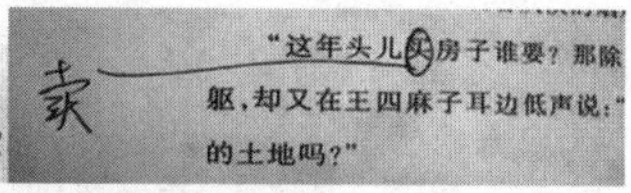
“这年头儿买房子谁要？那除
躯，却又在王四麻子耳边低声说：“
的土地吗？”

另一个尖锐的噪音，唱着跟下去

1.1.3　形近＋音近别字

有些别字不仅读音相近或相同，就连字形也很接近，因此更为隐蔽，容易忽视。见以下几例。

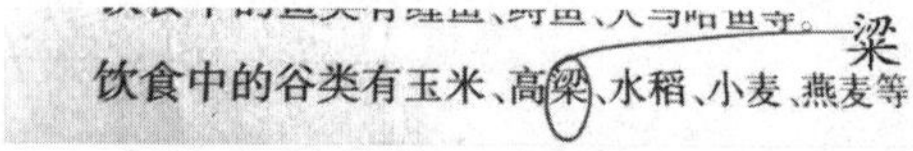
饮食中的谷类有玉米、高梁、水稻、小麦、燕麦等

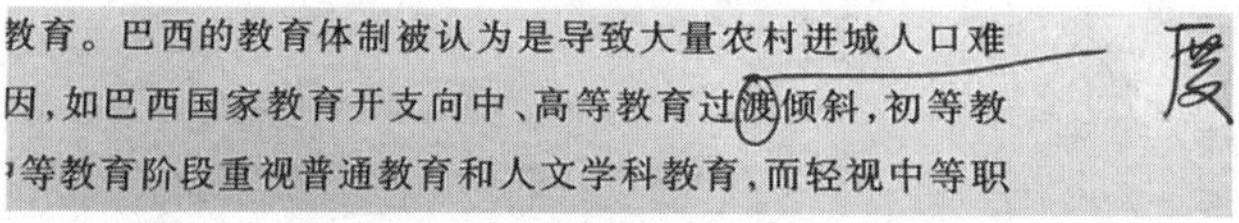
教育。巴西的教育体制被认为是导致大量农村进城人口难
因，如巴西国家教育开支向中、高等教育过渡倾斜，初等教
等教育阶段重视普通教育和人文学科教育，而轻视中等职

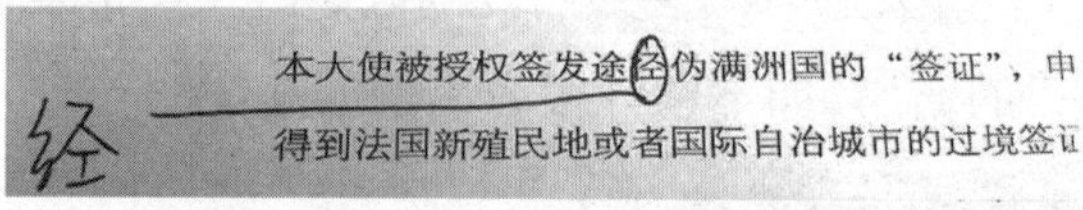
本大使被授权签发途径伪满洲国的“签证”，申
得到法国新殖民地或者国际自治城市的过境签证

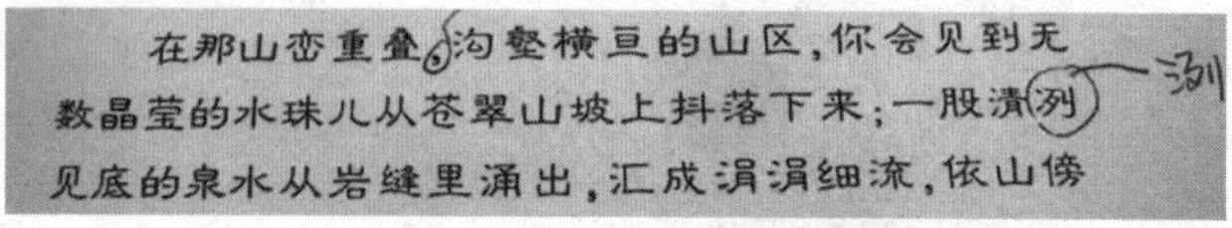
在那山峦重叠沟壑横亘的山区，你会见到无
数晶莹的水珠儿从苍翠山坡上抖落下来；一股清列
见底的泉水从岩缝里涌出，汇成涓涓细流，依山傍

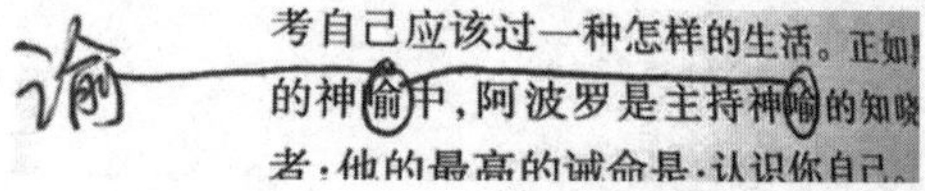
考自己应该过一种怎样的生活。正如
的神喻中，阿波罗是主持神喻的知晓
者：他的最高的诫命是：认识你自己。

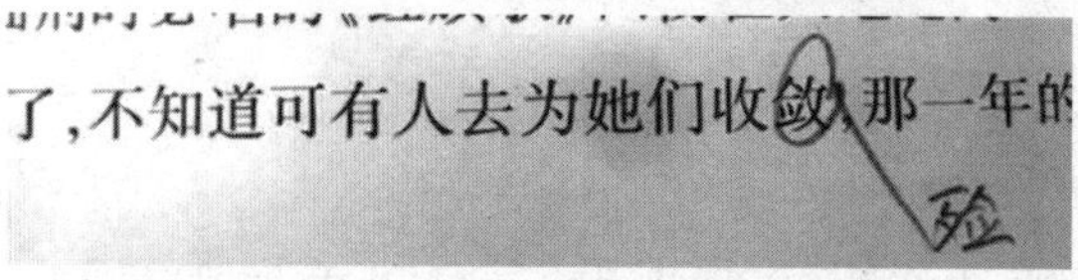
了，不知道可有人去为她们收敛，那一年的

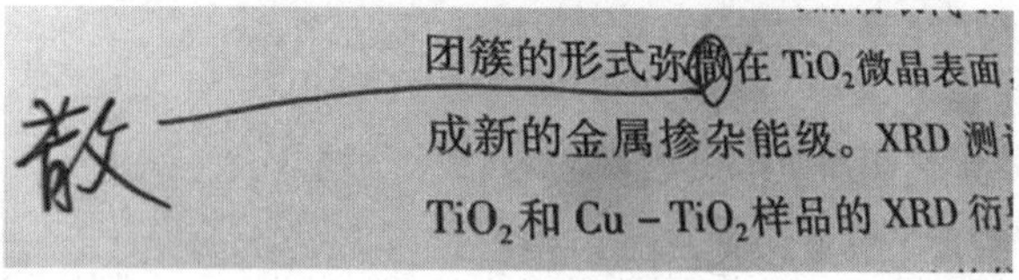
团簇的形式弥撒在 TiO_2 微晶表面，
成新的金属掺杂能级。XRD 测
TiO_2 和 Cu－TiO_2 样品的 XRD 衍

“候”和“侯”、“即”和“既”、“无暇”和“无瑕”、“支”“只”和“枝”、“子”和“籽”等经常互相错用。

有一位叫堂谿公的聪明
到韩昭候那里去，对韩昭侯说
一只玉做的酒器，价值千金
的，没有底，它能盛水吗？”韩

侯

迷时而急促，时而平稳，谈话间，时常表露出烦恼
情绪。他的性格即不内向也不外向。东东穿着

既

第二，心理健康具有连续性。在
理健康看作是非黑既白的事情——要
个精神病。其实，人的心理健康是存在

即

生，这是因为给了我所需要的安全感的绝不是评委们满意的微笑，
认可的眼神，而是那些有着无暇心灵的孩子们。除了信服，他们对
诚的。我在他们面前犯错从来没有尴尬，因为他们从不会嘲笑我的

瑕

支

师：老师这也有一枝铅笔，我们估一估它有多长。

生1：我估计它有12厘米。

生2：我估计它有7.8厘米。

师：谁愿意来量一量。

生：（到展台前实际测量）这枝铅笔是10厘米。

毛”、透明鲜红的大马哈鱼籽和酸辣的
“掷骨头”，年轻人还会有滑雪、滑冰、

子

根据《现代汉语词典》，表示“某些仪器和测量装置用来表明光、电、热等量的等级”以及“排挡的简称”均为“挡”而非“档”，“档”只有去声，没有上声。很多技术类文章及图书中经常用错。

清洁，严禁与污染物接触。

（2）将仪器选择开关置于“pH”档或“MV”档，开启pH计电源，预热
始仪器校正。

挡

“走进”和“走近”意义不同，有时需根据上下文判断哪个更合适。

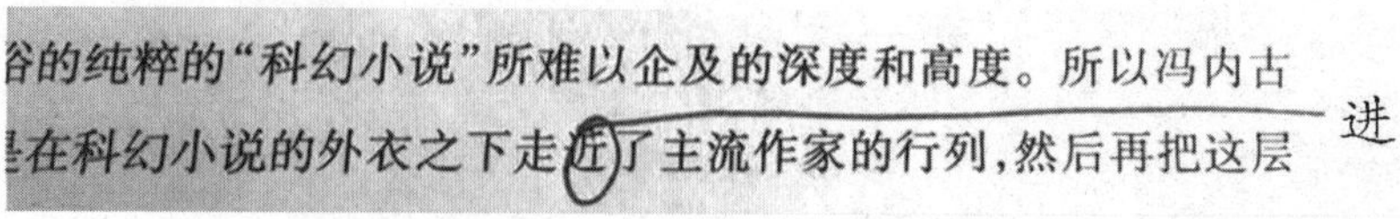
谷的纯粹的“科幻小说”所难以企及的深度和高度。所以冯内古
在科幻小说的外衣之下走近了主流作家的行列，然后再把这层

拟声词大都有专门的写法，有时想当然，便会使用不当。“飕”用作动词，当拟声词使用时推荐使用“嗖”。“砰”通常形容撞击、爆裂或重物落地的声音，形容心跳的声音时用“怦”。

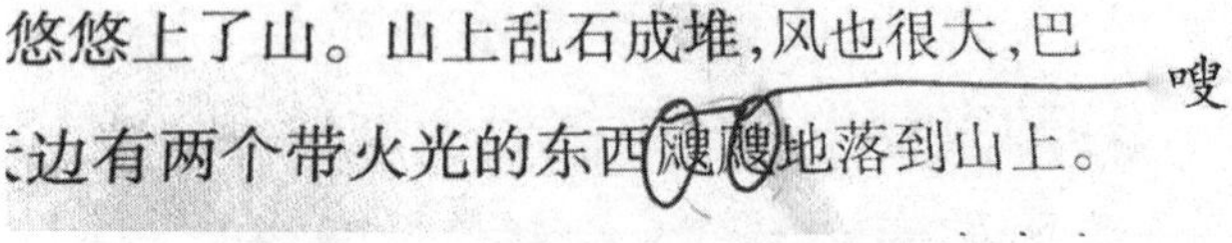
悠悠上了山。山上乱石成堆，风也很大，巴
边有两个带火光的东西飕飕地落到山上。

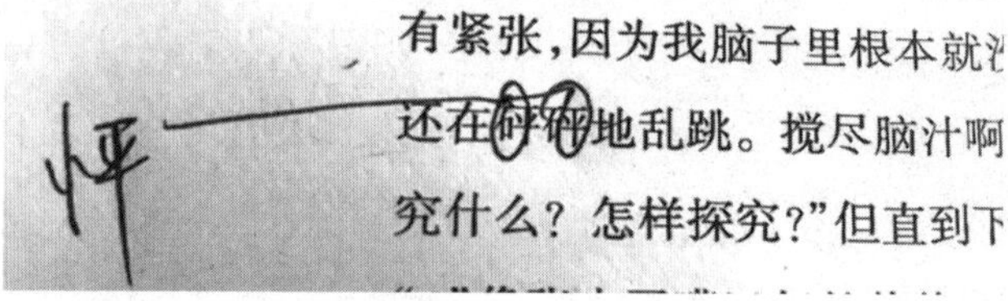
有紧张，因为我脑子里根本就
还在砰砰地乱跳。搅尽脑汁啊
究什么？怎样探究？”但直到下

虽然一些情况下“砂”同“沙”，但“砂眼”和“沙眼”意义则不同了。

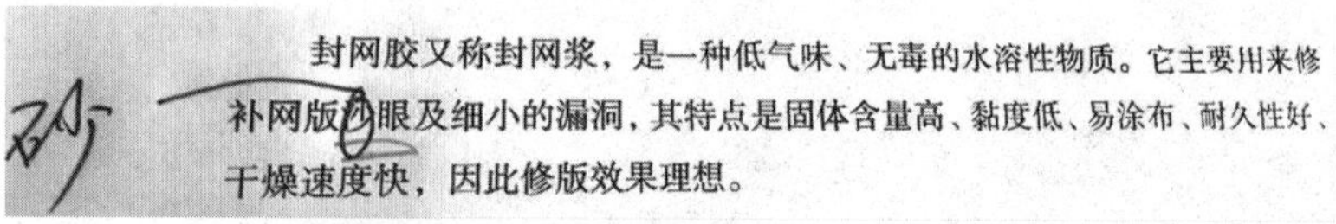
封网胶又称封网浆，是一种低气味、无毒的水溶性物质。它主要用来修补网版沙眼及细小的漏洞，其特点是固体含量高、黏度低、易涂布、耐久性好、干燥速度快，因此修版效果理想。

“幅”与“辐”也经常混淆。

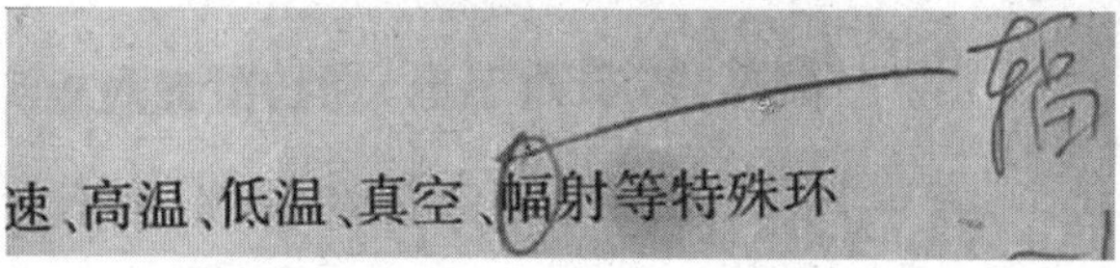
速、高温、低温、真空、幅射等特殊环

“磨损”和“摩擦”的 mo 不同。

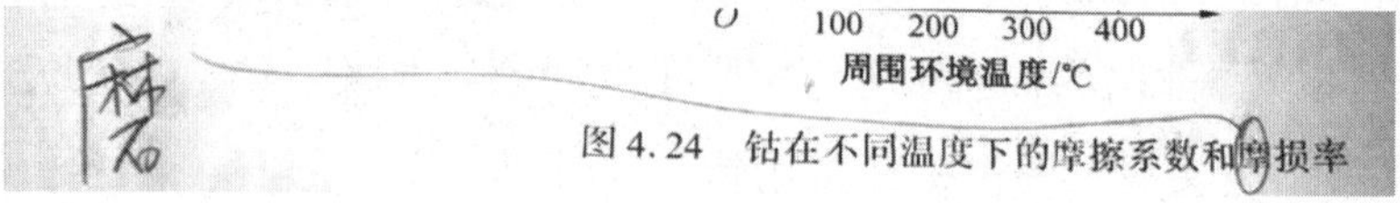

图 4.24 钴在不同温度下的摩擦系数和摩损率

1.2 一般性多字、漏字

一般性多字，多由作者和编辑的疏忽造成。此种情况较错别字简单一些。现举几例。

为一种上策。倘若女女朋友将要发脾气的

以害仁，有杀身以成仁。”
之人，没有为求得保全生命生而损害仁德

代的共同特征。
综上所述，先生及其他所带领的团队在中

翻译的问题，把英文中表示时态的 have 翻译成“有”，造成多字。

大部分……当我有或多或少已经完成了手稿的时候，

多了个字，有时语法结构就混乱了。

体，也不是以特性为载体，而是以个性为载体，反过来，个性只有与
通行的各种伦理规则形成自觉的关系中才有意义。所以，赫勒指

故以及其他有关中产阶级悲剧性事件的报道。写作新闻报道的经历培养
了冯内古特言简意赅的写作风格。这种风格沿用到他后来在为《科利
尔》等通俗杂志写的短篇小说中，到长篇小说创作时逐渐成熟。冯内古特

有时，录入文稿时修改不当或改版错误，将错别字改正的同时没有删去原有的错别字，也会造成多字。

者和接班人。如果教师指只教书不育人，只抓

以下是少字的例子。

周后，宇宇重新审视了两个女朋友，做出了选择；6 周后，宇宇情绪基稳
定，学习与生活正常。
本

“年”经常被忽略。

进需要与激进乌托邦》（载《哲学动态》2009 年第 9 期）以及《
历史哲学的幻象》（载《马克思主义研究》2009 年第 11 期）；王
的《日常生活和个人》（载《毛泽东思想研究》1998 增刊）；闫
宋德孝的《关于日常生活的知识及其人道化目标》（载《柳州师
年

有些词语少一个字，意思就发生了改变。

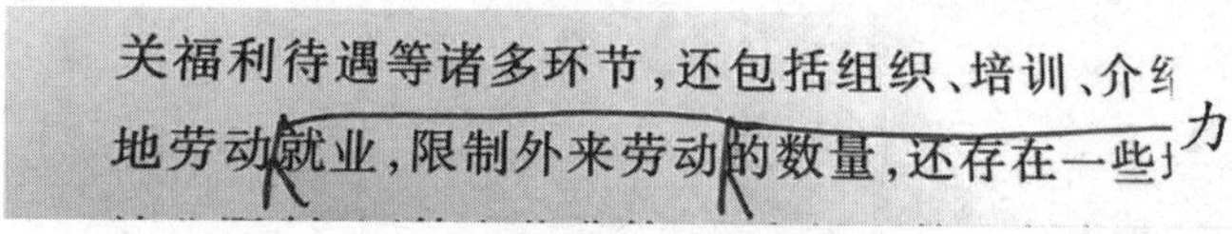
关福利待遇等诸多环节，还包括组织、培训、介绍
地劳动就业，限制外来劳动的数量，还存在一些

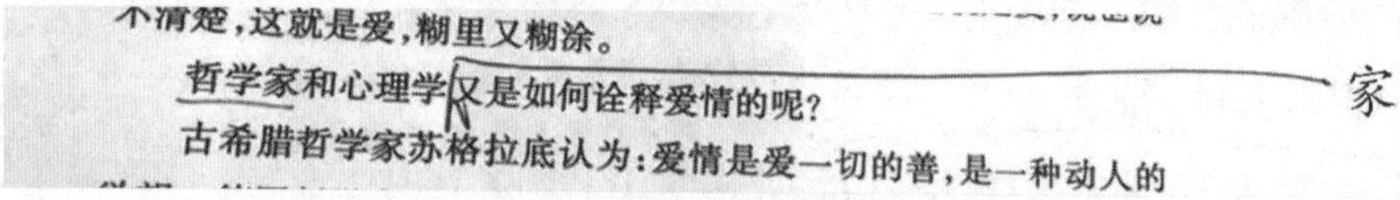
不清楚，这就是爱，糊里又糊涂。
哲学家和心理学又是如何诠释爱情的呢？
古希腊哲学家苏格拉底认为：爱情是爱一切的善，是一种动人的

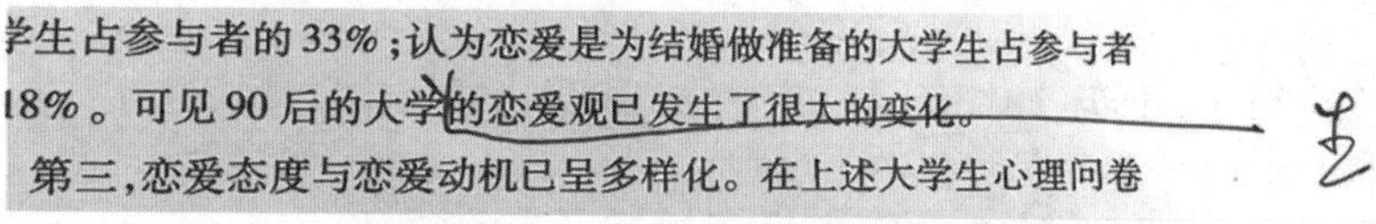
学生占参与者的33%；认为恋爱是为结婚做准备的大学生占参与者
18%。可见90后的大学的恋爱观已发生了很大的变化。
第三，恋爱态度与恋爱动机已呈多样化。在上述大学生心理问卷

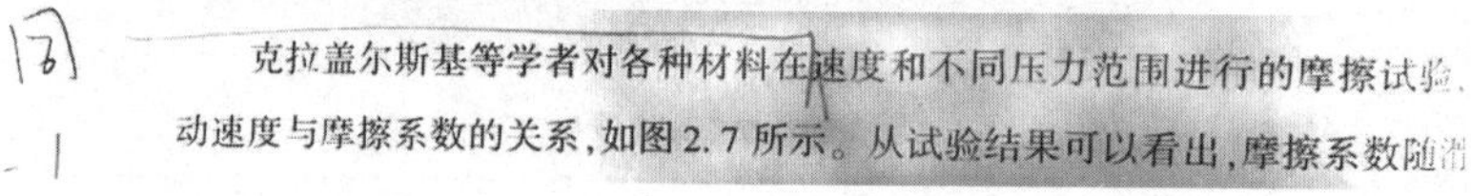
克拉盖尔斯基等学者对各种材料在速度和不同压力范围进行的摩擦试验，
动速度与摩擦系数的关系，如图2.7所示。从试验结果可以看出，摩擦系数随滑

文稿粘贴错误，少了一大段话。按照《图书编校质量差错率计算方法》，每处多、漏2～5个字，计2个差错，5个字以上计4个差错。

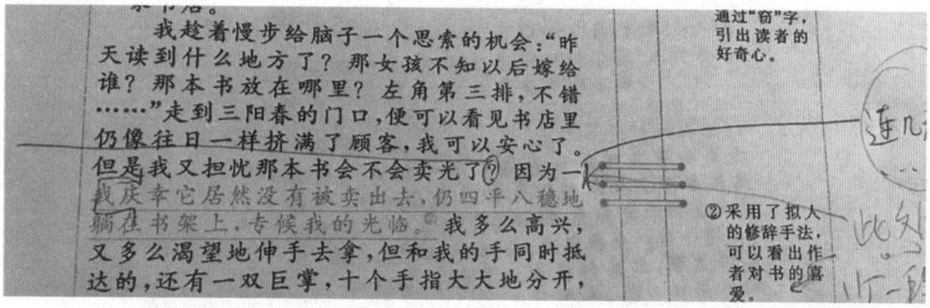
我趁着慢步给脑子一个思索的机会："昨天读到什么地方了？那女孩不知以后嫁给谁？那本书放在哪里？左角第三排，不错……"走到三阳春的门口，便可以看见书店里仍像往日一样挤满了顾客，我可以安心了。但是我又担忧那本书会不会卖光了？因为一我庆幸它居然没有被卖出去，仍四平八稳地躺在书架上，专候我的光临。我多么高兴，又多么渴望地伸手去拿，但和我的手同时抵达的，还有一双巨掌，十个手指大大地分开，

应当注意的是，由于技术上的原因，在一些语料库中搜索文字后显示出来的结果可能缺少文字，如果将这个结果直接引用，便会导致少字。例如，搜索"在马克思墓前的讲话"可能显示为"在马克思墓前的话"，而阅读原文就会发现，原文是准确的。

在马克思墓前的话 PDF下载

» 在马克思墓前的讲话3月14日下午2时45分，我们这个时代
就再也没有醒来。他的...... 展开 阅读
来自《世界上最伟大的演讲词》 -李艳霞编 2015

在马克思墓前的话 PDF下载

» 在马克思墓前的讲话[德]恩格斯（1883年）3月14日下午两
了...但已经是永远...... 展开 阅读
来自《领袖演说 总裁公众演讲全攻略》 -袁一峰著 2015

在马克思墓前的话&恩格斯 PDF下载

» 最轰动的名人演讲在马克思墓前的讲话[德国]恩格斯x1883
阅读
来自《最轰动的名人演讲 畅销版》 -柴一兵编著 2015

15在马克思墓前的话 PDF下载

» ...论》等著作，并且领导国际工人运动。1895年8月5日，
来自《英语正能量 感动世界的文字 震撼世界的声音》 -权英

恩格斯《在马克思墓前的话》 PDF下载

» 恩格斯《在马克思墓前的讲话》恩格斯，马克思主义创始人
7日在伦敦海格特公墓安葬...... 展开 阅读
来自《演讲与口才实用教程》 -张子泉主编 2015

恩格斯：在马克思墓前的话 PDF下载

» 恩格斯：在马克思墓前的讲话KarlMarxandFriedrichEngel
来自《晨读夜诵 欧美文化常识大全集 Western cultural litera

在马克思墓前的话&［德国］恩格斯 PDF下载

» ...883年3月17日在伦敦城北的海格特公墓的马克思安葬仪
担负了整理马克思的文献遗产和领导共产国际的重任。在马克
» 在马克思墓前的讲话11733月14日下午两点三刻，当代最

恩格斯《在马克思墓前的讲话》

恩格斯，马克思主义创始人之一，国际无产阶级和劳动人民的伟大导师，马克思
的战友。恩格斯是伟大的演说家，他一生讲演甚多，这是恩格斯1883年3月17日
海格特公墓安葬马克思时的讲话。

在马克思墓前的讲话

［德国］恩格斯·1883

演讲说明

弗里德里希·恩格斯（1820—1895年），德国社会主义哲学家、法
家，马克思主义的创始人之一，世界无产阶级和劳动人民的伟大导师

“是”“的”这两个字可以说在汉语中出现的频率极高，以至于其存在常被忽视。但是，如这两个字使用或者搭配不当，随意增减，很有可能影响句意，或破坏语法结构，造成差错。如以下几例，多个“是”、少个“是”、多个“的”、少个“的”，句子的意思都发生了改变。读者可以分别加以体会。

而将参照群体运用于教育学领域的研究则仅有以下为数不多的几篇:孙俊三的《试论学校教育中的参照群体》主要是从学校社会学的角度出发,论述了参照群体在学校教育中存在的依据、条件及作用,同时提出学校利用参照群体对大学生进行教育,是有助于提高教育效率的观点。而另一位学者叶菊华的《论参照群体对大

织发挥其功效。以家庭经营为基础,实际上应赋予家庭土地使用权,土地使用权应包括决策权、收益权、成果处分权在内多种权利的集合,可现实并不是这样。自大包干后,双层经营实际上是单层的农户分散经营,由于个体

学习任何知识的最佳途径都是由自己去发现的。因为这

反比。量纲为一常数 K 通常称为

摩擦材料。

· 基恩遇到德威恩时,叙事者打断故事,说自己刚刚读完有关漂浮大陆的理论可不仅仅是一个理论。然后他又随便地说出他小说中的所有男性人

人地狱吧"②。那么他计算出与自己有过男女之情的女人的数量又说明了什么呢?是一种炫耀后能给自己带来心理上的满足?是一种不带任何特殊意义的纯粹荒唐的举动?还是一种向控制个人的社会力量发出反抗

内古特介绍了这部小说的创作过程:"是的,当我和哥哥望着飞机外的云朵沉思的时候,我的脑子白日做梦般地构思了这个关于荒凉的城市、心灵的残忍、乱伦、孤独、无爱、死亡等故事。这个故事把我和我那美丽的姐姐刻画成了怪物。这是很自然的,因为我是在去参加葬礼的途中梦到的故

由此可见,看似无关紧要常被忽视的虚词,如"的"字等,也往往不是可有可无的,编辑加工稿件须认真揣摩,读细读透,不放过任何一个细节。

1.3　前后颠倒字

前后颠倒字的出现,一方面可能是由于疏忽。前不久网络上流传的一句话"汉字序顺并不定一影阅响读"说明,人阅读文字有时候不是一个字一个字扫描的,而是成区域的扫视。在阅读整段文章时,眼睛经常是跨行阅

读,跳跃着前进。这样,颠倒字的错误比前面提到的错别字、多字、漏字更加隐蔽,如果不逐字仔细阅读,此类错误更难以发现。见下例。

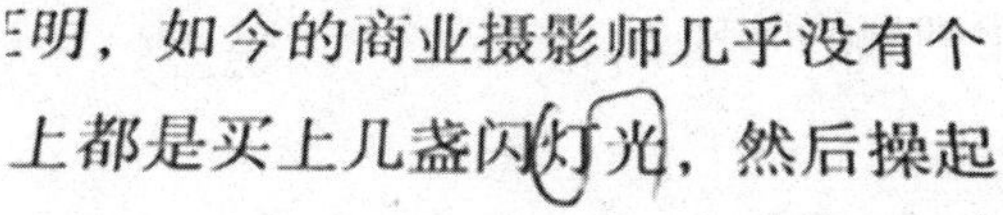
明,如今的商业摄影师几乎没有个
上都是买上几盏闪灯光,然后操起

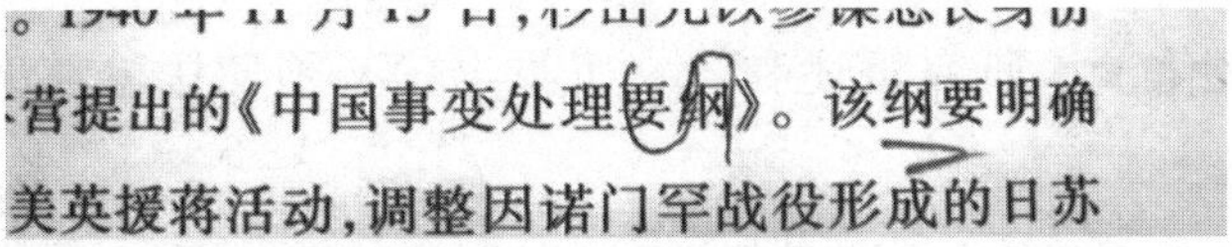
营提出的《中国事变处理要纲》。该纲要明确
美英援蒋活动,调整因诺门罕战役形成的日苏

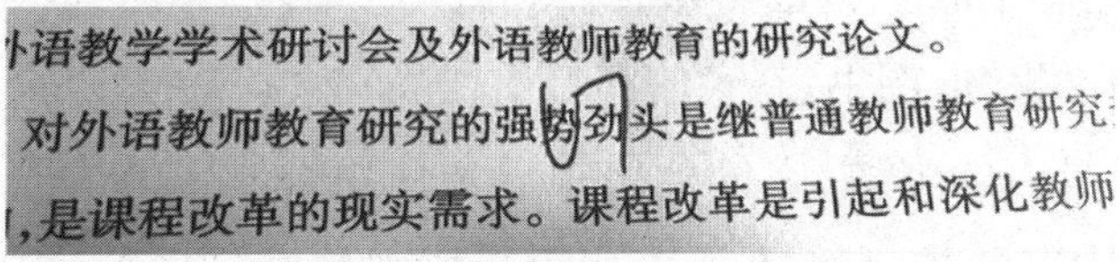
外语教学学术研讨会及外语教师教育的研究论文。
对外语教师教育研究的强势劲头是继普通教师教育研究
,是课程改革的现实需求。课程改革是引起和深化教师

另一方面,则可能是由于没有读懂文意。如下例说“脂肪酸”能“化学吸附”在某物质上,如果没有理解句意,只孤立地看“脂肪酸”“化学能”“吸附”这几个词,就很难发现有什么不妥之处。

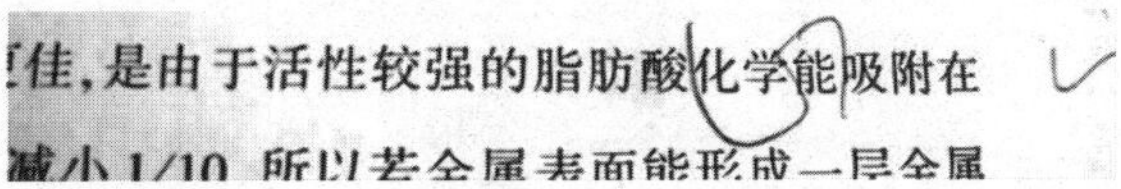
佳,是由于活性较强的脂肪酸化学能吸附在
减小 1/10 所以若金属表面能形成一层金属

1.4 简化字、繁体字混用

《出版物汉字使用管理规定》规定:“报纸、期刊、图书、音像制品等出版物的报头(名)、刊名、封皮(包括封面、封底、书脊等)、包装装饰物、广告宣传品等用字,必须使用规范汉字,禁止使用不规范汉字。出版物的内文(包括正文、内容提要、目录以及版权记录项目等辅文),必须使用规范汉字,禁止使用不规范汉字。”“本规定所称的规范汉字,主要是指 1986 年 10 月根据国务院批示由国家语言文字工作委员会重新发表的《简化字总表》所收录的简化字;1988 年 3 月由国家语言文字工作委员会和新闻出版署发布的《现代汉语通用字表》中收录的汉字。本规定所称不规范汉字,是指在《简化字总表》中被简化的繁体字;1986 年国家宣布废止的《第二次汉字简化方案(草案)》中的简化字;在 1955 年淘汰的异体字(其中 1986 年收入《简化字总表》中的

11 个类推简化字和 1988 年收入《现代汉语通用字表》中的 15 个字不作为淘汰的异体字）；1977 年淘汰的计量单位旧译名用字；社会上出现的自造简体字及 1965 年淘汰的旧字形。”下列情形除外：

（一）整理、出版古代典籍；

（二）书法艺术作品；

（三）古代历史文化学术研究著述和语文工具书中必须使用繁体字、异体字的部分；

（四）经国家有关部门批准，依法影印、拷贝的台湾、香港、澳门地区及海外其他地区出版的中文报刊、图书、音像制品等出版物。

目前利用计算机录入的书稿，在简化字中混杂使用繁体字的情况并不多。相比之下，由繁体字的古籍等转录而来的文稿则较容易遗留繁体字。按照《图书编校质量差错率计算方法》，简化字、繁体字混用，每处计 0.5 个差错；同一差错在全书超过 3 处，计 1.5 个差错。这就要求编辑能识别出哪些字是繁体字，没有把握的就需要查工具书。

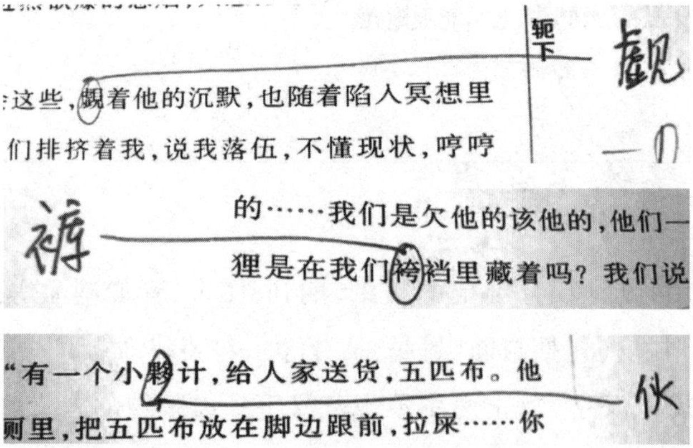
这些，覷着他的沉默，也随着陷入冥想里
们排挤着我，说我落伍，不懂现状，哼哼
的……我们是欠他的该他的，他们—
狸是在我们袴裆里藏着吗？我们说
“有一个小夥计，给人家送货，五匹布。他
厕里，把五匹布放在脚边跟前，拉屎……你

对于一些生僻的字，更需要借助工具书来判断，因为很可能该字就是繁体字。

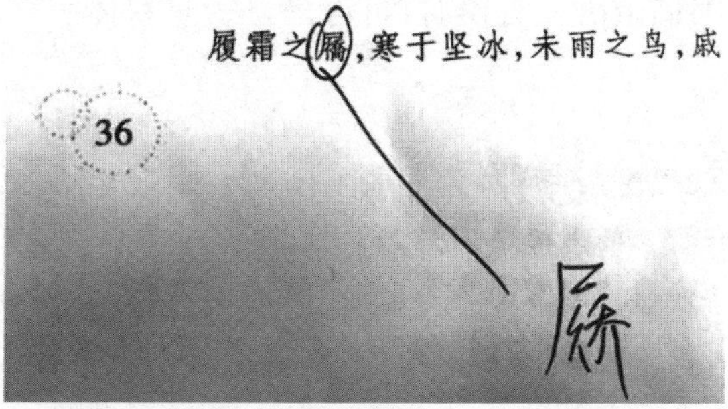
履霜之屩，寒于坚冰，未雨之鸟，戚

36

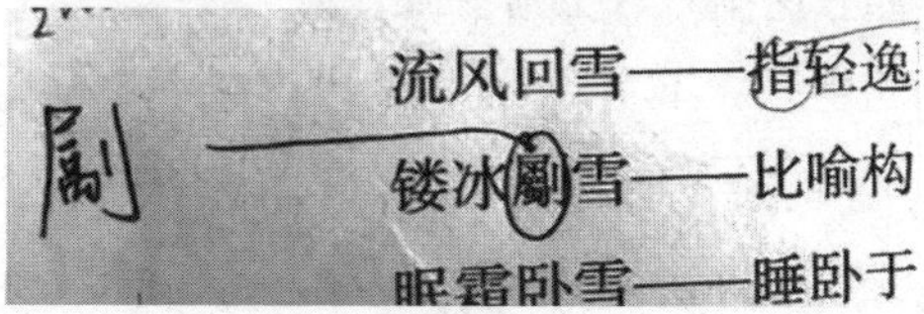
流风回雪——指轻逸

镂冰劚雪——比喻构

眠霜卧雪——睡卧于

“濛”“矇”均简化为“蒙”，这样的繁体字很容易凭直觉而忽略。

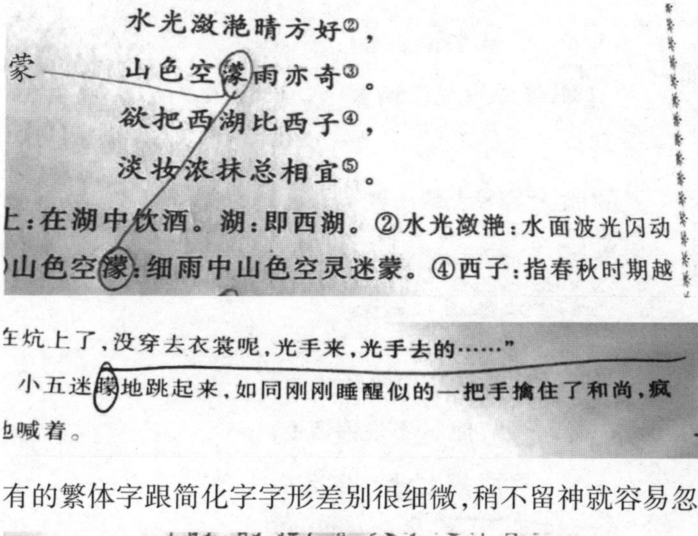
水光潋滟晴方好②，

山色空濛雨亦奇③。

欲把西湖比西子④，

淡妆浓抹总相宜⑤。

上：在湖中饮酒。湖：即西湖。②水光潋滟：水面波光闪动

③山色空濛：细雨中山色空灵迷蒙。④西子：指春秋时期越

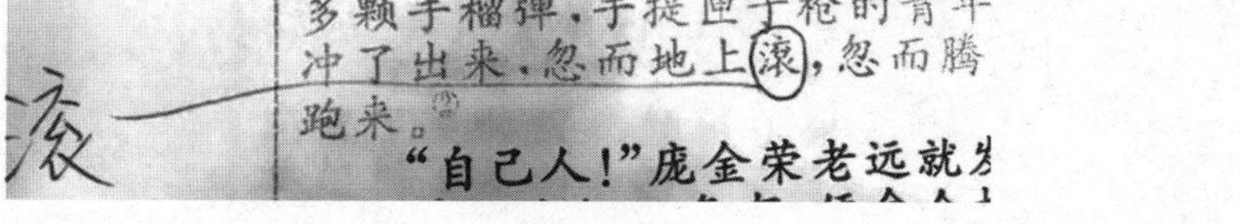
生炕上了，没穿去衣裳呢，光手来，光手去的……”

小五迷矇地跳起来，如同刚刚睡醒似的一把手擒住了和尚，疯

地喊着。

有的繁体字跟简化字字形差别很细微，稍不留神就容易忽略。

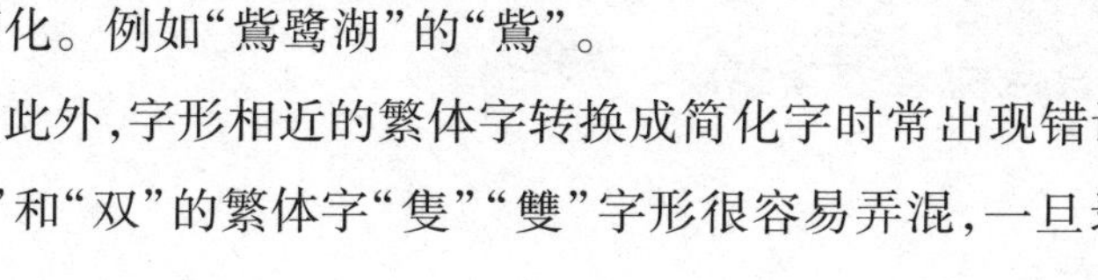
多颗手榴弹，手提匣子枪的青年

冲了出来，忽而地上滾，忽而腾

跑来。②

“自己人！”庞金荣老远就

对于《通用规范汉字表》以外的繁体字，即使偏旁是繁体的，也不需要类推简化。例如“鸑鹭湖”的“鸑”。

此外，字形相近的繁体字转换成简化字时常出现错误，例如作为量词的“只”和“双”的繁体字“隻”“雙”字形很容易弄混，一旦录入错误，数量将大

不相同。因此,当发现此类书稿中语义有误时,可考虑是否是繁体字字形相近的字录入错误。

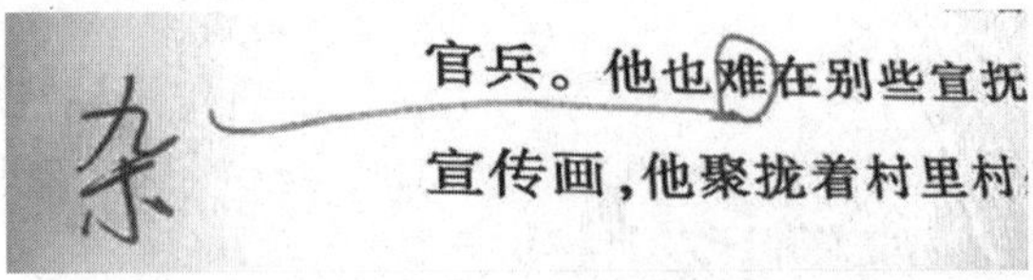
官兵。他也难在别些宣抚
宣传画,他聚拢着村里村

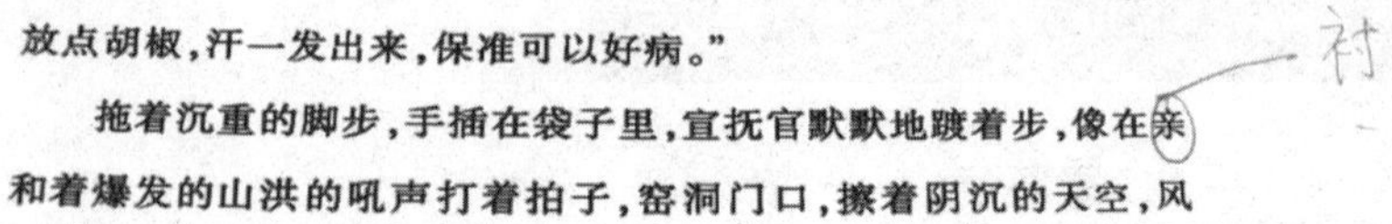
放点胡椒,汗一发出来,保准可以好病。"
拖着沉重的脚步,手插在袋子里,宣抚官默默地踱着步,像在亲
和着爆发的山洪的吼声打着拍子,窑洞门口,擦着阴沉的天空,风

还有一些古体字等非规范字,见下例。

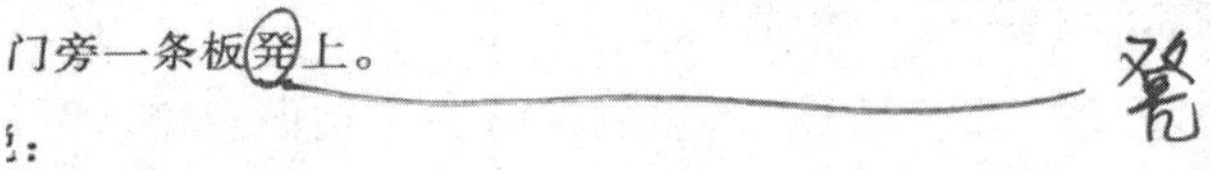
门旁一条板発上。

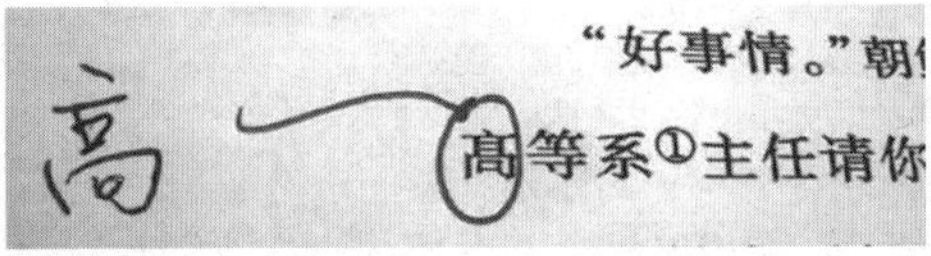
"好事情。"朝
高等系①主任请你

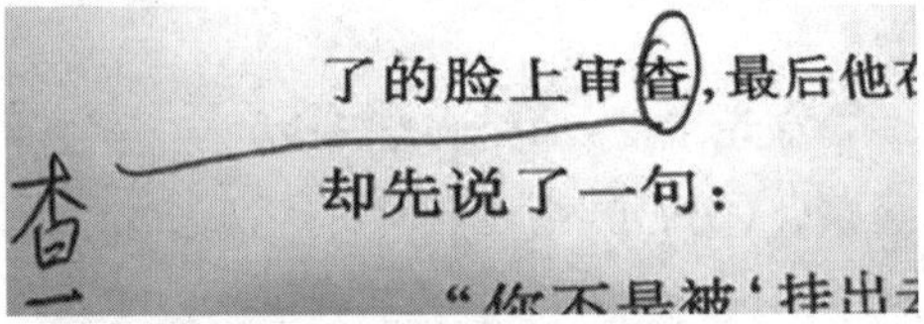
了的脸上审査,最后他
却先说了一句:

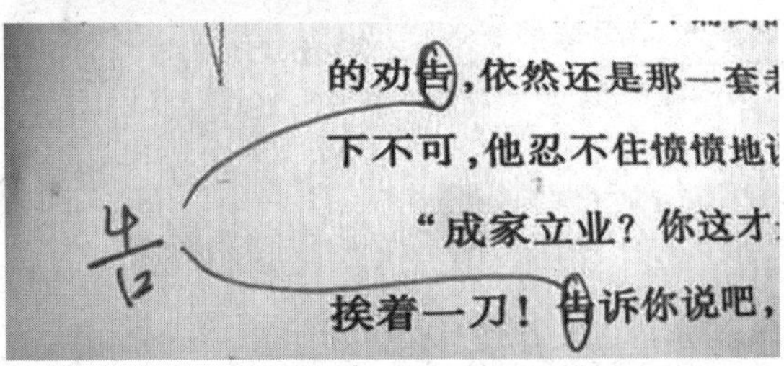
的劝告,依然还是那一套
下不可,他忍不住愤愤地
"成家立业?你这才
挨着一刀!告诉你说吧,

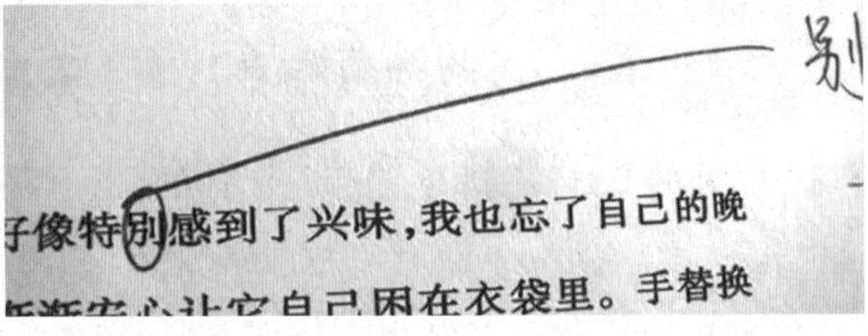
子像特别感到了兴味,我也忘了自己的晚
手替换

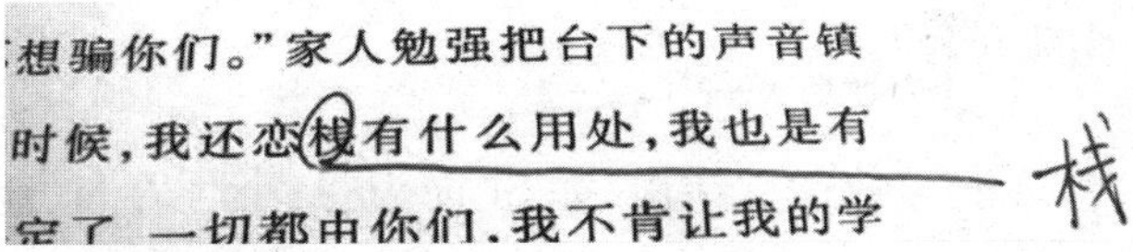

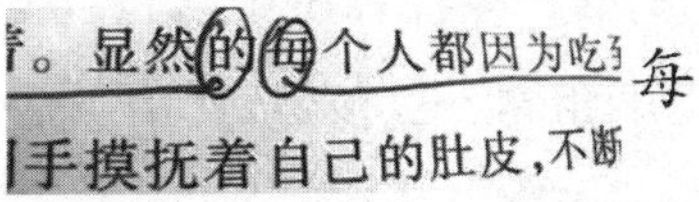

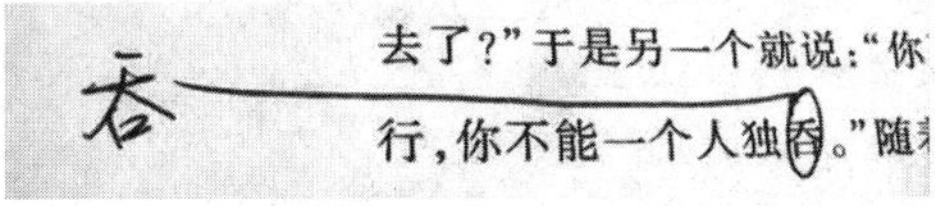

1.5 字母大小写、正斜体、黑白体误用，不同文种字母混用，字母与其他符号混用

在英语中，小写字母用于一般单词、词组、句中正文的书写，大写字母则用于句首、专有名词、标题、部分与人名连用的职务及缩略语的书写。通常在英语语境中，此类问题已经得到了较好的规避，只是在中英文夹杂的环境中，此类问题略多。此外，科技类图书中量和单位中字母的大小写也有相应的规定，此时大小写错误影响将会更大。

根据行业标准《中文出版物夹用英文的编辑规范》（CY/T 154—2017），中文句子内夹用普通英文单词或词组，无论其位于中文句子的开头、中间还是末尾，首字母一律小写。过去关于中文句子开头处使用普通英文单词首字母大小写的问题存在一定的争论，这一标准的推出给这一问题的处理指明了方向。

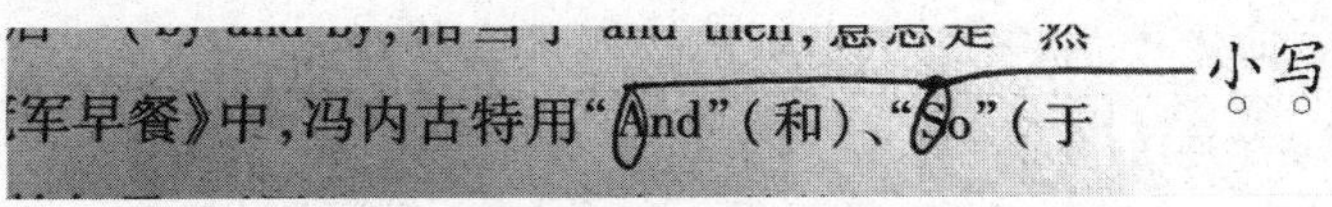

关于科技类图书中量和单位符号的使用规则，国家标准《国际单位制及其应用》（GB 3100—93）、《有关量、单位和符号的一般原则》（GB 3101—93）等当中有较系统的规定。

下例中，pH 的两个字母大小写正好弄反了。

] H_2O (Ph 7.4) 0.027 0.15

如果大小写用错，将可能导致运算错误，如 SI 词头中，小写的 m(10^{-3})和 M(10^6)相差十万倍，可谓失之毫厘，谬之千里。在计算机中，大写的 K 表示 1024，与 SI 词头中小写的 k(1000)数值也不相同，不可随意使用。

对分子质量为 18 KDa，这与从 *Pseudomo*
相对分子质量相近。经过分析发现这个
Zn^{2+} 的金属酶，在添加 Mn^{2+}、Zn^{2+} 时酶

正斜体的使用，在出版规范中有相对明确的要求。英语中常用斜体来表示书名和期刊名，因此下例中期刊名应用斜体表示。

远是同辈中人。
综上所述，从 1950 年在《科利尔》(Collier's)杂志上发表第一个
说《谷仓效应报告》(*Report on the Barnhouse Effect*)和 1952 年出版

下例中，很明显，由于排版命令不当，斜体范围过小，书名中的单词 Is 被遗漏了。

② Paul De Man, *Blindness and Insight*: *Essays in the Rh*
cism, Minnesota: University of Minnesota Press, 1983, pp. 58 –
③ Agnes Heller, *Historical Novel and History in Lukács*,
of Radical Universalism, Ferenc Fehér and Agnes Heller, New
1990, p. 275.
④ Ferenc Fehér, Is *the Novel Problematic? A Contribution*
Reconstructing Aesthetics, Heller, Agnes and F. Fehér, eds.,
p. 25.

同样由于排版命令不当，下例中出版地被误排成了斜体。

安德鲁·威尔逊在《乌克兰危机对西方意味着什么》(Andrew Wilson. *Ukraine Crisis: What it Means for the West. New Haven*: Yale University Press, 2014.)一书对乌克兰危机爆发的原因进行了阐释。作者认为，乌克兰危机已升

微分符号误排成了斜体，隐藏在复杂公式中不是很容易发现。

$$\mathrm{d}x(t) = f(x(t))dt + g(x(t))\mathrm{d}B(t)$$

转置符号 T 非变量,宜为正体。

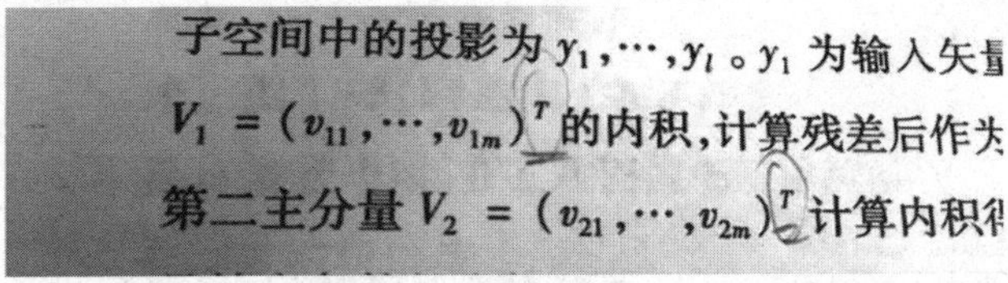
子空间中的投影为 $y_1, \cdots, y_l$。y_1 为输入矢量
$V_1 = (v_{11}, \cdots, v_{1m})^T$ 的内积,计算残差后作为
第二主分量 $V_2 = (v_{21}, \cdots, v_{2m})^T$ 计算内积彳

表示常数的 π、e、i 等均为正体,但同时这些字母也可以作为物理量出现,此时即为斜体。例如:d 正体可以表示微分符号,斜体可以表示距离;e 正体可以表示自然对数的底,斜体可以表示电子电量;等等。这就要求我们准确区分公式中的字母代表什么含义,所出现的字母是代表常数还是物理量,来确定其正斜体。需要注意的是,所谓平衡常数、速率常数、理想气体常数、玻尔兹曼常数、阿伏伽德罗常数等等,虽然叫作常数,但并不是前面所说的固定的数字,而同样是物理量,相应的字母用斜体表示。

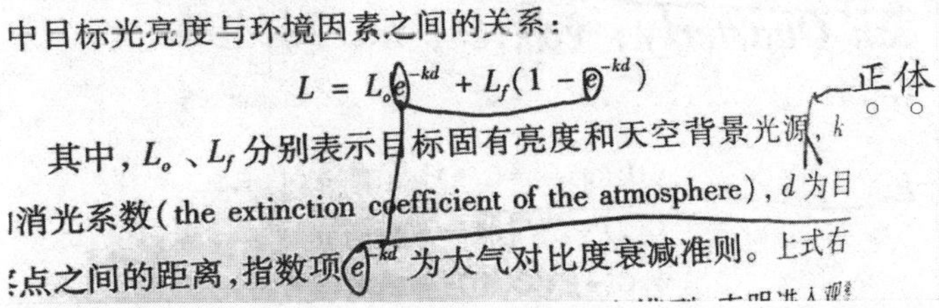
中目标光亮度与环境因素之间的关系:
$$L = L_o e^{-kd} + L_f(1 - e^{-kd})$$
其中,L_o、L_f 分别表示目标固有亮度和天空背景光源,k
消光系数(the extinction coefficient of the atmosphere),d 为目
点之间的距离,指数项 e^{-kd} 为大气对比度衰减准则。上式右

形状相似的不同文种字母、数字和符号常常混淆,有的甚至很难辨认。英文字母 v 和希腊字母 γ、ν,英文字母 l 和数字 1,英文字母 I、V 和罗马数字 Ⅰ、Ⅴ,英文字母 C 和俄文字母 С,单位℃和°C,度(°)和上角标格式的字母 o,等等,都是常见的易错点。见下面几例。

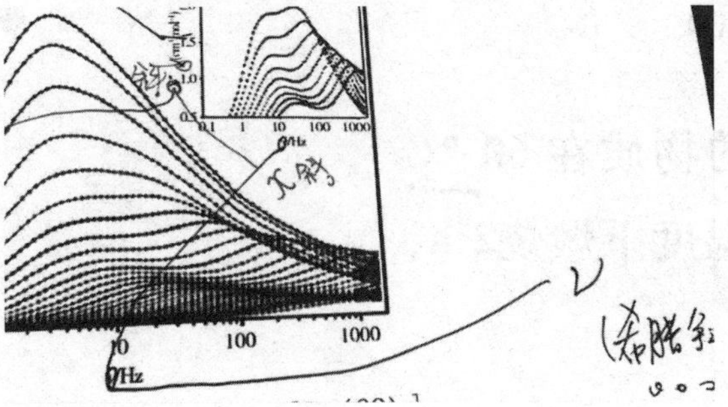

ация и раскулачивание. 1927 – 1939.
– 1933. М.: РОССПЭН. 2001. С. 885.)
超过 700 万，其中乌克兰的死亡人数

俄文

инского кризиса: «нет» санкциям, «да»
родная жизнь. 2014. №10. С. 52 – 65.）一文
制裁俄罗斯，俄罗斯为了摆脱外交上的孤立
亚国家的战略合作，以削弱制裁带来的诸多

英文

美国学者基思·C 史密斯的论文《俄罗斯在波罗的
的能源政策：一种悄悄的新帝国主义？》（Keith C. Smith.
the Baltics, Poland, and Ukraine: A New Stealth Imperialis

门体接触区处两表面薄的氧化膜被压破，金属
效应可以忽略，但在Ⅳ和Ⅴ区热效应则非常

罗马数

ller, Agnes. The Two Myths of Tec

英文字母 l

rian Quarterly, vol. 9, no. 30(196

英文字母 l

$$CH_4(g) = C(g) + 2H_2(g)$$

$$C(s) + 2W(l) = W_2C(l)$$

$$W_2C(g) + C(s) = 2WC(s)$$

合安置率为 82%，重新犯罪
有些地区仅为 1% 左右。
朝着现代化方向迈进，监狱

1

下例中，错把度(°)用作上角标格式的字母 o。

描速度 8°/min。利用

室温后，将所得的物质在 60 °C
物在 450 °C 的温度下煅烧 2 h，

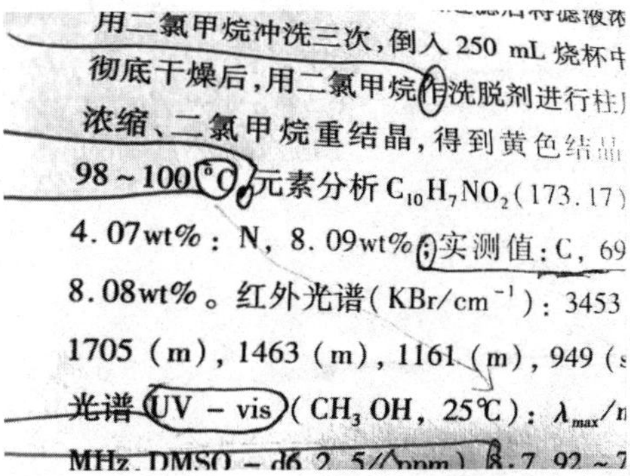
用二氯甲烷冲洗三次，倒入 250 mL 烧杯中
彻底干燥后，用二氯甲烷作洗脱剂进行柱
浓缩、二氯甲烷重结晶，得到黄色结晶
98~100°C，元素分析 $C_{10}H_7NO_2$(173.17)
4.07wt%：N，8.09wt%；实测值：C，69
8.08wt%。红外光谱(KBr/cm^{-1})：3453
1705 (m), 1463 (m), 1161 (m), 949 (s
光谱 UV − vis (CH_3OH, 25℃)：λ_{max}/n
MHz, DMSO − d6, 2.5/ppm) δ: 7.92~7

1.6 外文拼写或翻译差错

编辑中文稿件时，编辑人员的注意力往往更多地集中在较为熟悉的汉字上，对稿件中夹杂的外文相对生疏，敏感度低，加上外文字母字号经常较小，因此外文错误容易隐藏在其中被忽略。

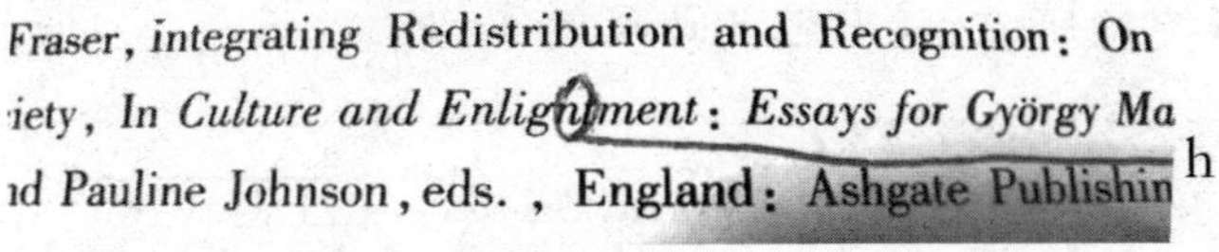
Fraser, integrating Redistribution and Recognition: On
iety, In *Culture and Enlightment*: *Essays for György Ma*
d Pauline Johnson, eds., England: Ashgate Publishin

实际上，有的错误只要仔细对照上下文便可发现。

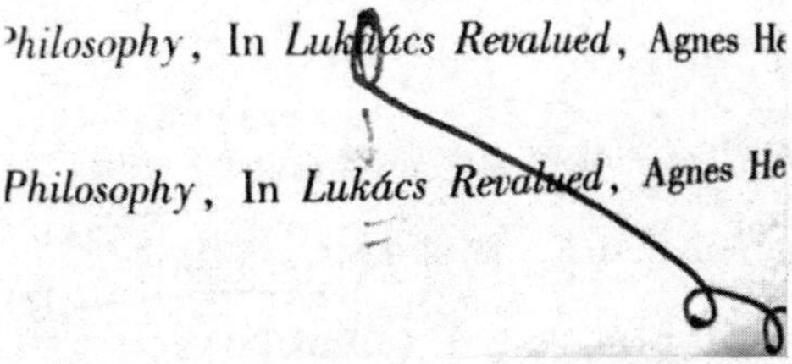
Philosophy, In *Lukács Revalued*, Agnes He
Philosophy, In *Lukács Revalued*, Agnes He

也有的前后不同的拼写方法都是错误的。有些文献综述当中，作者引用英语人名的时候一旦出现疏忽，遗留下的差错如不认真核实就难以发现，以讹传讹。

二十世纪七十年代，Muller 和 Gault 首先发现钨的碳化物在烃的氢解反应中表现出令人感兴趣的性能，拉开了人类探索碳化钨催化能力的序幕。研究发现在 350 ℃干净的钨表面上，1，1，3－三甲基环戊烷首先分解为甲烷和痕量乙烷，数分钟后，出现了新的产物——由芳构化（异构化＋脱氢）产生的二甲苯。1973 年，德国的 Levy 和 Boudart 在 Science 上报道了在碳化钨上将 2，2－二甲基丙烷异构化成甲基丁烷的研究成果。他们与 Muller、Gault 共同被认为是碳化物催化剂的开创者。他们提出：碳化钨中碳的存在改变了钨的表面电子的特性，使之拥有与铂相类似的性能。Colton 等对 W、WC、Pt 的 X 射线光电子能谱进行的分析证实了上述观点。大量的研究表明，WC 和 Pt 主

一些人名的拼写正误可以根据中文翻译来判断，如果读音有显著差异，则人名拼写很可能存在错误。

国外研究高兹的主要人物有：艾伦·麦克
Wood）、利特勒（A. Littel）、布克钦
进行了比较系统的研究，并出版了研究专

亚·大卫·沙逊（Elias Ravid Sasson）在上海开办了
印度孟买建立的商业和贸易企业联营的分支企业。

英文缩写跟全称不一致。如下例。

于 1922—1923 年。这些机构有美犹联合救济委员会①、美国
总会（American Relief Administration，简称 AMA）和致力于
在俄国大屠杀中幸存下来的儿童的迪考普（DEKOPO）。

英文翻译错误，将导致读者对语义的理解出现偏差。尤其是少年儿童的教辅读物中，此类错误影响更大。下例中，“江南”并不是地名，如此翻译弄错了古诗的意思。

早冬

【唐】白居易

十月江南天气好，可怜冬景似春华。
霜轻未杀萋萋草，日暖初干漠漠沙。
老柘叶黄如嫩树，寒樱枝白是狂花。
此时却羡闲人醉，五马无由入酒家。

【译文】

Early Winter

Bai Juyi

It is fine in the October of Jiangnan

The view of the winter is as lovely as spring.

由英语译为汉语时，如搞错读音或脱离语境也会产生错误。人名、地名的音译，用字发音差别过大时，很有可能用字错误。

以加拿大心理学家

温侯(S. H. Winne,1995)为代表。

① 如果在生产中使用限制性要素，那么这种说法就得修改。根据在生产中
的限制性要素的数量是我们希望获得的产品数量的函数，还是使用的另一种要素
数，存在着两类限制性要素。如果正文中这种说法所用的第一种限制性要素包含
那么必要的限制性要素的数量由所选的产量规模决定。如果使用了第二种限制
么替代要素的边际生产率一定与其价格外加与正在讨论中的作为替代要素函数
际支出成比例；必要的限制性要素的数量因而由使用的替代要素的数量决定。
制性要素而言，参见乔治库斯－罗根(Georgescu－Roegen)的“Fixed Coefficients
and the Marginal Productivity Theory,”REVIEW OF ECONOMIC STUDIES, October,
德博士(Dr. Tord Palander)使我注意到第二种限制性要素的存在。

含有多个意义的英语单词译为汉语时不可脱离语境，否则会将意义弄错。

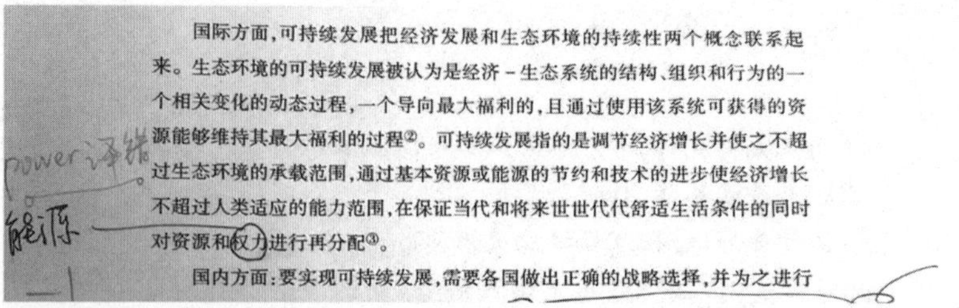

国际方面，可持续发展把经济发展和生态环境的持续性两个概念联系起来。生态环境的可持续发展被认为是经济－生态系统的结构、组织和行为的一个相关变化的动态过程，一个导向最大福利的，且通过使用该系统可获得的资源能够维持其最大福利的过程②。可持续发展指的是调节经济增长并使之不超过生态环境的承载范围，通过基本资源或能源的节约和技术的进步使经济增长不超过人类适应的能力范围，在保证当代和将来世世代代舒适生活条件的同时对资源和权力进行再分配③。

国内方面：要实现可持续发展，需要各国做出正确的战略选择，并为之进行

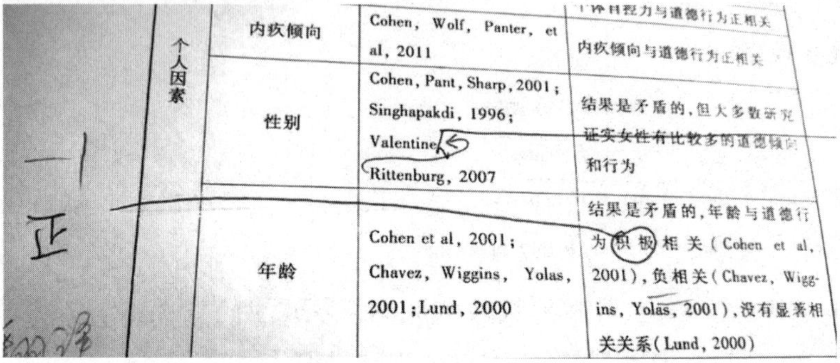

个人因素	内疚倾向	Cohen, Wolf, Panter, et al, 2011	内疚倾向与道德行为正相关
	性别	Cohen, Pant, Sharp, 2001; Singhapakdi, 1996; Valentine, Rittenburg, 2007	结果是矛盾的，但大多数研究证实女性有比较多的道德倾向和行为
	年龄	Cohen et al, 2001; Chavez, Wiggins, Yolas, 2001; Lund, 2000	结果是矛盾的，年龄与道德行为积极相关（Cohen et al, 2001），负相关（Chavez, Wiggins, Yolas, 2001），没有显著相关关系（Lund, 2000）

国外法律翻译尤其需谨慎，一些近义词翻译不当，极易导致表述内容的偏差。

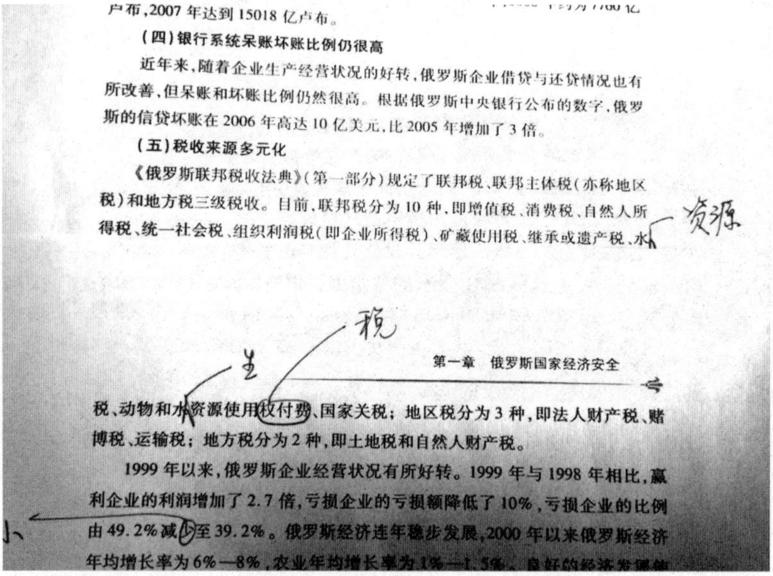

卢布，2007 年达到 15018 亿卢布。

（四）银行系统呆账坏账比例仍很高

近年来，随着企业生产经营状况的好转，俄罗斯企业借贷与还贷情况也有所改善，但呆账和坏账比例仍然很高。根据俄罗斯中央银行公布的数字，俄罗斯的信贷坏账在 2006 年高达 10 亿美元，比 2005 年增加了 3 倍。

（五）税收来源多元化

《俄罗斯联邦税收法典》（第一部分）规定了联邦税、联邦主体税（亦称地区税）和地方税三级税收。目前，联邦税分为 10 种，即增值税、消费税、自然人所得税、统一社会税、组织利润税（即企业所得税）、矿藏使用税、继承或遗产税、水

第一章 俄罗斯国家经济安全

税、动物和水资源使用权付费、国家关税；地区税分为 3 种，即法人财产税、赌博税、运输税；地方税分为 2 种，即土地税和自然人财产税。

1999 年以来，俄罗斯企业经营状况有所好转。1999 年与 1998 年相比，赢利企业的利润增加了 2.7 倍，亏损企业的亏损额降低了 10%，亏损企业的比例由 49.2% 减少至 39.2%。俄罗斯经济连年稳步发展，2000 年以来俄罗斯经济年均增长率为 6%—8%，农业年均增长率为 1%—1.5%。良好的经济发展使

下例中，坦途为日本丰田制造的美规车，非美国车。

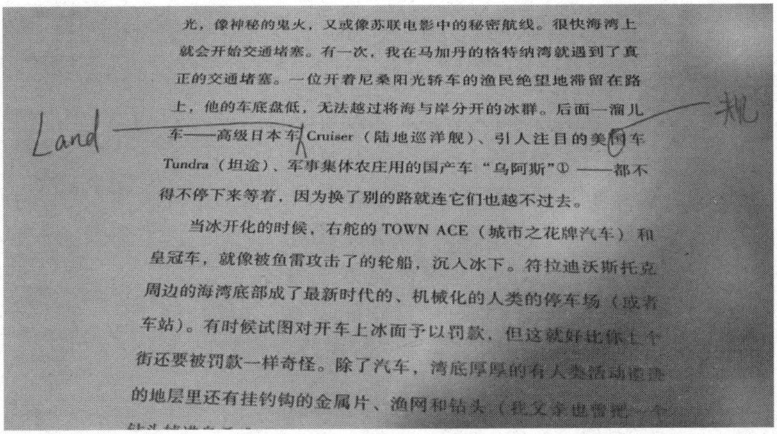

光，像神秘的鬼火，又或像苏联电影中的秘密航线。很快海湾上就会开始交通堵塞。有一次，我在马加丹的格特纳湾就遇到了真正的交通堵塞。一位开着尼桑阳光轿车的渔民绝望地滞留在路上，他的车底盘低，无法越过将海与岸分开的冰群。后面一溜儿车——高级日本车 Cruiser（陆地巡洋舰）、引人注目的美国车 Tundra（坦途）、军事集体农庄用的国产车“乌阿斯”①——都不得不停下来等着，因为换了别的路就连它们也越不过去。

当冰开化的时候，右舵的 TOWN ACE（城市之花牌汽车）和皇冠车，就像被鱼雷攻击了的轮船，沉入冰下。符拉迪沃斯托克周边的海湾底部成了最新时代的、机械化的人类的停车场（或者车站）。有时候试图对开车上冰面予以罚款，但这就好比你上个街还要被罚款一样奇怪。除了汽车，湾底厚厚的有人类活动遗迹的地层里还有挂钓钩的金属片、渔网和钻头

1.7 汉语拼音错误

汉语拼音错误除了拼写错误以外，还有分词连写、轻声、儿化音、变调等问题。尽管国家标准《汉语拼音正词法基本规则》（GB/T 16159—2012）对汉语拼音的用法进行了较为详细的规定，但实际操作中还有许多值得思考的地方，有的情况有变通的余地，而对有些同类词语的拼音如果处理不当，则很容易出现前后矛盾的情况。

一般性的注音错误。前后鼻音、平卷舌容易出现错误。

mā ma sòng gě wǒ de
妈妈送给我的。
de yǎn jing hóng pín guǒ yí
的眼睛，红苹果一

hēi bǎo shí
①“黑宝石”
hóng pín guǒ
“红苹果”
hónghóng de zhè
“红红的”这
xiē cí yǔ dōu xiě

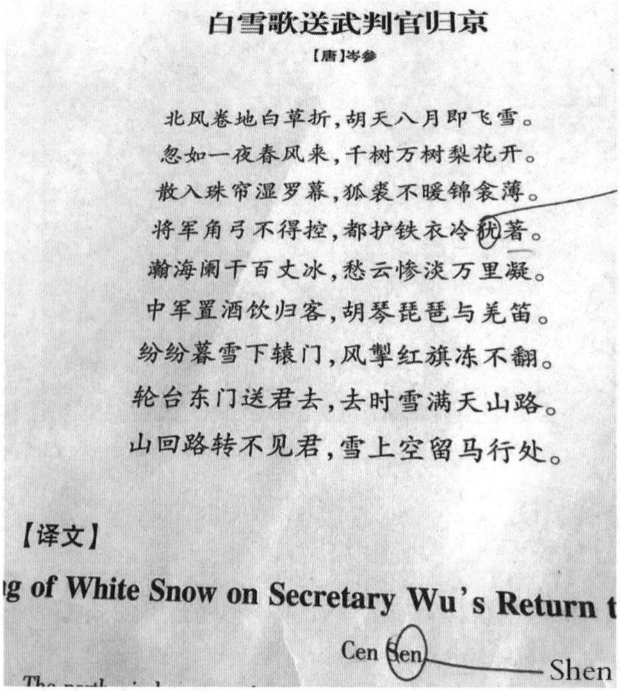

白雪歌送武判官归京

【唐】岑参

北风卷地白草折，胡天八月即飞雪。
忽如一夜春风来，千树万树梨花开。
散入珠帘湿罗幕，狐裘不暖锦衾薄。
将军角弓不得控，都护铁衣冷犹著。
瀚海阑干百丈冰，愁云惨淡万里凝。
中军置酒饮归客，胡琴琵琶与羌笛。
纷纷暮雪下辕门，风掣红旗冻不翻。
轮台东门送君去，去时雪满天山路。
山回路转不见君，雪上空留马行处。

【译文】

g of White Snow on Secretary Wu's Return t

Cen Sen —— Shen

一般录入错误。

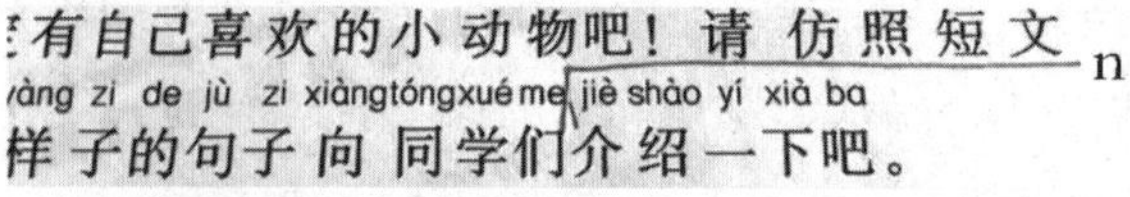

有自己喜欢的小动物吧！请 仿照 短文

yàng zi de jù zi xiàngtóngxué me jiè shào yí xià ba

样子的句子向 同学们介绍一下吧。

价值取向研究

HENGCE DE JIAZHI QUXINAG YANJIU

“张冠李戴”的情况。

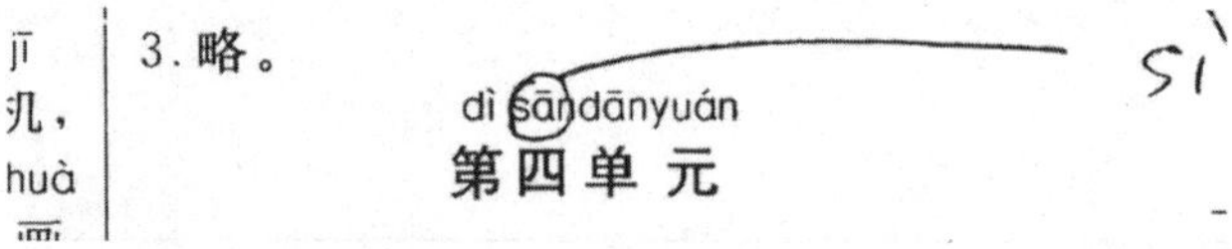

3. 略。

dì sāndānyuán

第四单元

多音字注音常出现错误，本应读某一音，错标成了另一种读音。

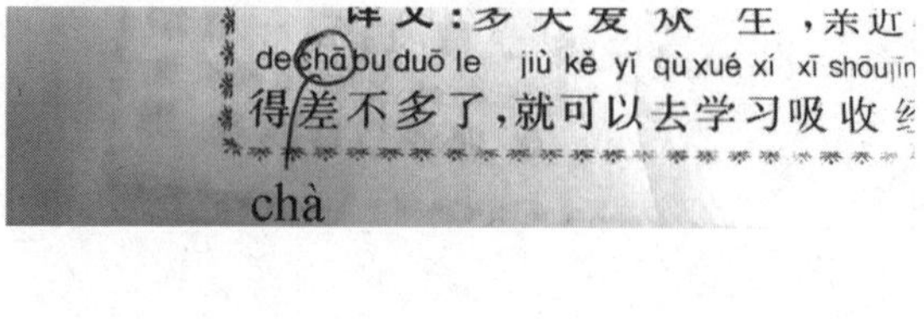

dechābu duō le jiù kě yǐ qù xué xí xī shōu

得差不多了，就可以去学习吸收

chà

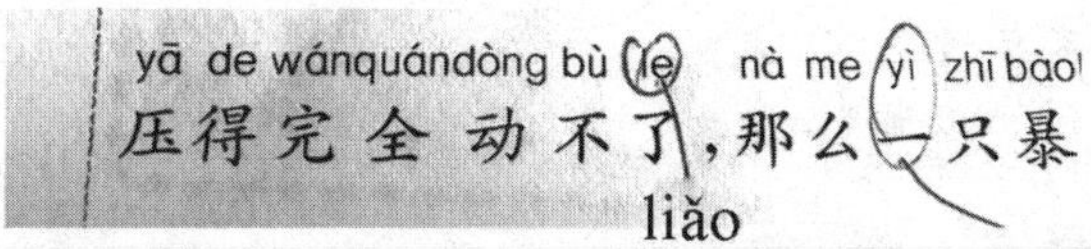

yā de wánquándòng bù le nà me yì zhī bào
压得完全动不了，那么一只暴
liǎo

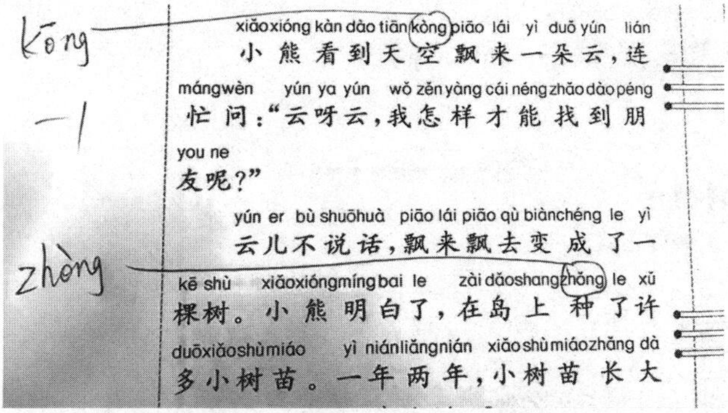

xiǎoxióng kàn dào tiān kòng piāo lái yì duǒ yún lián
小熊看到天空飘来一朵云，连
máng wèn yún ya yún wǒ zěn yàng cái néng zhǎo dào péng
忙问："云呀云，我怎样才能找到朋
you ne
友呢？"
yún er bù shuōhuà piāo lái piāo qù biànchéng le yì
云儿不说话，飘来飘去变成了一
kē shù xiǎoxióng míng bai le zài dǎoshang zhǎng le xǔ
棵树。小熊明白了，在岛上种了许
duō xiǎo shù miáo yì nián liǎng nián xiǎo shù miáo zhǎng dà
多小树苗。一年两年，小树苗长大

kōng
zhòng

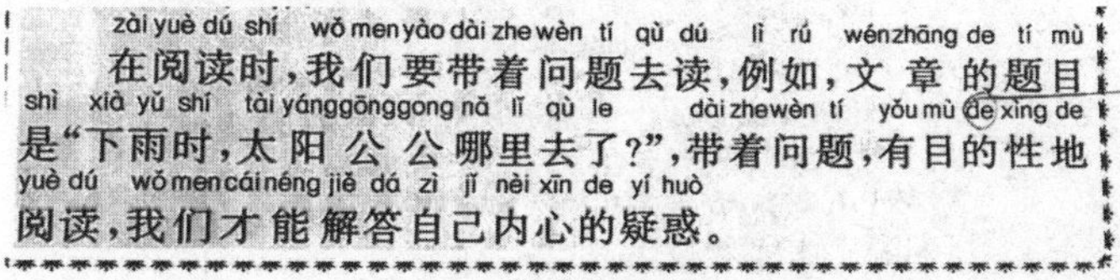

zài yuè dú shí wǒ men yào dài zhe wèn tí qù dú lì rú wénzhāng de tí mù
在阅读时，我们要带着问题去读，例如，文章的题目
shì xià yǔ shí tài yánggōnggong nǎ lǐ qù le dài zhe wèn tí yǒu mù de xìng de
是"下雨时，太阳公公哪里去了？"，带着问题，有目的性地
yuè dú wǒ men cái néng jiě dá zì jǐ nèi xīn de yí huò
阅读，我们才能解答自己内心的疑惑。

dì

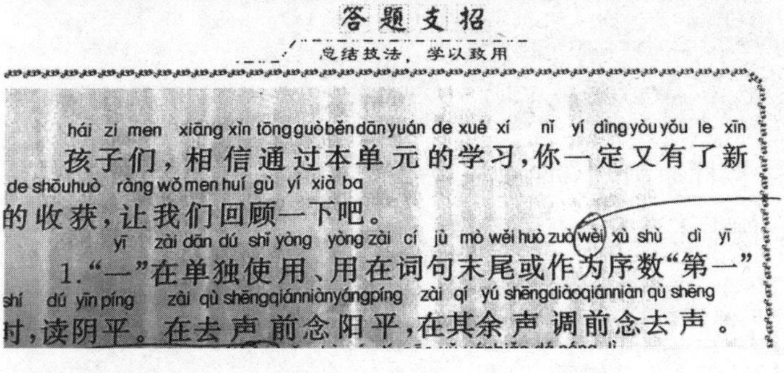

答题支招

总结技法，学以致用

hái zi men xiāng xìn tōng guò běn dān yuán de xué xí nǐ yí dìng yòu yǒu le xīn
孩子们，相信通过本单元的学习，你一定又有了新
de shōuhuò ràng wǒ men huí gù yí xià ba
的收获，让我们回顾一下吧。
yī zài dān dú shǐ yòng yòng zài cí jù mò wěi huò zuò wéi xù shù dì yī
1."一"在单独使用、用在词句末尾或作为序数"第一"
shí dú yīn píng zài qù shēng qián niàn yáng píng zài qí yú shēng diào qián niàn qù shēng
时，读阴平。在去声前念阳平，在其余声调前念去声。

wéi

轻声标注前后不一致。

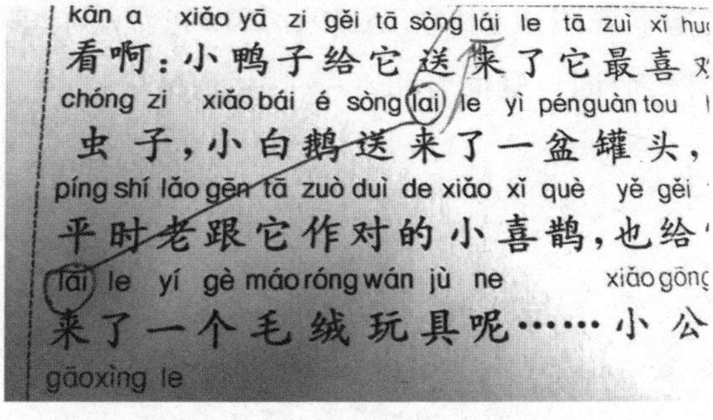

kàn a xiǎo yā zi gěi tā sòng lái le tā zuì xǐ huan
看啊：小鸭子给它送来了它最喜欢
chóng zi xiǎo bái é sòng lai le yì pén guàn tou
虫子，小白鹅送来了一盆罐头，
píng shí lǎo gēn tā zuò duì de xiǎo xǐ què yě gěi
平时老跟它作对的小喜鹊，也给
lai le yí gè máo róng wán jù ne xiǎo gōng
来了一个毛绒玩具呢……小公
gāoxìng le

下面两例分别是标调错误以及不是轻声的标成了轻声。

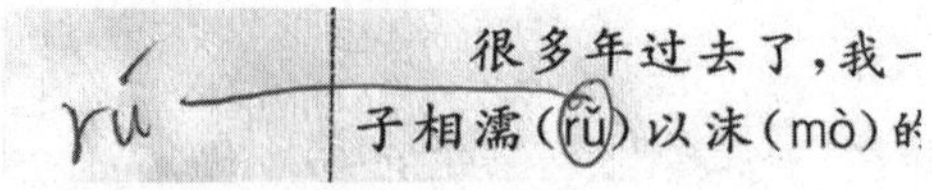

很多年过去了，我一

子相濡(rǔ)以沫(mò)的

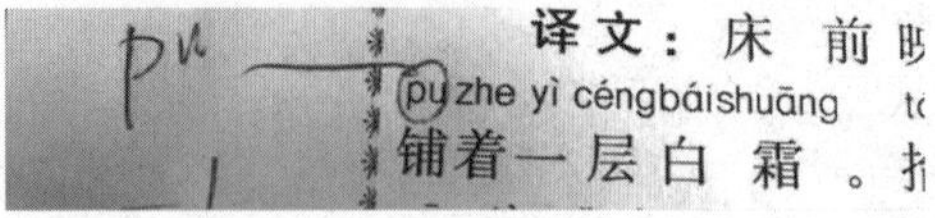

译文：床 前

pu zhe yì céngbáishuāng

铺着一层白 霜 。

多音字注音错误。

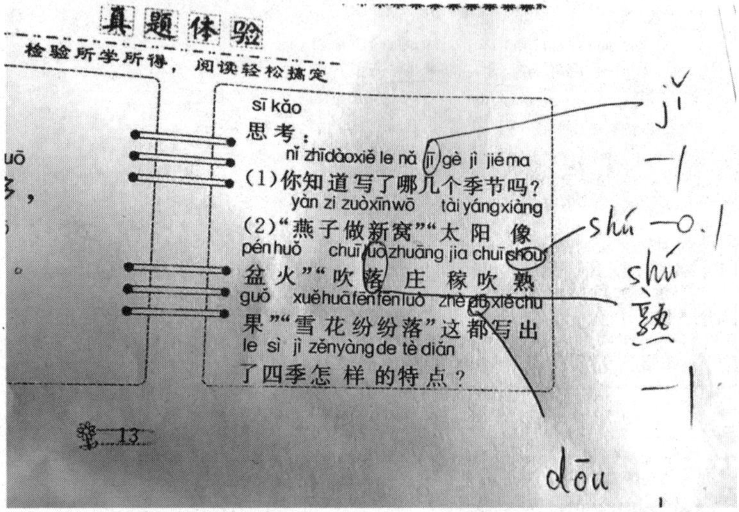

真题体验

检验所学所得，阅读轻松搞定

sī kǎo

思 考：

nǐ zhīdàoxiě le nǎ jǐ gè jì jiéma

(1)你知道写了哪几个季节吗？

yàn zi zuòxīnwō tài yángxiàng

(2)“燕子做新窝”“太阳 像

pénhuǒ chuī luò zhuāng jia chuī shou

盆 火”“吹 落 庄 稼 吹 熟

guǒ xuěhuāfēnfēnluò zhè dū xiě chu

果”“雪花纷纷落”这都写出

le sì jì zěnyàng de tè diǎn

了四季怎 样 的特点？

13

“一”“不”一般标原调，不标变调。在语言教学等方面，可根据需要按变调标写。然而此例中不该变调的却变调了。

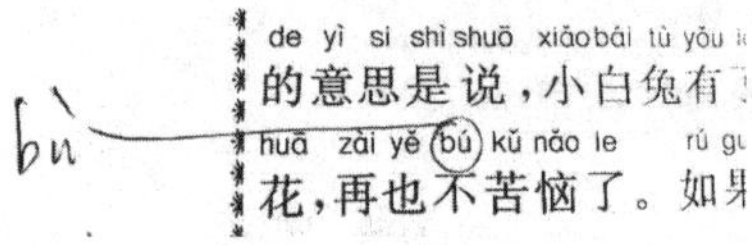

de yì si shì shuō xiǎobái tù yǒu

的意思是说，小白兔有

huā zài yě bú kǔ nǎo le rú

花，再也不苦恼了。如果

依据《汉语拼音正词法基本规则》(GB/T 16159—2012)，数词与前面表示序数的“第”中间，加连接号，数词与量词分写。

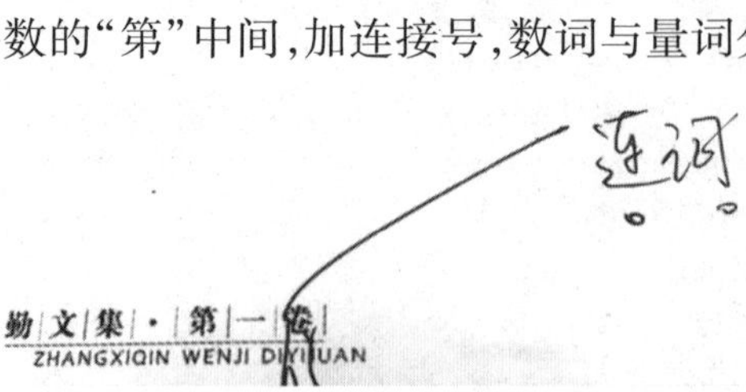

勋文集·第一卷

ZHANGXIQIN WENJI DIYIJUAN

第 2 章　语法、逻辑性错误

根据《图书编校质量差错判定细则计错表》，语法、逻辑性错误也计为 2 个差错，但与知识性差错及字词错误有所不同，此类错误特别是语法错误的认定较为灵活，主要表现为：第一，有的语法错误是由一个字甚至一个标点引发的，此时究竟算语法错误还是文字错误，抑或标点错误，便存在变通的空间。第二，由于语言的灵活性，对于很多表述方法是否存在语法错误，从不同的角度来判断可能会得出不同的结论。第三，同一个存在语法错误的语句修改方法可能很多，不同的修改方法可能对应不同的计错方法。因此，在认定此类差错时，往往存在较宽的商榷的空间。此类差错涉及面很广，类别也较多，本章拟分成几大类，分别举例加以说明。

2.1　成分残缺

以下几例分别缺少主语中心语和宾语中心语，这是成分残缺的最常见的情况。这样的错误也可以看作前后搭配不当。

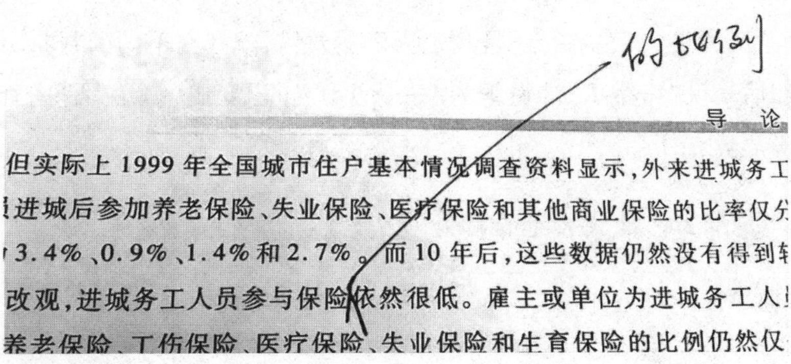
导　论

但实际上 1999 年全国城市住户基本情况调查资料显示，外来进城务工

进城后参加养老保险、失业保险、医疗保险和其他商业保险的比率仅分

3.4%、0.9%、1.4%和 2.7%。而 10 年后，这些数据仍然没有得到

改观，进城务工人员参与保险依然很低。雇主或单位为进城务工人

养老保险、工伤保险、医疗保险、失业保险和生育保险的比例仍然仅

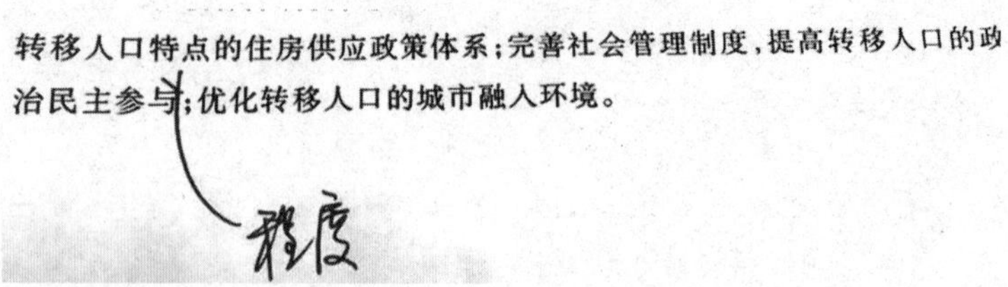
转移人口特点的住房供应政策体系；完善社会管理制度，提高转移人口的政治民主参与；优化转移人口的城市融入环境。

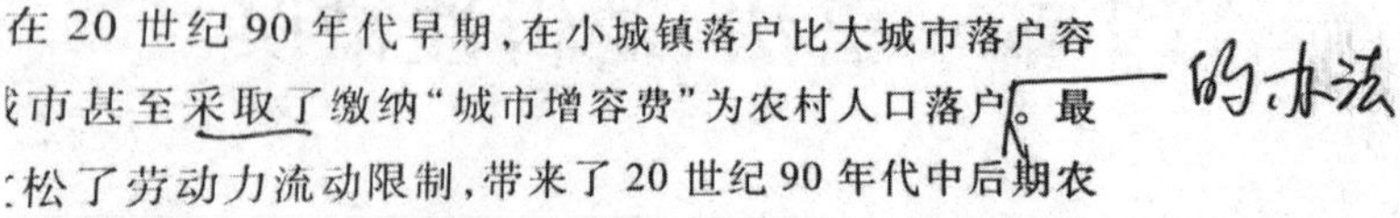
在 20 世纪 90 年代早期，在小城镇落户比大城市落户容
市甚至采取了缴纳“城市增容费”为农村人口落户。最
松了劳动力流动限制，带来了 20 世纪 90 年代中后期农

缺少动词，造成前后不对等。此例也可认为是前后不搭配的问题。

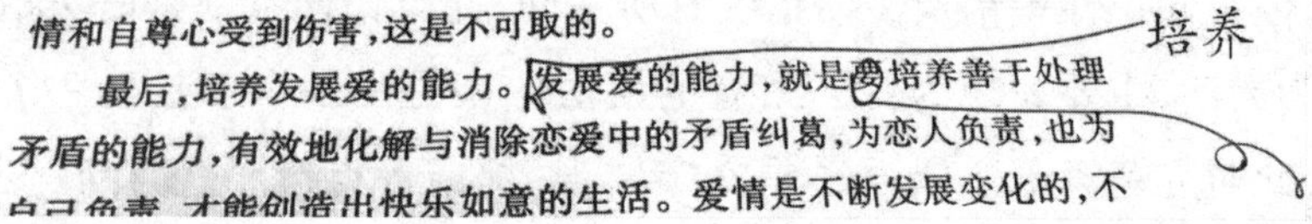
情和自尊心受到伤害，这是不可取的。
最后，培养发展爱的能力。发展爱的能力，就是要培养善于处理矛盾的能力，有效地化解与消除恋爱中的矛盾纠葛，为恋人负责，也为自己负责，才能创造出快乐如意的生活。爱情是不断发展变化的，不

缺少主语“我”，呼语“老师”成了主语。

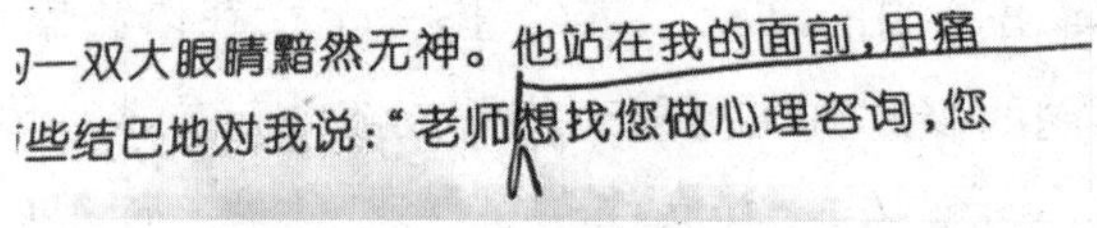
一双大眼睛黯然无神。他站在我的面前，用痛
些结巴地对我说：“老师想找您做心理咨询，您

缺少方位词，这样的例子很多，特别是在表述抽象概念时，此类问题出现频率很高。

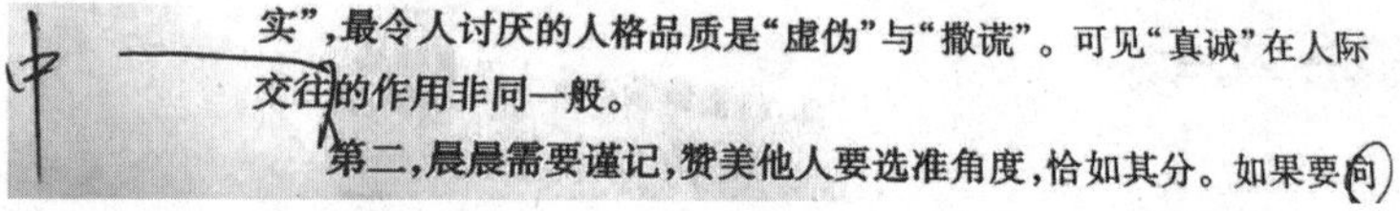
实”，最令人讨厌的人格品质是“虚伪”与“撒谎”。可见“真诚”在人际交往的作用非同一般。
第二，晨晨需要谨记，赞美他人要选准角度，恰如其分。如果要向

有的时候，一个经常被忽视的助词“的”在句子中起到了较为关键的作用，一旦缺少，就会影响理解，甚至句子的语法结构和句义也会发生变化。此时，究竟认为是文字差错，还是判定为语法差错，就存在不同的判断。

此句话是说“常数 K”的量纲为“一”，少了“的”变成“量纲”是一个常数 K，显然意思就错了。

反比。量纲为一常数 K 通常称为
摩擦材料。

2.2 成分赘余

和成分残缺相对应的便是成分赘余。例如：

相同的成分在前后不同位置重复出现。

合起来，建立历史的感知，把历史建构为一个设置自己目标并实现
这个目标的主体，同时建构为一种逻辑的演绎，因此可以说在过去
两个世纪兴起的普遍的历史哲学倾向中，黑格尔的历史哲学可以

中显现。教师专业成长的方向和目标是不断走向专业
长动力就是一种实现教师专业成熟的一种重要推动力
长能力、成长实力和成长潜力的最完美结合。这种力

同义词的无意义并列。有的作者为了拼凑字数，经常采取此类办法。

效率，现行的分配制度处于不确
中占有的具体份额是笼统模糊
制度实现机制的残缺与缺陷，就

赘余的成分导致主语和宾语不搭配。

中第一产业的产业结构也出现了内部结构提升。
是对农产品的数量的需求可能并不会增加太多，

的含义。赫勒对个性的理解并没有一个确定性的定义，
它进行了描述性的解释，在《个性伦理学》中借劳伦斯

这些不外乎是神经衰弱的心
理异常表现。巴甫洛夫认为，人的高级神经活动类型属于弱型的人，
性格往往是内向，敏感，自卑，内省力强，易激惹，遇事易紧张，烦恼体
验不易摆脱的人，容易患神经衰弱。彬彬无论是神经活动类型，还是

好。在实验条件相同的情况下，钢铁中铁素体含量越多，耐磨性越差；相同含碳量时，片
状珠光体的耐磨性比粒状珠光体好。由于低温回火马氏体组织稳定性比淬火马氏体稳
定，因而其耐磨性高于淬火马氏体。

“前夕”是指“前一天的晚上”，跟“的一天”冲突；“接管”指“接收并管

理”，后面的“并管理”多余。

超，很少碰到对手。在奉命率兵赴新疆平叛
前夕的一天，他微服出巡，在街上看到一个七

了，因为B区是租界的核心区。作为代替，这个地区被
军（Volunteer Corps）接管并管理，直到日本与美国之

主语的赘余，在状语和谓语前各出现一次，提取句子主干便可发现出现了两个主语，冲突了。

想我总能意识到读者的存在和读者在阅读中遇到的困难。我在教写作的
时候，我一方面从总体上讲述读者的兴趣，另一方面让我的学生意识到读
者的难处，所以，写一些让读者易懂的东西是值得的。

本来是“农村劳动力”能够较快适应，多了“使其”，主语就变得不知道是谁了。

育，较高教育水平的农村劳动力使其能够较快适
要。二是相较于英国，日本工业化起点较高，工业

谓语的赘余，此例也可以看成成分残缺，在“升级转型”后加“时期”，差错类型和修改方法均较灵活。

陷入停滞，传统产业要进行升级换代，结构调
。这时，城市工业进入升级转型，城市出现大
对减少，而城市居民就业也在增加，加上农村

状语的赘余。

⑤用善意的谎
言，以此来说服
元元，给儿子一

，本国制造业主要以资本资料为主。
，随着工业结构的重心由轻工业到重工业

认为自己做不到的事情的纸对折好，按顺序
依次来到老师的讲台前，把纸投进一个空的

> 格尔哲学。这种广博的知识背景使她既可以快速接受结构主义，又可以
> 使她指出结构主义的问题所在并对其进行改造。这本编译书受到了英语

> 司影响。随着溶液 pH 值的改变，CIP 在溶液中的存在方式也会随之
> 变化，其有三种形式，分别为阳离子（CIP^{+}）、两性离子（CIP^{0}）和阴离

同样，多一个字，有的时候也会影响整个句子的结构，造成语法错误。

例如，多一个“后”字，“两次制度变迁”由“被”的宾语、动作的施事变成了时间状语。

> 种利益连接纽带被两次制度变迁后割断了。200
> 参与分配改为税收方式，即费改税，国家收入固

“对”字多余，使得“需求”由“劳动输入地的‘拉力’作用”变成了“对劳动输入地的‘拉力’作用”，究竟谁拉谁，完全相反了。

> 余劳动力成为潜在的流动者。同时，经济特区的设立和发展，非国有部门的
> 扩张增加了城市对劳动力的需求，形成了对劳动输入地的“拉力”作用；而农
> 村生产力发展，劳动效率提高，剩余劳动力大量出现形成了对劳动力输出地
> 的“推力”作用。改革前，由于计划经济体制的就业隔离，中国城乡和区域经

“是”字多余，本来“观点”是“提出”的宾语，变成了“是”的宾语，“进行教育”是“观点”，句意全变了。

> 会学的角度出发，论述了参照群体在学校教育中存在的依据、条件
> 及作用，同时提出学校利用参照群体对大学生进行教育，是有助于
> 提高教育效率的观点。而另一位学者叶菊华的《论参照群体对大

同样，“的”字多余，本来意思是“由自己去发现”是“最佳途径”，结果变成了“由自己去发现最佳途径”。

> 学习任何知识的最佳途径都是由自己去发现的。因为这

2.3 句式杂糅

句式杂糅，即把两种不同的句法结构混杂在一个句子中，结果造成语句结构混乱、语义纠缠。这同样是书稿中的一种高频错误，此类错误的多少常

常体现着作者的逻辑思维的清晰与否以及表达能力的强弱，同时也衡量着编辑的语文功底和认真程度。写作时逻辑混乱，或语言表达不清，编加稿件时对句子的分析不细致、不到位或搞不清语法结构，都会不可避免地遗留此类问题。

常见的句式杂糅例子有："没有……之前""通过……使……""根据……表明""防止……不再……""如果……时""从……为出发点""原因是……造成的""由于……决定""是由于……的结果""之所以……的原因""对于……上""这要看……所决定""最好……比较合适""借口……为名""大约……左右""供……之便""超过……以上""靠的是……取得的""本着……为原则""包括……组成""我们可以从……反映几个问题""围绕……为中心""……对……留下了深刻的印象"……这样的例子不胜枚举。此外，以上组合并不是绝对的句式杂糅，要结合具体的句子来分析。总之，判断句子是否杂糅，没有一定的公式可套用，只有认真分析句子中每一个成分之间的关系，才能发现并改正此类错误。见以下几例。

律、法规尚未颁布实施前，行政公文便成

工作。根据西德的统计数字表明，只有 15% 的

摩擦是两个相互接触的物体在外力作用下发生相对运动或具有相对运动的趋势时，在接触面间产生切向的运动阻力，这阻力称为摩擦力，这种现象称为摩擦。这种物

谨慎，除依据随机误差理论作判据外，还要对被

犁沟擦伤；若表面微凸体压入深度较小时，则下

关于因果关系的表述，杂糅的情况很多，在很多情况下并未影响理解，所以很多人对此并没有给予足够的重视，错误的表述屡见不鲜，甚至还有这种多重杂糅的情况：

验到的角色环境的各种不确定性。其产生是由于多元文化的相互碰撞与相互融合所引发的价值取向方面的多元化，导致社会各界对教师角色的认识不清晰、期待不明确，从而产生一定的角色模糊现象。

朵朵心理问题产生的主要原因，是由于她自卑的心理所致。

然而，有些杂糅的句子，意义已经发生了变化。例如此句，"最突出的微

凸体被压平”究竟是“磨合”导致的结果，还是“磨合的结果”导致的结果？看似意思差不多，可是仔细推敲就会发现差别。

> 阶段。由于磨合的结果，最突出的微凸体被压平，原

“称之为”的问题也较为普遍。“之”是代词，被“称”的事物就是“之”，“把……称之为”“……被称之为”这两种情况中，代词“之”都与被“称”的事物重复，但很多人并没有仔细体会“之”的含义，导致这两种表述常常出现。

> 被官方称之为“匈牙利

> 我们将一个人称之为个体，那就意味

“通过……使……”“由于……使……”是很典型的句式杂糅，同时也可以认为是“吃掉主语”的问题，即多余的介词“通过”把它后面本来应该做主语的成分变成了状语，把主语“吃掉”了。产生“缺主语”的错误，有的是因为确实未交代主语，致使读者不明白主语究竟是什么，属于“成分残缺”的错误，也有的则是因为主语被“吃掉”了。与此相类似，介词的位置错误也会导致主语被“吃掉”。

> 第二，通过高兹对科学技术的批判，使我们对科学技术的性质和作用有了更加全面而深刻的认识。科学技术给人类带来的并不全是福音，它是一

> 由于摩擦金属表面的塑性变形，将使金属表
> 化以及组织变化，如：

> 化学发展过程中起着比较重要的作用。尤其需要注意的是，随着化学和相关分子材料的发展，进一步促进了 Schiff 碱类配合物的研究。

“在……下”把理性经济的支配变成了状语，造成主语缺失。如果把“造成”改为“产生”，转换一下意义上的主语，便也可解决这一问题。

> 围，在“经济理性”的支配下，造成了资本主义生态危

“通过”的位置不当，主语“我”被“吃掉”。

④通过“我”对唐娜的观察，发现唐娜老师也做着和同学们同样的事情，说

2.4 搭配不当

前后文搭配不当的情况也分多种，例如主语和谓语搭配不当、动词（或介词）和宾语搭配不当、关联词搭配不当等等。

“抽检结果”“他们的研究”都不能“发现”，同样“文章”也不能“明白”，主谓搭配不当。

量稳定可靠，消费者可以安心购买。
国家监督抽检结果还发现，在16批次
有8个样品为微量成分指标不合格，有5个

层厚度、热处理温度以及弯曲角度等对石墨烯导电油墨导电性能的影响。他们的研究发现，石墨烯导电油墨电阻率与涂层厚度、热处理温度成反比，且随着厚度、温度的增加石墨烯导电油墨的电阻率逐渐降低，并且样品在柔性基底上经过不同角度的弯曲折

《囚蚁》这篇文章，通过“我”和妹妹两次失败的“囚蚁”经历，明白了自由生活的可贵。

“资金”来自于……，而非“资金来源”来自于……。

Association，简称SACRA）。随着日本人上海犹太隔离区的建立，阿什肯那齐合作救济协会成为上海当地犹太难民主要的救济机构，但是，它的资金来源绝大部分仍然来自于美犹联合救济委员会。——译者注

此例中，前面说“人”是“立场”，后面说“立场”是“人”，都存在主语和宾语搭配不当的问题。

表现为原教旨主义立场，也表现为犬儒主义立场，原教旨主义立场的人是那些不能够带着一个公开伤口生活的人的立场，犬儒主义的立场则是那些虽不介意公开的伤口生活，却拒绝或不能承担责任的人。而经反思的后现代思想则是那些不介意伤口却能够承担

"任务"是一个"问题",就无法执行了。

> 下面的任务就是如何提取天气场景视频有效特征,完成这三种天气条件的分类工作。

动词和宾语搭配不当。

> 专业化运动。新设立的教育大学着重开展了提高教
> 教育,学生中的三分之二来自中小学在职教师,力求

一个动词连接多个宾语或多个动词连接一个宾语的时候,很容易照顾不周,造成其中多个宾语中的一个和动词搭配不当,或多个动词中的一个和宾语搭配不当。此例中两种情况都包含了。

> 大教育观,不断增强、拓宽自己的文化修养
> 中提高反思意识和教学研究。

同样,"提高"和"应用范围"不搭配。

> 分析仪的结合使免疫荧光组织化学的定量检测更加准确。在免疫荧光细胞
> 化学中应用单克隆抗体日益增多,将会不断提高特异性、敏感性和应用范
> 围。激光扫描等聚集显微镜的应用又开创了新的发展时代。

复句中,关联词的不当搭配将导致逻辑的混乱。这也是一种高发的差错。

"即使"和"但是"不搭配,要么"即使……也……",要么"虽然……但是……"。

> "即使小说与市场结构一致,但是它从来不接受市场的价值概念。

"只有……才能……"而非"只能……才能……"。

> 联,因而只能从神学的视角才能够得以理解。"①

"越……越……",换成"较""更"都不搭配。

> 城镇化对产业结构升级的影响包括:
> (1)居民的消费中非农产品的消费越多,则城镇化变化对产业结构的演变会显得相对较小。
> (2)城市居民的收入差距越大,在城镇化过程中产业结构演变得也就越快。
> (3)经济系统中居民的数量越多,那么相同的城镇化率对产业结构的影响也是更高的。

“一面对两面”也是一种常见的差错。“专业能力”“内部审计质量”包含正反两面，跟后面“改进”“提升”不搭配。

耿建新等（2006）的研究发现单设内部审计部门的 IPO 上市公司由于内部控制更加完善能够承担较大的流动性风险，有较强的抵抗风险的能力，在内部控制和风险管理中发挥作用，但与公司的业绩并不直接相关。王兵和张丽琴（2015）实证研究发现内部审计负责人专业能力能显著改进内部控制质量。赵保卿和徐豪萍（2017）实证发现内部审计质量有助于提升投资效率，抑制非效率投资。

当一个主语统领多个谓语时，常出现主语跟后面距离较远的谓语不搭配的情况，即“偷换主语”。“偷换”的主语很多情况下都是前面一句的宾语。在长句子中，作者的思维转换跳跃常导致此类问题，如不提取主干，仔细分析句子成分，很容易出错。

前面的主语是“这一研究”，到了后面，主语实际上变成了“红色磷光体”。

这一研究最终引发人们合成了极亮的红色磷光体，也成为人们利用红色磷光的首选发光材料。值得注意的是这个磷光发光体的发光效率

“他”（罗杰斯）被父母关在家里，后面“不让罗杰斯……”显然主语变成了“父母”。

出这一结论的。罗杰斯出生于一个虔诚的宗教家庭，因为周围的邻居都是异教徒，所以他从小就被父母关在家里，不让罗杰斯与邻居家的孩子一起玩耍，他感到非常孤独。离群索居的童年生活使他非常渴望

最初主语是“人们”，随后换成了“它”，之后又换回了“人们”。

被人们认识和感知时，它还不能成为教师专业成长的研究对象。只有当人们意识到它的存在，同时又作为问题被提出，并对之进行研究时，它才成为教师专业成长的研究对象。如果从共性和个性的关系上看，教师专

以上例子虽然存在偷换主语的情况，但表达的意思基本上能够使读者理解。而有些情况则不同，主语换得让人摸不着头脑。

此段中“枪意外走火”处，显然主语是“枪”，可是后面，谁“在精神上背上了沉重的十字架”？由于前面提到的人物较多，靠读者自己猜测显然不太容易。

> 因与警察发生摩擦被关押，使儿子在12岁时有机会接触到他收集的枪支，枪意外走火，打死了一名孕妇而在精神上背上了沉重的十字架。极度自责与愧疚的鲁迪承认，尽管父亲在艺术追求上颇为自负并总是以博学

此例中情况也类似。“叙事者‘我’”是其后面句子的主语，但后面“撞坏了他手表表面的玻璃”的人就不知道换成了谁，既像是“有人”也像是“我”。然而，结合上下文才会发现，戴手表的是冯内古特，恰恰是“我”而不应该是“他”，因此该句的主语显然不会是“我”了，而是“有人”。整个句子的叙述视角很混乱，定会让读者一头雾水。

> 在这场暴力事件中，特鲁特是无辜的，但在阻止德威恩施暴时，手指被德威恩咬断了一节指尖，而叙事者“我”尽管离暴力场面有一段距离，但由于有人为躲避德威恩而往后退，结果撞坏了他手表表面的玻璃，并伤了他的脚趾。绍特认为：“也许冯内古特的手表就该被弄坏，因为他反复

2.5 逻辑性错误

此类错误表现形式也十分灵活多样、“不拘一格”。要发现此类错误，就必须读懂稿件中语句所传达的意思并动脑加以分析，草率、肤浅地浏览是行不通的。

农村劳动力应该是从农业部门向工业以及服务业部门转移，如果再转回农业部门，显然不合逻辑。

> ，农村劳动力从农业部门向工业以及农业部门转移。

从前文可知，少数民族聚居地越偏远，与大中城镇间的距离越大，少数民族文化保留程度越高，因此“少数民族聚居地与大中城镇间的距离”同“少数民族文化保留程度”成正比，而非反比。

> 发生潜移与变迁。黑龙江地区的少数民族乡村文化相对于城镇少数民族文化来说，保持的相对要好些，这是由于村落偏远较为传统与封闭，受外来文化冲击较少，少数民族聚居地与大中城镇间的距离与少数民族文化保留程度一般成反比。也就是说，离大城镇越远，受到城镇化影响越小，其他保留

“火球”似“一道道彩虹摇曳”，这一比喻令人费解。

空，放人易燃的松明等物，比赛开始时点燃，在夜间开赛。火球在黑夜中飞舞，似一道道彩虹摇曳，颇具民族特色。冬春之际，或节日、婚庆之际，达斡尔青年组成两队在宽敞的平地上对打，各有一个球门，以进球多少论胜负。

“与他们交谈的语气”实际上是作者“我”的语气，“我”从自己的语气中感受，不合理。

及，但从与他们交谈的语气中可以感受到，锡

表述过于绝对化。

个时期美好形象的记忆。任何有相机的人们都会使用相机拍下自己孩子最初的影像。

多一个“不”字或少一个“不”字，意思都正好弄反了。

的痕迹，后来输入的信息难免不受它的干扰，

伤还要严重。因为经济大萧条不只是摧毁人的生活，还在折磨着人的心灵，让人们无时无刻地沉浸于各种绝望、悲观、消极、颓废的精神状态，而只有这些喜剧演员的表演和幽默的广播节目才能勉强给人们的生活带来一抹阳光，给人们的心理创伤带来一剂良药，那时“人们都聚集在收音机

（手写批注：不）

“否认”“并不”构成了双重否定，然而结合前文可知，此处意思弄反了。

《蓝胡子》虽然以自传体写成，但冯内古特在作者自序中先强调这是本小说，而且是骗人的自传，然后否认书中人物并不真正存在，最后阐释自己的艺术观。小说总体上的虚构性与自传总体上的非虚构性之间相互

“社社有女社长”，不应是“女队长”。

基本达到了社社有女队长，队队有女队长。许多

（手写批注：社）

此处只要认真分析就会发现，应该是黄铜黏附到钢上，不可能是黏附到铜上。

黄铜圆销在钢盘上滑动时，因为黄铜比钢软，所以黄铜不断地黏附到铜上。但仔细

（手写批注：钢）

此例的判断要费一些周折。2100 年实际上是平年。纵观上下文，学生根据“能被 4 整除”的原则，应当首先将 2100 年错判为闰年，然后老师查询

万年历予以纠正，并补充知识。此例中正好弄反了。如果不考虑上下文的关系，只盯着局部看，本以为正确，却产生了逻辑错误。

> 1. 判断下列年份是平年还是闰年：
> 1949 年、1928 年、2005 年、2100 年
> 教师根据学生的判断出示答案，并结合 1949 年新中国成立、2005 年
> 成功发射的事实对学生进行思想教育。
> 学生根据计算结果判断 2100 年为平年。
> 师：2100 年是平年还是闰年呢？让我们通过万年历查寻一下。（打
> 证 2100 年为闰年）这到底是为什么呢？
> 在学生热情高涨时补充知识：百年不闰，四百年又闰。

2.6 有歧义或表意不明

有些语言表述，作者自己明白，读者却未必能明白。有的语句结合上下文可以判断出其真正表达的意思，而有的语句则基本无法判断。在翻译的稿件中，此类问题较为突出，因为外语有的句子较长，而且表达顺序跟中文存在差异，一旦这些词语的顺序罗列不好，意思很容易表达不清甚至表达错误。稿件中如有此类问题，同样需要认真分析、读懂读透，或向作者求证，或求助外文原文，这样才能及时发现并改正。

此例可以有两种理解："奶粉""鱼肝油""葡萄糖配成的饮料"；用"奶粉、鱼肝油和葡萄糖"三种食品配成的饮料。

> 它，喂它奶粉、鱼肝油和葡萄糖配成的饮料。

根据前后文，应该是仅有两只山雀，它们之间有大量的对话，但此句可以理解成山雀是大量的。

> 文中作者通过想象虚构了大量的山雀间的对话。理解

"石墨烯""氧化石墨烯与 PPy 的复合材料"？"石墨烯及氧化石墨烯"与"PPy 的复合材料"？"石墨烯""氧化石墨烯""PPy"三者的复合材料？都不是，而是"石墨烯与 PPy 的复合材料"和"氧化石墨烯与 PPy 的复合材料"。

石墨烯及氧化石墨烯与 PPy 的复合材料在协同效应的作用下表现出较好的电容特性。然而，由于 2D 的石墨烯及氧化石墨烯极易团聚，从

你应该娶她，而不应该娶我？应该你娶她，而不应该是我娶她？结合上下文，应该是后者。

助以使自己摆脱西莉亚的纠缠，从而远离西莉亚有可能给他带来的麻烦和痛苦。最后一个短剧揭示了爱在人的生命中扮演的角色，场景设在西莉亚的葬礼上。在西莉亚的葬礼上，鲁迪的哥哥费利克斯向西莉亚的丈夫德威恩坦白他曾经爱过西莉亚的事实；德威恩和费利克斯都认为对方会成为西莉亚更好的丈夫。费利克斯向西莉亚坦白他曾爱过西莉亚，西莉亚的丈夫德威恩并没有像鲁迪和爱玛（鲁迪和费利克斯的母亲）担心的那样，会因为听到费利克斯的话而恼怒并暴打他一顿。相反，德威恩承认他没能帮助他的妻子西莉亚，并且对费利克斯说："你应该娶她，而不该是我。"② 在这场戏中，除了开始时看到德威恩走过来提醒费利克斯赶紧

是鲁迪被认为有艺术天赋，还是鲁迪的父亲被认为有艺术天赋？

公鲁迪的父亲和冯内古特的父亲有些相似之处。两人在第二次世界大战开始后都不得不隐瞒各自的德裔身份，两人都与艺术打交道：冯内古特的父亲是一名建筑师，而自幼认为有艺术天赋的鲁迪的父亲奥托曾赴奥地利学习绘画，却意外遇到也在艺术道路上不得志但后来成为纳粹头子的

西伯利亚的犹太人只占西伯利亚人口很少的一部分？西伯利亚的犹太人只占犹太人很少的一部分？

尔滨犹太人的日常用语。1914 年，在西伯利亚的犹太人只有很少的一部分，大约有 35000 人，而当时世界上的犹太人口总数是 1000 万人。最初，犹太人是作为"罪犯"或"逃兵"来到西伯

给学生讲解西雅图的历史的，是比尔·盖茨还是他母亲？根据上下文可知是后者。

比尔·盖茨天生精力旺盛，非常好动。还是婴儿时，他就喜欢让摇篮长时间不停地晃动。直到今天，他还是喜欢不停地摇晃。他七八岁时，母亲担任社区服务工作，经常带他到学校里去给学生讲解西雅图的历史，比尔·盖茨总是坐在前排专心地听讲，这时他好动的习惯就一点儿也找不到了。

是把"相互接触后可引起燃烧、爆炸的气体"充装进气瓶，还是气瓶里充装着"相互接触后可引起燃烧、爆炸的气体"？后面的"时"是关键，有

“时”时，前面是动宾短语，按前者理解；去掉“时”，前面变成偏正短语，按后者理解。根据上下文，应当是后者的意思，去掉“时”。

> ④充装相互接触后可引起燃烧、爆炸的气体的气瓶（如氢气瓶和氧气瓶）时，不能同车搬运或同存一处，也不能与其他易燃易爆物品混合存放。

国际军事法庭没有认定“日本人的反犹主义是个错误”这个观点？“国际军事法庭没有认定日本人的反犹主义”这件事是个错误？

> 区重要战犯的记录。然而，这个词被日本历史学家小林正之使用了：“据说国际军事法庭没有认定日本人的反犹主义是个错误，而这种反犹主义对许多人的思想产生了巨大而邪恶的影响。”

有些代词指代不明。例如以下两个例子中的“其”“它”，很难说具体是指什么。有的时候，对于“吃掉主语”的情况，有的编辑没有弄清语法结构，单纯为了避免出现缺少主语的错误，随意加个代词，可是并不知道它究竟指代什么，结果画蛇添足，反而导致了新的错误。

> 轭大π键的人工合成有机高分子，被称为“合成金属”。[50] 导电聚合物独特的导电机理和物理化学性能使其可以成为理想的电极材料。其通过调控掺杂剂的种类和掺杂量可以使导电聚合物的电导率发生变化，使导电聚合物的导电性在绝缘体、半导体和导体之间转换。其作为电极材料可以通过调控掺杂剂提高导电聚合物的利用率，通过促进掺杂/去掺杂的氧化还原反应提高电容量。这一特性是碳材料和金属氧化物无法比拟的。[51]

> 见解。学习者在学习的过程中，对教师的指导并不是被动接受的过程，而是主动接收、内化的进程，是对内在原有知识的重建。在这一过程中，学生的心理品质也会发生变化，逐步地走向成熟、完善。它既可以将事物原有的、外显的品质、经验转化为内在的知识、经验或品质，也能够把重组的

“笔者”多用于自称，此例为一书评，作者当为被评价的作品的作者，而非此书评作者本人，用“笔者”不恰当。

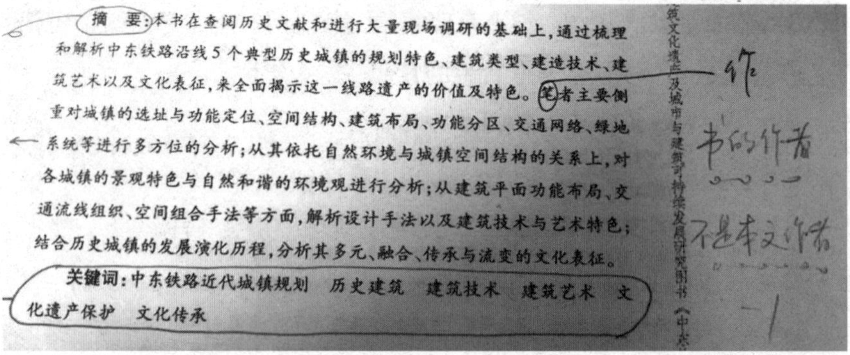
摘　要：本书在查阅历史文献和进行大量现场调研的基础上，通过梳理和解析中东铁路沿线5个典型历史城镇的规划特色、建筑类型、建造技术、建筑艺术以及文化表征，来全面揭示这一线路遗产的价值及特色。笔者主要侧重对城镇的选址与功能定位、空间结构、建筑布局、功能分区、交通网络、绿地系统等进行多方位的分析；从其依托自然环境与城镇空间结构的关系上，对各城镇的景观特色与自然和谐的环境观进行分析；从建筑平面功能布局、交通流线组织、空间组合手法等方面，解析设计手法以及建筑技术与艺术特色；结合历史城镇的发展演化历程，分析其多元、融合、传承与流变的文化表征。

关键词：中东铁路近代城镇规划　历史建筑　建筑技术　建筑艺术　文化遗产保护　文化传承

2.7　用词不当

一些词语有特定的含义，如不了解，似是而非地使用，就容易用词不当。

十天为一“旬”，因此，一个月有上旬、中旬、下旬，而20世纪“中旬”则不恰当。

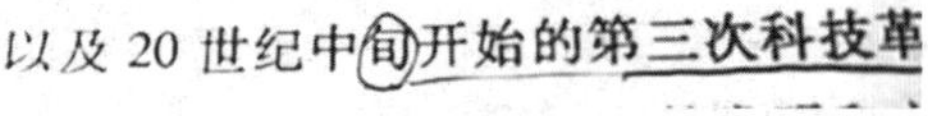
以及20世纪中旬开始的第三次科技革

“词汇”“丛书”等集合名词常被误用为个体名词。

的反面“异”这一中心词汇，走上了反对西方“同一

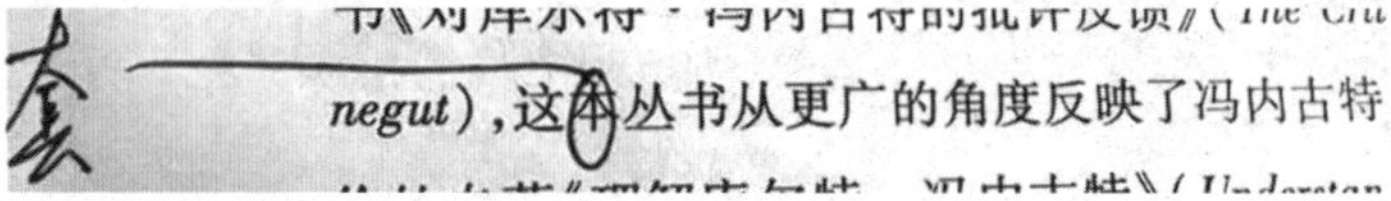
negut)，这本丛书从更广的角度反映了冯内古特

一些成语常被篡改，“无以复加”误用为“无可复加”。

他谨小慎微到无可复加的地步。”

“颐指气使”，指动下巴示意，指挥别人，用神情气色支使人，它不是互文见义的成语，因此搭配不可调换。类似的还有口蜜腹剑、人面兽心等等。

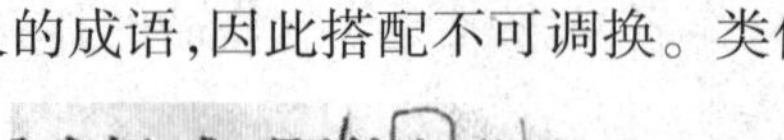
耀武扬威、颐使气指地喝令“儿

一些相似的成语杂糅使用，“一往无前”和“勇往直前”糅合成了“一往直前”。与之相类似，还有“势在必行”“事在必行”和“志在必得”常被糅合成“势在必得”“志在必行”。

对我的认知，成为一个综合能力很强的人；我拥有了
而奋不顾身，一往直前，在梦想一步步走向实现的
在这里，我分享给了你们我适应高中生活的经验—

“不尽如人意”和“不近人情”常错为“不尽人意”，意义不明。

在职场上薪酬不尽人意的现实，以

词性的误用。例如名词“热忱”“智慧”“本源”误用为形容词，名词“桎梏”误用为动词，副词“即时”误用为形容词（也可认为是音近别字）。

这里的每个教师都那样热忱，充满活力，这让我感到

人性的馨香——绵远、悠长

的课堂，我们经常为她机敏、智慧的评价语言所吸引，她

任何的想法都是人性最本源的思想。

地颇具独创性：传统只能桎梏后人，使其产生“影响
脱传统并与之决裂，才能超越前人并显示自己的

正常情况。即时、准确的报警信
响应，并最大限度地降低人员伤亡

“问津”为不及物动词，其后不加宾语。

育的“方法和技术”，并不问津其背后的思想基
这是正常的，但不是理想的。因为任何领域的

“症结”是指“不能解决的关键”，词义有误。

业的集中推动人口不断向城市集中。在农业现代化、城市化过程中，政府要
有序推进农村剩余劳动力向城市转移。解决“三农”问题的症结是如何使进
城务工人员顺利在城市工作和生活，让从农村转移出来的进城务工人员变

2.8 并列不当

概念的使用不当，并列表述时将不同级别的概念并列在一起，会造成并列不当的差错。

例如，南方包含西南地区，熊骨包含熊头骨，并列在一起不恰当。

明，一批南方、西北、西南地区的

后，会将熊头骨、熊骨挂在树枝之上

“大学生”包含“本科生”“研究生”，“研究生”又包含“硕士研究生”和“博士研究生”，但由于人们习惯于把本科生统称为“大学生”，把“硕士研究生”统称为“研究生”，结果就出现了“大学生”“研究生”“博士生”三个级别的概念并列在一起的情况，如不留意很容易遗漏。

服务性奖学金主要包括“研究生补助金”和“助教补助金”。这两种奖学金一般发给研究生和博士生，大学生获得的机会少些。服务性奖学金提供

同理，上了初中就是“中学生”，再上高中又变成了“高中生”，于是出现了“中学生”和“高中生”并列的情况。

数量，进而增强取样的代表性。如果条件允许，可以采取对小学生、中学生和高中生分别取样，进行数据分析，对流动儿童的心理弹性进行全面的

此外，标点符号（主要是顿号、逗号和分号）使用不当也可造成并列不当的问题，此种情况将在后文加以论述。

2.9 不当简化

一些概念有固定的简称，不可随意简化。

“全国人民代表大会常务委员会”应简称“全国人大常委会”。

> 程序势在必行。
>
> 2010年10月28日，《中华人民共和国村民委员会组织法》由第十一届全国人大常务委员会第十七次会议修订通过，修订后的《村民委员会组织法》自公
>
> ……完善了村民选举委员

“丝绸之路经济带”简称“丝路带”。

> 蒙俄经济走廊东丝绸路带枢纽的功能

“非物质文化遗产”简称“非遗”，“非遗产”则变成了“不是遗产”。

> 物质文化遗产保护。
>
> 虽然在非物质文化遗产保护的工作上黑龙江紧紧跟住了国家非遗产保护的节奏，但是不可否认的是黑龙江的文化遗产保护也面临着一定的困难和窘境。比如由于历史的原因，大小兴安岭的林木、野生

《专利法》《反不正当竞争法》本已是《中华人民共和国专利法》《中华人民共和国反不正当竞争法》的简称，如果连“法”都省略掉了，意义就模糊了。

> 民间文学艺术知识产权保护研究——侧重于专赛黑
>
> (3)《专利、反不正当竞争法保护现状
>
> 根据我国《专利法》的明文规定，一个作品要

须注意，“侵华日军南京大屠杀遇难同胞纪念馆”不得简称为“南京大屠杀纪念馆”，“南京大屠杀死难者公祭日”也不得简称为“南京大屠杀纪念日”，否则意思就相反了。

> 此外，不同类型的博物馆展览主题会存在较大差异，讲解词也会各有特点。讲解词要根据展览主题确定讲解核心内容，讲解词要与展览内容交相呼应。具体而言，抗震纪念馆、南京大屠杀纪念馆以及革命纪念馆中心思想偏向于严肃庄重，因此讲解词的语言风格应该是客观严谨的，民俗纪念馆内容具有艺术鉴赏性，讲解词风格应该偏重于轻松愉悦。

有些概念，表面看去似是而非，但根据上下文展开的意思便可判断是否简化错了。例如下面的“区域协和”应当为“区域协合”，虽然“协和”是个词语，但下文指出其意义为“协同配合”“合作”，都应为“合”。

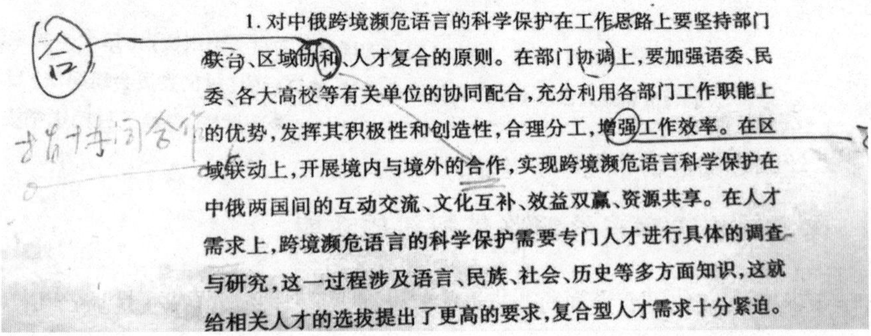

1. 对中俄跨境濒危语言的科学保护在工作思路上要坚持部门联合、区域协和、人才复合的原则。在部门协调上，要加强语委、民委、各大高校等有关单位的协同配合，充分利用各部门工作职能上的优势，发挥其积极性和创造性，合理分工，增强工作效率。在区域联动上，开展境内与境外的合作，实现跨境濒危语言科学保护在中俄两国间的互动交流、文化互补、效益双赢、资源共享。在人才需求上，跨境濒危语言的科学保护需要专门人才进行具体的调查与研究，这一过程涉及语言、民族、社会、历史等多方面知识，这就给相关人才的选拔提出了更高的要求，复合型人才需求十分紧迫。

第3章　标点符号使用差错

标点符号是文字重要的辅助工具,对文字的表达起到重要的作用。因此,判断标点符号的使用正确与否,一个重要的原则是看它是否让语句的意思得以正确表达。在图书编校质量检查当中,尽管标点符号错误仅计0.1个差错,但它往往影响句子意思的表达,甚至造成理解上的错误。目前,国家标准《标点符号用法》(GB/T 15834—2011)对出版物中标点符号的用法做了比较细致的规范。

3.1　点号与层级的问题

点号除了表示停顿以外,对句子结构及逻辑关系等也起到至关重要的作用。根据GB/T 15834—2011,顿号表示语段中并列词语之间或某些序次语之后的停顿。又根据附录B,逗号和顿号都表示停顿,但逗号表示的停顿长,顿号表示的停顿短。并列词语之间的停顿一般用顿号,但当并列词语较长或其后有语气词时,为了表示稍长一点的停顿,也可用逗号。当存在不同层级并列的时候,顿号和逗号分别表示不同的层级,否则就会造成并列不当。

GB/T 15834—2011还规定:“句内点号中,顿号表示的停顿最短、层次最低,通常只能表示并列词语之间的停顿;分号表示的停顿最长、层次最高,可以用来表示复句的第一层分句之间的停顿;逗号介于两者之间,既可表示并列词语之间的停顿,也可表示复句中分句之间的停顿。若分句内部已用逗号,分句之间就应用分号。用分号隔开的几个并列分句不能由逗号统领或总结。”“通常情况下,各种点号表示的停顿由长到短为:句号 = 问号 = 叹号

>冒号（指涵盖范围为一句话的冒号）>分号>逗号>顿号。”

标点符号用错，有时会搞乱不同层级并列成分之间的关系。此种错误小则属于标点符号差错，大则可属于知识性差错。

了固体物理、量子力学、化学、材料学和生命学

其在光、电致发光材料、激光系统、医学、生理学分

只有一个层级的时候，顿号和逗号的使用往往就会出现标准不一致的情况。并列词语究竟怎样算长，怎样算短，有时很难判断。一个很重要的原则就是不产生歧义。此例中“具体方法”和“测试过程”是并列成分，都是“讲解”的宾语，本应使用顿号，如果用逗号，就容易让人误以为“测试过程”脱离了前面的“讲解”，表意发生变化。“真珠”“假珠”“毒珠”之间的标点符号也同样。

(1) 在听完实验教师讲解金相定量分析的具体方法，测试过程后，领

验。

代替着。这就需要真正懂得：真珠、假珠、毒珠的人——一批文艺批评者。他们底责任就是应该使知识不足的买珠者，懂得什么和怎样才是真珠、假珠、毒珠可以杀人的道理和知识。

以上是我对于目前东北文艺运动一点粗浅看法。明知这是不够的、太抽象，但愿将来有工夫再写些作补充。同时却甚盼从事文艺工作的朋友和有志于文艺工作的朋友们，能够更加深、加宽

表示递进关系的词语以及连词前不宜用顿号。

环境、特别是社会文化理论与认知的研

此处的顿号，似乎“金哀宗天兴元年”和“1232 年”变成了两个年份。

以上引文二段，首段言明胡祗遹祖籍乡贯。《金史·地理志》：“威州，天会七年（1129 年）以井陉县升，置陉山郡军，后为刺郡。县一：井陉。”②治所在河北井陉县，属真定府；后迁武安，属彰德府，在金俱为河北西路所辖。其中，胡景崧为德珪之父、祗遹之祖。

次段“贞祐之乱，仓皇南渡”，指金宣宗迫于蒙古铁骑的攻击，不得已放弃京师中都，南下之汴京。所谓“北归”，岁在壬辰（金哀宗天兴元年、1232 年）。其时，汴京陷落。城中士庶北方籍者，按蒙古当局的指令，北渡黄河，回归故里。

并列关系的两个地名之间如不用顿号，很容易误解为包含关系。

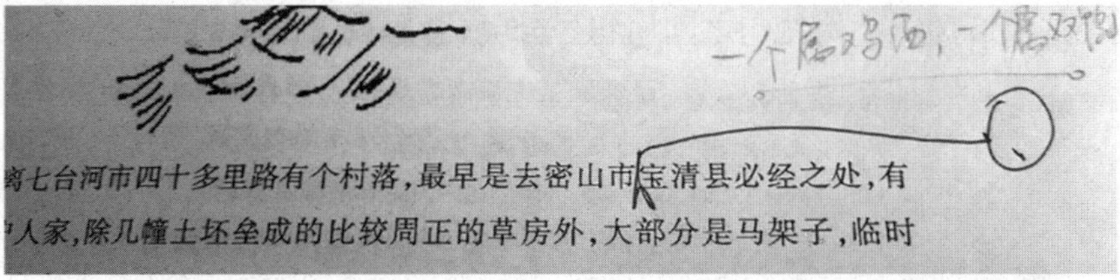
离七台河市四十多里路有个村落，最早是去密山市宝清县必经之处，有
户人家，除几幢土坯垒成的比较周正的草房外，大部分是马架子，临时

同样，呼语“老师”后面如不加逗号，似乎就和后面的人名组成了复指短语。

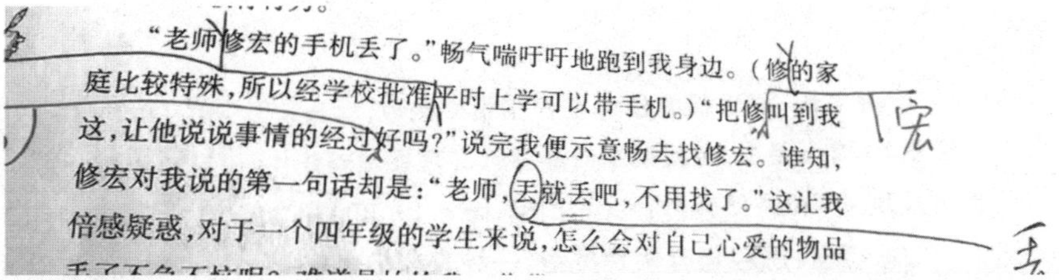
“老师修宏的手机丢了。”畅气喘吁吁地跑到我身边。（修的家
庭比较特殊，所以经学校批准平时上学可以带手机。）“把修叫到我
这，让他说说事情的经过好吗？”说完我便示意畅去找修宏。谁知，
修宏对我说的第一句话却是：“老师，丢就丢吧，不用找了。”这让我
倍感疑惑，对于一个四年级的学生来说，怎么会对自己心爱的物品

关于“以及（及）”，GB/T 15834—2011“逗号用法补充规则”中讲道，用顿号表示较长、较多或较复杂的并列成分之间的停顿时，最后一个成分前可用“以及（及）”进行连接，“以及（及）”之前应用逗号。这里的关键点有三：并列成分较长、较多或较复杂；可用而非必须用；“以及（及）”之前用的点号应该是逗号而非句号。例如，“琴、棋、书、画样样精通”没有必要改成“琴、棋、书，以及画样样精通”，“天时、地利以及人和乃成功之三大要素”也没必要改成“天时、地利，以及人和乃成功之三大要素”，否则都是画蛇添足。

“以及”和“及”的情况也存在细微的差别。有人认为“以及”之前可以使用逗号，而“及”之前不可以使用逗号。虽然在编校实践中大体上确实如此，但国标中并没有对二者加以区分。与此类似的还有“等”和“等等”，国标中只规定：并列成分之间用顿号，末尾的并列成分之后用“等”“等等”类词前不用顿号或其他点号；并列成分之间用逗号，末尾的并列成分之后用“等”类词时，“等”类词前应用逗号。然而实际当中，后一种情况下通常只有“等等”之前用逗号，“等”之前除了文后参考文献就很少有用逗号的了。国标所列举的两个例句也巧妙地规避了这个问题，“等”只列举了顿号的情况，“等等”只列举了逗号的情况。因此，“以及”和“及”，包括“等”和“等等”的问题仍是比较含糊的地带。

句号的停顿较顿号、逗号长，表示句子的结束，但涉及层级时，一旦混用就会造成麻烦。下例复句之间用句号分隔，意思就被割裂开来。

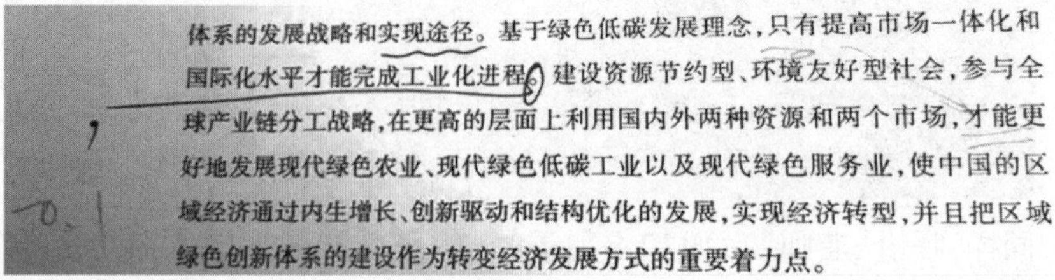
体系的发展战略和实现途径。基于绿色低碳发展理念，只有提高市场一体化和国际化水平才能完成工业化进程。建设资源节约型、环境友好型社会，参与全球产业链分工战略，在更高的层面上利用国内外两种资源和两个市场，才能更好地发展现代绿色农业、现代绿色低碳工业以及现代绿色服务业，使中国的区域经济通过内生增长、创新驱动和结构优化的发展，实现经济转型，并且把区域绿色创新体系的建设作为转变经济发展方式的重要着力点。

而此例中如果不改为句号，前后几个变量就会连在一起，彼此归属难以分清。

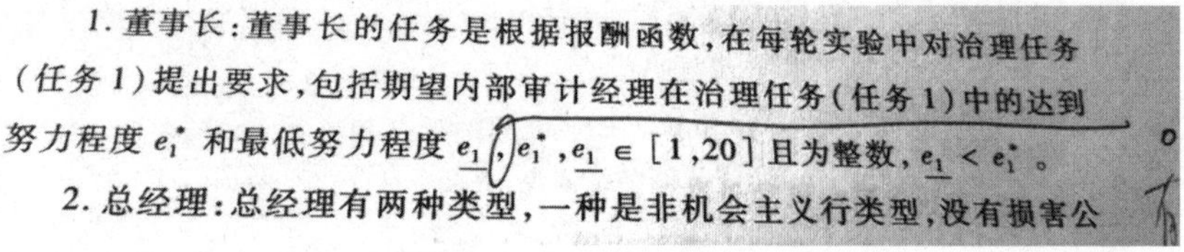
1. 董事长：董事长的任务是根据报酬函数，在每轮实验中对治理任务（任务 1）提出要求，包括期望内部审计经理在治理任务（任务 1）中的达到努力程度 e_1^* 和最低努力程度 $\underline{e_1}$，e_1^*，$\underline{e_1} \in [1,20]$ 且为整数，$\underline{e_1} < e_1^*$。

2. 总经理：总经理有两种类型，一种是非机会主义行类型，没有损害公

此例逗号错用为顿号，造成层级的混乱。

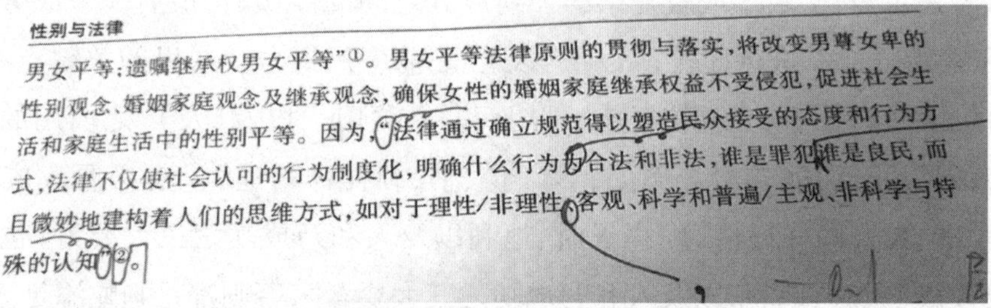
性别与法律

男女平等；遗嘱继承权男女平等"①。男女平等法律原则的贯彻与落实，将改变男尊女卑的性别观念、婚姻家庭观念及继承观念，确保女性的婚姻家庭继承权益不受侵犯，促进社会生活和家庭生活中的性别平等。因为，"法律通过确立规范得以塑造民众接受的态度和行为方式，法律不仅使社会认可的行为制度化，明确什么行为为合法和非法，谁是罪犯谁是良民，而且微妙地建构着人们的思维方式，如对于理性/非理性、客观、科学和普遍/主观、非科学与特殊的认知"②。

关于顿号、逗号和分号的层次已经很明确，大套小而不可小套大。在编校实践中，"用分号隔开的几个并列分句不能由逗号统领或总结"这一点经常被忽视。表示统领或总结的句子是总－分结构或分－总结构，第一层次必然是总－分或分－总，各个分句之间的并列只能是第二层次，因此第一层次用逗号而第二层次用分号显然是不妥的。只是这一规定是新国标增加的内容，很多人的认识没有及时跟上。

以下两例分别是逗号统领和总结分号的例子。

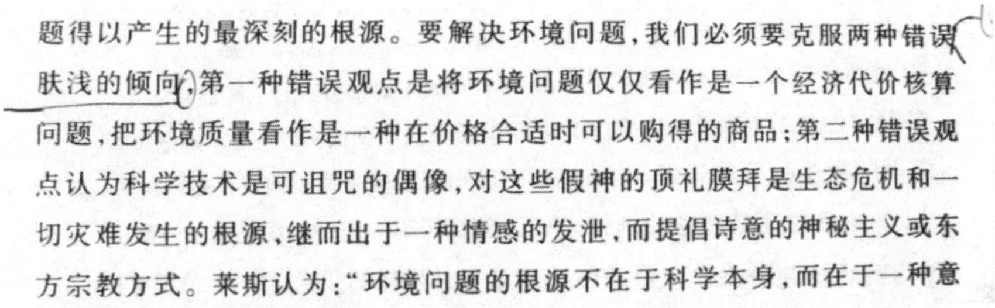
题得以产生的最深刻的根源。要解决环境问题，我们必须要克服两种错误肤浅的倾向，第一种错误观点是将环境问题仅仅看作是一个经济代价核算问题，把环境质量看作是一种在价格合适时可以购得的商品；第二种错误观点认为科学技术是可诅咒的偶像，对这些假神的顶礼膜拜是生态危机和一切灾难发生的根源、继而出于一种情感的发泄，而提倡诗意的神秘主义或东方宗教方式。莱斯认为："环境问题的根源不在于科学本身，而在于一种意

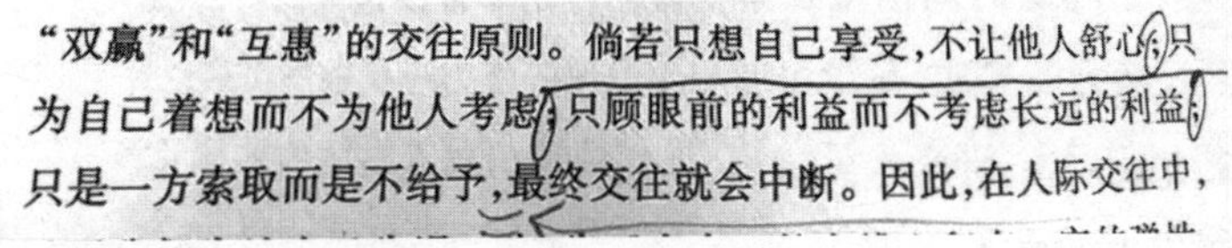
"双赢"和"互惠"的交往原则。倘若只想自己享受，不让他人舒心；只为自己着想而不为他人考虑；只顾眼前的利益而不考虑长远的利益；只是一方索取而是不给予，最终交往就会中断。因此，在人际交往中，

分号统领分号的情况，同样造成层级混乱。

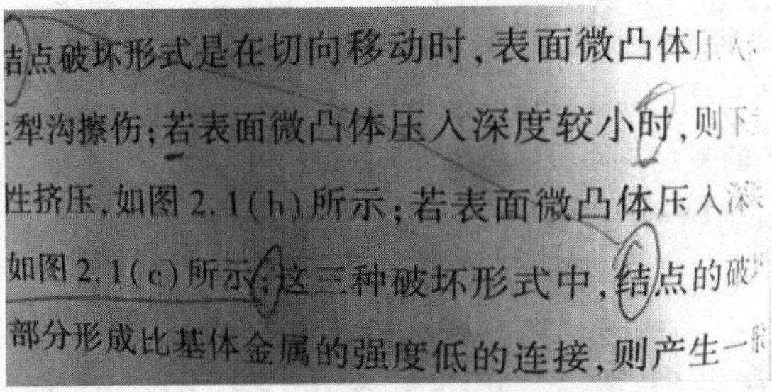
结点破坏形式是在切向移动时，表面微凸体压入
犁沟擦伤；若表面微凸体压入深度较小时，则下
性挤压，如图 2.1(b) 所示；若表面微凸体压入深
如图 2.1(c) 所示；这三种破坏形式中，结点的破
部分形成比基体金属的强度低的连接，则产生一

目前，分号的使用场合趋于减少，书稿中涉及分号时出现差错的概率较大。

此外，GB/T 15834—2011 中规定，冒号提示范围无论大小（一句话、几句话甚至几段话），都应与提示性话语保持一致（即在该范围的末尾要用句号点断）。应避免冒号涵盖范围过窄或过宽。可见，冒号提示的范围后面只能用句号。

较长的并列成分之间用分号的情况下，应避免各成分之间夹杂句号或分号、句号混用。

"学习"的看法。近年来，研究者（Pintrich，1997；Schommer，1994）认为，从整体上来说，个体的认识被区分为不同的组成部分：第一，要确定知识的稳定性，也就是说一定要区分该知识是恒久不变的真理还是不确定的、随时间发生变化的知识。第二，要明确知识结构是简单构成还是复杂集合，是抽象的还是概念的框架。第三，也要明确知识的来源是由于外部环境的刺激及被动接收获得的知识还是自己构建的知识。第四，是了解知识获得的速度，是随着时间慢慢积累获得的还是非常快速地获得的；最后，就要看学习能力的实质，是学习者与生俱来的能力还是根据实践经验慢慢积累获得的能力。研究人员发现，人们的认识随着时间的推移经常

可持续发展的最终目标给出如下总结：第一，不断满足当代人和后代人的生产和生活对于资源、信息的需求，即从物质或能量角度予以不断提供，也从信息文化等角度予以不断满足；第二，代与代之间要体现公平、合理地去使用和管理属于本代人的自然资源与生态环境，同样，每代人也要以公正、合理的原则来承担自己的责任。当代人的发展不应以牺牲后代人的发展作为代价；第三，创造经济、社会、自然支持系统的外部条件，从而使人生活在更规范、更适合、更健康、

3.2 并列的书名号、引号之间顿号的使用

GB/T 15834—2011 中，4.5.3.5 规定："标有引号的并列成分之间、标有书名号的并列成分之间通常不用顿号。若有其他成分插在并列的引号之间或并列的书名号之间（如引语或书名号之后还有括注），宜用顿号。"有其他成分（包括括注、"和"等连词）插入的时候宜用顿号。以下三例顿号不可以省略，否则并列关系就混乱了。

下午，李科长照例很忙。我就在网上通过搜索关键词来学习"翻转课堂""创客空间""引擎式"课程变革"触点式"课程、STEM 课程等等，慢慢地进一步理解了基教的 2016 十大项目。李科长把《嘉定区"品质教育"

国歌谣集成》。2008 年，《中国民间美术遗产普查集成》《中国唐卡艺术集成》《中国民俗志书》（县卷本）《中国民间文化杰出传承人名录》《中国民间故事全书》（县卷本）被列入国家"十一五"重点图书出版规划项目。2010 年，在文化部和中国文联的支持下启动了"中国口头文

促进吸收。向"三效"（高效、速效、长效）"三小"（剂量小、毒性小、毒作用小）"三定"（定时、定位、定速）和用量小、使用方便的智能方向发展。

此例中编辑误把两个书名号之间的顿号删去了，就造成了层级错误。

> 此外，前后《汉书》、前后《汉纪》《通志》以及地方志等诸多汉代文献中还留下了许多关于“日食”的记录。并且学者们还发明出利用日食来校验历

不含其他成分的情况下，“通常”不用顿号并不意味着一定不能用顿号。加上顿号不仅不会造成表意错误，反而使得意义表达更清晰。根据《〈标点符号用法〉解读》《出版校对培训教程》等资料，省略顿号是出于节约原则，可用可不用的时候不用，避免版面的“满纸黑瓜子”的现象。可见，用不用顿号仅仅是“是否美观”或“是否节约”的“优劣问题”。

下例中，“这个抽象的规定性本身”和“同样是历史关系的产物”之间没有顿号，但二者并不是并列关系，这样就容易产生理解的障碍。

> 第一，劳动是“一个十分简单的范畴”①，是“适用于一切社会形式的关系的最简单的抽象”②，而这个抽象的基础是现实的人，如马克思所说，劳动“这个抽象的规定性本身”“同样是历史关系的产物”③，是人的产物。实际上，劳动只是人才具有的本质和特性。因

在编校实践中和实际语言环境中，标有引号的并列成分之间、标有书名号的并列成分之间用顿号的情况也比较普遍。例如国家标准《汉语拼音正词法基本规则》（GB/T 16159—2012）中仍然有这样的用法：

指示代词“这”、“那”，疑问代词“哪”与后面的名词或量词，分写。

“各”、“每”、“某”、“本”、“该”、“我”、“你”等与后面的名词或量词，分写。

3.3 中文和外文标点符号的误用

过去，中外文混杂的文稿中标点符号的使用常出现混淆的情况，如今新的行业标准《中文出版物夹用英文的编辑规范》（CY/T 154—2017）在很大程度上对一些标点符号的使用存在疑问的场合做出了规范，解决了很多实际问题。例如科技类图书中常见的中文句子内夹用两个或两个以上并列的英文字母、单词或词组的情况，中间宜使用中文顿号。

> 光的稀土离子：La^{3+} Lu^{3+} 和 Sc^{3+}，因为没有4f电

此外，由于输入方法等原因，中文标点常错用为外文标点。例如：

。近年来,相关的研究快速发展,已成为跨越

3.4　标号的问题

引号、括号、书名号等标号的范围、位置常出现错误，导致表达的意思出现差错。

此例中，显然《刘礼部遗书・序》标注的是后面那个引号的出处而不是全句，括号的位置应紧跟引号。

为了克服宋学、汉学的流弊，改造士大夫们的学风，魏源大力提倡经世致用。他认为，好的学风应当是“以经术为治术”（《默觚上・学篇九》），“贯经术、政事、文章于一”。（《刘礼部遗书・序》）他和其他地主阶级革新派成员都是这一学风的倡导、实行者。他们的目的是要引导士大夫们不尚空谈，面向实际，从故纸堆中走出来，为社会兴利除弊、为挽救社会危机和抵御外侮尽责。在鸦片

同样，“斯代布克”指代“我”而不是“回忆”，应紧跟在“我”后面。

的“自由世界”，其政治和经济制度麻痹着人
运，小说中所有的人物和事件都和美国的社会
展、将人物命运一步步向前推进的决定性因
线之一围绕莱兰・克留斯与斯代布克之间的
凯瑟琳・奥朗尼与斯代布克的情感经历
“我”为视角的回忆（斯代布克）为主，同时辅
既符合第一人称回顾性叙事的常规，又对第
程度的弥补。在自传式序幕的开头，冯内古

根据英文括注的意思，结合前后文很容易判断：the second order 只表示“第二次序”，同 the first order 紧跟“第一次序”一致，“第二次序”后面的“的”应在括号后；imperative 是形容词，表示“命令性的”，(imperative) 后面的“的”应在括号前。助词“的”也不能随意放置。

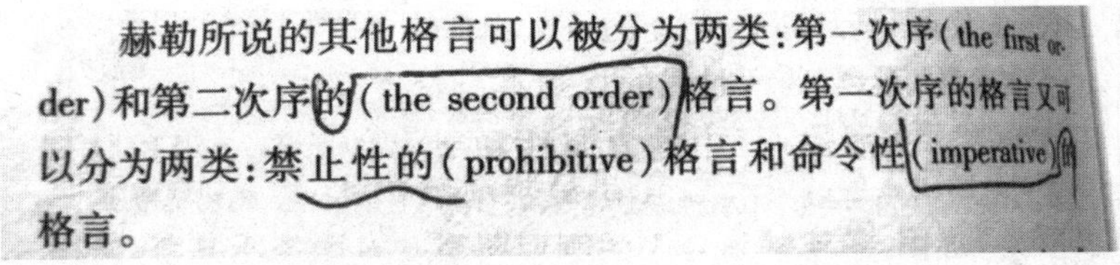
赫勒所说的其他格言可以被分为两类：第一次序（the first order）和第二次序的（the second order）格言。第一次序的格言又可以分为两类：禁止性的（prohibitive）格言和命令性（imperative）的格言。

丛书名中不包含“丛书”二字，书名号范围过大。

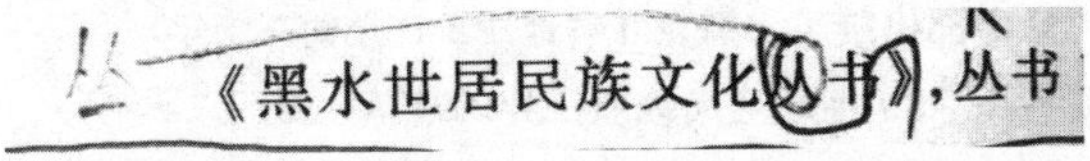
《黑水世居民族文化丛书》，丛书

表面看引号的用法没有问题，但经核实发现，根据脚注显示的出处，只有“王权支配社会”属于引用内容。

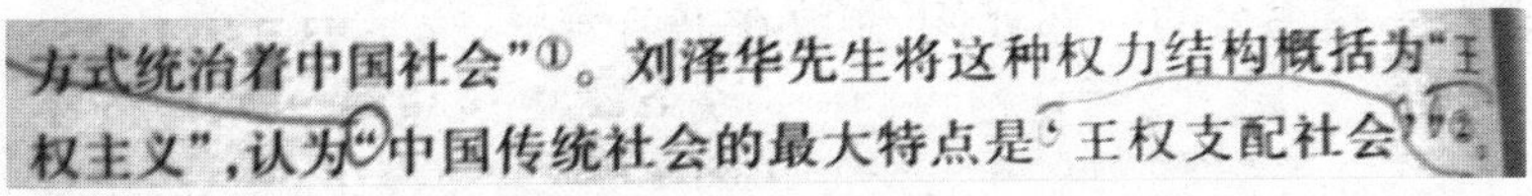
方式统治着中国社会”①。刘泽华先生将这种权力结构概括为“王权主义”，认为“中国传统社会的最大特点是‘王权支配社会’”②。

这里的引号只引用“有附带条件的状态”，不包含其英文注释。

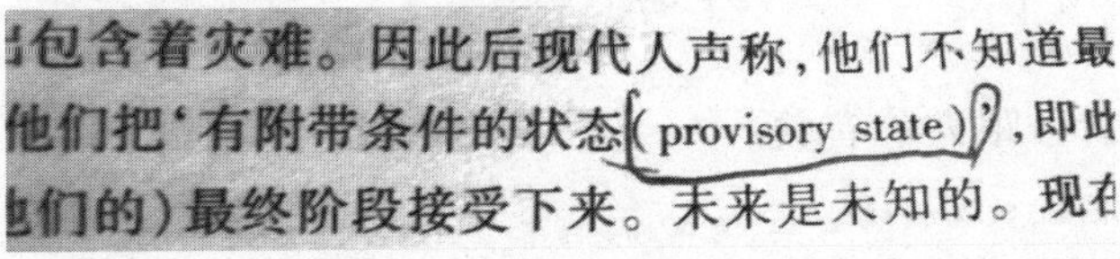
包含着灾难。因此后现代人声称，他们不知道最
他们把‘有附带条件的状态（provisory state）’，即此
他们的）最终阶段接受下来。未来是未知的。现在

引用同一事物的引号，应注意避免引用范围前后不一致。

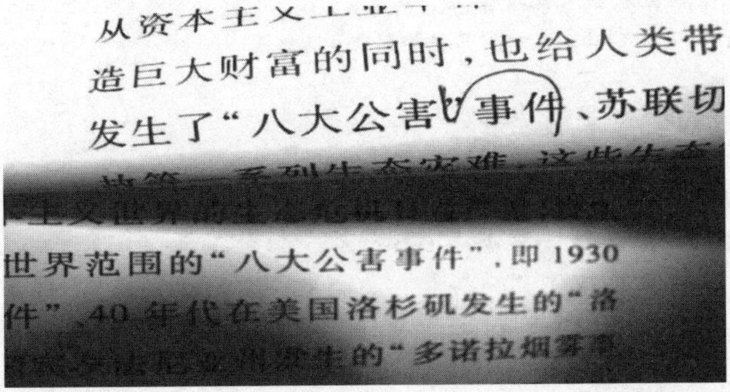
从资本主义
造巨大财富的同时，也给人类带
发生了“八大公害”事件、苏联切
世界范围的“八大公害事件”，即1930
件”，40年代在美国洛杉矶发生的“洛
发生的“多诺拉烟雾

此外，双引号套用双引号、双书名号套用双书名号，以及残缺或多于一半的情况也很常见，特别是引用内容较长的时候更容易忽视。

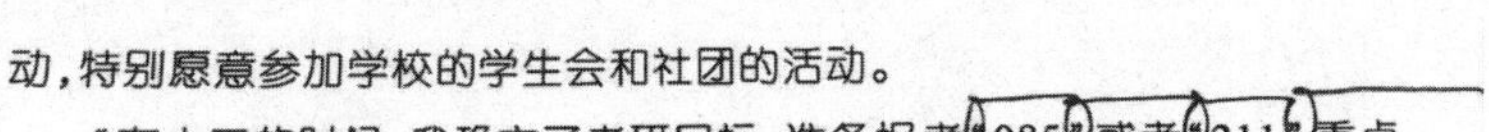
动，特别愿意参加学校的学生会和社团的活动。
“在大三的时候，我确立了考研目标，准备报考“985”或者“211”重点

由领导带队，各专业技术人员参加的质量大检查，是提高地质工作质量的好办法。

辽宁局很重视这次质量检查工作，专门发了文件—《关于转发国家地质总局组织的《辽宁地质工作质量检查组工作总结的通知》，要求各队根据检查组的意见，认真进行研究，采取切实可行的措施，迅速把地质工作质量提高一步。

吉林省地质局也派出董南庭总工率领的质量检查组来我局进行质量

纪念活动的重点是 7 月内部出版了《黑龙江省地质矿产局的三十年》（1958—1988）》一书。该书是“30 年来全局地质工作的总结，是广大职工智慧和劳动的结晶，基本反映出全局 30 年的各方面成果”（后记）。参

此例中书名号的范围存在问题。1999—2019 年只是说明《中国统计年鉴》的范围,不是书名的一部分,不能放在书名号里。

1990年1994年1998年2002年2006年2010年2014年2018年

出口额 —— 初级产品出口额 —— 工业制成品出口额

—— 初级产品出口比重 —— 工业制成品出口比重

图 3.1 1978—2019 年中国初级产品和工业制成品出口额及比重的变化

数据来源：根据《1999—2019 年中国统计年鉴》和国家统计局网站数据整理而得。

对话中,是否用引号跟人称有关。

6

走着走着，我忽然想起那个无辜的受害者，他姓什么？叫什么？家住哪儿？他现在在哪儿？都不知道。要是知道了多好，我可以去看看他，向他认错，请他给我重新做人的机会，我一定要找到他。

终于，我打听到了，是一个卖冰棍的老太太告诉我的。

“我要找的人叫李帆，是轧钢厂工人。那一天，他们厂有一名工人因公受伤住院需要输血，他就自告奋勇地去了。听说他输了 300 毫升的鲜血，可是在回家的路上，竟然让一帮小流氓给捅了一刀，因流血过多，抢救无效死了。”

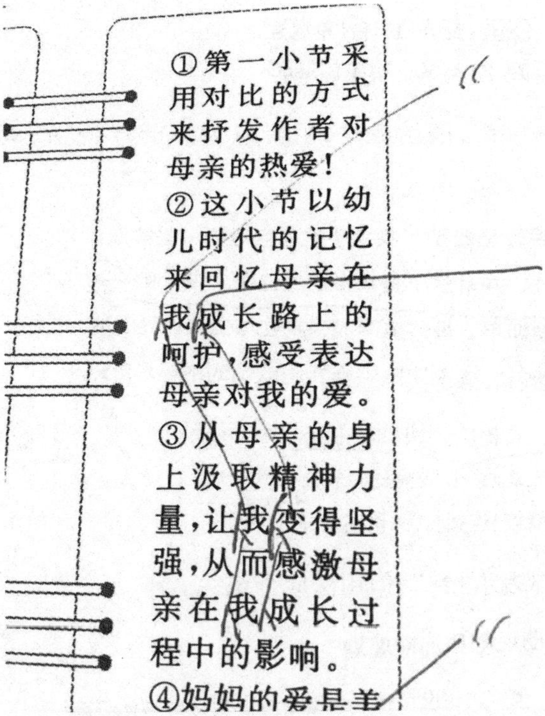
①第一小节采用对比的方式来抒发作者对母亲的热爱!
②这小节以幼儿时代的记忆来回忆母亲在我成长路上的呵护,感受表达母亲对我的爱。
③从母亲的身上汲取精神力量,让我变得坚强,从而感激母亲在我成长过程中的影响。
④妈妈的爱是美

3.5 形近标点符号的误用

形近标点符号(包括运算符号)经常出现混淆的情况,如冒号和比号,浪纹线、一字线、半字线和连字符,单书名号和大于号、小于号等。由于这些符号差别较为细微,一旦录入错误,阅读过程中非常容易忽视,如果再加上作者、编辑对其分工了解不透彻,那么这类错误的发生率就更高。

比号经常错用为冒号,因为 word 书稿中冒号更容易录入,而相反的情况相对较少。

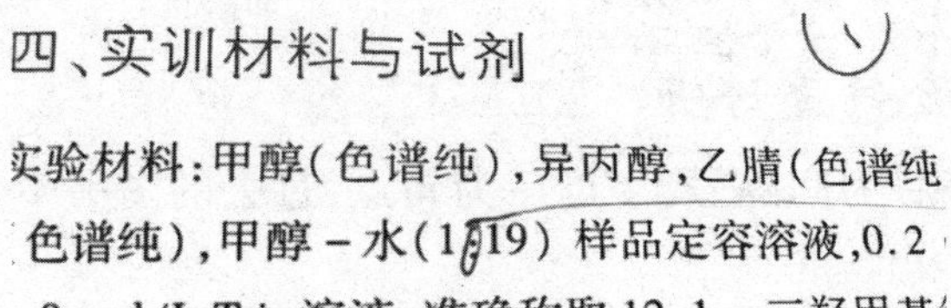
四、实训材料与试剂

实验材料:甲醇(色谱纯),异丙醇,乙腈(色谱纯

色谱纯),甲醇－水(1:19) 样品定容溶液,0.2

.0 mol/L Tris 溶液:准确称取 12.1 g 三羟甲基

友谊路）终点，全长 6.6 公里，配车 13 台，单程运

首末车时间，早 4：00，晚 23：00。哈尔滨解放

以下两例，前者应为一字线，表示顺序，后者应为破折号，表示解释说明，两者正好用颠倒了。

我自己个人的生活经历给予了我关于这些问题的一些答案。我也在许多地方生活过，并且这不是我自由的选择。匈牙利-德国-瑞士-巴勒斯坦，最终美国成为我在第二次世界大战之前主要的落脚点。然后，美国军队召唤我与欧洲的纳粹暴政进

和改造。布鲁姆说："诗歌的影响—当这种影

威的诗人之时—总是通过对较前一位诗人的

造性的衔接、连接行为，确实是—而且必然是一

浪纹线和一字线虽然都表示"到"，但用法应当统一。

二、近期规划、中期规划和远期规划

根据雪场资源、投入、规模、建设目标，大型旅游滑雪场规划按时间一般可分为三个层次，即近期规划（5 年之内）、中期规划（8～10 年之内）和远期规划（15 年之内）。划分依据是既要考虑近期规划运营，又要考虑中远期不断扩大经营范围、增加经营项目，提高经营档次。

1. 近期规划（5 年以内）

近期规划是对旅游滑雪场近期发展目标，主要开发建设项目进行设计排，并按时间顺序提出实施的计划，提出投资评估和具体实施的要求。

2. 中期规划（8—10 年之内）

破折号应连为一体，避免断开。

可乐了，好像自己也上了天。

还常钻到东直门的芦苇塘里去

就在坟堆旁边逮蛐蛐——还有

蛐会咬架，油葫芦个头大，但不

可优雅啦。当然，金钟更好听，

时摇摇晃晃的样子，又表达了"我"兴奋与满足的心情。

英语人名的书写，汉字后为间隔号，字母后为句点，过去的图书中句点也常错写为间隔号。

> 者查尔斯·J·希尔兹在传记中提到了《五号屠
> 古特从事新闻报道的背景教给他相反的东西:你

单书名号常错排成大于号和小于号。

> 马克思:《给<祖国纪事>杂志编辑部的信》(1877年1

3.6 标号与点号的位置关系

括号、引号等标号与点号的位置关系看似是一个简单的问题,但实际情况往往比较复杂,值得关注。

GB/T 15834—2011 规定,位于引文之前的“说”“道”后用冒号。位于引文之后的“说”“道”分两种情况:处于句末时,其后用句号;“说”“道”后还有其他成分时,其后用逗号。插在话语中间的“说”“道”类词语后只能用逗号表示停顿。这种情况有时会被忽视。

> 室监狱并感染过斑疹伤寒。根据一位被关押者莱文(O. Lewin)的描述,狱中的生活是极其严酷的。“我们不得不住在挤满了35名犯人的小房间里”,他写道,“我们被强迫整天蜷缩着身子,不许靠墙也不许伸展四肢或者讲话……墙角的一个坑权当厕所,一天才清理一次,房间里弥漫着恶臭,尽管天气酷寒,我们还是每天衣不蔽体以便清理成片的虱子。单单虱子一项就足以让生活难

> (6)他用手指着近处的一盆花,说:“这是茉莉,”又指着稍远的一盆说:“那是珠兰。”
>
> (7)这个一言,那个一语,倒叫他不知道怎么办才好了。(“这”和“那”虚指,指示作用削弱了,但区别作用不受影响,指的不是一个人)。①

上例除了涉及“说”“道”与引语间的标点使用问题以外,还涉及括号与句末点号的关系。GB/T 15834—2011 规定,括号可分为句内括号和句外括号。句内括号用于注释句子里的某些词语,即本身就是句子的一部分 ,应紧跟在被注释的词语之后。句外括号则用于注释句子、句群或段落,即本身结

构独立，不属于前面的句子、句群或段落，应位于所注释语段的句末点号之后。上例括号前后各有一个句号，使用不妥。下面的例子括号后出现了注码，句号和逗号的叠用就被忽视了。

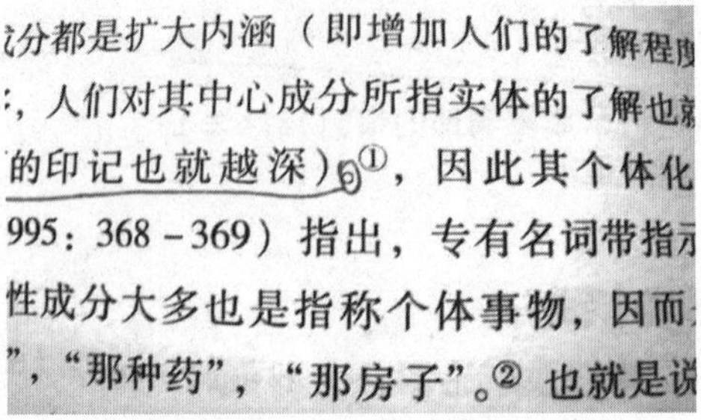
ζ分都是扩大内涵（即增加人们的了解程度
：，人们对其中心成分所指实体的了解也就
的印记也就越深）。①，因此其个体化
995：368－369）指出，专有名词带指示
性成分大多也是指称个体事物，因而
”，“那种药”，“那房子”。② 也就是说

引语前后的提示语较为复杂时，逗号与句号的区分尤为重要。下面一例由于逗号与句号使用混乱，提示语与引语对应出现错误，搞不清哪句话是谁说的。

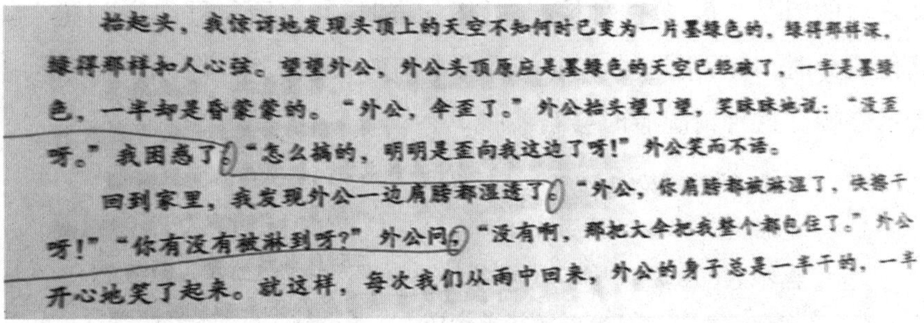
抬起头，我惊讶地发现头顶上的天空不知何时已变为一片墨绿色的，绿得那样深，绿得那样扣人心弦。望望外公，外公头顶原应是墨绿色的天空已经破了，一半是墨绿色，一半却是昏蒙蒙的。“外公，伞歪了。”外公抬头望了望，笑眯眯地说：“没歪呀。”我困惑了。“怎么搞的，明明是歪向我这边了呀！”外公笑而不语。

回到家里，我发现外公一边肩膀都湿透了。“外公，你肩膀都被淋湿了，快擦干呀！”“你有没有被淋到呀？”外公问。“没有啊，那把大伞把我整个都包住了。”外公开心地笑了起来。就这样，每次我们从雨中回来，外公的身子总是一半干的，一半

3.7　间隔号的误用

间隔号的使用情况不如前述的标点符号多，但也较容易误用。在数字（主要是日期）中，《出版物上数字用法》（GB/T 15835—2011）规定，含有月日的专名采用阿拉伯数字表示时，应采用间隔号“·”将月、日分开，并在数字前后加引号。含有月、日的专名采用汉字数字表示时，如果涉及一月、十一月、十二月，应用间隔号“·”将表示月和日的数字隔开，涉及其他月份时，不用间隔号。这一点使用出错的情况较多。

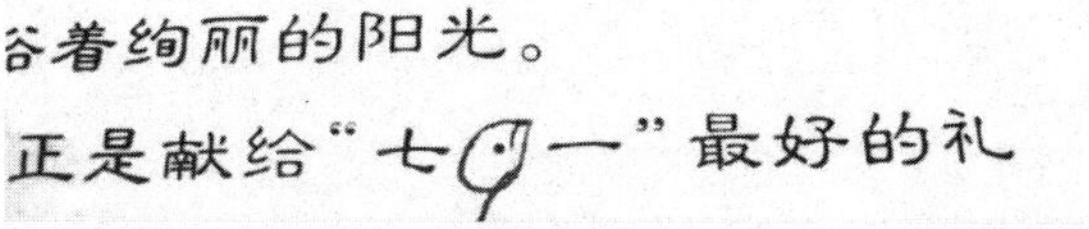

谷着绚丽的阳光。

正是献给“七·一”最好的礼

教堂名称“圣”字后面很多场合都加了间隔号，然而有专家指出，“圣”是俄语“Святой ”的缩写“Св. ”，缩写时用句点，但译为汉语后则不宜照搬译成间隔号。否则，变成了姓“阿列克谢耶夫”，名“圣”，显然是不符合实际的。

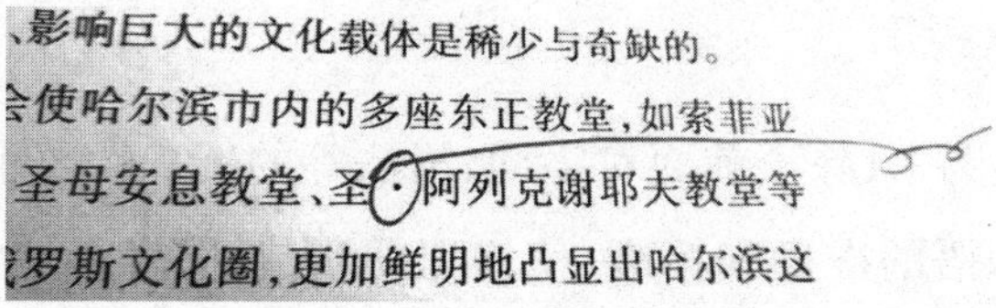

、影响巨大的文化载体是稀少与奇缺的。

会使哈尔滨市内的多座东正教堂，如索菲亚

圣母安息教堂、圣·阿列克谢耶夫教堂等

罗斯文化圈，更加鲜明地凸显出哈尔滨这

而关于艺术作品的名称，只要理解其含义就不难判断间隔号的使用与否，如“简·爱”是人名 Jane Eyre 的音译，而不是“简单爱”，所以中间应该加间隔号。

第4章　专有名称、名词术语使用差错

出版物，特别是科技类图书，除了前面对字词、语法等的准确性要求外，为了保障专有名称、名词术语的准确和标准，使知识便于传播、学术交流更为顺畅，对其专有名称、名词术语的准确性和标准化也有着更高的要求。这也是此类图书编辑的难点所在。

4.1　科技术语不规范

科技名词的审定和规范化是个极为浩大的工程，全国科学技术名词审定委员会的“术语在线”网站是比较权威的重要参考依据。面对浩如烟海的科技名词，科技类图书的编辑即使掌握一定的专业知识，要想对书中的科技名词逐一核实规范也绝非易事。此外，一些科技名词的用法还存在争议，不同的参考标准之间存在矛盾，这些都是比较棘手的问题，需广泛查证，仔细分析，谨慎处理。

“络合物”是“配合物”的旧称，科技类图书宜使用新名词。

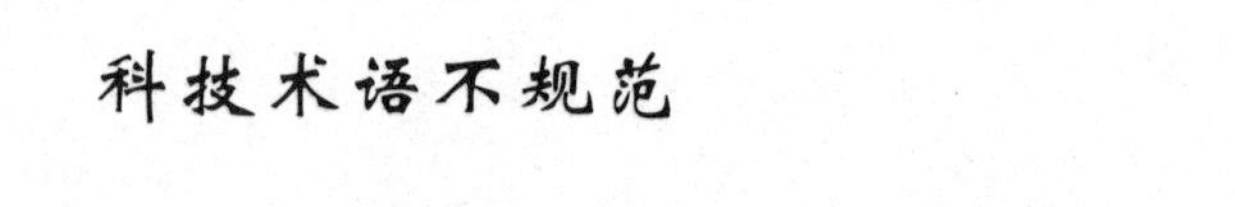
们在与一定的配体形成络合物后，可以保
且增强荧光信号。3）通过能量转移激发稀

由于是音译，因此“声呐”和“声纳”两种用法都较为普遍，但《现代汉语词典》中将其规范为“声呐”。

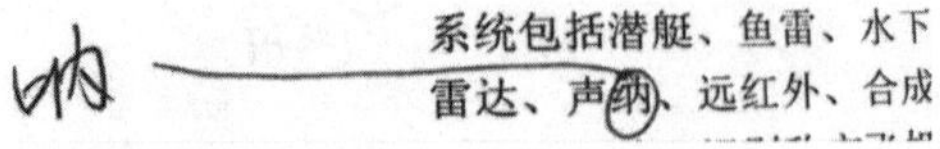
系统包括潜艇、鱼雷、水下
雷达、声纳、远红外、合成

“耦合”和“偶合”的区分,曾经有一篇专门的文章探讨。按照《现代汉语词典》(第 7 版)的解释,“偶合”指无意中恰巧相合,“耦合”在物理学上指两个或两个以上的体系或两种运动形式间通过相互作用而彼此影响以至联合起来的现象。这样看,两个词语的意义相差比较大。然而《辞海》(第 6 版)当中,“偶合”亦称“偶联”,是重氮盐与芳胺或酚等作用生成偶氮化合物的反应;“耦合”同样指两个(或两个以上的)体系或运动形式之间通过各种相互作用而彼此影响的现象。此外,《辞海》当中还有“耦合反应”的词条,指两个化学反应联合后,其中一个亲和势(A)大于零的反应可以带动另一个亲和势小于零的反应进行的反应。这样看来,化学类书稿中究竟是用“耦合反应”还是用“偶合反应”,就不那么简单了,把“偶合反应”理解成偶然发生的反应就更不妥当了。

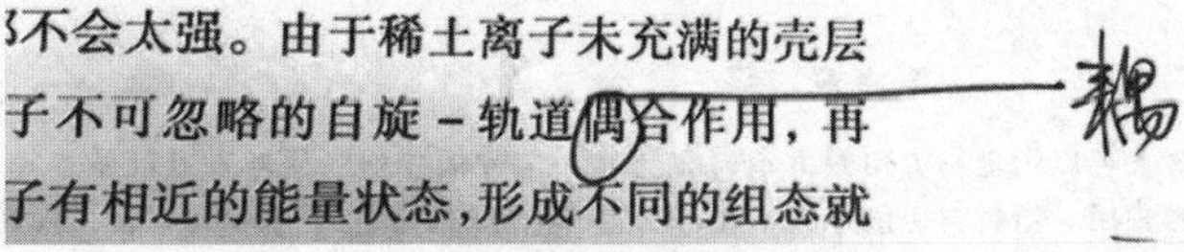
不会太强。由于稀土离子未充满的壳层
子不可忽略的自旋－轨道偶合作用,再
子有相近的能量状态,形成不同的组态就

“术语在线”中,很多诸如“猝灭”和“淬灭”等较难辨识的术语同时存在,目前关于何者更为准确,在学界还存在争议,但同一书稿中须统一。

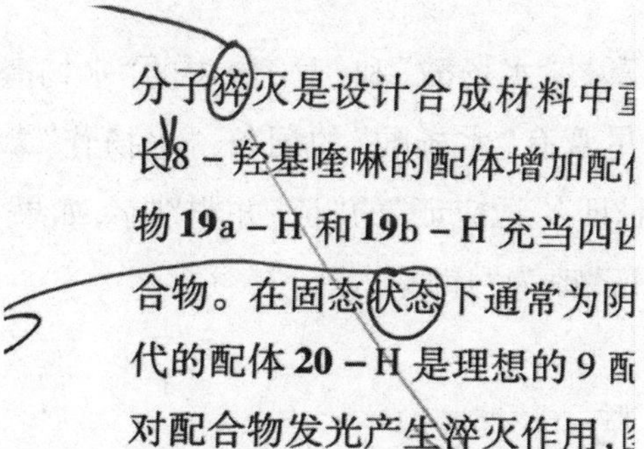
分子猝灭是设计合成材料中重
长8－羟基喹啉的配体增加配
物 19a－H 和 19b－H 充当四
合物。在固态状态下通常为阴
代的配体 20－H 是理想的 9 配
对配合物发光产生淬灭作用,
$(20c)_3$]。固态下配合物具有

“蒸汽”“蒸气”也是常混的词。根据《现代汉语词典》的解释,前者只表示水蒸气,后者则可标示各种物质的蒸气。因此“肼蒸汽”应为“肼蒸气”。

如图 1－18 所示。以肼蒸气作
得到了相互连接的海绵状石墨
对称柔性超级电容器的比电容

“甙”是“糖苷”的旧称。

酚类、鞣酸类、黄酮类物质。1992 年，Yoshikawa M. 等
分离得到没食子酰氧化芍药甙（suffruticosides）A、B、
99 年从 *P. suffruticosa* 中分离得到 suffruticosol A、suf-

法律中常见“定金”错用为“订金”的例子，一字之差，法律效力就截然不同了。此处在引用《中华人民共和国担保法》的条文时，把原文中的“定金”全部变成了“订金”，应用起来问题就大了。

第六章　订　　金

第八十九条　当事人可以约定一方向对方给付订金作为债权的担保。债务人履行债务后，订金应当抵作价款或者收回。给付订金的一方不履行约定的债务的，无权要求返还订金；收受订金的一方不履行约定的债务的，应当双倍返还订金。

第九十条　订金应当以书面形式约定。当事人在订金合同中应当约定交付订金的期限。订金合同从实际交付订金之日起生效。

第九十一条　订金的数额由当事人约定，但不得超过主合同标的额的 20%。

一些科技术语的用字需要留意。“水杨酸”和《辞海》中的“水杨醛”中都采用“杨”字，而“术语在线”中尽管有“水杨酸”的词条，“水扬苷”“水扬甙”用的却是“扬”字。此外，“禁忌证”“适应证”的“证”并非别字，如果不了解该术语，就很容易想当然地将“证”改为“症”。

4.2　字母词使用不规范

按照要求，字母词在第一次出现时须用中文标注，然而很多书稿中这一问题没有得到很好的重视。此外，目前很多学术著作中，很多作者对字母词的使用不规范，有的将字母词和中文任意混用，也有的将字母词和中文科技名词整体或局部随意组合，形成了表述不准确、意义模糊的多种称谓。编辑人员如果把握不好这些科技术语的准确含义和准确表达方法，就很容易被

这些五花八门的表述误导，或难以发现不同的表述之间的联系。例如，X 射线、X－ray 常被任意代换。

> ·$(H_2O)_5$。X 射线单晶衍射测试显示，[
> [illegible]
> 的研究报道很少。X－ray 单晶测试显示，$[H_2L]_2[Nd(H$

根据 EM 的英文解释可知，它的含义不包含“算法”，因此将“期望最大化算法”表示成“EM”不妥，“EM 算法”更为准确。

> $k=1$ (4－11)
>
> （2）使用 EM 算法估计模型参数
>
> 使用动态纹理分量抽样表示视频时，会损失一部分信息，包括以下两部分：1）将具有不同纹理的图像序列分类为不同的纹理分量时，会丢失一部分发生概率很小的纹理；2）用观测值 I_t 计算隐状态变量 x_t 时，也会损失一部分视频信息。考虑到期望最大化算法（Expectation Maximization，EM）适用于估计依赖于隐变量（丢失的数据）的概率分布参数，因此采用 EM 算法完成模型参数的训练任务。

相反，OSA 的解释中包含了“method”（尽管缩写字母中没有体现），因此后文称“OSA 方法”则不准确。

> 对优化空间自适应方法（optimal spatial adaptation method，OSA）的依赖条件进行分析后，Seo 等人移除局部约束后引入高阶回归模型改进了原 OSA 方法并成功应用到视频降噪处理。受到静态图像降噪的高斯尺度混合模型（gaussian scale mixture model，GSM）的启发，

CD_3Cl 表示“氘代氯仿”，“氘代 CD_3Cl”则表意重复。

> 在氘代 CD_3Cl 中配体的 ^1H NMI

同样，“NIR 光谱”“NIR 谱图”“近红外光谱”其实指的都是一个意思，“近红外光对比图”更是随意修改了科技术语。

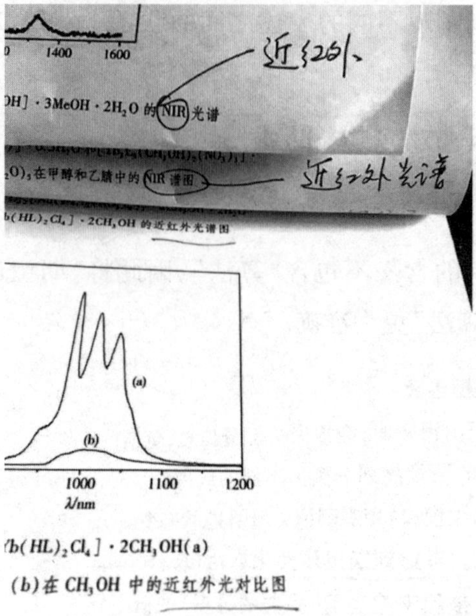

首先,“西弗碱”的标准叫法应为“席夫碱”;其次,下文出现了“Schiff 碱”,说明第一处 Schiff 的英文括注不包含“碱”,前后矛盾;再次,后面又出现了 Schiff - base,显然它是“席夫碱”的英文全称;最后,Schiff - base 又错成了 Sch Ⅱ f - base。可见,这里的字母词使用十分混乱,如没有很好地编辑加工,将使读者感到很头疼。

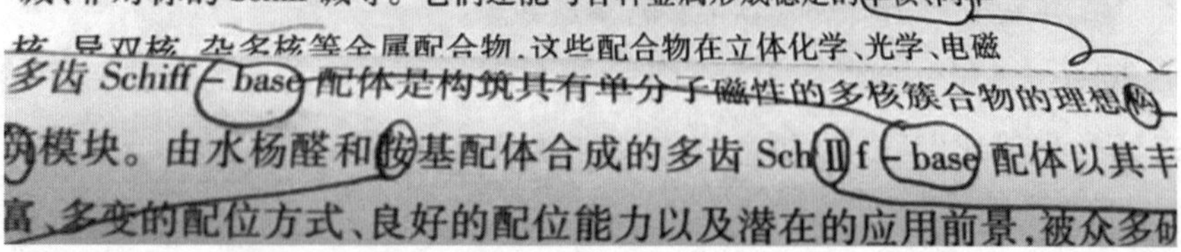

化合物,后来人们将含有此官能团的有机化合物称为西弗碱(Schiff)化合物。该类 Schiff 化合物是重要的有机配体,能够灵活地修饰多配位点的配体,可以进行选择性反应,容易改变反应物上的取代基以及其化学环境,进而可以设计出从零维到多维、从双齿到多齿等结构多样的、性能迥异的 Schiff 碱衍生物。如双齿的 Schiff 碱、多齿的 Schiff 碱、非对称的 Schiff 碱等。它们还能与各种金属形成稳定的单核、同单核、异双核、杂多核等金属配合物,这些配合物在立体化学、光学、电磁

多齿 Schiff - base 配体是构筑具有单分子磁性的多核簇合物的理想构筑模块。由水杨醛和胺基配体合成的多齿 Sch Ⅱ f - base 配体以其丰富、多变的配位方式、良好的配位能力以及潜在的应用前景,被众多研

“英文缩写”并不同于“简称”,“扫描电子显微镜”“简称 SEM”是不妥的。

扫描电子显微镜(scanning electron microscope),简称 SEM,是 1965
明的较现代的细胞生物学研究工具,扫描电镜是介于透射电镜和光学

4.3 人名、地名、机构名、作品名等专有名称中的错误

此类差错发生率很高,如不核实,凭经验很容易出错。

名人的姓名对错很容易断定,而一般的姓名如果前后文出现不一致的情况,也可帮助判断对错。

鄂要经南次郎同意。1935 年 5 月 21 日,
熙洽和藏士毅二人都有心当总理大臣。
林后,最早投靠了日本军队。藏士毅曾
走狗,与关东军渊源颇深。没有日本人

① 金钊啸,一个革命的青年,在一
亦即萧军作之《未完成的构图》中的主
692

2.2
固体摩擦最早的研究始于 15 t
达·芬奇(Lonardo da Vinci,1452-

学术著作的外国人名通常来自于参考文献,引用时要分清姓和名以及哪些单词是一个人的姓名。下面两例中错把一个人的姓和名当成两个人的名字,中间加了顿号或连词。此外,其他人名的格式也不统一,有待规范。

中,协调机制和各种契约协议的目的在于促进农产品流通中各参与主体的
竞争地位。① Cook,M(1995)认为农业协会对农村经济的可持续发展起到关
键作用。② AH Abdelrahman、C Smith(1996)通过对苏丹的调查发现,通过参
加农业合作社可以大大促进农民纯收入的提高。③ Ribot、Jesse C(1998)认
为在经济全球化的背景下,研究农产品流通要兼顾国内国际两个市场,仅局
限于农产品生产国内部研究,不能够反映出农产品流通整体状况,因此要从
影响农产品流通体系的主体(生产者、商人、加工业者、出口企业等)特征和
相互关系来研究。④ Nicholas K(1998)提出农产品供应链的垂直一体化整
合,会使小农户面临被边缘化的处境。Kwangsoo Lee(2008)认为农业合作
社既可以保障农产品安全,又可以提供新的就业机会。⑤ Ševarlić、Miladin
M.、Nikolić、Marija M.(2013)认为农业合作社对农业和农村的发展起到了
重要的作用,尤其是在发展中国家和出现经济危机的时候,合作社可以在减
贫困、保障农村地区的粮食安全和提供就业机会方面发挥重要作用。⑥
mber 和 Cooper(2000)分析了农产品物流链上各企业的契约结构,提出了
龙头企业进行约束的可能性。⑦ Andrew Blatherwick(2001)提出农产品流

部分。其研究主要集中于对各地方体育发展和体育组织中的具体要求等方面，例如地方体育产业的发展重点是对区域体育旅游、体育政策等具体层面的细致分析。如 Bradish 等（2003）分析了体育的区域化发展趋势，从区域体育的媒体作用、区域中体育消费者和现实参与人员的角度形成了对体育相关活动和营销的区域定位与影响因素判断。对于区域自身的适应性，Taks，Marijke 等学者（2011）认为体育在区域的经济发展中有重要意义，体育部门对区域体育的发展起重要作用。ME Weed（1997）提出，区域体育发展时应该考虑体育与旅游的融合。Green Mick（2004）指出，政策对促进区域体育的积极发展有重要作用。而我国学者在对国外的相关研究中，针对区域特

Journal of Sport Management, 2000, 14, 342-365
© 2000 Human Kinetics Publishers, Inc.

The Economic Significance of Sport in Flanders[1]

Marijke Taks
Katholieke Universiteit, Leuven

Stefan Késenne
University of Antwerp, UFSIA
and Katholieke Universiteit, Leuven

This study measures the share of the sports sector in the regional economy of Flanders by means of expenditure related to active sports participation and spectator sport. In contrast with the more common cost-benefit approach, the

地名的差错种类繁多，有的一字之差可谬之千里。四川的宁南县写成了南宁县，变成了其他地方。

在内蒙古自治旗巴彦托海镇鄂温克

去”试点工作，共选择了哈尔滨市的平房区、木兰
的绥滨县，七台河市的勃力县，绥化市的青冈县 6

属于全稽山脉的嵴大
现在是有些稀疏了。

于公开聘请卫生行风监督员的通告》（市卫告字
公厅关于表扬在南宁县“6 · 28”特大泥石流
报》（川办函〔2012〕159 号）；公布令——公布

少数民族名称错误。

一、对达翰尔民族村的调

2007 年，在梅里斯区委党校

“神舟六号”错成“神州六号”。

005 年、2100 年

析出示答案，并结合 1949 年新中国成立、2005 年神州六号

生：是 1、是 2、是 100。

师：那他 100 岁，老师呢？

生：120(笑)。

师：老师告诉你们，吉尼斯世界记录中记载的现在世界上年龄最长的人是

文本名经常由于作者的想当然而出现差错，有的错误很微小，表面看上去毫无问题，如不加以核实，仅凭感觉和经验就很难发现。

第一部分 理论篇

布的《国家中长期教育改革与发展规划纲要（2010—

同一个标准名称出现了多种错误。

《中国儿童发展规划纲要（2011—2020年）》是继前两个《中国儿童发展规划纲要》之后的又一部关于儿童工作的未来规划。比起前两个，2011—2020年的规划纲要则分为五个部分对儿童工作进行了布置，分别是健康、教育、福利、社会环境、法律保护，目标也较之前有了一定变化，旨在缩小城乡差距，提升儿童福利水平和整体素质，促进儿童全面发展。

截至 2014年，根据国家统计局的分析数据，儿童健康状况较之前有了很好的改变，并且提前实现了《中国儿童发展纲要（2011—2020年）》的免

未成年人保护法》和一些关于监护制度授权给相关单

福利，《中国儿童发展纲要（2010—2020年）》已经提

作要由补缺型向普惠型转变。福利工作是一个国家

正文与脚注一对照便可发现，文章名差了两个字。

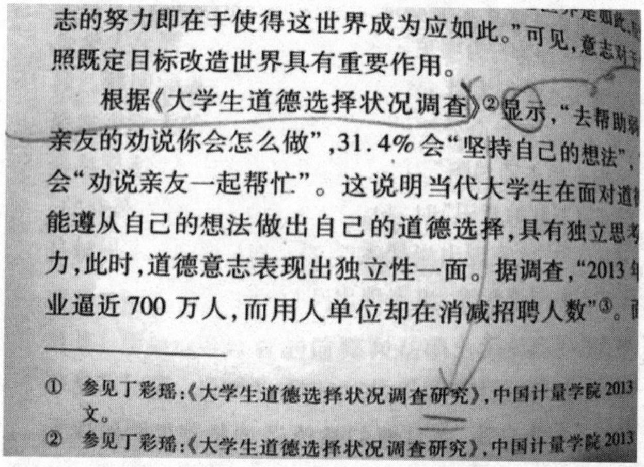
志的努力即在于使得这世界成为应如此。”可见，意志
照既定目标改造世界具有重要作用。

根据《大学生道德选择状况调查》②显示，“去帮助
亲友的劝说你会怎么做”，31.4%会“坚持自己的想法”，
会“劝说亲友一起帮忙”。这说明当代大学生在面对道
能遵从自己的想法做出自己的道德选择，具有独立思
力，此时，道德意志表现出独立性一面。据调查，“2013
业逼近700万人，而用人单位却在消减招聘人数”③。

① 参见丁彩瑶：《大学生道德选择状况调查研究》，中国计量学院2013
文。
② 参见丁彩瑶：《大学生道德选择状况调查研究》，中国计量学院2013

机构名也同样，如不加以核实，错误就隐藏在微小的地方。

族研究文集》，黑龙江省鄂温克民族研究会（内部资料）。

试验和实验是书稿中常见的易混用的词，在机构名称中也不例外。

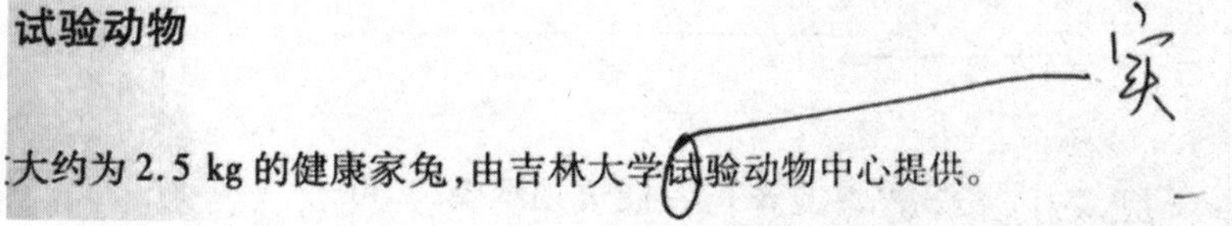
试验动物

大约为2.5 kg的健康家兔，由吉林大学试验动物中心提供。

从后文即可判断，这里的Maxwell并不是石油公司。

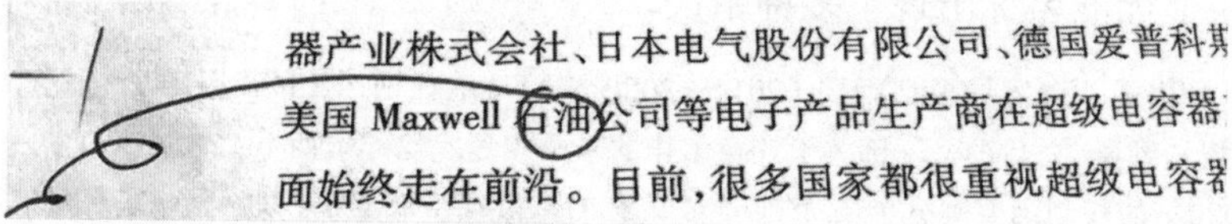
器产业株式会社、日本电气股份有限公司、德国爱普科
美国Maxwell石油公司等电子产品生产商在超级电容器
面始终走在前沿。目前，很多国家都很重视超级电容

第 5 章　知识性错误

图书是传播知识的媒介，一旦出现了知识性差错，图书就将错误的知识传递给读者，贻害不浅。因此，知识性错误是一类比较严重的图书编校差错，《图书编校质量差错判定细则计错表》中，此类差错均计为 2 个差错。然而，发现和改正知识性错误要求编辑要么具有广博的知识，要么具有强大的怀疑和求证能力，或二者兼有，因此此类错误很容易遗漏。

5.1　表述不当

我国对出版物的导向管理一直较为严格，此类问题较为敏感。《出版管理条例》第二十五条规定，任何出版物不得含有下列内容：

（一）反对宪法确定的基本原则的；

（二）危害国家统一、主权和领土完整的；

（三）泄露国家秘密、危害国家安全或者损害国家荣誉和利益的；

（四）煽动民族仇恨、民族歧视，破坏民族团结，或者侵害民族风俗、习惯的；

（五）宣扬邪教、迷信的；

（六）扰乱社会秩序，破坏社会稳定的；

（七）宣扬淫秽、赌博、暴力或者教唆犯罪的；

（八）侮辱或者诽谤他人，侵害他人合法权益的；

（九）危害社会公德或者民族优秀文化传统的；

（十）有法律、行政法规和国家规定禁止的其他内容的。

一般来说，政治性差错的防范通常应注意以下两个层面：

内容主题层面,即出版物应坚持正确的导向,是宏观的。

局部表述层面,即注意避免文稿中个别语句、图片存在的政治性差错,是微观的。

通常情况下,只要认真履行三审制度和重大选题备案制度,内容主题层面的政治性问题是可以避免的。然而局部表述层面的问题则相对隐蔽,如果作者和编校人员缺乏相关知识或存在疏忽,就有可能酿成重大质量隐患。《关于正确使用涉台宣传用语的意见》《新华社新闻信息报道中的禁用词和慎用词》等相关文件对常见的涉及政治问题的表述进行了列举,但由于语言的灵活性,不可能将所有的表述方法完全列举出来,还需要编辑提高警惕,认真分析判断。

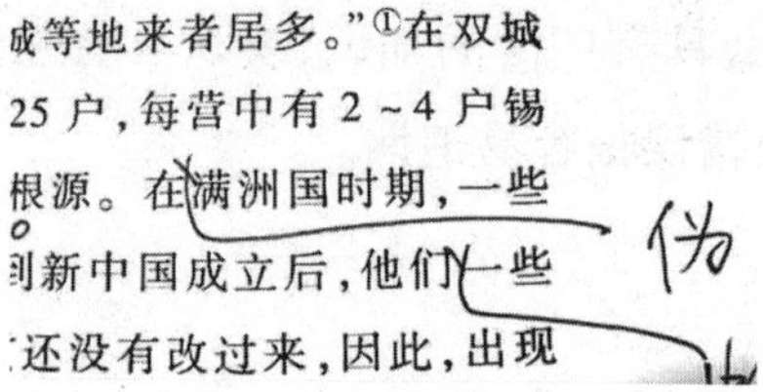
成等地来者居多。"①在双城
25 户,每营中有 2～4 户锡
根源。在满洲国时期,一些
到新中国成立后,他们一些
还没有改过来,因此,出现

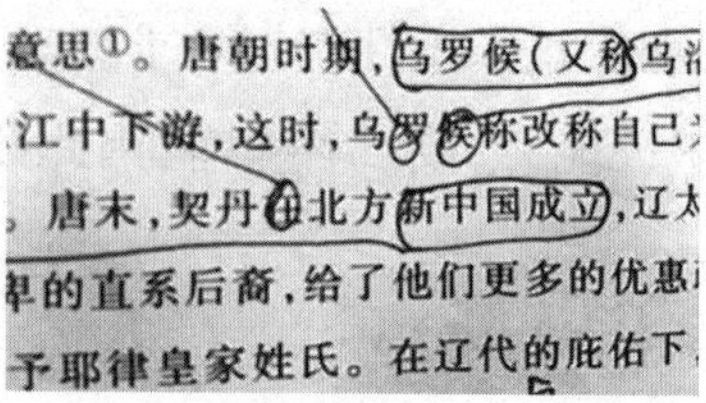
意思①。唐朝时期,乌罗候(又称乌
江中下游,这时,乌罗侯称改称自己
,唐末,契丹在北方新中国成立,辽太
卑的直系后裔,给了他们更多的优惠
予耶律皇家姓氏。在辽代的庇佑下

"中国共产党第×次全国代表大会"和"全国人民代表大会"的说法杂糅在一起的例子也较为常见。

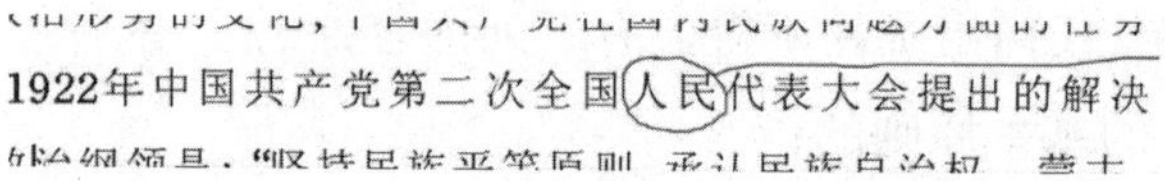
1922年中国共产党第二次全国人民代表大会提出的解决

对于一些带有歧视性色彩的称呼应当避免使用。例如"爱斯基摩人",意为"生食者",现逐渐弃用该称呼,改用"因纽特人"(参见《辞海》第 7 版)。

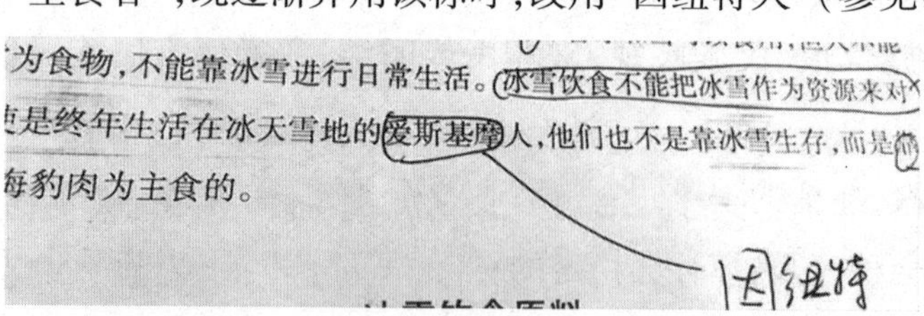
为食物,不能靠冰雪进行日常生活。冰雪饮食不能把冰雪作为资源来对
是终年生活在冰天雪地的爱斯基摩人,他们也不是靠冰雪生存,而是
海豹肉为主食的。

少数民族的名称不得随意简化,否则要么引起混淆,要么易引发民族矛盾。

鲜族婚仪共两次

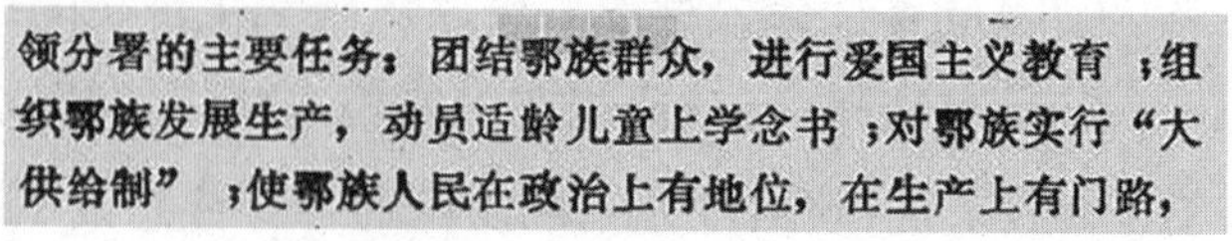
领分署的主要任务:团结鄂族群众,进行爱国主义教育;组织鄂族发展生产,动员适龄儿童上学念书;对鄂族实行"大供给制";使鄂族人民在政治上有地位,在生产上有门路,

涉及领土问题的称呼须谨慎。南沙群岛不得称为“斯普拉特利群岛”；西沙群岛不得称为“帕拉塞尔群岛”；钓鱼岛不得称为“尖阁群岛”；台湾不得称为“福摩萨”；“珠穆朗玛峰”不得称为“额菲尔士峰”或“艾佛勒斯峰”。如果对于这些复杂的音译名称不熟悉，不了解其具体所指，就很容易将其遗留在稿件中，造成重大隐患。译著中尤其应注意此类问题。

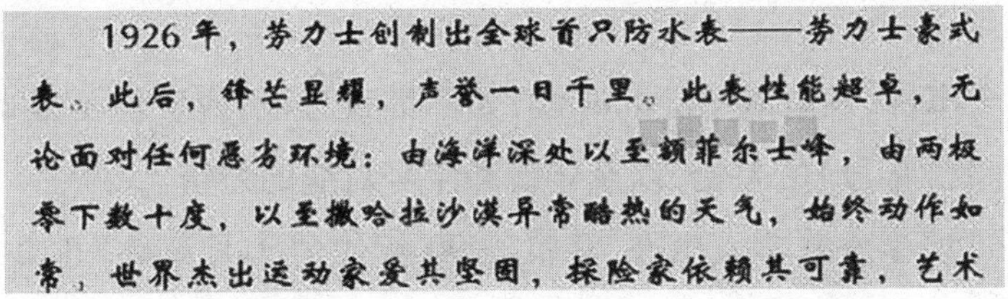
1926年，劳力士创制出全球首只防水表——劳力士蚝式表。此后，锋芒显耀，声誉一日千里。此表性能超卓，无论面对任何恶劣环境：由海洋深处以至额菲尔士峰，由两极零下数十度，以至撒哈拉沙漠异常酷热的天气，始终动作如常，世界杰出运动家爱其坚固，探险家依赖其可靠，艺术

关于台湾问题，《关于正确使用涉台宣传用语的意见》已经表述得很明确，通常对此问题的敏感度都较高，忽视的情况较少。但需要注意的是，在“台湾”前面加上“中国”并不是万全之策，很多情况下加上了反而产生表述错误。须具体问题具体分析，避免“一刀切”式地解决问题。此外，一些固定表述也不宜随意修改。

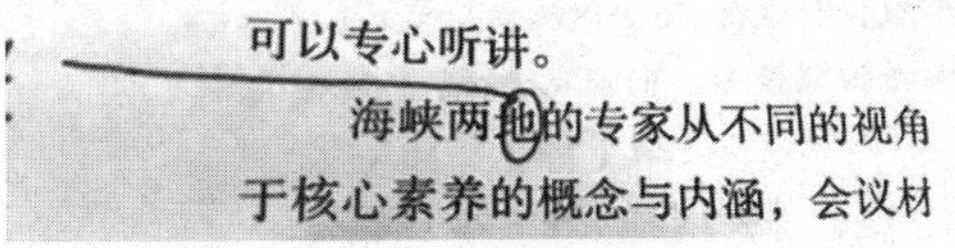
可以专心听讲。

海峡两地的专家从不同的视角

于核心素养的概念与内涵，会议材

“幅员辽阔”特指国家，用来形容青藏高原则不妥。

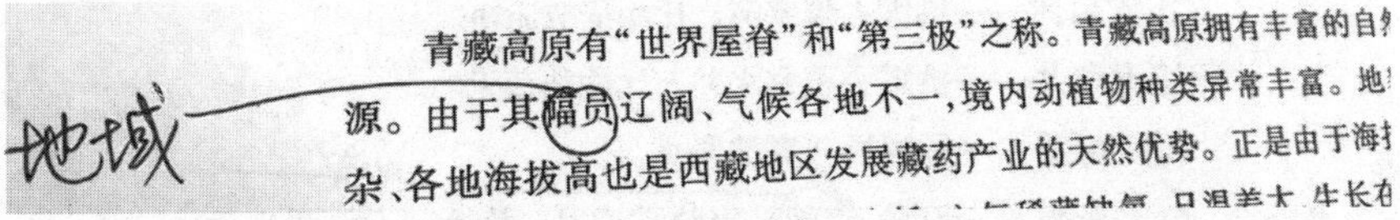

青藏高原有“世界屋脊”和“第三极”之称。青藏高原拥有丰富的自

源。由于其幅员辽阔、气候各地不一，境内动植物种类异常丰富。地

杂、各地海拔高也是西藏地区发展藏药产业的天然优势。正是由于海

《地图管理条例》第十五条规定，国家实行地图审核制度。向社会公开的地图，应当报送有审核权的测绘地理信息行政主管部门审核。但是，景区图、街区图、地铁线路图等内容简单的地图除外。对地图内容的审查包括：保密审查；国界线，省、自治区、直辖市行政区域界线（包括中国历史疆界）和特别行政区界线；重要地理要素及名称等。审图后颁发的审图号应印制在出版物上。因此，出版物中应慎用地图。

出国和出境概念不同，从大陆去往港澳、从内地去台湾是出境，但说成出国就出现了政治性问题。

根据是否出境，将大众滑雪旅游分为国内滑雪旅游和国际滑雪旅游。

1. 国际滑雪旅游

国际滑雪旅游是指国民离开本国前往境外滑雪场所开展的旅游活动，

5.2 时间年代(年号)差错

在叙述历史事件、发展沿革等的时候,如不细致考证,或资料不准确,往往造成时间(年代、年号)的差错,以及年代和年号对应的差错。

例如,“9・11”事件并非发生在20世纪90年代,“十月革命”也非持续到1920年,1918—1920年应为俄国内战。

治驱逐”等,20世纪90年代发生的“9・11”事件更使她意识到这意味着一种“新的恐怖”的到来。无历史事件的体验是痛苦的,但也正是这一系列令人

……作为沙俄军队的承包商。在沙俄军队中有数百名犹太士兵驻扎在哈尔滨。可是，使得哈尔滨犹太人口数量迅速增长的主要因素是从1917—1920年的“十月革命”。在这一时期，数千名犹太人来到哈尔滨，也使得哈

映雪读书的孙康所处的时代是晋朝而非南朝,前后文一正一误。

……履雪——比喻品行高洁。

集萤映雪——集萤:晋代车胤少时家贫,夏天以练囊装萤火虫照明读书;映雪:晋代孙康冬天常映雪读书。形容家境贫穷,勤奋好学。

步雪履穿——形容人穷困潦倒。

担雪填河——挑雪去填塞河。比喻徒劳无功。

担雪填井——挑雪去填塞水井。比喻徒劳无功。

积雪封霜——形容操守高洁坚贞。

积雪囊萤——积雪:南朝孙康映雪读书。囊萤:晋代车胤把萤火虫装在口袋里,借荧光读书。形容刻苦攻读。

1905年并非清宣统年间,民国二十三年也并非一九三三年。年代与年号差错只要查阅《现代汉语词典》的附录《我国历代纪元表》便可一目了然。

个。1905年,清宣统年间,这些鄂温克……,讷河上游的14个屯归属德都县管辖

前后文对应便可发现矛盾。

> 巴彦反日游击队、珠河工农反日义勇军和孙朝阳部，这三个反日部队，在民国二十一年（一九三二年）至二十三年（一九三□年）间已很活跃。当时赵尚志为巴彦反日游击队的领导，更姓李，江北一带的老百姓都知道这位大名鼎鼎的李先生。不幸巴彦反日游击败后，赵尚志就参加至孙朝阳部义勇军。不料孙为日寇反间计所

5.3 取材不真实、不合规律

此类差错范围很广，涉及各个学科的知识，没有一般的规律，只能靠编辑广泛动用知识储备，并多多怀疑，勤于求证。

例如，把有腐蚀性的甲酸错当成可用作食品添加剂的苯甲酸，显然误导了读者。

> 的燃料电池。直接甲酸燃料电池具有如下优点：
>
> （1）甲酸无毒，被美国食品药品监督管理局许可作为食品添加剂。
>
> （2）甲酸不易燃，存储和运输非常安全。

茶叶中含有“儿茶素”而非“茶素”，同样，凉菜中含有的是“胡萝卜素”而非“萝卜素”。此类差错从小处说是文字差错，从大处说便是知识性差错，因此不可“想当然”。

> 茶叶变质，主要是因为茶叶里的茶素会自动氧化，形成红色素的缘故，存放茶叶时，我们可以用很多方法来防止它的自动氧化。

> 凉菜中含有大量维生素、萝卜素等。冰雪
>
> 肠、酸辣泡菜、山野菜、小黄瓜、豆腐素鸡、豆腐

玻璃只有软化点，没有固定的熔点。

> 黏着磨损实验是近代的实验方法，……
>
> 真空中进行的，用扩散泵使真空室内压强在 10^{-4} Pa 以下，先加热钨丝 W_1 到接近于玻璃的熔点（627 ℃），抽去吸附在玻璃上的污染物，再加热钨丝 W_2 使其接近于铝的熔点

介绍诺贝尔的名言时，将别人的名言混迹其中。

3. 诺贝尔的名言

思索人生：

(1)我更关心生者的肚皮，而不是以纪念碑的形式对死者的缅怀。

(2)不尊重别人的自尊心，就好像一颗经不住阳光的宝石。

(3)生命，那是自然付给人类去雕琢的宝石。

(4)人生最大的快乐不在于占有什么，而在于追求什么的过程中。

(5)我看不出我应得到任何荣誉，我对此也没有兴趣。

钱其琛并非出生在嘉定，而是出生在天津。

明清时期，嘉定就出了 3 个状元，134 个进士，979 名举人。到了近现代，嘉定更是人才辈出，著名外交家顾维钧、吴学谦、钱其琛以及著名的爱国实业家胡厥文、吴蕴初都出生在这里。至今嘉定还完好保存的有孔庙、秋

布克钦来自北美而非欧洲，因此分类有误。

使用了这一术语，并构建了较为完整的生态危机理论体系。生态学马克思主义的主要代表人物可分为两部分：一部分来自北美，主要有本·阿格尔和威廉·莱斯等；另一部分来自欧洲，主要有安德烈·高兹、阿什顿和布克钦等。他们的著作促成了较为完整的生态学马克思主义理论体系的产生，丰

黑龙江并不毗邻朝鲜半岛，而且七台河也没有边境口岸。

一，其特殊的历史文化参鉴价值非常可观。由于黑龙江在地理上毗邻朝鲜半岛和俄罗斯，其可以通过朝鲜族与韩国的朝鲜族进行文化交流，通过黑河和七台河等边境口岸与俄罗斯的鄂温克族①等开展文化交流活动。黑龙江省的各个民族，特别是少数民族也在向世界展示着

结合上下文可知，“奉调”应以沈阳为活动中心，“奉”即“奉天”，今沈阳。况且，以辽宁为活动中心与其他的调式以辽宁营口、锦州为活动中心存在包含关系，层次显然不准确。

> 东北大鼓在长期的传播和演出实践中，形成了不同的艺术流派。各派都拥有自己的传统节目。其中最具代表性的是20世纪中期出现的最常用的调式："奉调""东城调""南城调"和"西城调"。这些调式吸收了西河大鼓、京韵大鼓等艺术的精华，形成了自己鲜明的韵味甜美、高亢感人的演唱风格。在地域上来看，"奉调"以现在的辽宁为活动中心，"东城调"以吉林为活动中心，"西城调"以锦州为活动中心，"南城调"以辽宁营口为活动中心。还有东北的"小口调""四平调"，以及以哈尔滨松花江以北地区为活动中心的"江北调"。

证件照片尺寸不符合实际，2 英寸和 3 英寸证件照尺寸竟然差不多，而且此处讲的是人像照片，行驶证上根本没有人像照片。

> 标准照尺寸
>
> 1英寸证件照尺寸：25 mm × 35 mm在 5 寸相纸（12.7cm × 8.9cm）中排 8 张。
>
> 2英寸证件照尺寸：35 mm × 49 mm在 5 寸相纸（12.7cm × 8.9cm）中排 4 张。
>
> 3英寸证件照尺寸：35 mm × 52 mm。

> 身份证证件照尺寸：22 mm × 32 mm。
>
> 驾驶证证件照尺寸：21 mm × 26 mm。
>
> 行驶证证件照尺寸：60 mm × 91 mm。

5.4 知识陈旧过时

书中引用的资料陈旧过时，写稿和编加稿件时又没有查阅最新知识，很容易把陈旧知识留在稿件中。另外，图书再版时，如果没有及时更新知识，做到"与时俱进"，就很容易出现知识陈旧过时的情况。

写稿时或所引用的文献成文时距离改革开放只有 20 多年，最近新出版的图书原样照搬，就"跟不上时代"了。

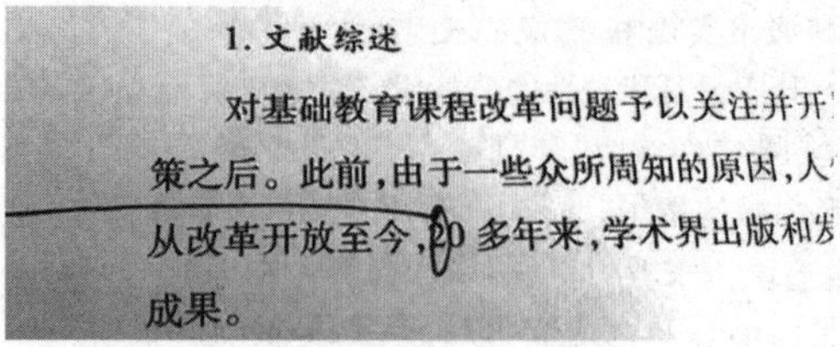

1. 文献综述

对基础教育课程改革问题予以关注并开

策之后。此前，由于一些众所周知的原因，人

从改革开放至今，20 多年来，学术界出版和发

成果。

经过查证，该书的中译本早已不止 4 个。

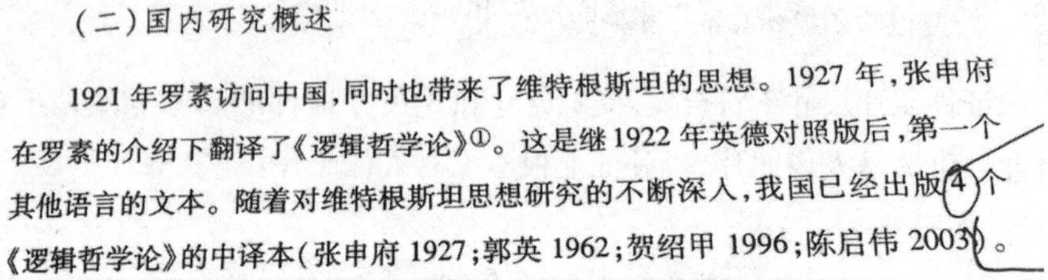

(二)国内研究概述

1921 年罗素访问中国，同时也带来了维特根斯坦的思想。1927 年，张申府在罗素的介绍下翻译了《逻辑哲学论》①。这是继 1922 年英德对照版后，第一个其他语言的文本。随着对维特根斯坦思想研究的不断深入，我国已经出版 4 个《逻辑哲学论》的中译本（张申府 1927；郭英 1962；贺绍甲 1996；陈启伟 2003）。

2013 年的时候，“首都师范学院”已经改为“首都师范大学”。

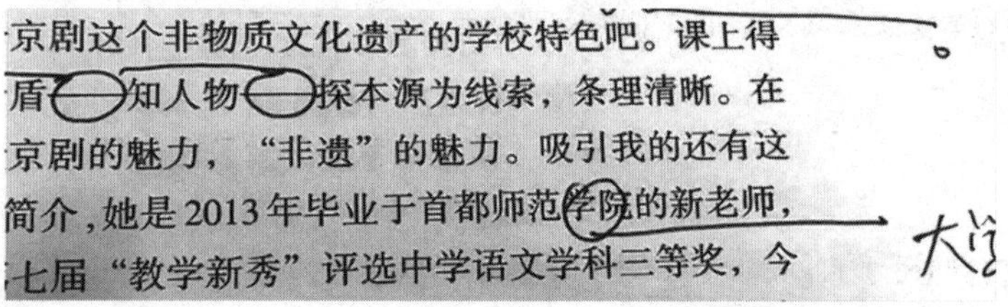

京剧这个非物质文化遗产的学校特色吧。课上得

盾——知人物——探本源为线索，条理清晰。在

京剧的魅力，“非遗”的魅力。吸引我的还有这

简介，她是 2013 年毕业于首都师范学院的新老师，

七届“教学新秀”评选中学语文学科三等奖，今

在该书稿中表达的时间点，国家新闻出版总署已经更改为“国家新闻出版广电总局”。

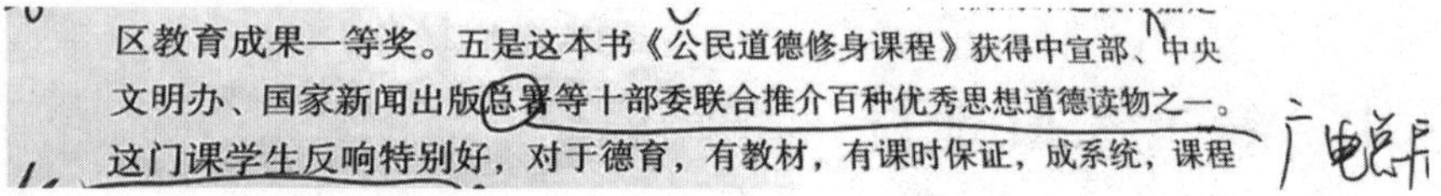

区教育成果一等奖。五是这本书《公民道德修身课程》获得中宣部、中央文明办、国家新闻出版总署等十部委联合推介百种优秀思想道德读物之一。这门课学生反响特别好，对于德育，有教材，有课时保证，成系统，课程

峨眉县已改为峨眉山市。

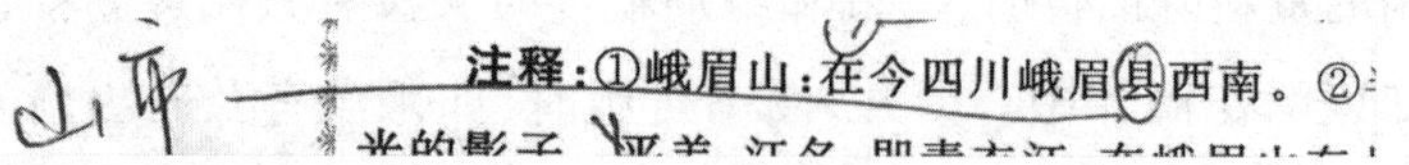

注释：①峨眉山：在今四川峨眉县西南。②

根据《梅里斯达斡尔族区志》，梅里斯达斡尔族区名称多次更迭。1956 年 11 月称梅里斯达斡尔族区；1958 年 12 月改华丰人民公社；1961 年 10 月为郊区工委办事处；1980 年 5 月为梅里斯区；1988 年恢复梅里斯达斡尔族区。可见，“梅里斯达斡尔族区”和“梅里斯区”应属不同年代的称呼，不宜随意简化。

> 拟选取调查地点分别为：
> 达斡尔族——黑龙江齐齐哈尔梅里斯区梅里斯镇、卧牛吐民族乡与哈拉新村

此外，1956 年 12 月 11 日，国务院批准，为更改生僻字地名，将瑷珲县改为爱辉县。2015 年 5 月，黑龙江省政府又批准将黑河市爱辉区爱辉镇政区名称用字恢复为瑷珲。因此，“瑷珲”与“爱辉”的使用应注意年代。

邳县已改为邳州市，但如果按照一般的思路，把此处的邳县直接改为邳州市，就又犯了一个错误。根据《辞海》（第 6 版），下邳为“古县名。秦置。治今江苏睢宁北。南朝梁改名归政，东魏复故名。金移治今睢宁西北古邳镇，明初废入邳州”。此例中的故事发生在秦汉时期，显然不是明初之后所在的邳州市，而是在睢宁县。

> 学习。后来，张良靠着自
> 消灭了秦国，打败了项羽
>
> **注释：孺子可教：孺子，后生，指青**
> **下邳：现在的江苏省邳县。**

捷克斯洛伐克、俄国、苏联、民主德国/联邦德国等在一定时间范围内存在的国名，使用时须留意时间点，否则易出现错误。

> 雪橇。后来经过不断改进，逐渐形成了现代的雪橇。1903年，在圣莫里茨建成了世界上第一条人工有舵雪橇滑道，从此有舵雪橇流行于北欧各国。1914年在捷克斯洛伐克举行了第一次有舵雪橇锦标赛，1923年在巴黎成立了世界雪橇运动联合会。有舵和无舵雪橇于1924年和1964年先后被列为冬奥会

> 中东铁路被卖给日本后，最初的结果之一就是约 20000 名铁路雇员失去了工作，他们在 1935 年返回俄国。开始阶段，俄国人的撤离导致了商品销量上涨，因为这些人携带了许多商品回俄国。可是，从长远的角度来说，工人的离开给犹太商人的活动带

标准的引用也须与时俱进。此例中，《食品营养强化剂使用卫生标准》是已经废止的老标准，新标准名为《食品营养强化剂使用标准》，只差两个看似无关紧要的字，标准就过时了。

化剂时，要根据乳品企业标准或乳品标签标识的含量进行发证检验和
要符合国家标准《食品营养强化剂使用卫生标准》的要求。
准《巴氏杀菌乳》和《预包装食品标签通则》，巴氏杀菌乳产品质量的

文中“改革全面深化阶段”是“2013 至今”（少年字），而图中“改革全面深化阶段”只是 2013—2018 年，成稿时间大约应该是 2018 年，但该书稿书名显示为 2021 年书稿，时效性较强，因此 2018 年不应为“今”。

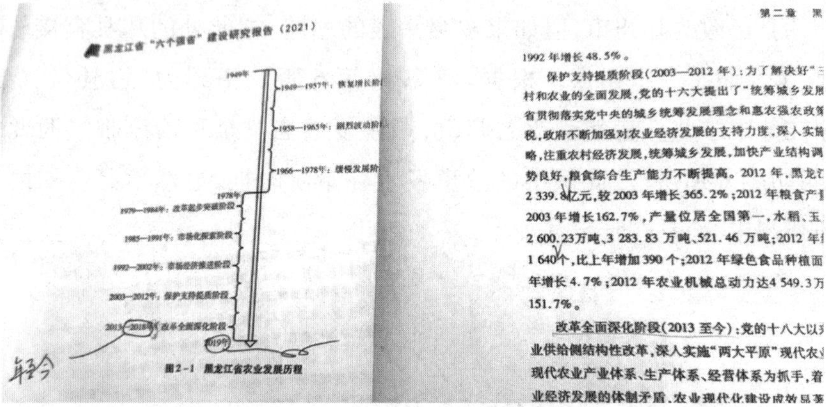

1992 年增长 48.5%。
保护支持提质阶段（2003—2012 年）：为了解决好“三
村和农业的全面发展，党的十六大提出了“统筹城乡发展
省贯彻落实党中央的城乡统筹发展理念和惠农强农政策
税，政府不断加强对农业经济发展的支持力度，深入实施
略，注重农村经济发展，统筹城乡发展，加快产业结构调
势良好，粮食综合生产能力不断提高。2012 年，黑龙江
2 339.8亿元，较 2003 年增长 365.2%；2012 年粮食产量
2003 年增长162.7%，产量位居全国第一，水稻、玉
2 600.23万吨、3 283.83 万吨、521.46 万吨；2012 年
1 640个，比上年增加 390 个；2012 年绿色食品种植面
年增长 4.7%；2012 年农业机械总动力达4 549.3万
151.7%。
改革全面深化阶段（2013 至今）：党的十八大以来
业供给侧结构性改革，深入实施“两大平原”现代农业
现代农业产业体系、生产体系、经营体系为抓手，着
业经济发展的体制矛盾、农业现代化建设成效显著

5.5 概念、定义不明确、有歧义

概念和定义如果出现错误或含混不清，便无法快速直观地让读者了解某一事物，进而产生困惑甚至误解。

通读全句会发现，“公共服务”并不是“获得”的宾语，而是“享受”的宾语，这样，“获得”就缺少了宾语中心语“机会”，应增加“机会的”才通顺，否则整个概念模糊不清。

此，转移人口市民化是指将这些公共服务覆盖于进城务工人员的过程，也就
是指进城务工人员获得与城镇户籍居民平等享受政府所提供的公共服务的
过程。同时，转移人口市民化也是进城务工人员在城镇平等就业、收入合理

是否有“是”，句子的意思大不相同，“土地使用权”应当“是……的集合”，而非“包括……的集合”。

织发挥其功效。以家庭经营为基础，实际上应赋予家庭土地使用权，土地使
用权应包括决策权、收益权、成果处分权在内多种权利的集合，可现实并不
是这样。自大包干后，双层经营实际上是单层的农户分散经营，由于个体

缺少了宾语中心语，概念没有落到“小说”的实质上。

> 作为小说的一个类别，反小说（antinovel）这个名词由让·保罗·萨特于1948年提出，指在先锋派小说中那种背离传统小说和正统小说常规，如忽略小说叙事的连贯性及结构中内在必然的逻辑关联、情节的连续性以及完整的对话和人物塑造，从而挑战和否定传统小说的写作定式和读者的阅读定式。反小说的作者有意在作品中避免涉及有关诸如自身的偏好、价值观等方面的内容，目的在于改变读者的阅读习惯，挑战读者的

“由于”错成了“在与”，使得意义模糊不清；本应是“一个物体”与另一固体、液体或气体的配对件发生接触和相对运动，错成“两个物体”就让读者无法理解了。

> 66　　摩擦磨损与耐磨材料
>
> 与发展组织（OECD）对工程材料的磨损定义是，构件在与其表面相对运动而在承载表面上不断出现材料损失的过程。1979年的标准（DIN50320）中对磨损定义为，磨损是两个物体由于机械的原因，即与另一固体、液体或气体的配对件发生接触和相对运动，而造成表面材料不断损失的过程。Tabor将磨损定义为，物体表面在相对运动中，由于机械的和化学的过程使材料从表面上除掉，即为磨损。

表述定义、概念的句子往往较复杂、冗长，要保证其准确严密，又要保证句子通顺，便须认真分析、推敲。如果没有读懂原句的意思，仅凭感觉草率地修改，很可能改正为误，这样就得不偿失了。

总之，知识性差错不可小觑。消灭知识性差错是图书作者和编辑共同的责任，需要强烈的责任感、敏锐的判断力和追本溯源的耐心。

第6章　量和单位差错或不规范

为了便于科技的准确传播与交流，国家针对量和单位制定了一系列规范，包括《国际单位制及其应用》(GB 3100—93)、《有关量、单位和符号的一般原则》(GB 3101—93)、《空间和时间的量和单位》(GB 3102.1—93)、《周期及其有关现象的量和单位》(GB 3102.2—93)、《力学的量和单位》(GB 3102.3—93)、《热学的量和单位》(GB 3102.4—93)、《电学和磁学的量和单位》(GB 3102.5—93)、《光及有关电磁敷设的量和单位》(GB 3102.6—93)、《声学的量和单位》(GB 3102.7—93)、《物理化学和分子物理学的量和单位》(GB 3102.8—93)、《原子物理学和核物理学的量和单位》(GB 3102.9—93)、《核反应和电离辐射的量和单位》(GB 3102.10—93)、《物理科学和技术中使用的数学符号》(GB 3102.11—93)、《特征数》(GB 3102.12—93)、《固体物理学的量和单位》(GB 3102.13—93)。由国标的编号可见，量和单位系列标准为强制标准(GB)而非推荐标准(GB/T)，可见对其要求之严格，且学科类别划分非常细致，教科书及科技类出版物应注意遵守规范。

6.1　物理量使用差错或不规范

物理量通常不采用单位+"数"的形式。

物质的量之比　　　　Fe^{3+}

图3-1　吸光度-物质的量之比曲线

物质的量

$$配体摩尔分数=\frac{配体摩尔数}{总摩尔数}=0.5 \qquad (3-3)$$

$$中心离子摩尔分数=\frac{中心离子摩尔数}{总摩尔数}=0.5 \qquad (3-4)$$

体积本身是物理量，加“数”就画蛇添足了。

▶ 农畜产品检验实训教程

消耗硫代硫酸钠的体积数。

物理量的上下标经常出现错误。数学中通常不使用由多个大写字母组成的物理量，容易误解为多个物理量相乘。此外，下例中用斜体缩写字母直接作为变量时还存在字母颠倒的错误，log(*C*)的用法也不准确。

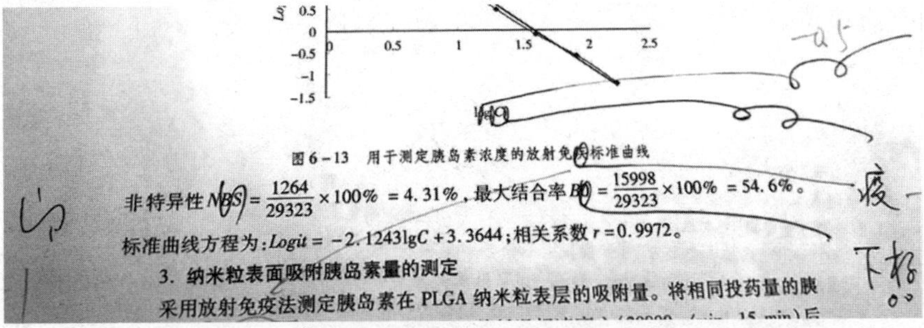

图 6－13　用于测定胰岛素浓度的放射免疫标准曲线

非特异性 $NBS = \frac{1264}{29323} \times 100\% = 4.31\%$，最大结合率 $B0 = \frac{15998}{29323} \times 100\% = 54.6\%$。

标准曲线方程为：$Logit = -2.1243\lg C + 3.3644$；相关系数 $r = 0.9972$。

3. 纳米粒表面吸附胰岛素量的测定

采用放射免疫法测定胰岛素在 PLGA 纳米粒表层的吸附量。将相同投药量的胰

物理量除了正斜体经常编排错误外，表示变化量的希腊字母 Δ 常错为三角形符号△。前面文字差错相关章节已经提到类似差错。表示变化量时 Δ 应为正体，但常与后面的物理量一同排成斜体。变量斜体的规则容易理解，但判断哪些字母是变量却是一个难点。

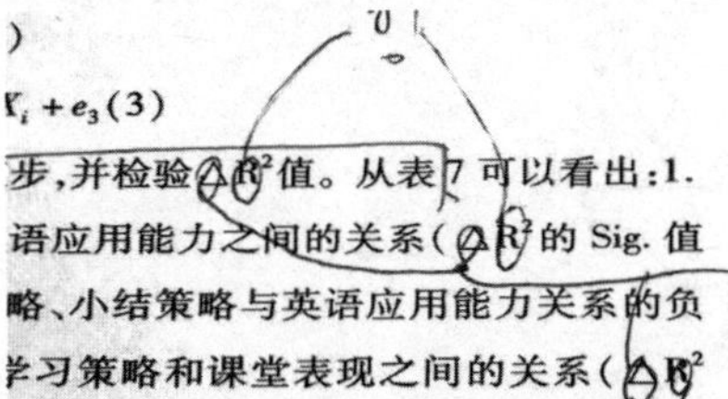
)

$X_i + e_3(3)$

步，并检验△R^2值。从表7可以看出：1.

语应用能力之间的关系（△R^2的 Sig. 值

略、小结策略与英语应用能力关系的负

学习策略和课堂表现之间的关系（△R^2

对翻译支持策略与课堂表现关系的正

与课堂表现关系的负向调节上；3. 兴趣

用能力之间的关系（△R^2的 Sig. 值小于

略、小结策略与英语应用能力关系的正

物理量的下标也是问题多发的地方。下例中错将下标格式的大写字母错排成了正常大小的小写字母，而且非变量的下标应为正体。

直为 4.0 的水溶液，常温磁力搅拌下平衡 3 h 后，于 14000 r/min 下离
LC 法分别测定胰岛素在水和正辛醇中的浓度，根据公式 6－2，计算
水分配系数。

$$P = C_O / C_W$$

其中，C_O——油相中胰岛素的浓度；C_W——水相中胰岛素的浓度
结果表明，胰岛素在正辛醇中几乎不溶，而形成复合物后，其

一些单位表达正确与否，可通过后面的单位加以佐证。显然 mF/cm² 不是电流单位。

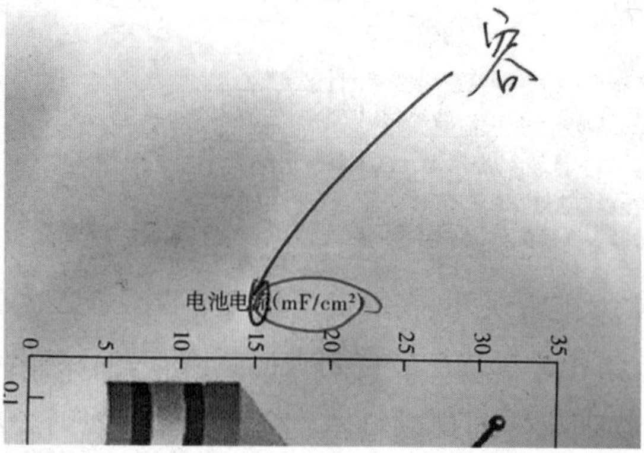

受到工程中习惯的影响，压强常用压力代替，但二者的单位不同，如果不加以区分，在运算中极易造成错误。

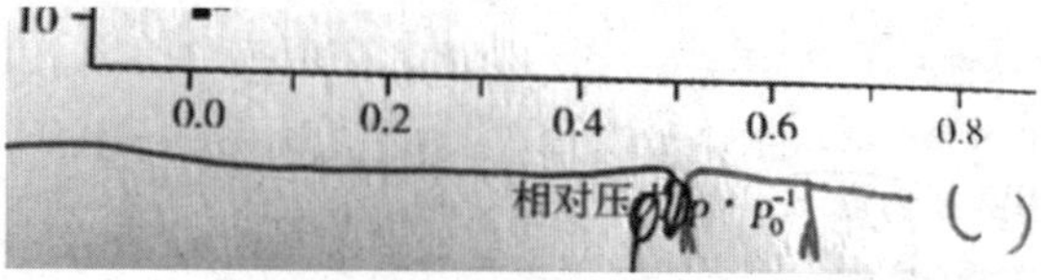

有一点容易忽视：物理量包含数量和单位。因此像下例这样在物理量后面附带单位就多余了。

图 1－3　按胡克定律的变形

当尺寸为 L mm，测量力为 P N，弹性模量为 E N · mm²，横断面积为 Q mm²时，变形量 ΔL 为：

$$\Delta L = \frac{L \cdot P}{E \cdot Q} \quad (1-2)$$

由此不难理解，规定物理量为斜体，常数为正体，这里的常数指的是用

字母代表的纯数，如 π、e、i，其他如“理想气体常数”“化学平衡常数”“电离平衡常数”等虽然叫作“常数”，但它们仍然是包含数和单位的物理量，用斜体而不用正体，与 π、e、i 等不相同。

6.2 单位使用差错或不规范

教科书及科技类出版物要求使用国际单位制，并且推荐使用字母单位。字母单位差错每处计 0.5 分，而汉字单位差错每处计 1 分。

过去物质的量浓度单位常写作 M，目前规范写法应为 mol/L 或 $mol \cdot L^{-1}$。

> …SERS 样品的制备
> …溶液，取出一定量的 1×10^{-3} M
> 不同 pH 值(pH = 2、3、4、5、6、

稍复杂的组合单位，代换时需避免搞错指数。

> 子，是结晶领域的电子运动的变形所致。
> 4. 天线效应　三价稀土离子的摩尔吸收系数相对很小，一般在 $0.1 \sim 10\ M^{-1}\ cm^{-1}$，所以即便量子效率比较大，整体的发光亮度仍然很低。1942 年 Weissman 发现在激发配体的时候可以使稀土有机配合物的稀土发光。能量通过分子内能量转移使金属离子处于激发态。这一发现对于设计合成含有稀土的荧光化合物和材料具有里程碑意义，自此发光亮度可以很容易地达到 $10^4 \sim 10^5\ M^{-1}\ cm^{-1}$。
> 5. 上转换　材料在被激发的时候通常遵循 Stoke 规则：吸收一个高能量的光子，发射出一个较低能量的光子。1966 年 Auzel 提出在处于激发态的状态下，相邻稀土离子之间可以发生能量转移。这个能量

一些单位指数的符号错误，导致量纲错误，例如：

> 性，从而有效地改善了材料表面的吸附性能。此外，采用 N_2 吸附 – 脱附对 3 种气体传感器的比表面积和孔径分布进行了测定，如图 4 – 15 所示。Mo – NP、Mo – NB 和 Mo – FL 的比表面积分别为 11.5 $m^{-2} \cdot g^{-1}$、19.8 $m^{-2} \cdot g^{-1}$ 和 34.8 $m^{-2} \cdot g^{-1}$。由此可以看出，三维多级结构花状 $\alpha - MoO_3$ 可以提供更大的比表面积，减少了低维纳米构筑单元的团聚现象的发生。此外，在孔径

下面的例子通过前后文对照即可知道，表面张力的单位为 $mJ \cdot m^{-2}$。另外括号中表面张力为负数也是不合理的。

表 2-6 所用测试液体的表面张力

测试液	温度/℃	表面张力/(mJ·m^{-2})		
		γ_l^d	γ_l^p	γ_l
去离子水	20	21.8	51	72.8
二碘甲烷	20	50.8	0	50.8

表面具有疏水性(表面张力~40 mJ·m^2),然而大部分树脂(如酚醛树脂)的表面张力在35~45 mJ·m^{2}之间,因此需要采用不同的方法来改变碳纤维的疏水特性。碳纤维表面电镀金属镍可以提高碳纤维/酚醛树脂的界面粘接性能,这是因为镀镍可以引入含氧官能团来提高碳纤维表面极性,从而提高整个复合材料的断裂强度。

《有关量、单位和符号的一般原则》(GB 3101—93)指出,由于百分和千分是纯数字,质量百分或体积百分的说法在原则上是无意义的,也不能在单位符号上加其他信息。不能使用 ppm 和 ppb 这类缩写。可见以下几例百分比表示方法不规范。

℃烘干 24 h。研磨后得到蓝黑色粉末为 S-PEdot/EG 复合
中,将 EG 的质量比为 6 wt%、10 wt% 和 14 wt% 的样品分
-PEdot/EG6、S-PEdot/EG10 和 S-PEdot/EG14。按照以

		amount	ance
TiO_2	Zn^{2+}	3 mol %	surface state energy level
TiO_2	Cu^{2+}	3 mol %	surface state energy level
TiO_2	Fe^{3+}	0.5 mol%	doping energy level
TiO_2	Co^{2+}	1 mol%	doping energy level
TiO_2	Ni^{2+}	3 mol %	doping energy level and face state energy level
TiO_2	Mn^{2+}	3 mol %	doping energy level
ZnO	Co^{2+}	1 mol %	doping energy level
ZnO	Ni^{2+}	3 mol %	doping energy level an face state energy level

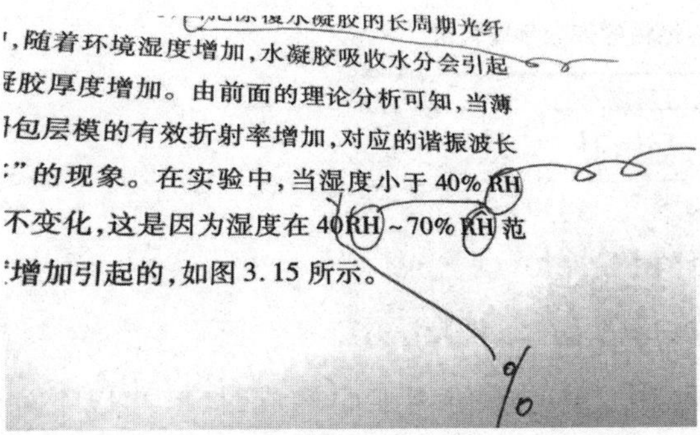
包覆水凝胶的长周期光纤
，随着环境湿度增加，水凝胶吸收水分会引起
凝胶厚度增加。由前面的理论分析可知，当薄
包层模的有效折射率增加，对应的谐振波长
”的现象。在实验中，当湿度小于 40% RH
不变化，这是因为湿度在 40RH ~ 70% RH 范
增加引起的，如图 3.15 所示。

组合单位的运算规则和代数运算一致，需注意括号的使用，否则影响运算顺序，导致量纲发生改变。

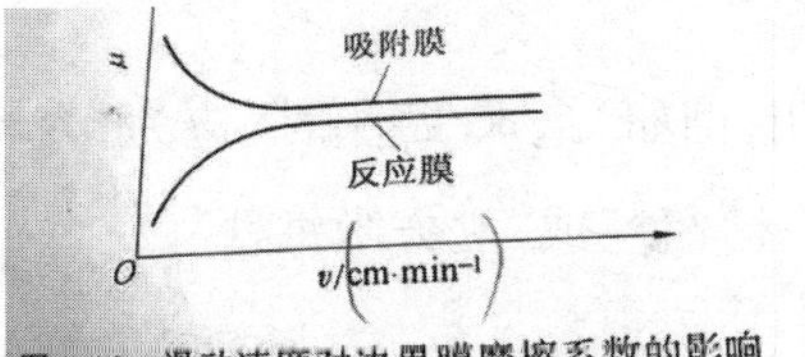

图 2.16　滑动速度对边界膜摩擦系数的影响

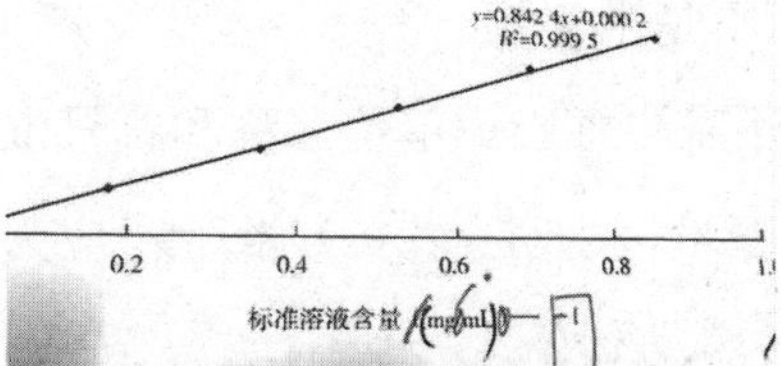

图 3－2　没食子酸标准曲线图

还需注意，平面角单位度、分、秒的符号，在组合单位中应采用(°)(′)(″)的形式，例如不用°/s 而用(°)/s。下例中的“°”应当加括号，而且这里的“°”错成了小写字母 o 的上标形式。

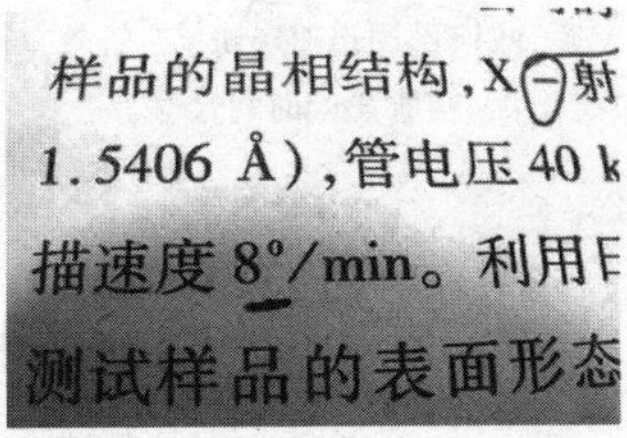
样品的晶相结构，X-射
1.5406 Å)，管电压 40 k
描速度 8º/min。利用E
测试样品的表面形态

用斜线表示相除时，除加括号以避免混淆外，在同一行内的斜线之后不得有乘号或除号，在复杂情况下应当用负数幂或括号。表头中采用斜线分隔量和单位，单位宜采用指数形式。图片和表格的相关章节中也会提到这一方面。

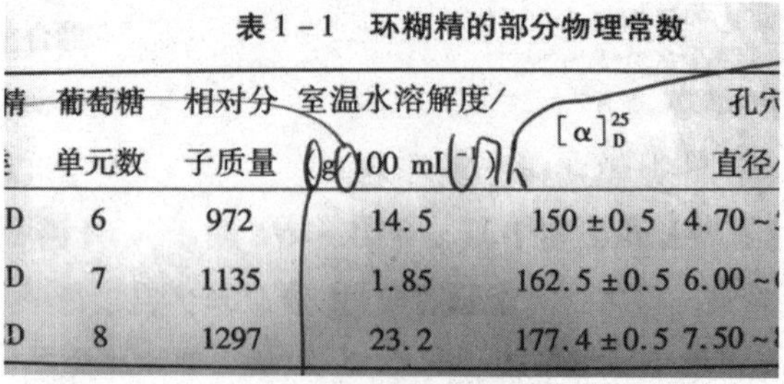

表 1 – 1　环糊精的部分物理常数

精 …	葡萄糖 单元数	相对分 子质量	室温水溶解度/ (g/100 mL⁻¹)	$[\alpha]^{25}_{D}$	孔穴 直径…
D	6	972	14.5	150 ±0.5	4.70 ~…
D	7	1135	1.85	162.5 ±0.5	6.00 ~…
D	8	1297	23.2	177.4 ±0.5	7.50 ~…

当组合单位由两个或两个以上的单位相乘而构成时，应当以下列形式之一表示：N · m，N m。第二种形式也可以写成中间不留空隙，但如果单位之一的符号也是词头的一种符号时，就必须特别注意。例如 mN 表示毫牛顿，而不是米牛顿。

还需注意避免单位名称和符号混用，例如“毫米/每小时”应为“毫米/小时”“毫米每小时”，“立方米/秒”应为“米³/秒”或“立方米每秒”。

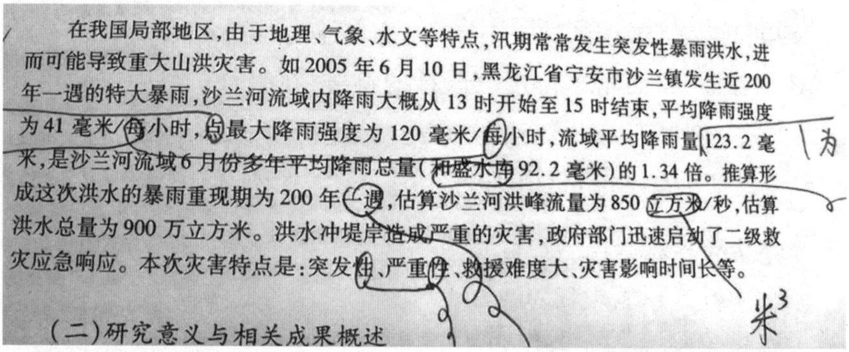

在我国局部地区，由于地理、气象、水文等特点，汛期常常发生突发性暴雨洪水，进而可能导致重大山洪灾害。如 2005 年 6 月 10 日，黑龙江省宁安市沙兰镇发生近 200 年一遇的特大暴雨，沙兰河流域内降雨大概从 13 时开始至 15 时结束，平均降雨强度为 41 毫米/每小时，总最大降雨强度为 120 毫米/每小时，流域平均降雨量 123.2 毫米，是沙兰河流域 6 月份多年平均降雨总量（相盛水库 92.2 毫米）的 1.34 倍。推算形成这次洪水的暴雨重现期为 200 年一遇，估算沙兰河洪峰流量为 850 立方米/秒，估算洪水总量为 900 万立方米。洪水冲堤岸造成严重的灾害，政府部门迅速启动了二级救灾应急响应。本次灾害特点是：突发性、严重性、救援难度大、灾害影响时间长等。

（二）研究意义与相关成果概述

以下几例在不能用字母单位时误用字母单位。其中第三个例子中，厘米本身是单位，不宜再加“个”。

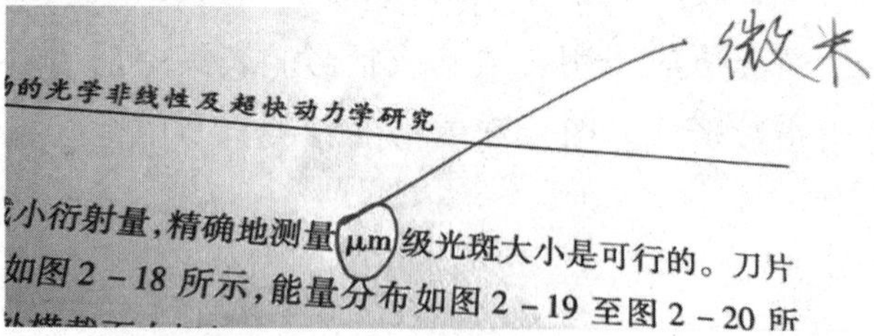

…的光学非线性及超快动力学研究

…小衍射量，精确地测量 μm 级光斑大小是可行的。刀片…如图 2 – 18 所示，能量分布如图 2 – 19 至图 2 – 20 所…

…查 MPN 检索表，报告每 g 样品中金…

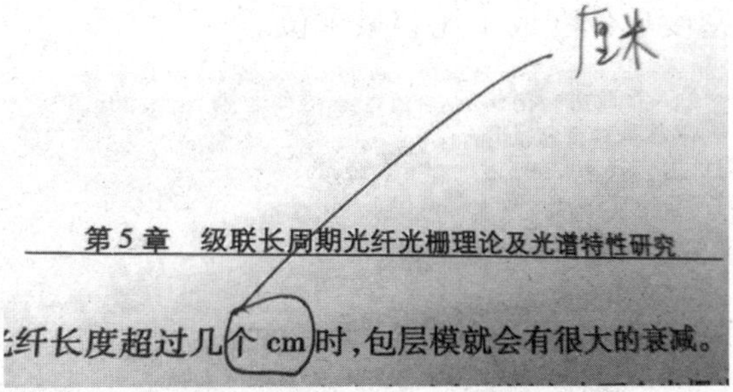
第 5 章　级联长周期光纤光栅理论及光谱特性研究

光纤长度超过几个 cm 时，包层模就会有很大的衰减。

表示转数的 rpm、r. p. m 是英文缩写而非规范的单位，作为单位时应为 r/min。此外，《国际单位制及其应用》（GB 3100—93）规定，不应在组合单位中同时使用单位符号和中文符号，因此下例中"kw/组""kw/只"的用法不符合国标的规定。

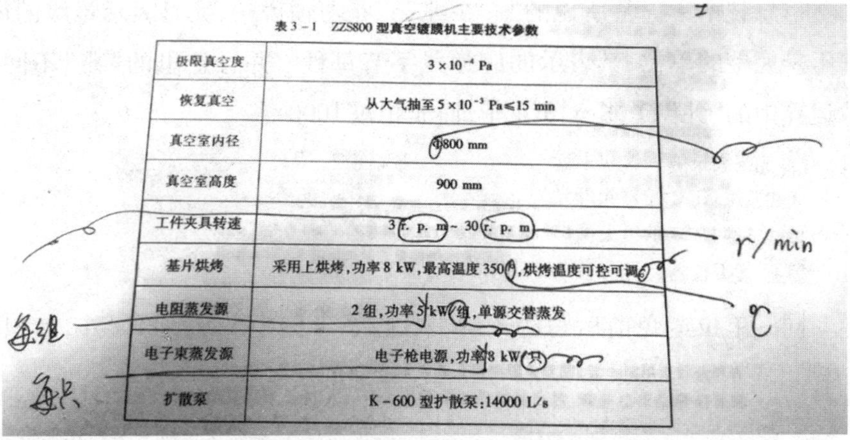
表 3－1　ZZS800 型真空镀膜机主要技术参数

极限真空度	3×10^{-4} Pa
恢复真空	从大气抽至 5×10^{-3} Pa≤15 min
真空室内径	Φ800 mm
真空室高度	900 mm
工件夹具转速	3 r. p. m～30 r. p. m
基片烘烤	采用上烘烤，功率 8 kW，最高温度 350°，烘烤温度可控可调
电阻蒸发源	2 组，功率 5 kW/组，单源交替蒸发
电子束蒸发源	电子枪电源，功率 8 kW/只
扩散泵	K－600 型扩散泵：14000 L/s

一些相似的单位经常发生混淆，如°和℃，含义不同。

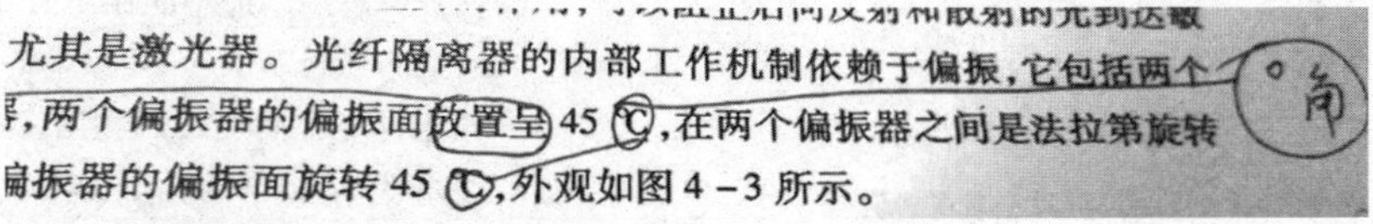
尤其是激光器。光纤隔离器的内部工作机制依赖于偏振，它包括两个
，两个偏振器的偏振面放置呈 45 ℃，在两个偏振器之间是法拉第旋转
偏振器的偏振面旋转 45 ℃，外观如图 4－3 所示。

"××摄氏度"也常错为"摄氏××度"。

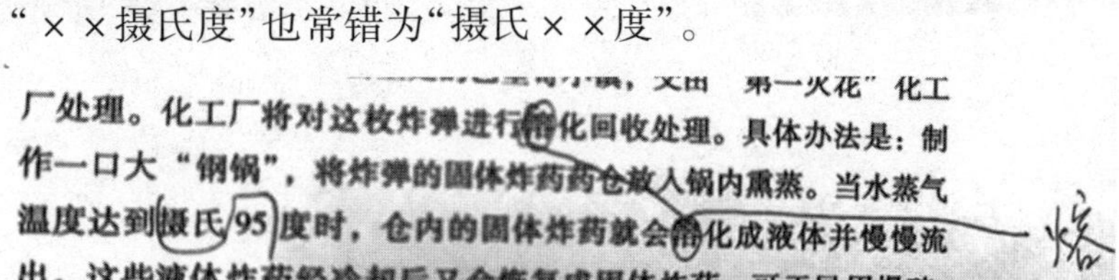
厂处理。化工厂将对这枚炸弹进行溶化回收处理。具体办法是：制作一口大"钢锅"，将炸弹的固体炸药药仓放入锅内熏蒸。当水蒸气温度达到摄氏 95 度时，仓内的固体炸药就会溶化成液体并慢慢流出。这些液体炸药经冷却后又会恢复成固体炸药，可于民用爆破。

下例中涉及电流密度单位 mA · g^{-1} 和比容量单位 mAh · g^{-1}，图中的单位仅仅多了 h，就错把电流密度单位变成了比容量单位。

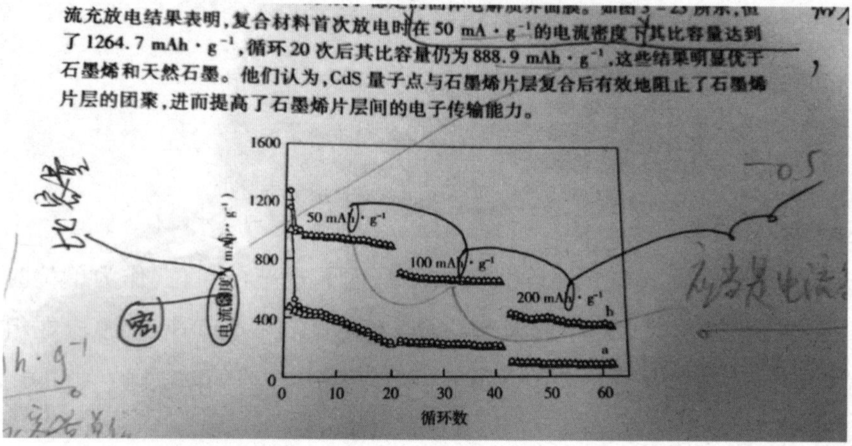
流充放电结果表明，复合材料首次放电时在 50 mA · g^{-1} 的电流密度下其比容量达到了 1264.7 mAh · g^{-1}，循环 20 次后其比容量仍为 888.9 mAh · g^{-1}，这些结果明显优于石墨烯和天然石墨。他们认为，CdS 量子点与石墨烯片层复合后有效地阻止了石墨烯片层的团聚，进而提高了石墨烯片层间的电子传输能力。

信息技术中通常所说的“多少兆”只是习惯说法，兆是表示量级的词头，并不是完整的单位，其表示的应为兆字节每秒。并且这里的“兆”不同于一般运算中的“兆”，1 兆 = 1024 千，而非相差 1000 倍。

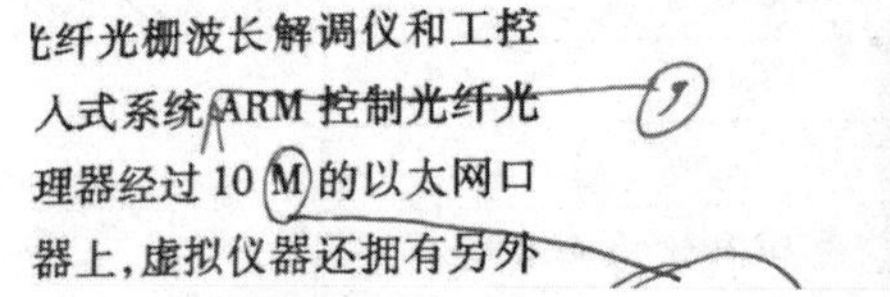
光纤光栅波长解调仪和工控
入式系统 ARM 控制光纤光
理器经过 10 M 的以太网口
器上，虚拟仪器还拥有另外

用 FPGA 硬件执行数
使传感数据在最快的
件实现 100 兆网络接
所示。

同一单位避免前后写法不统一。除了下例中 kD 和 kDa 外，体积单位“升”可表示为 L 或 l，同一本书中用法也要前后统一。

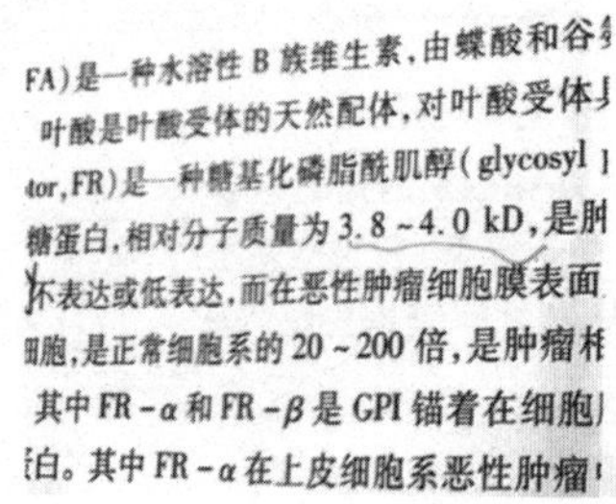
FA)是一种水溶性 B 族维生素，由蝶酸和谷
叶酸是叶酸受体的天然配体，对叶酸受体
tor, FR)是一种糖基化磷脂酰肌醇(glycosyl
糖蛋白，相对分子质量为 3.8～4.0 kD，是
不表达或低表达，而在恶性肿瘤细胞膜表面
细胞，是正常细胞系的 20～200 倍，是肿瘤
其中 FR-α 和 FR-β 是 GPI 锚着在细胞
蛋白。其中 FR-α 在上皮细胞系恶性肿瘤

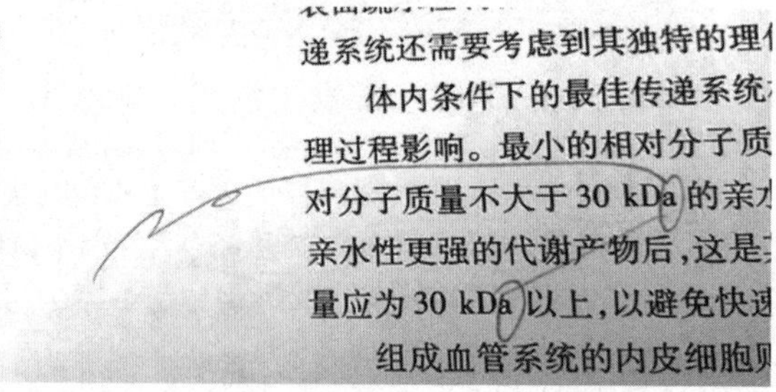
递系统还需要考虑到其独特的理
体内条件下的最佳传递系统
理过程影响。最小的相对分子质
对分子质量不大于 30 kDa 的亲
亲水性更强的代谢产物后，这是
量应为 30 kDa 以上，以避免快速
组成血管系统的内皮细胞

第 7 章　数字用法不规范

数字不仅在科技类出版物中扮演着不可或缺的角色，在人文类图书中也很重要。针对数字用法的国家标准为《出版物上数字用法》（GB/T 15835—2011）。

7.1　汉字数字与阿拉伯数字使用不规范

数字用法不规范问题中，汉字数字和阿拉伯数字的使用场合不当或用法局部不统一是很重要的一方面。

庄重典雅的场合，以及古文、几成等宜采用汉字数字。

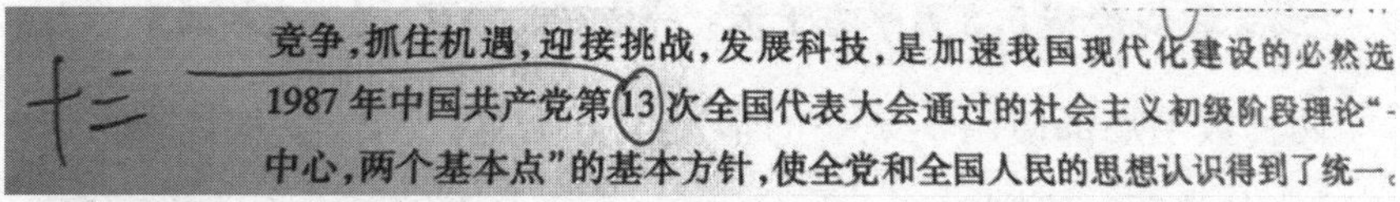
竞争，抓住机遇，迎接挑战，发展科技，是加速我国现代化建设的必然选
1987 年中国共产党第 13 次全国代表大会通过的社会主义初级阶段理论“
中心，两个基本点”的基本方针，使全党和全国人民的思想认识得到了统一。

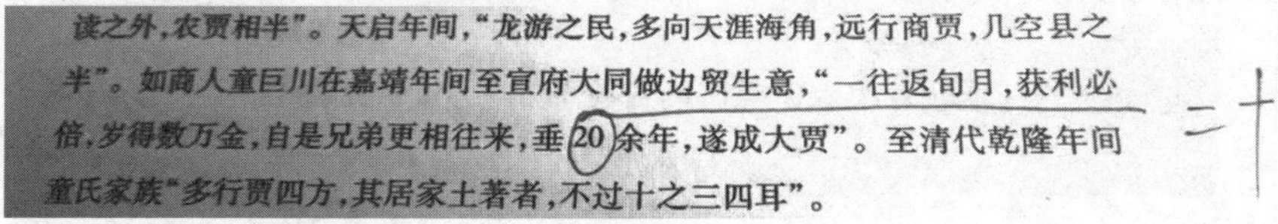
读之外，农贾相半”。天启年间，“龙游之民，多向天涯海角，远行商贾，几空县之
半”。如商人童巨川在嘉靖年间至宣府大同做边贸生意，“一往返旬月，获利必
倍，岁得数万金，自是兄弟更相往来，垂 20 余年，遂成大贾”。至清代乾隆年间
童氏家族“多行贾四方，其居家土著者，不过十之三四耳”。

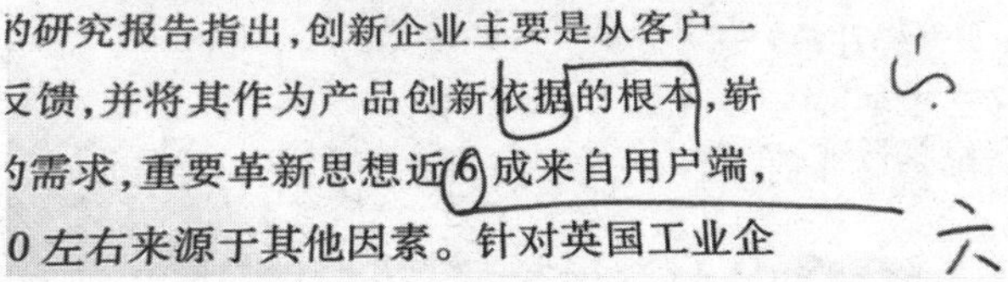
的研究报告指出，创新企业主要是从客户一
馈，并将其作为产品创新依据的根本，崭
需求，重要革新思想近 6 成来自用户端，
0 左右来源于其他因素。针对英国工业企

经查相关资料，其生日应为农历九月初九，因而不宜用阿拉伯数字，易误解为公历。具有一定知名度人物的信息需谨慎处理。

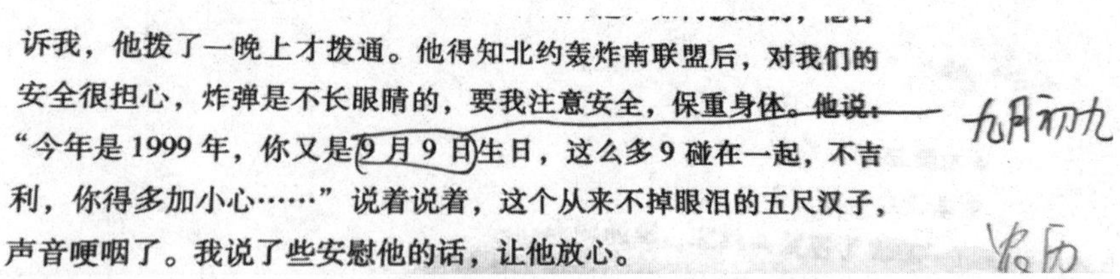
诉我，他拨了一晚上才拨通。他得知北约轰炸南联盟后，对我们的安全很担心，炸弹是不长眼睛的，要我注意安全，保重身体。他说：“今年是1999年，你又是9月9日生日，这么多9碰在一起，不吉利，你得多加小心……”说着说着，这个从来不掉眼泪的五尺汉子，声音哽咽了。我说了些安慰他的话，让他放心。

汉字数字“二”和“两”、“零”和“〇”的使用场合存在一定的差异，需注意区分（详见《现代汉语词典》）。

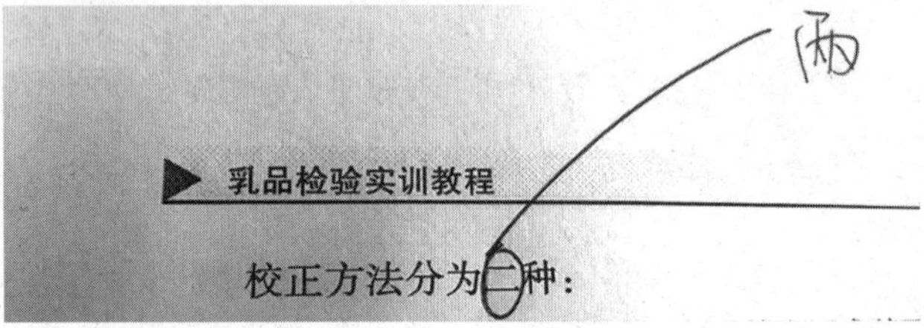
乳品检验实训教程

校正方法分为二种：

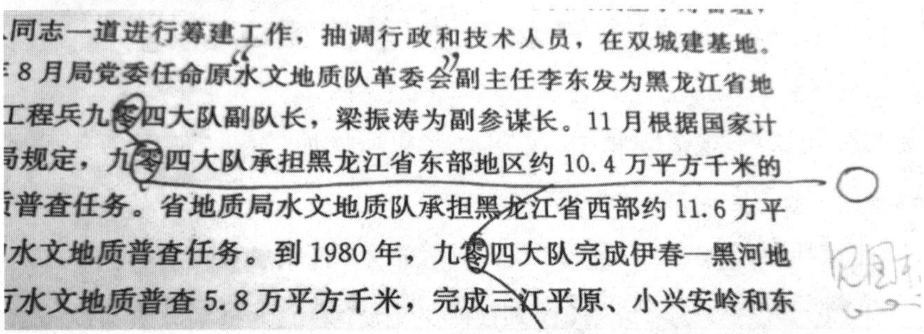
同志一道进行筹建工作，抽调行政和技术人员，在双城建基地。
8月局党委任命原水文地质队革委会副主任李东发为黑龙江省地
工程兵九零四大队副队长，梁振涛为副参谋长。11月根据国家计
局规定，九零四大队承担黑龙江省东部地区约10.4万平方千米的
普查任务。省地质局水文地质队承担黑龙江省西部约11.6万平
水文地质普查任务。到1980年，九零四大队完成伊春—黑河地
水文地质普查5.8万平方千米，完成三江平原、小兴安岭和东

两种数字局部使用不统一的情况十分常见。当数字种类较多、较复杂时，适用分类统一原则。

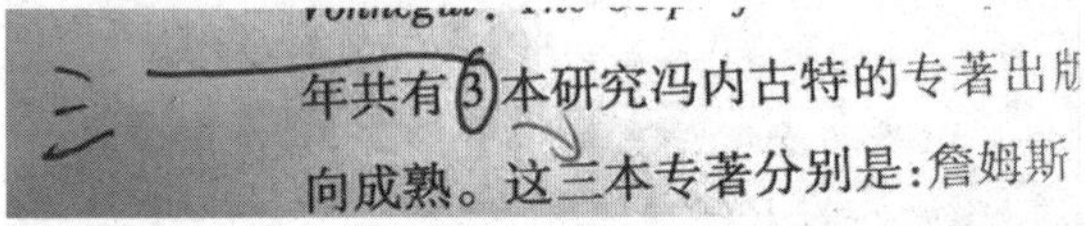
年共有3本研究冯内古特的专著出
向成熟。这三本专著分别是:詹姆斯

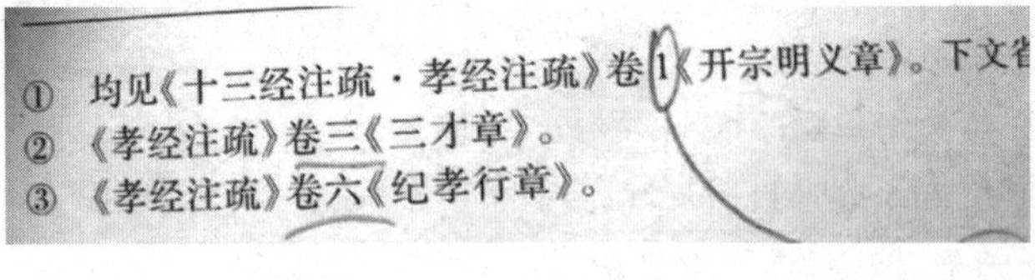
① 均见《十三经注疏·孝经注疏》卷1《开宗明义章》。下文省
② 《孝经注疏》卷三《三才章》。
③ 《孝经注疏》卷六《纪孝行章》。

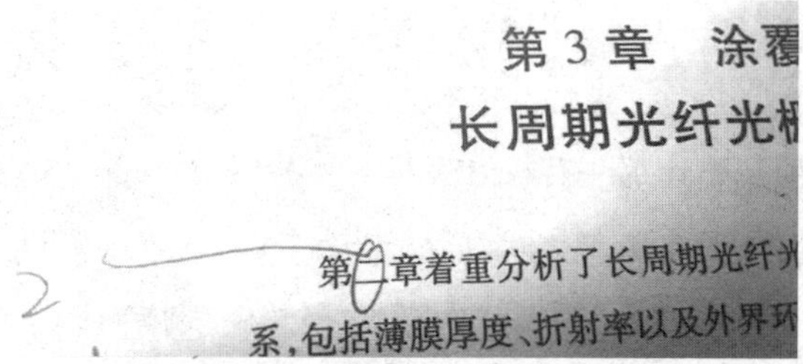

第3章　涂覆
长周期光纤光
第 章着重分析了长周期光纤光
系，包括薄膜厚度、折射率以及外界环

此外还存在阿拉伯数字与汉字数字杂糅的问题，最常见的是将“百”“千”等当作词头。例如“3 千”应表述为“3000”或“三千”。

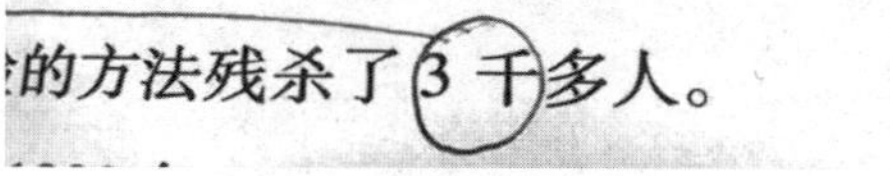

的方法残杀了3 千多人。

7.2　概数、倍数、范围表达差错

这几类差错，有的不影响理解，如“大约”“左右”等词的重复等，但大部分类型影响到了数值的准确表达。

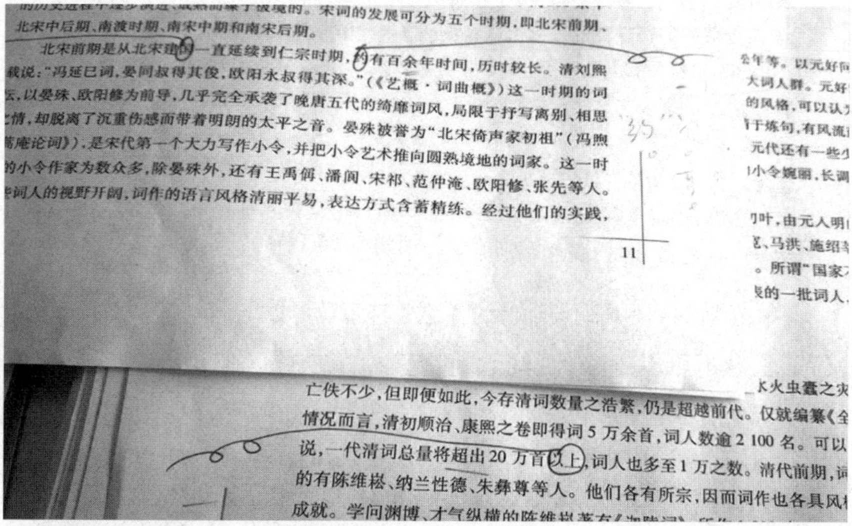

北宋中后期、南渡时期、南宋中期和南宋后期。
北宋前期是从北宋建国一直延续到仁宗时期，约有百余年时间，历时较长。清刘熙载说：“冯延巳词，晏同叔得其俊，欧阳永叔得其深。”（《艺概·词曲概》）这一时期的词坛，以晏殊、欧阳修为前导，几乎完全承袭了晚唐五代的绮靡词风，局限于抒写离别、相思之情，却脱离了沉重伤感而带着明朗的太平之音。晏殊被誉为“北宋倚声家初祖”（冯煦《蒿庵论词》），是宋代第一个大力写作小令，并把小令艺术推向圆熟境地的词家。这一时期的小令作家为数众多，除晏殊外，还有王禹偁、潘阆、宋祁、范仲淹、欧阳修、张先等人。使词人的视野开阔，词作的语言风格清丽平易，表达方式含蓄精练。经过他们的实践，

11

亡佚不少，但即便如此，今存清词数量之浩繁，仍是超越前代。仅就编纂《全……情况而言，清初顺治、康熙之卷即得词 5 万余首，词人数逾 2 100 名。可以说，一代清词总量将超出 20 万首以上，词人也多至 1 万之数。清代前期，词……的有陈维崧、纳兰性德、朱彝尊等人。他们各有所宗，因而词作也各具风格……成就。

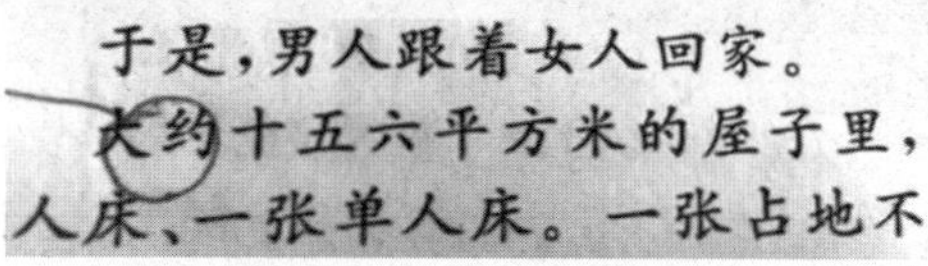

于是，男人跟着女人回家。
大约十五六平方米的屋子里，
人床、一张单人床。一张占地不

约数中误用顿号，也可算作标点符号的用法问题。

于用写作来力图拯救地球和人类。”③ 值得注意
幅都不是很长，大都二、三百页，短的甚至不到
小说写得短一些，目的是想让那些有权力的人

此类范围的表达方法则难以理解具体所指的范围。

通常情况下磨粒磨损是指磨粒的硬度比材料表面硬度高得多
材料硬度低时，也会发生磨损，只是磨损量很小而已。故材料的耐
的硬度 H_m，而且更主要的是决定于材料硬度 H_m 和磨粒硬度 H_a 的
一定值后，磨损量便会迅速降低，即 $H_m/H_a \leq 0.5 \sim 0.8$ 时为硬磨
的硬度 H_m 对其耐磨性增加不大。

当 $H_m/H_a \geq 0.5 \sim 0.8$ 时为软磨粒磨损，此时增加材料的硬
耐磨性。

500 年究竟为公元前还是公元后，可以有不同的理解。经过查找资料，当为公元前。

泛肯定和信赖。藏医藏药在“十五”计划中已被西藏列为第二大支柱产业。
藏药在藏族医药经验的基础上同时吸纳了古代中医药、天竺（印度）和大食
（伊朗和阿拉伯）医药的理论精华。自古以来，对西藏医药的研究就从来没
有停止过。据藏文文献记载，公元前 600—500 年，藏族先民已经认识到一些
动、植、矿物具有解除人体病痛的作用，这也证实了藏医药 2000 多年的历史
起源。公元 8 世纪，著名藏医学家宇妥·元丹贡布编撰了藏药巨著《四部医
典》。随后出现了《月王药诊》《药诊八支》等药学名著，至此，藏医药学最终
形成。公元 17 世纪，藏药学家帝尔玛·丹增彭措的《晶珠本草》汇集了藏药

表示范围时，不同于其他的单位，连接号或“到”“至”等前面的“%”“万”等注意不可以省略，否则数量级发生了变化。但后面的单位缺失情况不多，当为疏忽所致。

供世界 70% 的生活用炭；放出的氧占陆地生物的 67%；
60—80%；提供了大量建材、工业原料和林副产品。实践
农牧业要比较稳定，其森林覆盖率应在 30% 以上且分布
锐减了原来面积的 10%，将会有一半物种难以继续在

> 则以更快的步伐转移至城市。195
> 年达 50 至 70 万人，进入 20 世纪 7
> 下降，但年均仍然维持在大约 40 万

> 种用消费是该市市内马铃薯消费结构中的重要组成部分。该市农户习惯把马铃薯块茎切块后播种，1995 年之前，该市马铃薯的种植面积为 10 万—12 公顷、平均用种量为 1.3 吨/公顷，该市马铃薯种薯的用量为 13 万—16 万吨，占

倍数的表达需注意区分“是……的几倍”和“比……多几倍”，这类问题往往通过联系前后文进行计算便可验证。“少几倍”“小几倍”等说法当避免（需注意，“A 是 B 的 0.5 倍”是正确表达，不能与“A 比 B 小几倍”混淆）。

> 等国家。如前所述，英国从 1811 年城市化水平由近 37% 提升到 1881 年 70% 用了 70 年时间，而巴西从 1950 年的近 37% 提升到 1984 年的 70% 左右用了 34 年时间，这一速度是英国的一倍。当然，巴西的城市化速度仍然不及日本。日本 1950 年城市化水平为 38%，巴西城市化水平则为36.2%，

与此类似，须留意“增加”和“增加到”的区别，也需要通过运算来验证。

> 城市社会、经济、技术变革进入乡村的过程。在我国作为重要参数之一的城市化率相对较低，并且户籍城市化率低于人口城市化率，不仅影响我国现代化进程，还会引发一系列社会问题。到 21 世纪 50 年代，我国城市化率约为 75%，按全国人口达到 16 亿计算，届时将只有 4 亿左右农村人口。那么这表明，在 45 年内，城市人口要增加到 8 亿，除了自生 1 亿外，从农村将转移 7 亿，平均需要每年转移 1550 万人口。

7.3 数字的形式错误

《出版物上数字用法》（GB/T 15835—2011）规定，为便于阅读，四位以上的整数或小数可以采用以下两种方式分节：千分空和千分撇。但是《有关量、单位和符号的一般原则》（GB 3101—93）规定，为使多位数字便于阅读，可将数字分成组，从小数点起，向左和向右每三位分成一组，组间留一空隙，但不得用逗号、圆点或其他方式。因此，千分空是目前较为通行的形式。使用千分空时需注意全书体例的统一以及数字内部的统一，小数部分未空位或空位位置错误较为常见。

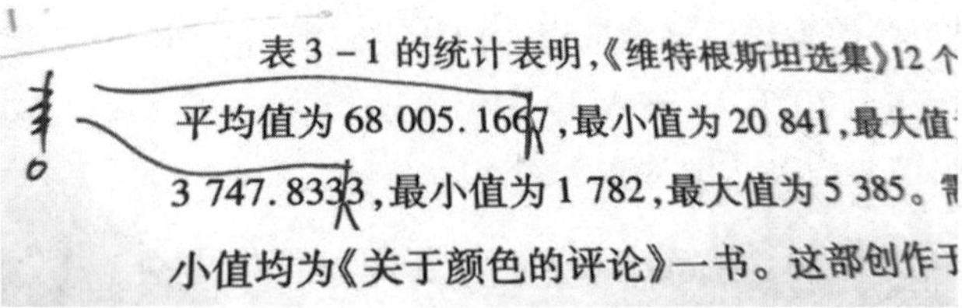
表 3－1 的统计表明,《维特根斯坦选集》12 个

平均值为 68 005.1667,最小值为 20 841,最大值

3 747.8333,最小值为 1 782,最大值为 5 385。最

小值均为《关于颜色的评论》一书。这部创作于

一些计算机自动生成的数据,整数部分为 0 的小数有时省略整数部分的 0,但在出版物中这一用法是不正确的。

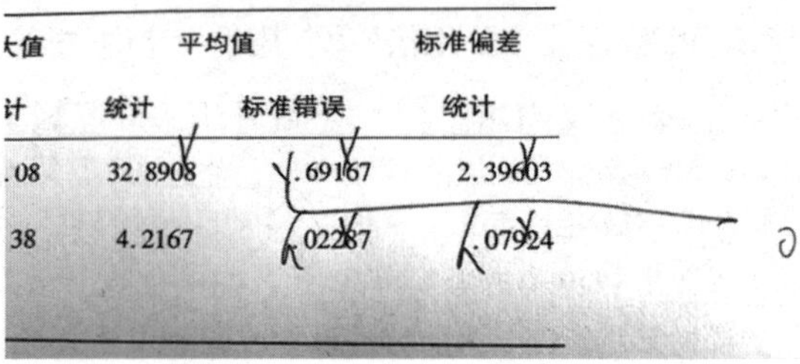

大值	平均值		标准偏差
计	统计	标准错误	统计
.08	32.8908	.69167	2.39603
38	4.2167	.02287	.07924

时间的表达需注意,16:00 无须说明下午,另外其中为冒号而非比号。

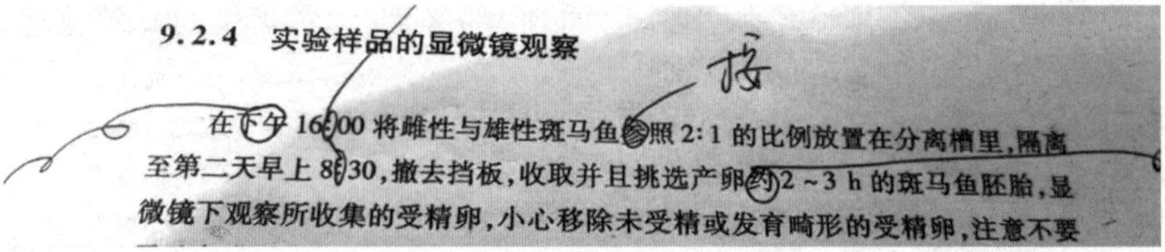
9.2.4　实验样品的显微镜观察

在下午 16:00 将雌性与雄性斑马鱼参照 2:1 的比例放置在分离槽里,隔离至第二天早上 8:30,撤去挡板,收取并且挑选产卵约 2～3 h 的斑马鱼胚胎,显微镜下观察所收集的受精卵,小心移除未受精或发育畸形的受精卵,注意不要

7.4　量级的错误

与范围错误提到的类似,数值的百分号及万、亿等词头的缺失或赘余,直接影响到数值的数量级,可谓失之毫厘谬以千里。找出此类错误有时并不容易,一方面需要前后文的对照,另一方面还要怀疑数值大小的合理性。

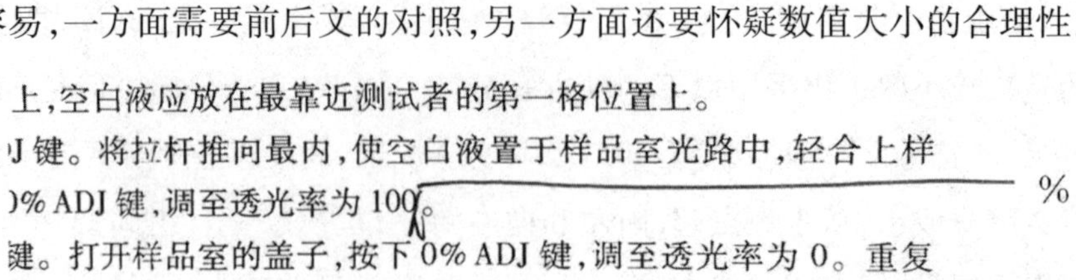
上,空白液应放在最靠近测试者的第一格位置上。

J 键。将拉杆推向最内,使空白液置于样品室光路中,轻合上样

0% ADJ 键,调至透光率为 100。

键。打开样品室的盖子,按下 0% ADJ 键,调至透光率为 0。重复

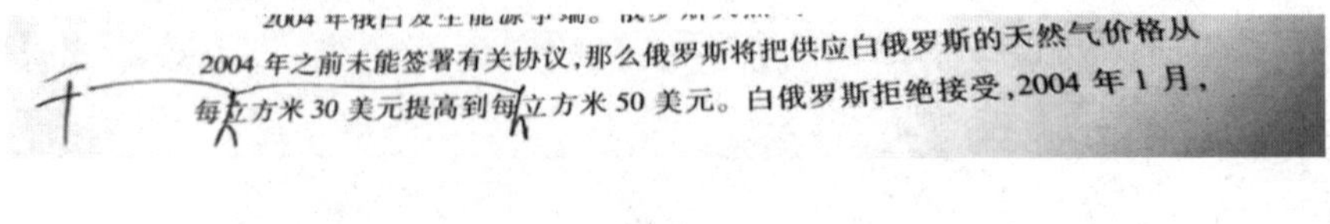
2004 年之前未能签署有关协议,那么俄罗斯将把供应白俄罗斯的天然气价格从每立方米 30 美元提高到每立方米 50 美元。白俄罗斯拒绝接受,2004 年 1 月,

车速度。可能修复的大型主型机车及客车、货车，也已基本全部“复活”，使机车保有量达到4180台，并有294台作储备。……客运量从一九四九年的10279万人增加到16352万人，客货周转量从一九四九年的314.01换算吨公里增加到802.24亿换算吨公里。

二、铁路客运业快速发展(1953—1957年)

7503万吨多了个5，导致数值偏离合理范围，则需通过合理怀疑并查证来排除。

粮食产量75 503万吨，水稻产量2 664万吨，玉米产量3 940万吨，大豆产量781万吨，粮食总产量连续10年位列全国第一；高值高效特色作物面积2 104.2万亩；绿色食品认证面积达8 120万亩，产量达1 660万吨，认证个数为2 800个，绿色食品认证面积和产量均居全国前列。

第8章 插图、表格问题

图书中,插图和表格可以作为文字的补充更加清晰直观地说明问题,特别是在学术类图书中,插图和表格几乎成了必不可少的元素。2019年,针对插图和表格的编排,国家新闻出版署发布了中华人民共和国新闻出版行业标准《学术出版规范 表格》(CY/T 170—2019)和《学术出版规范 插图》(CY/T 171—2019)。

8.1 名不副实

图题或表题与内容不相符的情况较为普遍,有的仅仅是描述略有出入,有的则是编排错误或其他原因导致的图题和图片不搭配,正文的内容与图片、图题也常存在图文不符的情况。

此图中所示为结构式,但图题却描述为分子式,可能是由于把结构式和分子式的概念混淆了。

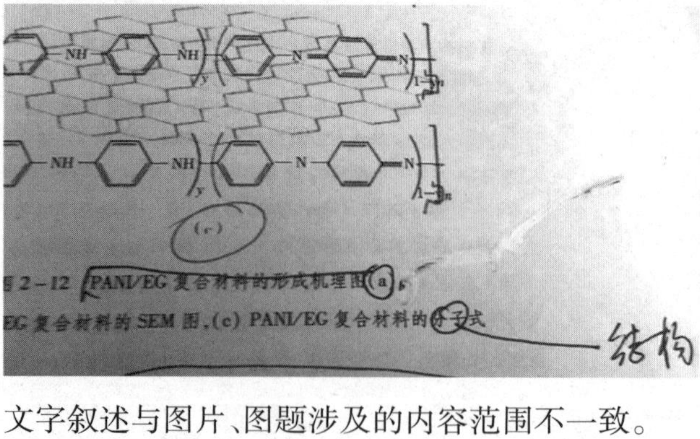

文字叙述与图片、图题涉及的内容范围不一致。

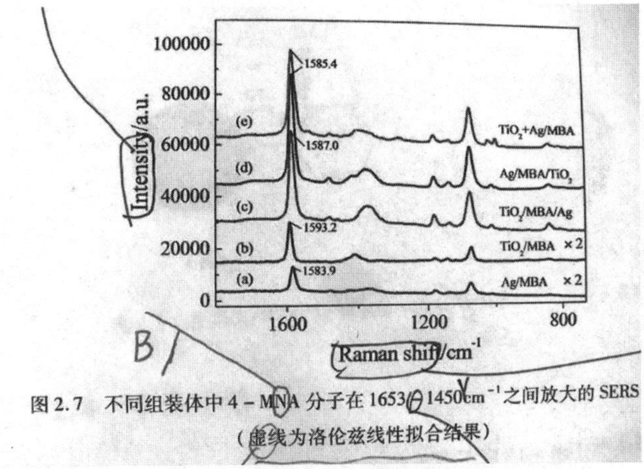

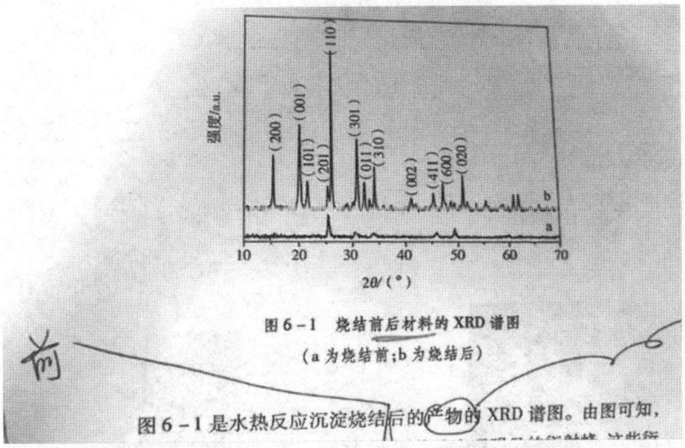

图中铲车在图题中错为挖掘机。

此图中当为中国大街(今中央大街)，当为图片编排错误。此例需要对图中内容有所了解才会产生怀疑并求证，因此一旦排错，比上一例难发现。

此例情况较为复杂。从图片本身很难发现图题是否匹配，根据文字叙述前半部分似乎也吻合，但与后半部分就对应不上了。

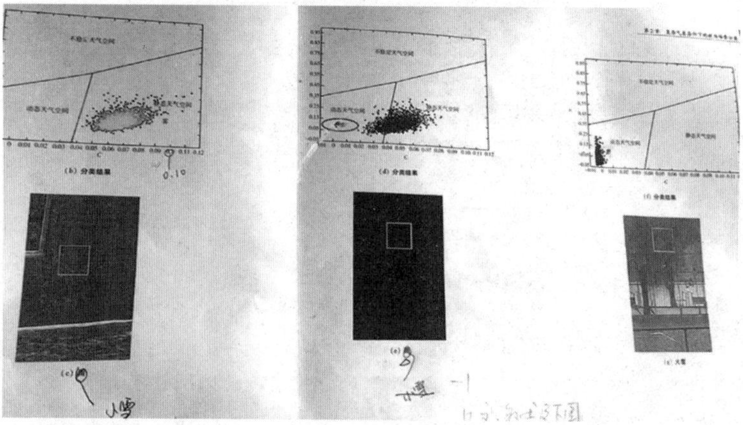

2.4.2　基于先验知识的 CART 决策权天气类型判别

观察多个天气条件视频进行的实验，高于 85% 的模式可被正确分类，另一些在特征空间中表征天气条件类别的模式出现了错误。如图 2－6 所示，选取四个视频片段进行实验，包括静态天气、动态天气和不稳定天气三种类型。四个视频片段都由 124 帧三通道图像组成，选择的区域块大小为 51 × 51 像素。其中图 2－6(a)、图 2－6(c)、图 2－6(e)、图 2－6(g) 分别对应雾、雨、小雪和大雪四种气象条件，图 2－6(b)、图 2－6(d)、图 2－6(f)、图 2－6(h)分别为各自的分类结果。由此可以看出，使用式(2－13)可正确地将雾、雨等天气视频分为静态和动态天气，如图 2－6(b)和图 2－6(f)，而小雪图 2－6(c)和大雪图 2

与上例类似,此例中图 6 –8 和图 6 –9 排反了。

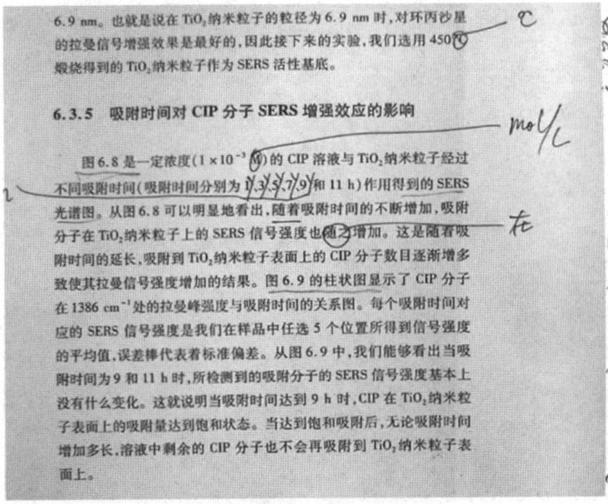

6.9 nm。也就是说在 TiO_2 纳米粒子的粒径为 6.9 nm 时,对环丙沙星的拉曼信号增强效果是最好的,因此接下来的实验,我们选用 450 ℃ 煅烧得到的 TiO_2 纳米粒子作为 SERS 活性基底。

6.3.5 吸附时间对 CIP 分子 SERS 增强效应的影响

图 6.8 是一定浓度(1×10^{-3} M)的 CIP 溶液与 TiO_2 纳米粒子经过不同吸附时间(吸附时间分别为 1、3、5、7、9 和 11 h)作用得到的 SERS 光谱图。从图 6.8 可以明显地看出,随着吸附时间的不断增加,吸附分子在 TiO_2 纳米粒子上的 SERS 信号强度也随之增加。这是随着吸附时间的延长,吸附到 TiO_2 纳米粒子表面上的 CIP 分子数目逐渐增多致使其拉曼信号强度增加的结果。图 6.9 的柱状图显示了 CIP 分子在 1386 cm^{-1} 处的拉曼峰强度与吸附时间的关系图。每个吸附时间对应的 SERS 信号强度是我们在样品中任选 5 个位置所得到信号强度的平均值,误差棒代表着标准偏差。从图 6.9 中,我们能够看出当吸附时间为 9 和 11 h 时,所检测到的吸附分子的 SERS 信号强度基本上没有什么变化。这就说明当吸附时间达到 9 h 时,CIP 在 TiO_2 纳米粒子表面上的吸附量达到饱和状态。当达到饱和吸附后,无论吸附时间增加多长,溶液中剩余的 CIP 分子也不会再吸附到 TiO_2 纳米粒子表面上。

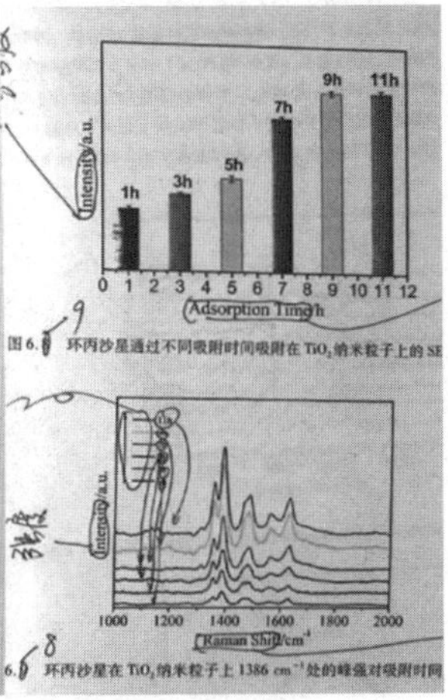

此题目讲的是珊瑚的形状,但“扇面”对应的却是银杏叶的图片。

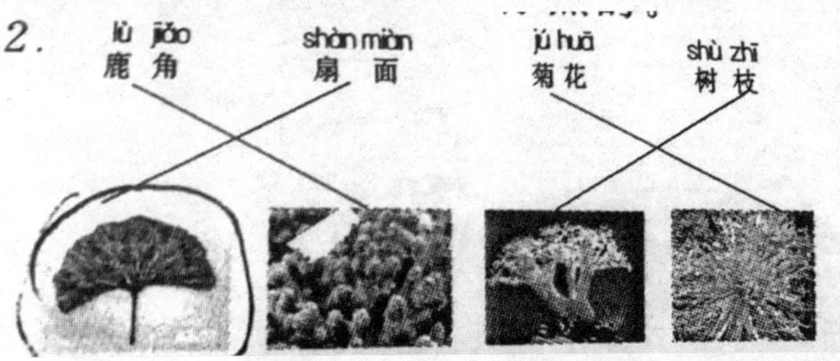

一图两用:违例图片与正确动作图片是同一张图,显然是矛盾的。同样,下一例图 3 –3 盘击式粉碎机的第一种在图 3 –4 中作为盘(击)式粉碎机,第二种又与图 3 –5 的碾磨雷同,编排较为混乱。

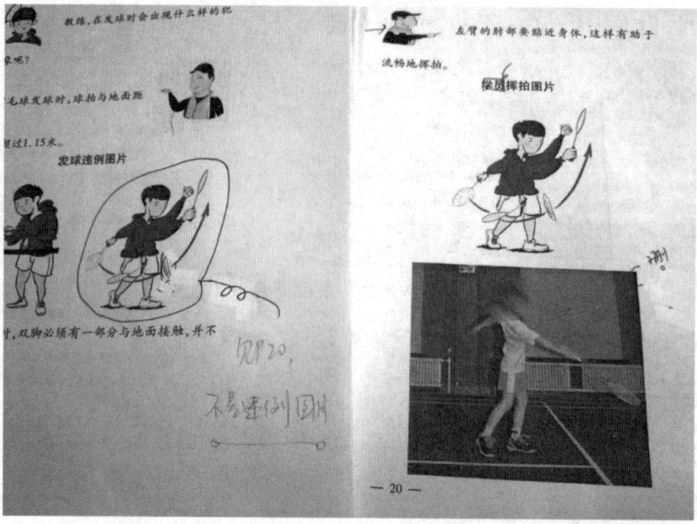

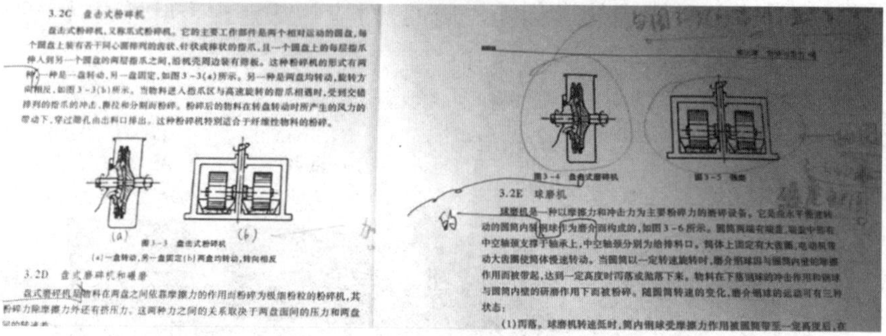

图中的水分测定器不带可调式加热电炉，描述不准确。

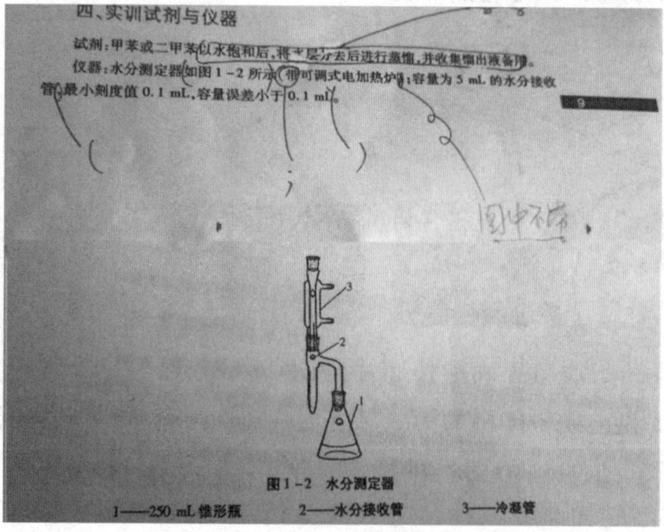
四、实训试剂与仪器

试剂：甲苯或二甲苯以水饱和后，将水层分去后进行蒸馏，并收集馏出液备用。

仪器：水分测定器如图1-2所示，带可调式电加热炉，容量为5 mL的水分接收管，最小刻度值0.1 mL，容量误差小于0.1 mL。

图1-2 水分测定器

1——250 mL锥形瓶 2——水分接收管 3——冷凝管

图片设置无误，但位置与内容未对应。

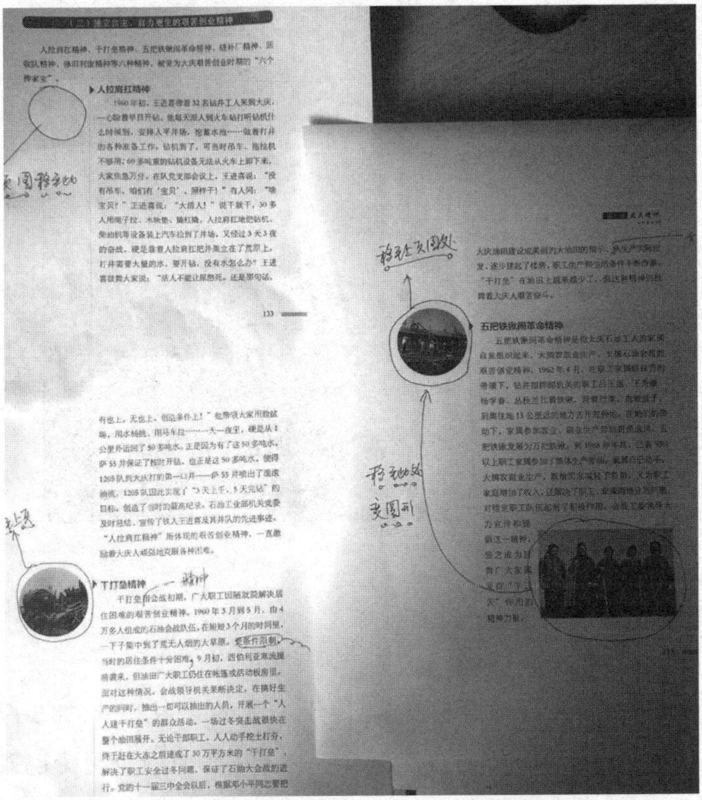

在包含较多类似图片的书稿中，相关文字常通过复制粘贴编排，这样图与图之间变化的量容易忘记修改，造成图文不符。

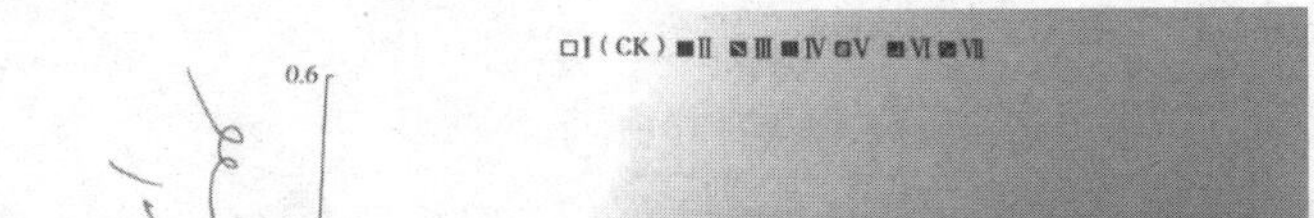

图4－7 秸秆还田和施氮量对水稻植株磷素积累的影响(2012)

下例中，年份与图不符，且缺少坐标名称。

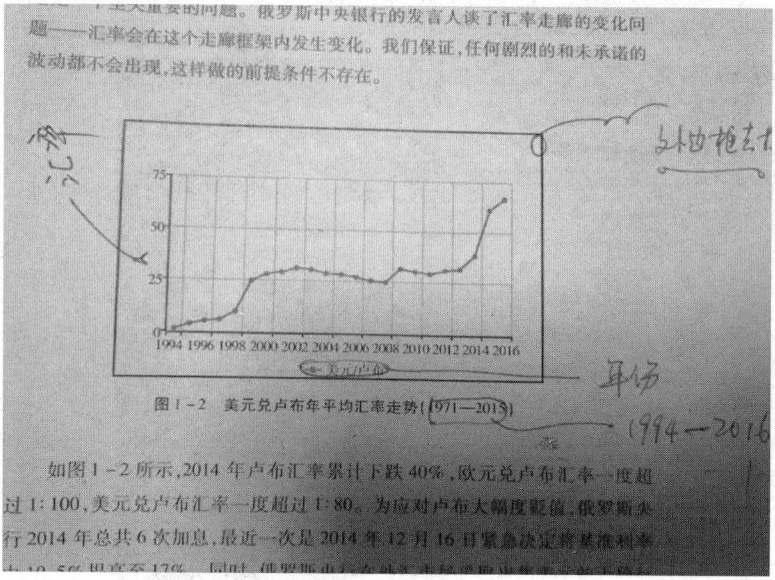
……个至关重要的问题。俄罗斯中央银行的发言人谈了汇率走廊的变化问题——汇率会在这个走廊框架内发生变化。我们保证，任何剧烈的和未承诺的波动都不会出现，这样做的前提条件不存在。

图 1－2　美元兑卢布年平均汇率走势（1971—2015）

如图 1－2 所示，2014 年卢布汇率累计下跌 40%，欧元兑卢布汇率一度超过 1∶100，美元兑卢布汇率一度超过 1∶80。为应对卢布大幅度贬值，俄罗斯央行 2014 年总共 6 次加息，最近一次是 2014 年 12 月 16 日紧急决定将基准利率……

8.2　内容错误

图片和表格中的内容错误其实往往也属于一般的文字差错，如多字、少字、颠倒字、错别字等，但情况相对更为复杂，文字藏在图中也更为隐蔽，更容易忽视。其中，一些学术著作图片（主要是线条图）中的文字差错很多是在修图过程中产生的，而修过的图在核红时很容易忽略，从而将错误遗留下来。

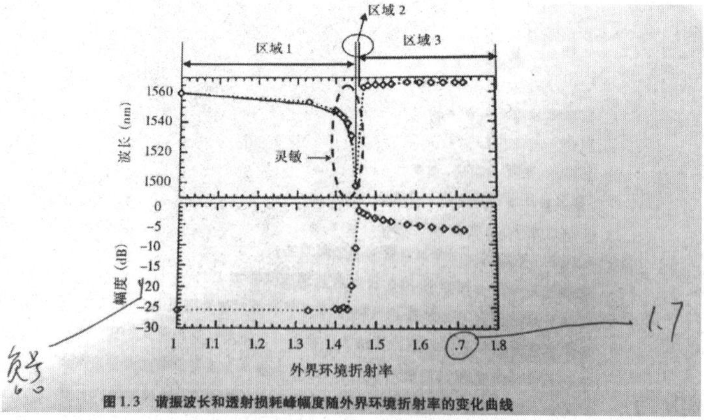

图 1.3　谐振波长和透射损耗峰幅度随外界环境折射率的变化曲线

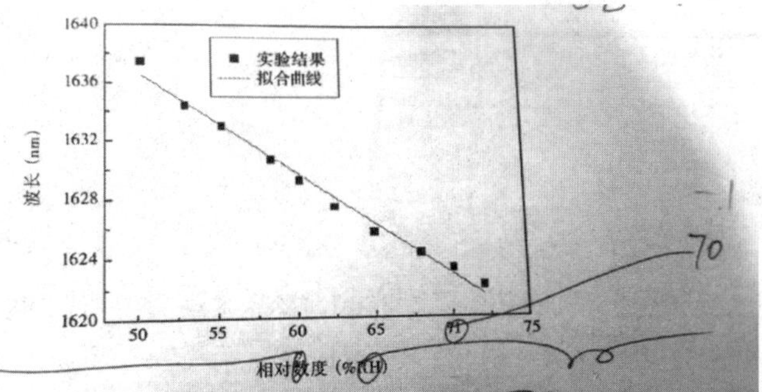

图4.7 长周期光纤光栅谐振波长拟合曲线(湿度范围:50%RH~72%RH)

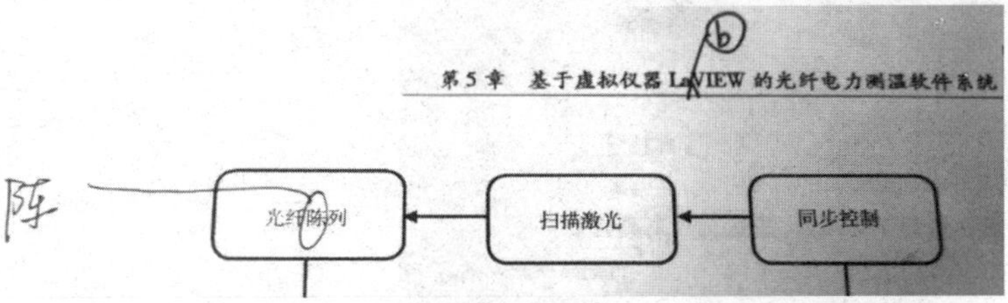

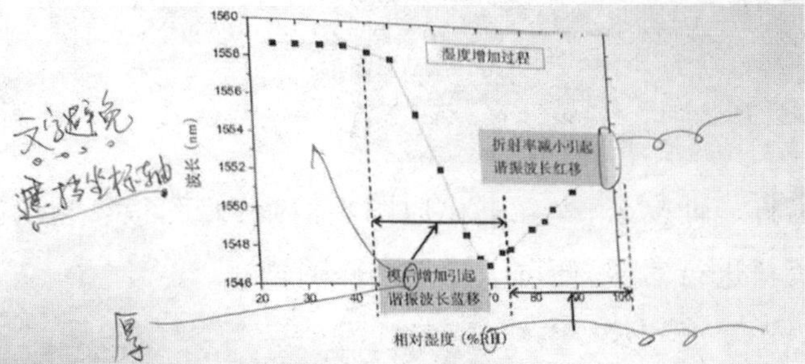

图3.15 长周期光纤光栅谐振波长湿度变化曲线

二相结构物质的有效折射率可以表示为:

$$n_{2p} = \sqrt{(1-V)n_0^2 + Vn_p^2} \quad (3-1)$$

其中 n_{2p} 为二相结构物质的有效折射率，n_0 和 n_p 分别为结构骨架和气孔的有

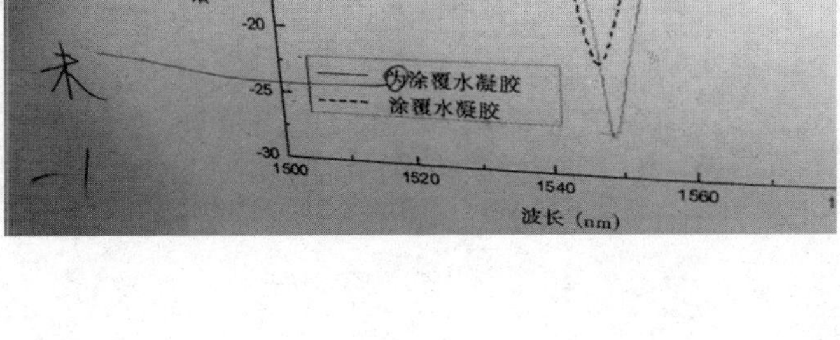

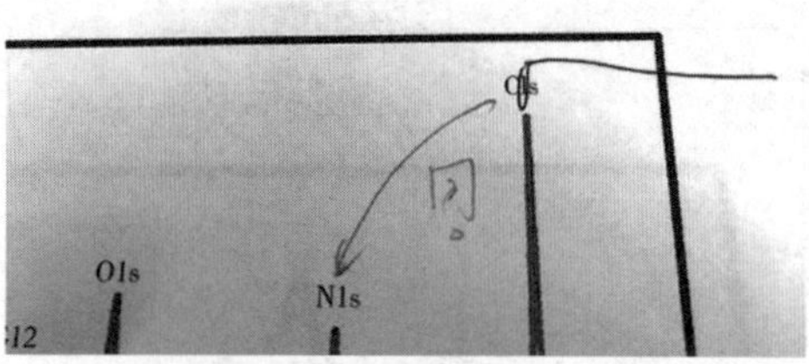

手机通信错为手摇通信,一字之差,相差了一个时代,似乎与锂离子电池难有交集。

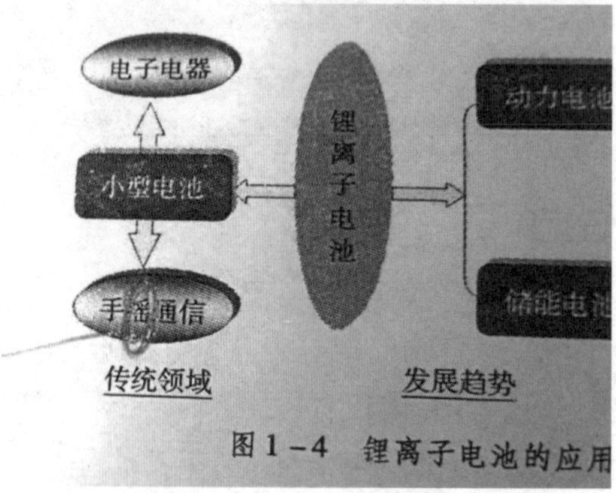

芯片图引脚名称多而复杂,一旦书稿原图不清晰,修图很容易出错。查找一下说明书等资料进行对照,便可消除很多修图错误。

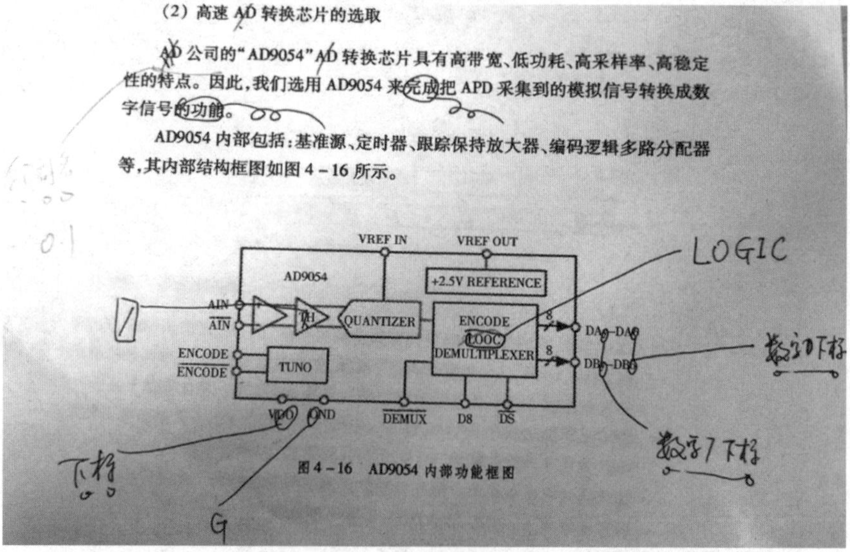

(2) 高速AD转换芯片的选取

AD公司的"AD9054"AD转换芯片具有高带宽、低功耗、高采样率、高稳定性的特点。因此,我们选用AD9054来完成把APD采集到的模拟信号转换成数字信号的功能。

AD9054内部包括:基准源、定时器、跟踪保持放大器、编码逻辑多路分配器等,其内部结构框图如图4-16所示。

图4-16 AD9054内部功能框图

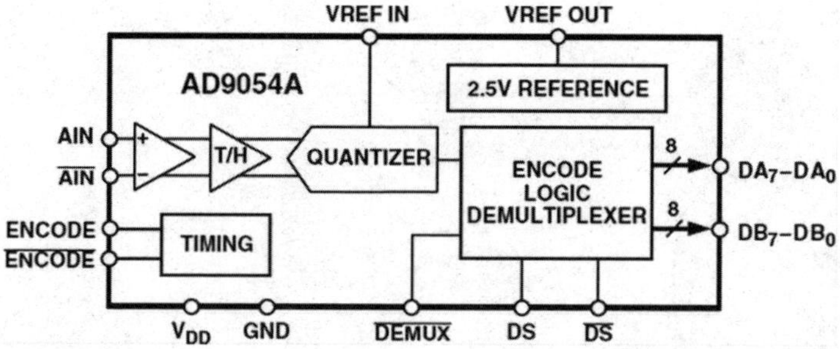

坐标值的标注位置与柱状图或点对应不上。

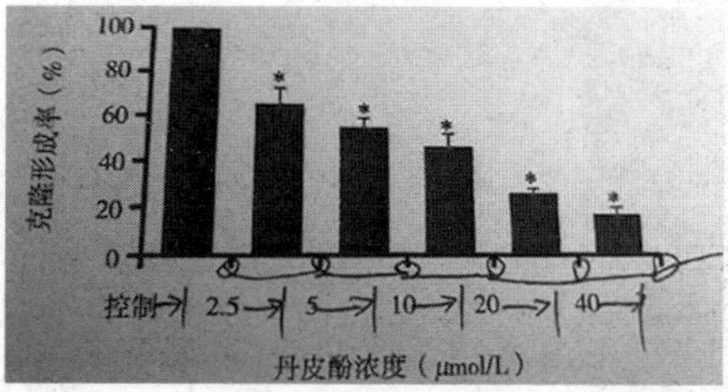

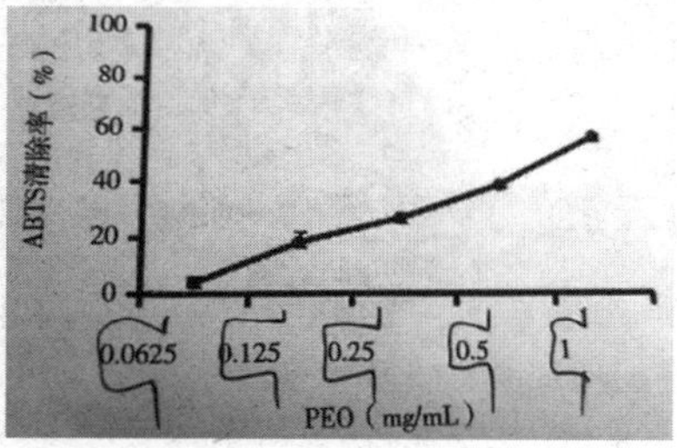

质谱图的质荷比顺序有误。

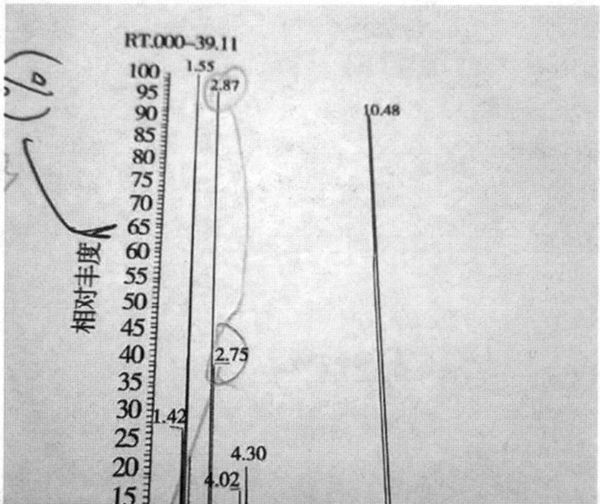

绘制的图片尽可能符合常理，此例中儿童顺拐。

左(右)转弯齐步走尚可,但后转弯齐步走就不合理了。

纵队与横队的转弯走	纵队左(右)转弯走 纵队左(右)后转弯走 横队左(右)转弯走 行进间时左(右)转弯走	左(右)跨步——走! 左(右)转弯——走! 左(右)后转弯——走! 左(右)转弯齐步——走!

两种物质混为一谈。

续表

试剂名称	纯度
二甲胺水溶液	分析纯
苯胺	分析纯
苯	分析纯
甲苯	分析纯
二甲苯	分析纯
氯代苯	分析纯
丙酮	分析纯
亚甲基蓝	分析纯
孔雀石绿刚果红	分析纯

涉及数据运算的表格不可掉以轻心,其中经常出现错误,需仔细核对。

	习兴趣和创造性	10	
	所选导入内容和形式符合学生的已有经验水平、认知规律及心理特点，并能准确地把握和处理	10	
教师教学行为（30分）	思路、脉络、主线清晰，紧密地围绕教学目标进行	10	
	结构安排合理，主次分明，重难点突出，时间安排合理，环节紧凑流畅	10	
	课堂导入教学方法、手段灵活多样，勇于改革和创新	5	
	能够创设宽松、和谐的教学氛围，师生关系融洽	5	
	注重学生学习习惯和良好行为习惯的培养	5	

项目三　课堂导入技能

续表

课题			
教师素养（20分）	教态亲切自然、情绪饱满，富有感染力	10	
	语言准确、简洁、生动，语调高低、快慢适度，富于变化	10	
	运用多媒体适当、正确和熟练	10	
教学创新（5分）	教学具有个人风格和魅力	5	

此例引用的其他资料中的数据，原书的数据便存在错误。

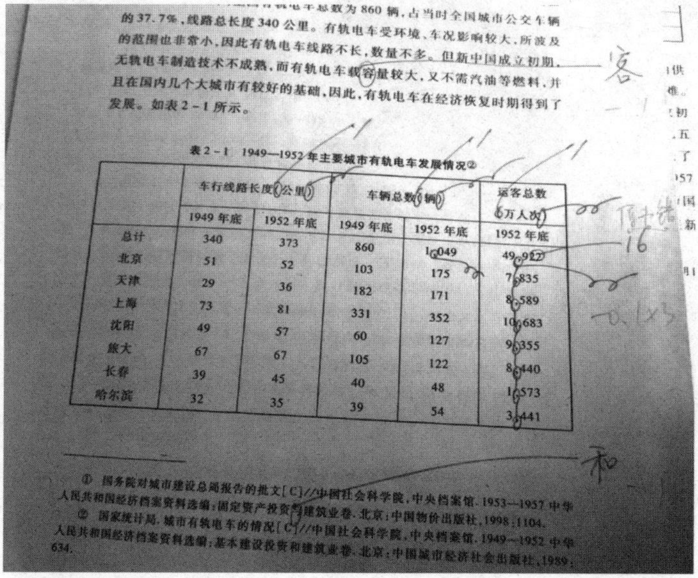

……总数为860辆，占当时全国城市公交车辆的37.7%，线路总长度340公里。有轨电车受环境、车况影响较大，所波及的范围也非常小，因此有轨电车线路不长，数量不多。但新中国成立初期，无轨电车制造技术不成熟，而有轨电车载容量较大，又不需汽油等燃料，并且在国内几个大城市有较好的基础，因此，有轨电车在经济恢复时期得到了发展。如表2-1所示。

表2-1　1949—1952年主要城市有轨电车发展情况②

	车行线路长度（公里）		车辆总数（辆）		运客总数（万人次）
	1949年底	1952年底	1949年底	1952年底	1952年底
总计	340	373	860	1,049	49,922
北京	51	52	103	175	7,835
天津	29	36	182	171	8,589
上海	73	81	331	352	10,683
沈阳	49	57	60	127	9,355
旅大	67	67	105	122	8,440
长春	39	45	40	48	1,573
哈尔滨	32	35	39	54	3,441

① 国务院对城市建设总局报告的批文[C]//中国社会科学院，中央档案馆.1953—1957中华人民共和国经济档案资料选编：固定资产投资和建筑业卷.北京：中国物价出版社，1998：1104.

② 国家统计局.城市有轨电车的情况[C]//中国社会科学院，中央档案馆.1949—1952中华人民共和国经济档案资料选编：基本建设投资和建筑业卷.北京：中国城市经济社会出版社，1989：634.

此表格一方面缺少单位（数值因此将相差百倍），另一方面“霉菌”一列各元素所占百分比之和大于1。显然各项之间不存在重叠的情况，因此数值存在错误。

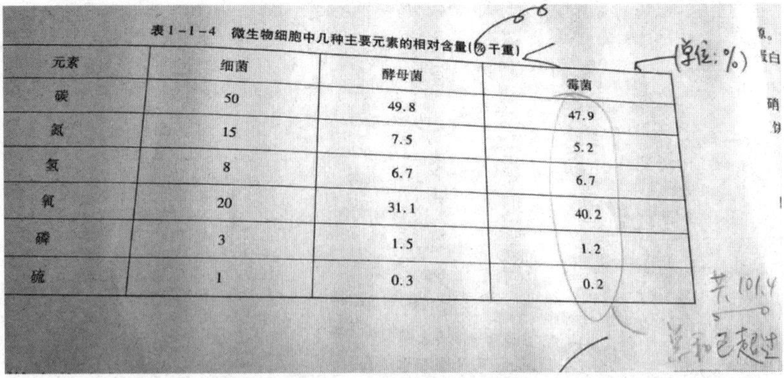

表1-1-4　微生物细胞中几种主要元素的相对含量(%干重)

元素	细菌	酵母菌	霉菌
碳	50	49.8	47.9
氮	15	7.5	5.2
氢	8	6.7	6.7
氧	20	31.1	40.2
磷	3	1.5	1.2
硫	1	0.3	0.2

图片中也偶有此类运算错误。且此例中地名错误也较为突出。

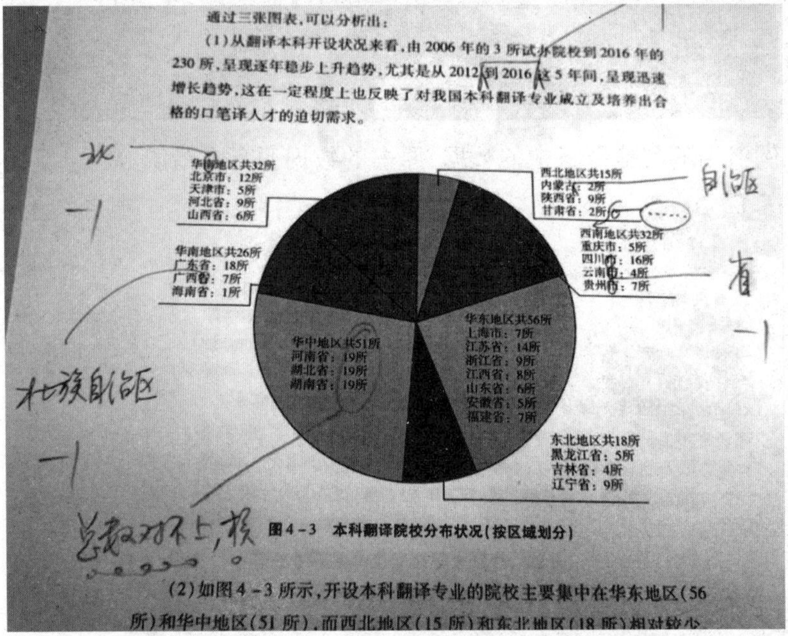

通过三张图表，可以分析出：

（1）从翻译本科开设状况来看，由2006年的3所试办院校到2016年的230所，呈现逐年稳步上升趋势，尤其是从2012到2016这5年间，呈现迅速增长趋势，这在一定程度上也反映了对我国本科翻译专业成立及培养出合格的口笔译人才的迫切需求。

图4-3　本科翻译院校分布状况(按区域划分)

（2）如图4-3所示，开设本科翻译专业的院校主要集中在华东地区(56所)和华中地区(51所)，而西北地区(15所)和东北地区(18所)相对较少

表中画的游标卡尺，修图后各条刻度线均对齐，不符合实际，这样的游标卡尺无法测量。

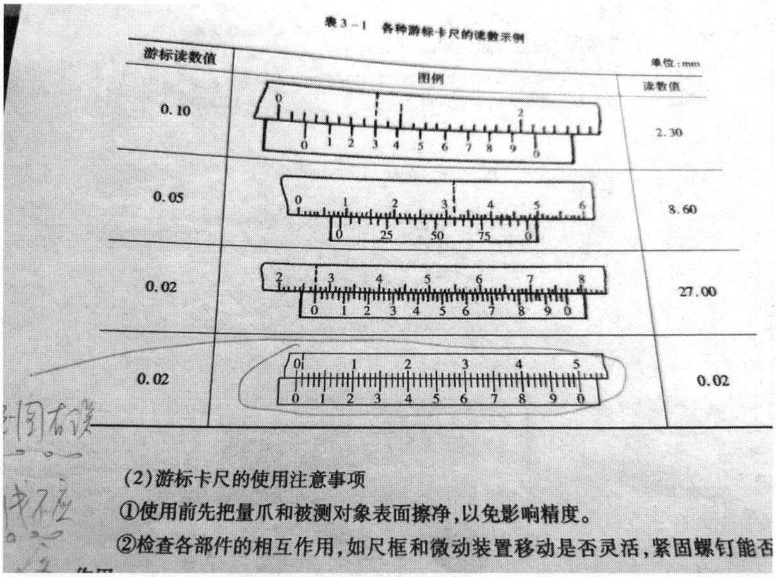

表3-1 各种游标卡尺的读数示例

单位:mm

游标读数值	图例	读数值
0.10		2.30
0.05		8.60
0.02		27.00
0.02		0.02

(2)游标卡尺的使用注意事项

①使用前先把量爪和被测对象表面擦净,以免影响精度。

②检查各部件的相互作用,如尺框和微动装置移动是否灵活,紧固螺钉能否

8.3　图片指示不明确

一些学术著作原稿中,许多较为复杂的实验结果用多种颜色的彩色图片体现,但出版成单色印刷的图书时,就无法通过颜色区分线条。这样的图片需进行一定的处理,否则便构成编校差错。

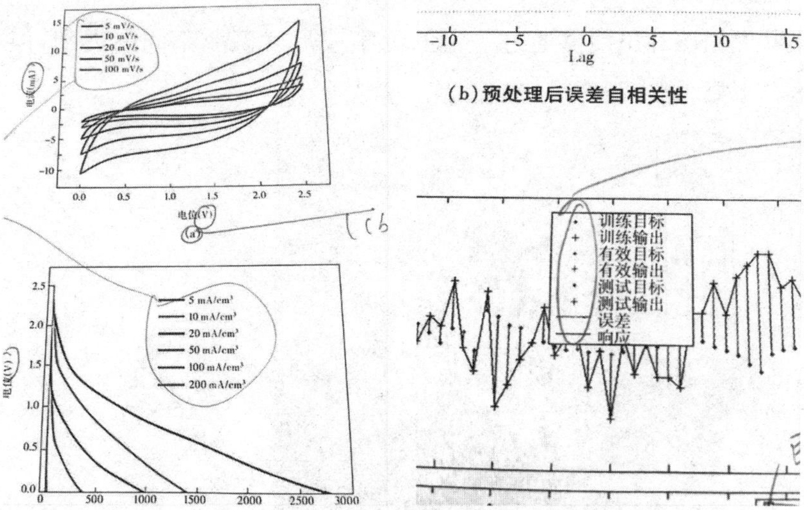

与之类似,文中提到的颜色在黑白图片中也无从分辨。

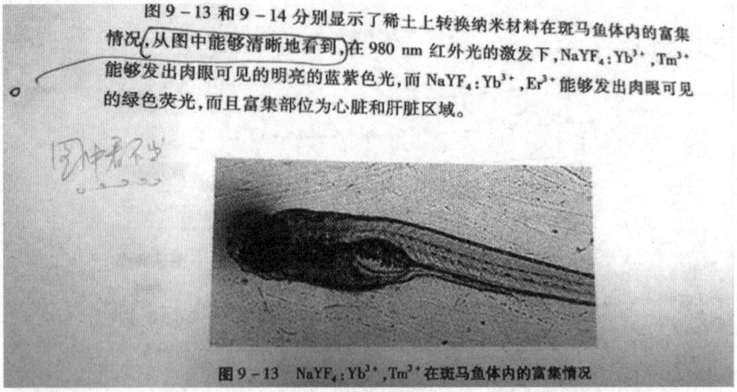

图 9 – 13 和 9 – 14 分别显示了稀土上转换纳米材料在斑马鱼体内的富集情况，从图中能够清晰地看到，在 980 nm 红外光的激发下，$NaYF_4:Yb^{3+},Tm^{3+}$ 能够发出肉眼可见的明亮的蓝紫色光，而 $NaYF_4:Yb^{3+},Er^{3+}$ 能够发出肉眼可见的绿色荧光，而且富集部位为心脏和肝脏区域。

图 9 – 13 $NaYF_4:Yb^{3+},Tm^{3+}$ 在斑马鱼体内的富集情况

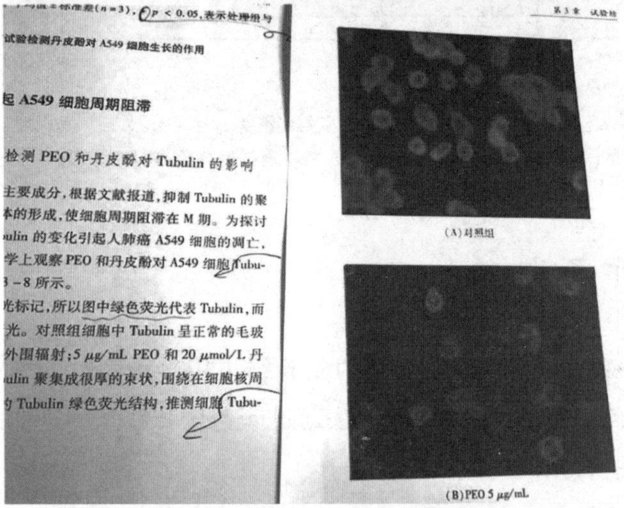

标准偏差(n=3)，$^*P < 0.05$，表示处理组与
试验检测丹皮酚对 A549 细胞生长的作用

起 A549 细胞周期阻滞

检测 PEO 和丹皮酚对 Tubulin 的影响

主要成分，根据文献报道，抑制 Tubulin 的聚
本的形成，使细胞周期阻滞在 M 期。为探讨
ulin 的变化引起人肺癌 A549 细胞的凋亡，
学上观察 PEO 和丹皮酚对 A549 细胞 Tubu-
3 – 8 所示。
光标记，所以图中绿色荧光代表 Tubulin，而
光。对照组细胞中 Tubulin 呈正常的毛玻
外围辐射；5 μg/mL PEO 和 20 μmol/L 丹
ulin 聚集成很厚的束状，围绕在细胞核周
的 Tubulin 绿色荧光结构，推测细胞 Tubu-

第 3 章 试验结

(A) 对照组

(B) PEO 5 μg/mL

一些黑白图片虽能够通过一定的图案或形状区分不同的类别，但如果形状区分不好，则也很容易造成混淆。

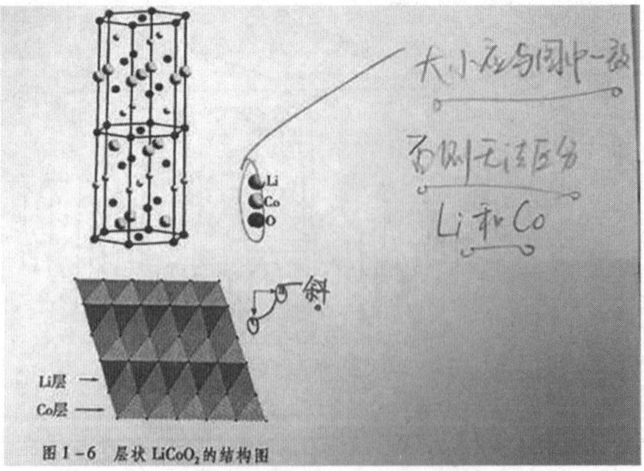

图 I – 6 层状 $LiCoO_2$ 的结构图

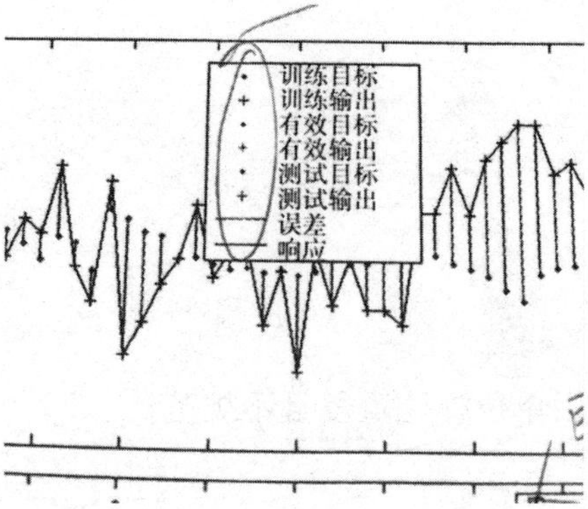

图例如果无法说明问题，不如采用标注的形式。此时的图例就显得多余了。

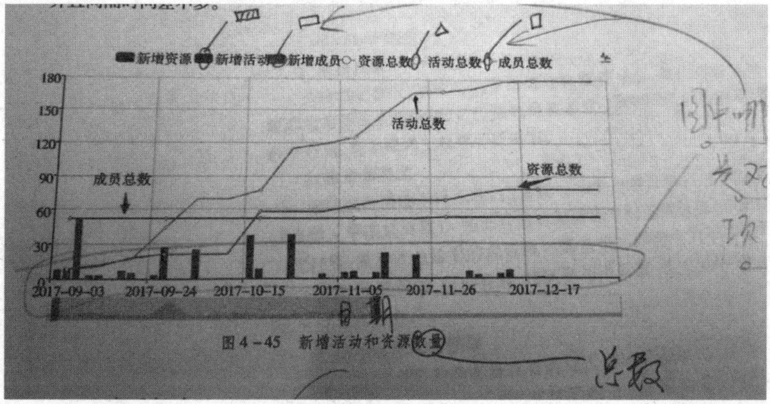

8.4 表格体例格式问题

《学术出版规范 表格》(CY/T 170—2019)对表格的很多方面做了详细的规定。一些规定看似简单，实际操作起来则容易出现各种各样的问题。

表头中量和单位要求采用斜线来分隔，这一点可以理解为把物理量当作数量和单位的乘积，物理量除以单位，所得的便是表身中对应列的纯数。这样可以避免很多误改的情况。

物理量后面缺少单位，下面的数值就无法知道单位是什么。尤其是8.2中一例缺少单位%的情况下，数值将相差百倍。

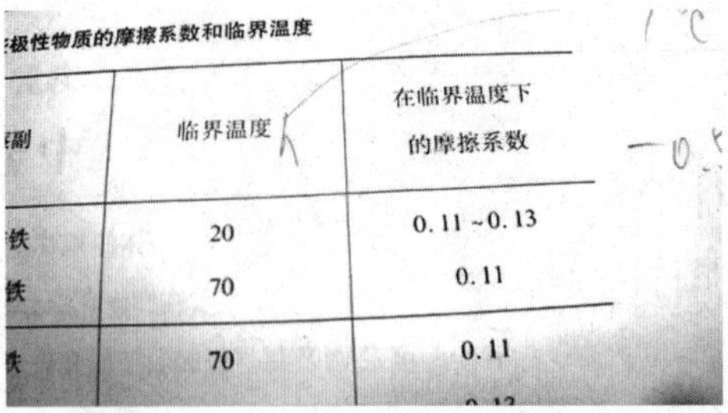
…极性物质的摩擦系数和临界温度

…副	临界温度	在临界温度下的摩擦系数
铁	20	0.11~0.13
铁	70	0.11
铁	70	0.11

上表量与单位之间缺少斜线，下表单位标注重复且不规范。

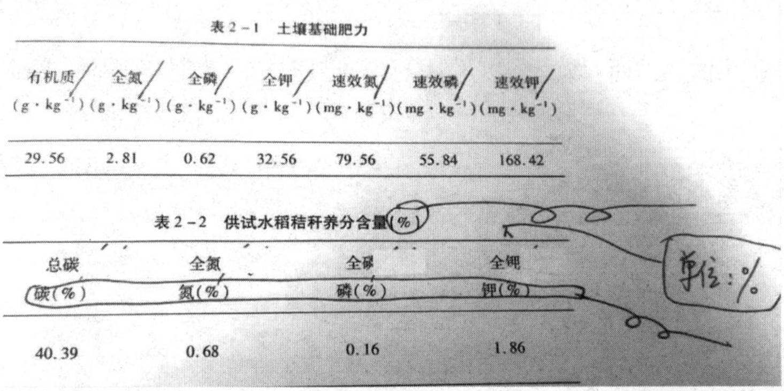
表 2-1　土壤基础肥力

有机质(g·kg^{-1})	全氮(g·kg^{-1})	全磷(g·kg^{-1})	全钾(g·kg^{-1})	速效氮(mg·kg^{-1})	速效磷(mg·kg^{-1})	速效钾(mg·kg^{-1})
29.56	2.81	0.62	32.56	79.56	55.84	168.42

表 2-2　供试水稻秸秆养分含量(%)

总碳 碳(%)	全氮 氮(%)	全磷 磷(%)	全钾 钾(%)
40.39	0.68	0.16	1.86

不同表格的同样的单位表示方法不一致，标注重复，且三线表和全线表不统一。

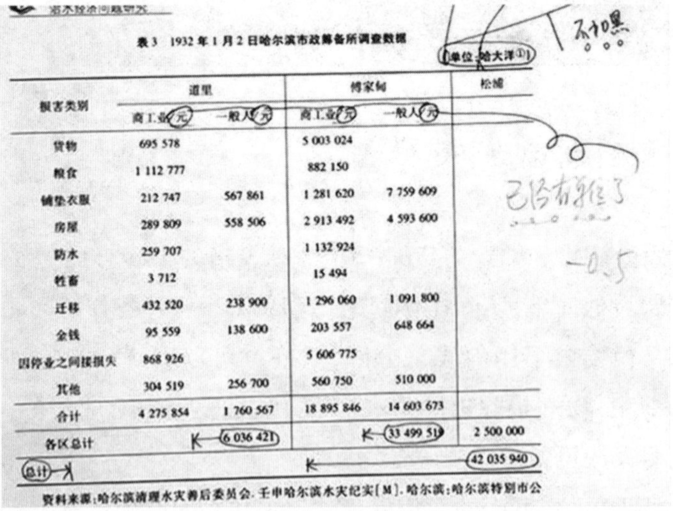
表3　1932年1月2日哈尔滨市政筹备所调查数据

(单位:哈大洋①)

损害类别	道里 商工业(元)	道里 一般人(元)	傅家甸 商工业(元)	傅家甸 一般人(元)	松浦
货物	695 578		5 003 024		
粮食	1 112 777		882 150		
铺垫衣服	212 747	567 861	1 281 620	7 759 609	
房屋	289 809	558 506	2 913 492	4 593 600	
防水	259 707		1 132 924		
牲畜	3 712		15 494		
迁移	432 520	238 900	1 296 060	1 091 800	
金钱	95 559	138 600	203 557	648 664	
因停业之间接损失	868 926		5 606 775		
其他	304 519	256 700	560 750	510 000	
合计	4 275 854	1 760 567	18 895 846	14 603 673	
各区总计	6 036 421		33 499 519		2 500 000
总计	42 035 940				

资料来源:哈尔滨清理水灾善后委员会. 壬申哈尔滨水灾纪实[M]. 哈尔滨:哈尔滨特别市公

表5统计了哈市动产与不动产及商品的损失情况，仅市内工商业不动产与商品的损失占市内总损失的30%以上，这一数字还不包括一般人（个体小商贩）的数额。足见哈尔滨市的市内及外围的损失极为惨重。正如《哈尔滨水劫记》中所描述两年后的1934年水灾那样，哈尔滨市三年两次大水，灾后之商业已暮气十足，宛然迈进末路矣。

表5 1932年10月28日水灾损失调查表

单位：哈大洋/元

市内之部		
损失类别	商工业/元	一般人/元
不动产与商品	1 331 050	1 257 640
动产	203 150	314 410
防水费及其他	104 400	250 000
停业之间接损害	406 400	—
合计	2 045 000	1 822 050
总计	3 867 050	

此表表头中4 ℃、25 ℃、40 ℃是表头项，前面的数字不是物理量，中间加斜线就多余了。

所示。

表6－9 温度对于PLGA纳米粒性质的影响

	4/℃	25/℃	40/℃
粒径/nm	282	161	139
多分散指数	0.138	0.082	0.093
EE/%	94.14	91.21	61.91
载药量/%	4.50	4.36	3.38

由表6－9可以看出，随着温度由4 ℃升高到40 ℃，纳米粒的粒径由282 nm降低至139 nm，而胰岛素的包封率则由94.14%降至61.91%。分析原因，可能是一方面温度的升高使系统的黏度和油水界面张力降低，有利于粒径的减小，另一方面分子的热运动加剧，导致药物从有机相向水相的扩散加快，从而包封率变低。

ESI－MS代表电喷雾质谱法，后面括号里是说明得到的结果的质荷比（质量 m 与电荷 z 的比值），不是ESI－MS的单位，因此也不宜改为斜线形式。

榛素D（Mandshurica D）为棕色粉末，根据分子式判断是一个三……化合物结构判断见表3－12。

表3－12 化合物结构的判断

$[\alpha]_D$(MeOH)	ESI－MS/m/z	分子式	λ_{MeOH}/nm
			210(5.58)
+91.7°	2 627	$C_{116}H_{78}O_{74}$	285(5.24)

下表中将各项目的单位切割到表头上也是不合适的。另外此表中的数据和文字叙述还存在出入。

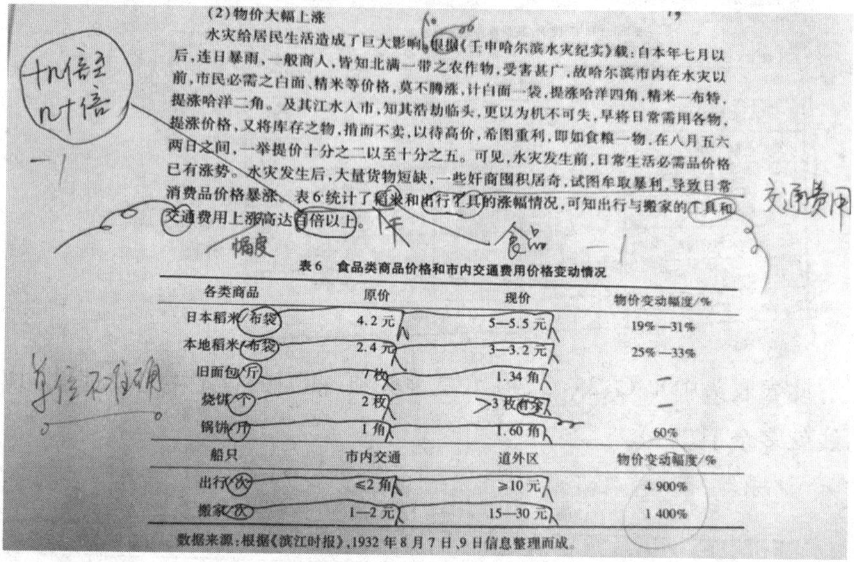

(2)物价大幅上涨

水灾给居民生活造成了巨大影响。根据《壬申哈尔滨水灾纪实》载：自本年七月以后，连日暴雨，一般商人，皆知北满一带之农作物，受害甚广，故哈尔滨市内在水灾以前，市民必需之白面、精米等价格，莫不腾涨，计白面一袋，提涨哈洋四角，精米一布特，提涨哈洋二角。及其江水入市，知其浩劫临头，更以为机不可失，早将日常需用各物，提涨价格，又将库存之物，措而不卖，以待高价，希图重利，即如食粮一物，在八月五六两日之间，一举提价十分之二以至十分之五。可见，水灾发生前，日常生活必需品价格已有涨势。水灾发生后，大量货物短缺，一些奸商囤积居奇，试图牟取暴利，导致日常消费品价格暴涨。表6统计了稻米和出行工具的涨幅情况，可知出行与搬家的工具和交通费用上涨高达百倍以上。

表6　食品类商品价格和市内交通费用价格变动情况

各类商品	原价	现价	物价变动幅度/%
日本稻米/布袋	4.2 元	5—5.5 元	19%—31%
本地稻米/布袋	2.4 元	3—3.2 元	25%—33%
旧面包/斤	7 枚	1.34 角	—
烧饼/个	2 枚	>3 枚/個	—
锅饼/斤	1 角	1.60 角	60%
船只	市内交通	道外区	物价变动幅度/%
出行/次	≤2 角	≥10 元	4 900%
搬家/次	1—2 元	15—30 元	1 400%

数据来源：根据《滨江时报》，1932 年 8 月 7 日，9 日信息整理而成。

表格中涉及的单位全部相同时，宜在表的右上方统一标注。单位不同的，则不适宜采用此方法标注，否则无法准确对应。

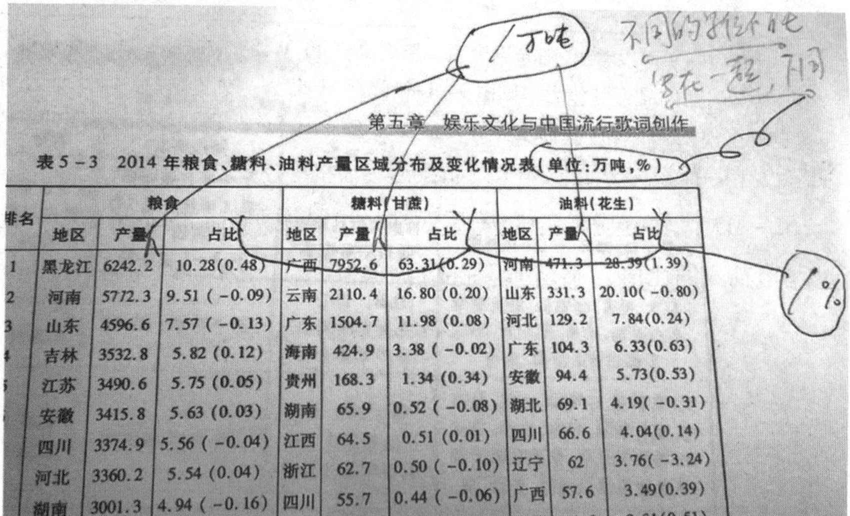

第五章　娱乐文化与中国流行歌词创作

表 5－3　2014 年粮食、糖料、油料产量区域分布及变化情况表（单位：万吨，%）

排名	粮食			糖料（甘蔗）			油料（花生）		
	地区	产量	占比	地区	产量	占比	地区	产量	占比
1	黑龙江	6242.2	10.28(0.48)	广西	7952.6	63.31(0.29)	河南	471.3	28.39(1.39)
2	河南	5772.3	9.51（－0.09）	云南	2110.4	16.80 (0.20)	山东	331.3	20.10(－0.80)
3	山东	4596.6	7.57（－0.13）	广东	1504.7	11.98 (0.08)	河北	129.2	7.84(0.24)
[illegible]	吉林	3532.8	5.82 (0.12)	海南	424.9	3.38（－0.02）	广东	104.3	6.33(0.63)
[illegible]	江苏	3490.6	5.75 (0.05)	贵州	168.3	1.34 (0.34)	安徽	94.4	5.73(0.53)
[illegible]	安徽	3415.8	5.63 (0.03)	湖南	65.9	0.52（－0.08）	湖北	69.1	4.19(－0.31)
	四川	3374.9	5.56（－0.04）	江西	64.5	0.51 (0.01)	四川	66.6	4.04(0.14)
	河北	3360.2	5.54 (0.04)	浙江	62.7	0.50（－0.10）	辽宁	62	3.76(－3.24)
	湖南	3001.3	4.94（－0.16）	四川	55.7	0.44（－0.06）	广西	57.6	3.49(0.39)
	内蒙古	2753	4.54 (0.24)	福建	53.1	0.42（－0.08）	吉林	54.6	3.31(0.51)
	[illegible]	[illegible]	[illegible]	[illegible]	[illegible]	[illegible]	—	2597.9	87.39(－0.51)

下表横竖两个方向的表头带不同的单位，表格的形式杂糅。另外文字和表格之间还涉及“百分比”与“百分点”的差别，将在运算部分介绍。

农产品批发市场在2011年度进入调整期。2008—2014年间，从亿元以上农产品批发市场的规模来看，平均摊位数由2008年的553.29个增长到2014年度的588.12个，增长了6.3个百分点，市场平均营业面积由30857.45平方米增加到39064.74平方米，增长了26.60%；摊位平均成交额从38.08万元增加到251.14万元，增长幅度达到81.85%。2014年度与013年度相比，平均摊位数、市场平均营业面积和摊位平均营业面积增速缓，表明我国亿元以上农产品批发市场的规模逐年提高，正向规模化发。从亿元以上农产品批发市场的效益来看，市场平均成交额、摊位平均成额、每平方米成交额分别从2008年的7.64亿元、138.08万元和21.42元增长到2014年度的14.77亿元、251.14万元和42.24万元，涨幅分别93.32%、81.85%和97.20%。2014年度与2013年度相比，市场平均额、摊位平均成交额增速放缓，但是每平方米成交额增速增加，表明我元以上农产品批发市场的单位效益逐年提升。

表5-18　2008—2014年我国亿元以上农产品批发市场规模与效益表

	市场平均摊位数（个）	市场平均营业面积（平方米）	摊位平均营业面积（平方米）	市场平均成交额（亿元）	摊位平均成交额（万元）	每平方米平均成交额（万元）
	553.29	30857.45	55.77	7.64	138.08	21.42
	572.26	32470.56	56.74	8.54	149.23	23.92
	576.88	34538.28	59.87	9.61	166.59	27.86
	576.59＊	34484.26＊	59.81	10.99	190.60	32.81
	580.15	35970.84	62.00	11.78	203.05	35.73
	585.04	37805.56	64.62	13.27	226.82	38.73
	588.12	39064.74	66.42	14.77	251.14	42.24
幅度(%)	0.84	5.10	4.23	12.65	11.65	8.40
幅度(%)	0.53	3.33	3.13	11.30	10.72	9.06
	6.30	26.60	19.10	93.32	81.85	97.20

目前行标不建议使用左上角的斜线形式。“项目”一项可以列于“人口总数”等项目的上方。

表2-3　索伦村和百路村鄂温克族人口分布

村庄 / 项目	人口总数	鄂温克族人口数	鄂温克族比例
索伦村（原鄂温克村）	1065	266	约25%
百路村	845	227	约26.9%

折栏表和叠栏表宜用双线分隔。且右列表头错误。

立非和李琳(2013)对我国商务英语研究的主要话题进行了统计,他们从 76 种核心期刊发表的 787 篇商务英语论文中提取高频三词丛,按词频从高到低顺序排列,统计出了国内 2002 年到 2011 年商务英语研究的热门话题(见表 1-1)。

表 1-1　2002—2011 年国内商务英语研究热点话题统计

序号	三词丛	频率	序号	三词丛	序号
(1)	商务英语专业	412	(17)	商务英语培训	20
(2)	商务英语教学	298	(18)	复合型商务英语	19
(3)	高职商务英语	225	(19)	商务英语教育	19
(4)	商务英语翻译	197	(20)	商务英语本科	16
(5)	商务英语函电	192	(21)	商务英语课堂	15
(6)	商务英语人才	126	(22)	电子商务英语	15
(7)	高校商务英语	81	(23)	商务英语阅读	14
(8)	商务英语谈判	75	(24)	商务英语实践	13
(9)	商务英语课程	64	(25)	商务英语应用	13
(10)	商务英语写作	56	(26)	商务英语口语	13
(11)	国际商务活动	42	(27)	商务文化意识	13
(12)	跨文化商务交际	36	(28)	商务专业知识	12
(13)	商务英语学科	33	(29)	商务英语研究	12
(14)	商务英语词汇	32	(30)	国际贸易谈判	11
(15)	商务英语教材	26	(31)	国际电子商务	11
(16)	商务英语合同	24	(32)	企业商务英语	10

见的气体折射率表(如表 4-12 所示),在仿真过程中,设定气体折射率的测量范围为 1~1.006。

表 4-12　气体折射率

气体名称	空气	NH_3	Ar	CO_2	NO	N_2
折射率	1.000292	1.000376	1.000281	1.000449	1.000297	1.000298
气体名称	CO	NO_2	Cl_2	O_2	SO_2	He
折射率	1.000338	1.000516	1.000773	1.000271	1.000686	1.000035
气体名称	HCl	H_2	H_2S	Ne	Xe	HBr
折射率	1.000447	1.000132	1.000634	1.000032	1.000615	1.001564
气体名称	丙酮蒸汽	苯蒸汽	溴蒸汽	甲醚	CS_2 蒸汽	氯仿蒸汽
折射率	1.001090	1.001762	1.001132	1.000891	1.001481	1.001450
气体名称	戊烷蒸汽	乙醇蒸汽	乙醚	水蒸汽	甲醇蒸汽	乙烯
折射率	1.001711	1.000878	1.001533	1.000256	1.000586	1.000720

应用 MATLAB 软件对反射率公式(2-119)至公式(2-221)进行仿真,设被测介质折射率范围为 1~1.006,选取金膜表面入射角 θ = 42.71°,其仿真图如图 4-17 所示。

折栏表跨页时,尽可能先在同一页内折栏,避免折栏后再分割成两页。但这样对排版的要求较高,操作起来有一定难度。因此此类表格如能排在一页,则尽量不跨页。

表 2-2 弧度化角度的换算表

弧度	角度	弧度	角度	弧度	角度	弧度	角度
0.0001	0°0′21″	0.006	0°20′38″	0.1	5°43′46″	6	343°46′29″
0.0002	0°0′41″	0.007	0°24′4″	0.2	11°27′33″	7	401°4′14″
0.0003	0°1′2″	0.008	0°27′30″	0.3	17°11′19″	8	458°21′58″
0.0004	0°1′23″	0.009	0°30′56″	0.4	22°55′6″	9	515°39′43″
0.0005	0°1′43″	0.010	0°34′23″	0.5	28°38′52″	10	572°57′28″
0.0006	0°2′4″	0.01	0°34′23″	0.6	34°22′39″	20	1145°54′56″
0.0007	0°2′24″	0.02	1°8′45″	0.7	40°6′25″	30	1718°52′24″
0.0008	0°2′45″	0.03	1°43′8″	0.8	45°50′12″	40	2291°49′52″
0.0009	0°3′6″	0.04	2°17′31″	0.9	51°33′58″	50	2864°47′20″
0.0010	0°3′26″	0.05	2°51′53″	1.0	57°17′45″	60	3437°44′48″
0.001	0°3′26″	0.06	3°26′16″	1	57°17′45″	70	4010°42′16″

· 24 ·

续表

弧度	角度	弧度	角度	弧度	角度	弧度	角度
0.002	0°6′53″	0.07	4°0′39″	2	114°35′30″	80	4583°39′44″
0.003	0°10′19″	0.08	4°35′1″	3	171°53′14″	90	5156°37′13″
0.004	0°13′45″	0.09	5°9′24″	4	229°10′59″	100	5729°34′41″
0.005	0°17′11″	0.10	5°43′46″	5	286°28′44″		

同一个表格跨页后由省线表变成了全线表。且表下方的资料来源错误较多。

表 1.2 意志类型以及具体的意志控制策略

内隐的自我控制过程	外显的自我控制过程:环境控制
1. 认知控制 (1)注意控制 (2)编码控制 (3)信息加工控制 2. 情绪控制	1. 任务情境的控制 (1)任务控制 (2)情境控制 2. 任务情境中的他人控制 (1)同伴控制

续表

内隐的自我控制过程	外显的自我控制过程:环境控制
3. 动机控制	(2)教师控制
(1)诱因的增强	
(2)归因	
(3)教学、指导	

资料来源:Coma, L. (2001). Volitional aspects of self-reguWed leaming. In B. J. Zimmerman & D. H. Schunk (2d Ed.), Selj:regtdmed letU7zinSr and academic achier; emenl; 1heory, research, and pradice. Lawrence Erlbaum Associ- ates, Inc. p. 199.

此表格则将中间的正线错用为反线。

表 3－1　2011—2012 年雪季人造雪占雪场滑雪区域比例

雪　场	亚布力大雪场	亚布力阳光假日雪场	帽儿山滑雪场	吉华滑雪场
人造雪占比率	75%	70%	80%	70%

第9章　公式及运算错误

根据《图书编校质量差错率计算方法》，运算错误与知识性差错、语法错误一样，计2分。可见书稿中涉及运算时须准确核实。

运算错误往往隐藏在行文中，如果不能读懂其中蕴含的数量关系，就很难判断出运算是否有错误。

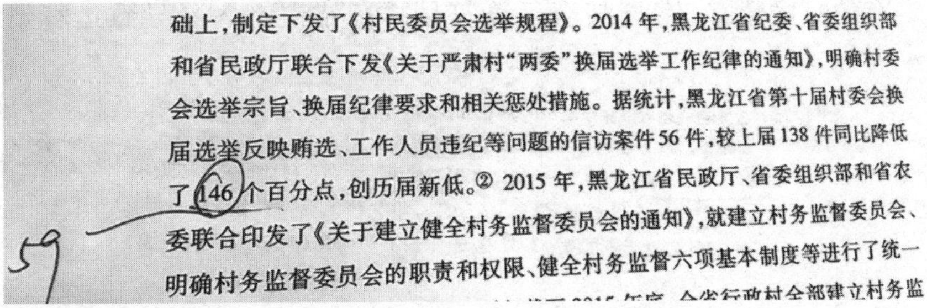

础上，制定下发了《村民委员会选举规程》。2014年，黑龙江省纪委、省委组织部和省民政厅联合下发《关于严肃村"两委"换届选举工作纪律的通知》，明确村委会选举宗旨、换届纪律要求和相关惩处措施。据统计，黑龙江省第十届村委会换届选举反映贿选、工作人员违纪等问题的信访案件56件，较上届138件同比降低了146个百分点，创历届新低。② 2015年，黑龙江省民政厅、省委组织部和省农委联合印发了《关于建立健全村务监督委员会的通知》，就建立村务监督委员会、明确村务监督委员会的职责和权限、健全村务监督六项基本制度等进行了统一

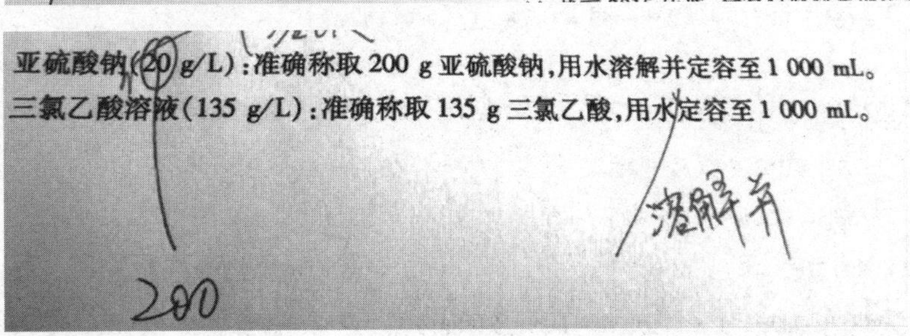

亚硫酸钠(20 g/L)：准确称取200 g亚硫酸钠，用水溶解并定容至1 000 mL。
三氯乙酸溶液(135 g/L)：准确称取135 g三氯乙酸，用水定容至1 000 mL。

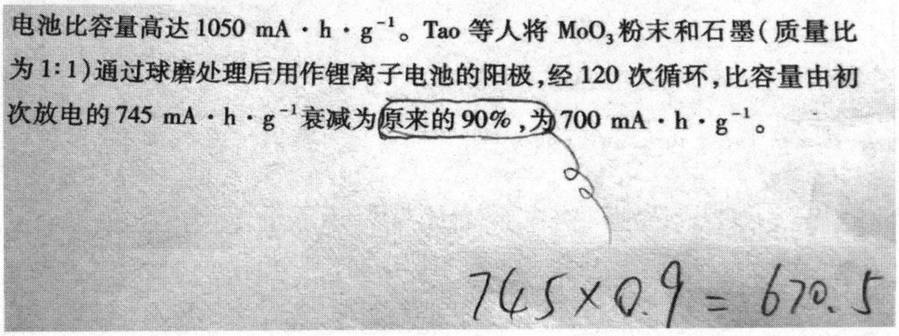

电池比容量高达1050 mA·h·g^{-1}。Tao等人将MoO_3粉末和石墨(质量比为1:1)通过球磨处理后用作锂离子电池的阳极，经120次循环，比容量由初次放电的745 mA·h·g^{-1}衰减为原来的90%，为700 mA·h·g^{-1}。

理费用 407.19 亿元，比上一年减少了 12.74 亿元，减少了 [illegible]，2018 年大型工业企业管理费用为 383.4 亿元，比上一年减少了 23.9 亿元，减少了 5.84%，2019 年大型工业企业管理费用为 447.44 亿元，比上一年增加了 64.04亿元，增长了 16.7%。2017 年大型工业企业财务费用为 79.17 亿元，比上一年减少了 5.52 亿元，减少了 6.52%，2018 年大型工业企业财务费用为 78.5 亿元，比上一年减少了 0.67 亿元，减少了 0.85%，2019 年大型工业企业财务费用为 95.33 亿元，比上一年减少了 16.83 亿元，减少了 21.44%。2017 年大型工业企业利润总额为 330.44 亿元，比上一年增加了 257.75 亿

A 是 B 的 X 倍与 A 比 B 多 X 倍常容易搞混。倍数相差 1 的情况有不少是因此而产生的。

氨酸，得到多级结构花状 Au－ZnO 纳米复合材料。多级结构花状 Au－ZnO 器件对乙醇气体显示出很高的灵敏度和快速的响应时间，对 50 ppm 乙醇气体的灵敏度为 8.9，比相同测试条件下纯相的花状 ZnO 器件的灵敏度（2.8）高 3 倍，而且响应时间不到 10 s，明显短于纯相的花状 ZnO 器件的响应时间（60 s），如图 1－16 所示。

有的时候数字、字母甚至运算符号排版错误都容易导致运算错误的产生。

工业企业应收账款净额 680.08 亿元，增加了 [illegible] 6.05%。2017 年国有控股工业企业存货 526.97 亿元，比上一年减少了 89.57亿元，减少了 14.53%，2018 年国有控股工业企业存货 541.1 亿元，比上一年增加 41.13 亿元，增长了 12.08%，2019 年国有控股工业企业存货 544.77亿元，比上一年增加 3.67 亿元，增长了 0.68%。2017 年国有控股工

$$\sum_{i=1}^{n} y_i)^2 = (5^2 + 15^2 + \cdots + 2^2) - 49 = 1\ 608 \quad (f_{总} = 9 - 1 = 8)$$

$$\frac{1}{k}(\sum_{i=1}^{n} y_i)^2 = \frac{9}{3}(10^2 + 5^2 + 6^2) - 49 = 4.6 \quad (f_A = 3 - 1 = 2)$$

$$SS_B = 162.6 \quad (f_{总} = 2)$$

$$SS_C = 1\ 351.9 \quad (f_C = 2)$$

平方和及自由度

$$_{总} - \sum SS_J = 1\ 608 - 4.6 - 162.6 - 1\ 351.9 = 88.9$$

$$(f_{剩} = f_{总} - f_A - f_B - f_C = 2)$$

剩余偏差近似为表上第二列空列的偏差平方和，即

$$SS_e = \frac{3}{9}[(-4)^2 + 6^2 + 19^2 - 49] = 88.7$$

，正交表上有必要留出 1 ~ 2 列空白列作为误差列，以便进行下一

氧弹式热量计的基本原理是能量守恒定律。样品完全燃烧所释放
本身及其周围介质以及与热量计有关的附件的温度升高。测量介质在
的变化值，就可求出该样品的恒容燃烧热。其关系式如下：

$$-Q_V m_2/M \cdot mQ_m = (m_{水} C_{水} + C_{计})\Delta T$$

式中，m_2和 M 分别为样品的质量和摩尔质量；Q_V为样品的恒容燃
是引燃用铁丝的质量和单位质量燃烧热，$m_{水}$ 和 $C_{水}$ 是以水作为测量介
和比热容；$C_{计}$ 称为热量计的水当量，即除水之外，热量计升高 1 ℃ 所需
样品燃烧前后水温的变化值。

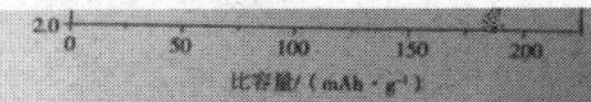

图 3－10　$LiNi_{0.5}Mn_{0.5}O_2$正极材料在不同倍率下的首次放电曲线

图 3－11 为 $LiNi_{0.5}Mn_{0.5}O_2$正极材料组装的实验电池在 0.1C、1C 和 6C 倍率下的循环性能曲线。由图可知，材料在 0.1C 放电倍率下，初始比容量为 200 mAh · g^{-1}，经过 100 次循环后，比容量为 187 mAh · g^{-1}，衰减很少，容量保持率大于 94%；在 1C 的放电倍率下，初始放电比容量由 178 mAh · g^{-1} 变化到 161.4 mAh · g^{-1}，容量保持率为 90%；在 6C 倍率下，初始比容量为 131 mAh · g^{-1}，经过 100 次循环后，放电比容量为 112.3 mAh · g^{-1}，容量保持率在 86% 以上。电池优异的循环性能说明：我们合成的 $LiNi_{0.5}Mn_{0.5}O_2$正极材料可逆性好，结构稳定。因此，以层状镍锰复合氧化物为前驱体，在最优的合成工艺下合成的 $LiNi_{0.5}Mn_{0.5}O_2$正极材料，放电比容量较高，循环性能优异，是一种较有前景的高能锂离子电池正极材料。

0.001～10 ppm 范围内，3 种气体传感器的灵敏度都随着气体浓度的升高而增加，其中 Mo－FL 的灵敏度比同条件下 Mo－NP 和 Mo－NB 的灵敏度要高，以更大的幅度增长，特别是在较高浓度范围内。Mo－FL 气体传感器对 10 ppm 三乙胺气体的灵敏度高达 931.2，分别是 Mo－NB(114.9) 和 Mo－NP (27.6) 的 8.1 倍和 33.7 倍。此外，Mo－FL 气体传感器对灵敏度的最低检测限为 0.001 ppm，其灵敏度为 5.1，进一步证明了 Mo－FL 优异的气敏性能，而 Mo－NP 和 Mo－NB 气体传感器对三乙胺气体的最低检测限分别是 0.1 ppm 和 0.01 ppm。此外，Mo－FL 气体传感器的灵敏度与三乙胺气体浓度之间存在良好的线性关系，三乙胺气体的浓度为 0.001～1 ppm 时，线性相

· 72 ·

长，最终形成花。

3. 将花状 $\alpha-MoO_3$制备成气体传感器并进行气敏性能测试，实验结果显示：该气体传感器对 10 ppm 三乙胺气体的灵敏度为 931.2，分别比同体系生成的 $\alpha-MoO_3$纳米带和纳米粒子的灵敏度高 8.1 和 33.7 倍。对三乙胺气体的最低检测限为 0.001 ppm。

4. 基于花状 $\alpha-MoO_3$的气体传感器是化学工业中实时测定 ppb～ppm 级三乙胺气体的优良候选材料。

数值代入错误。

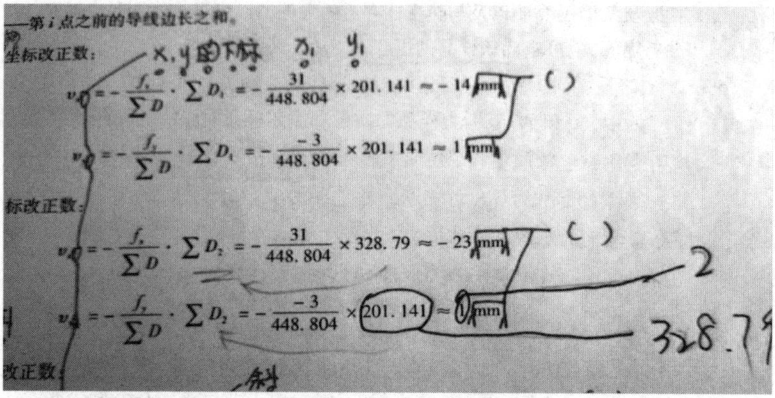
——第 i 点之前的导线边长之和。

坐标改正数:

$$v_{x1}=-\frac{f_x}{\sum D}\cdot\sum D_1=-\frac{31}{448.804}\times 201.141\approx-14\,\text{mm}$$

$$v_{y1}=-\frac{f_y}{\sum D}\cdot\sum D_1=-\frac{-3}{448.804}\times 201.141\approx 1\,\text{mm}$$

标改正数:

$$v_{x2}=-\frac{f_x}{\sum D}\cdot\sum D_2=-\frac{31}{448.804}\times 328.79\approx-23\,\text{mm}$$

$$v_{y2}=-\frac{f_y}{\sum D}\cdot\sum D_2=-\frac{-3}{448.804}\times 201.141\approx 0\,\text{mm}$$

改正数:

分类讨论范围重叠。

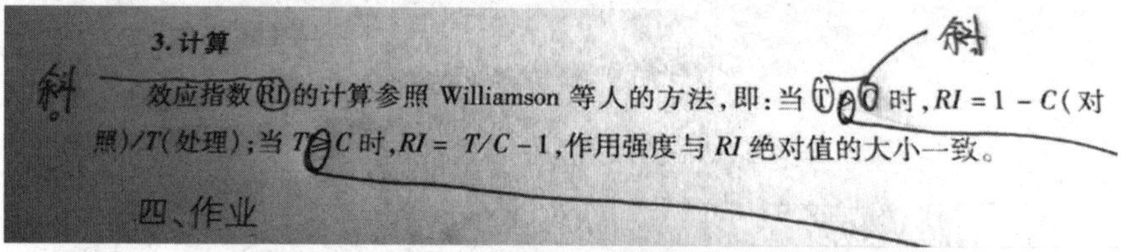
3. 计算

效应指数(RI)的计算参照 Williamson 等人的方法,即:当 $T\geq C$ 时,$RI=1-C$(对照)/T(处理);当 $T\leq C$ 时,$RI=T/C-1$,作用强度与 RI 绝对值的大小一致。

四、作业

此例不仅分类有重叠,而且 n_2、n_3 的位置放错,运算结果便产生错误。

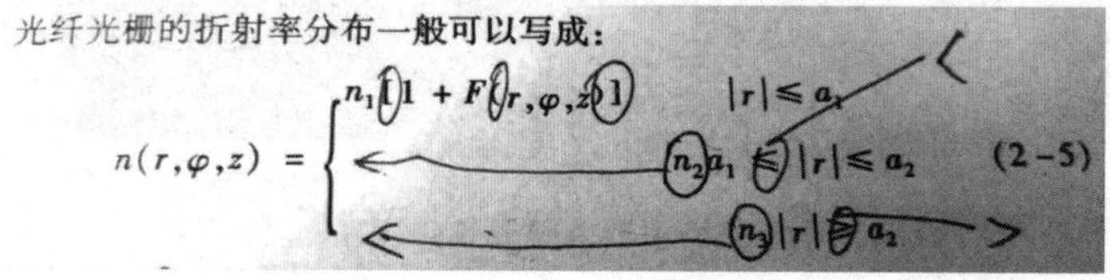
光纤光栅的折射率分布一般可以写成:

$$n(r,\varphi,z)=\begin{cases}n_1[1+F(r,\varphi,z)] & |r|\leq a_1\\ & n_2\ a_1\leq|r|\leq a_2\\ & n_3\ |r|\geq a_2\end{cases}\qquad(2-5)$$

运算过程与结论矛盾。

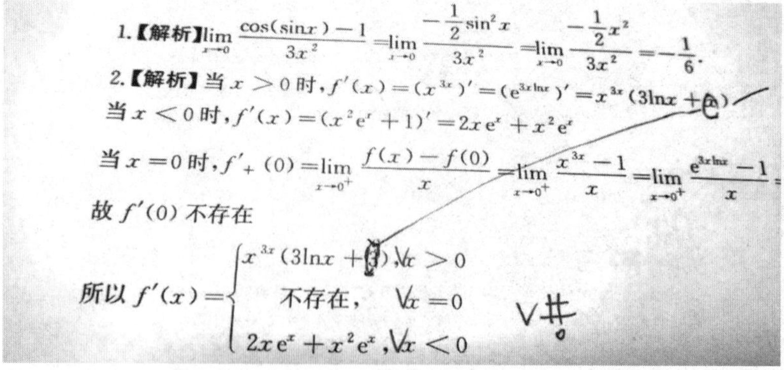
1.【解析】$\lim\limits_{x\to0}\frac{\cos(\sin x)-1}{3x^2}=\lim\limits_{x\to0}\frac{-\frac{1}{2}\sin^2x}{3x^2}=\lim\limits_{x\to0}\frac{-\frac{1}{2}x^2}{3x^2}=-\frac{1}{6}$.

2.【解析】当 $x>0$ 时,$f'(x)=(x^{3x})'=(e^{3x\ln x})'=x^{3x}(3\ln x+1)$

当 $x<0$ 时,$f'(x)=(x^2e^x+1)'=2xe^x+x^2e^x$

当 $x=0$ 时,$f'_+(0)=\lim\limits_{x\to0^+}\frac{f(x)-f(0)}{x}=\lim\limits_{x\to0^+}\frac{x^{3x}-1}{x}=\lim\limits_{x\to0^+}\frac{e^{3x\ln x}-1}{x}=$

故 $f'(0)$ 不存在

所以 $f'(x)=\begin{cases}x^{3x}(3\ln x+1),x>0\\ \text{不存在},\quad x=0\\ 2xe^x+x^2e^x,x<0\end{cases}$

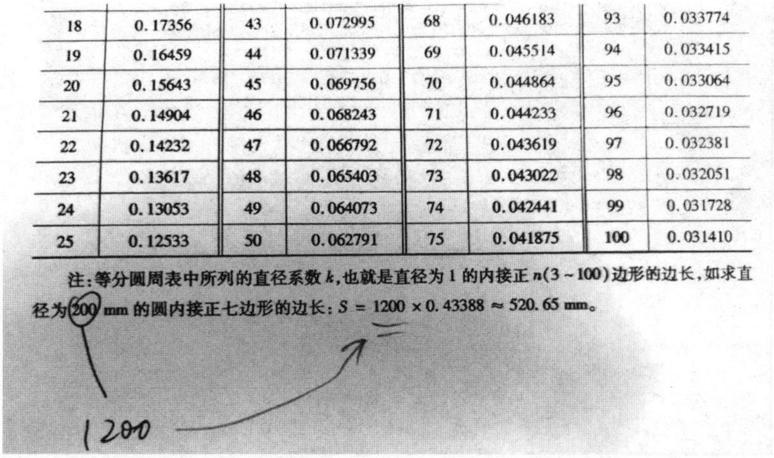

18	0.17356	43	0.072995	68	0.046183	93	0.033774
19	0.16459	44	0.071339	69	0.045514	94	0.033415
20	0.15643	45	0.069756	70	0.044864	95	0.033064
21	0.14904	46	0.068243	71	0.044233	96	0.032719
22	0.14232	47	0.066792	72	0.043619	97	0.032381
23	0.13617	48	0.065403	73	0.043022	98	0.032051
24	0.13053	49	0.064073	74	0.042441	99	0.031728
25	0.12533	50	0.062791	75	0.041875	100	0.031410

注：等分圆周表中所列的直径系数 k，也就是直径为 1 的内接正 $n(3\sim100)$ 边形的边长，如求直径为 200 mm 的圆内接正七边形的边长：$S=1200\times0.43388\approx520.65$ mm。

答案求解的量不是问题中要求的量，其实是缺少了内容。

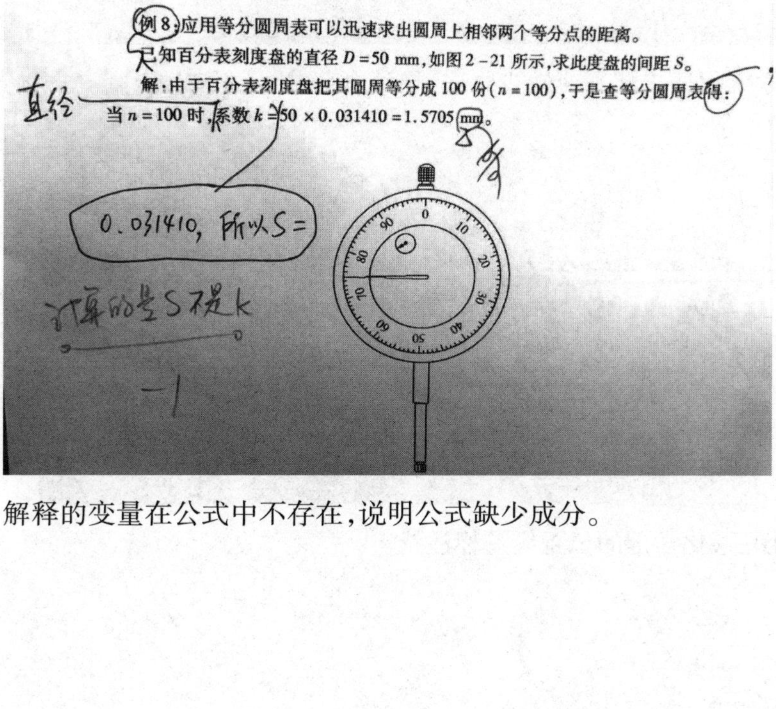

例 8 应用等分圆周表可以迅速求出圆周上相邻两个等分点的距离。已知百分表刻度盘的直径 $D=50$ mm，如图 2-21 所示，求此度盘的间距 S。

解：由于百分表刻度盘把其圆周等分成 100 份（$n=100$），于是查等分圆周表得：

当 $n=100$ 时，系数 $k=50\times0.031410=1.5705$ mm。

解释的变量在公式中不存在，说明公式缺少成分。

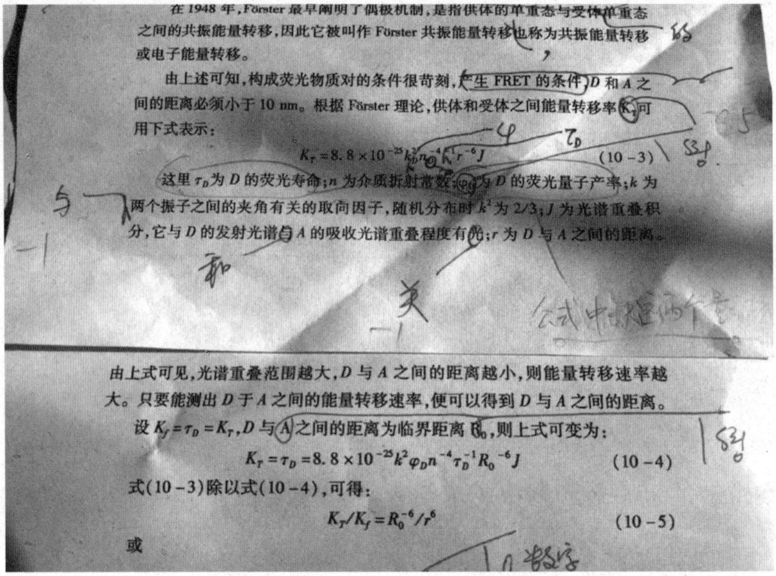

在 1948 年，Förster 最早阐明了偶极机制，是指供体的单重态与受体单重态之间的共振能量转移，因此它被叫作 Förster 共振能量转移也称为共振能量转移或电子能量转移。

由上述可知，构成荧光物质对的条件很苛刻，产生 FRET 的条件：D 和 A 之间的距离必须小于 10 nm。根据 Förster 理论，供体和受体之间能量转移率 K_T 可用下式表示：

$$K_T = 8.8\times10^{-25}k^2 n^{-4} K r^{-6} J \qquad (10-3)$$

这里 τ_D 为 D 的荧光寿命；n 为介质折射常数；φ_D 为 D 的荧光量子产率；k 为两个振子之间的夹角有关的取向因子，随机分布时 k^2 为 2/3；J 为光谱重叠积分，它与 D 的发射光谱与 A 的吸收光谱重叠程度有关；r 为 D 与 A 之间的距离。

由上式可见，光谱重叠范围越大，D 与 A 之间的距离越小，则能量转移速率越大。只要能测出 D 于 A 之间的能量转移速率，便可以得到 D 与 A 之间的距离。

设 $K_f = \tau_D = K_T$，D 与 A 之间的距离为临界距离 R_0，则上式可变为：

$$K_T = \tau_D = 8.8\times10^{-25}k^2\varphi_D n^{-4}\tau_D^{-1}R_0^{-6}J \qquad (10-4)$$

式(10-3)除以式(10-4)，可得：

$$K_T/K_f = R_0^{-6}/r^6 \qquad (10-5)$$

或

化学方程式未配平或缺少物质，导致电荷、质量不守恒。

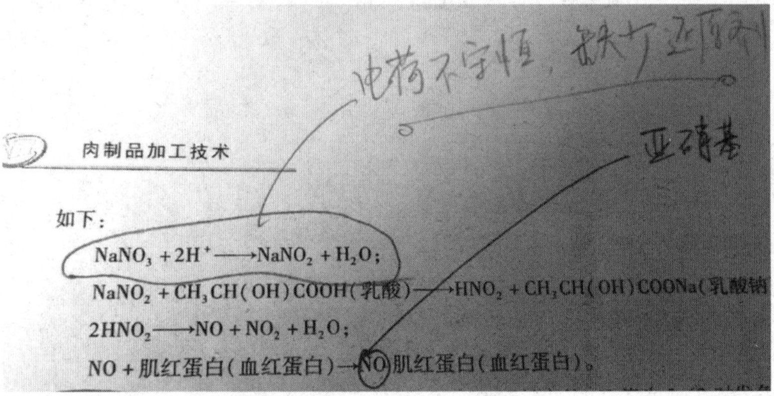

肉制品加工技术

如下：

$NaNO_3 + 2H^+ \longrightarrow NaNO_2 + H_2O$；

$NaNO_2 + CH_3CH(OH)COOH$(乳酸) $\longrightarrow HNO_2 + CH_3CH(OH)COONa$(乳酸钠

$2HNO_2 \longrightarrow NO + NO_2 + H_2O$；

NO + 肌红蛋白(血红蛋白) $\longrightarrow$ NO 肌红蛋白(血红蛋白)。

修图后，化学键的位置容易标注错。

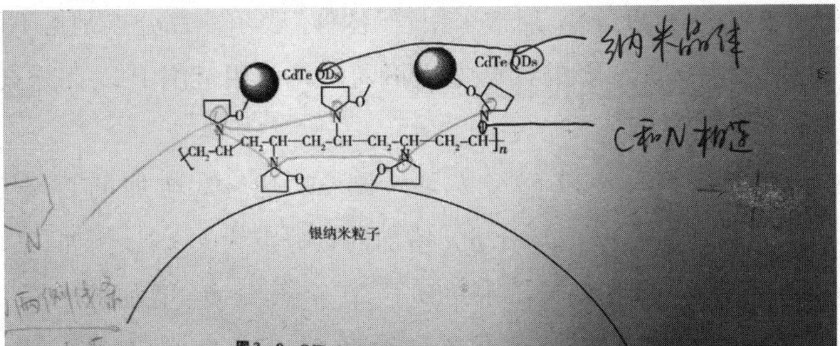

图3-8 CdTe 纳米晶体在 PVP 包覆的银纳米粒子表面自组装的结构示意图

三角函数运算、几何图形字母标注错误。

表2-3 直角三角形三角函数公式

名称	定义	符号
正弦	∠A 的正弦是∠A 的对边与斜边之比	$\sin A = \frac{BC}{AB} = \frac{a}{c}$
余弦	∠A 的余弦是∠A 的邻边与斜边之比	$\cos A = \frac{AC}{AB} = \frac{b}{c}$
正切	∠A 的正切是∠A 的对边与邻边之比	$\tan A = \frac{BC}{AC} = \frac{a}{b}$
余切	∠A 的余切是∠A 的邻边与对边之比	$\cos A = \frac{AC}{BC} = \frac{b}{a} = \frac{1}{\tan A}$
正割	∠A 的正割是∠A 的斜边与邻边之比	$\sec A = \frac{AB}{AC} = \frac{c}{b} = \frac{1}{\cos A}$
余割	∠A 的余割是∠A 的斜边与对边之比	$\csc A = \frac{AB}{AC} = \frac{c}{a} = \frac{1}{\sin A}$

直角三角形在长度计量中应用举例。

例1:勾股定理的应用

例2:正弦函数 sinA 的应用。

已知正弦规 $l = 100$ mm,现需校验某一锥度量规的锥角 A 是否为 5°56′,求应垫量块的高度 h 是多少?

解:由图2-11 可以明显看出,$\sin A = \frac{h}{l}$。

这里 A 是正弦规放置的斜角,l 是正弦规两滚柱的中心距,h 是所垫量块的高度,于是在直角三角形 $O'OD$ 中,$\angle O'OD = A$,从而得:$h = l \cdot \sin A = 100 \times \sin 5°56' = 100 \times 0.10337 = 10.337 \approx 10.4$ mm。

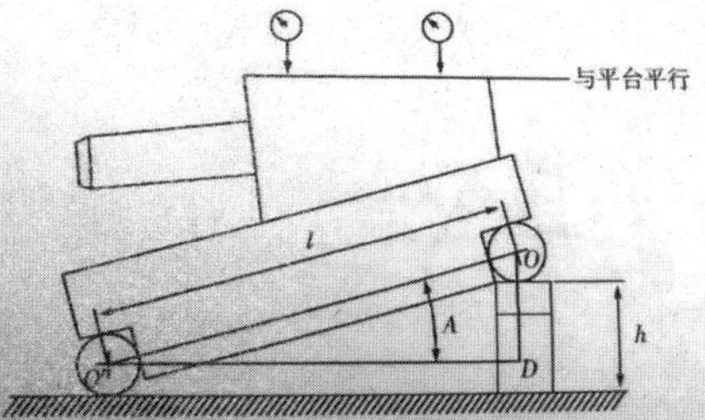

图2-11 锥度量规测量示意图

“百分比”和“百分点”是一对常混淆的概念。百分比表示一个数是另一个数的百分之几，也叫百分率，通常采用符号“%”表示。百分点是指不同百分数之间的增减关系。二者的计算方法不同。在使用范围上，“百分点”多用于行政统计中。

设两个百分数为 $a\%$ 和 $b\%$，$b > a$，则 $b\%$ 比 $a\%$ 增加的百分比为 $[(b\% - a\%)/a\%] \times 100\%$，$b\%$ 比 $a\%$ 增加的百分点为 $b - a$。例如，某百分比原来为 50%，后来变为 75%，则增加了 25 个百分点，增加的百分比为 50%。可见数值相差很大，切不可混淆。

根据以上论述，下例标注的百分比均应指百分点。

如表 1－6所示，在 2009年外出进城务工人员从事制造业的进城务工人员所占比重最大，占 39.1%，比 2004年提高了 8.8%，年均增加近 1.8%；其次是建筑业占 17.3%，比 2004年下降 5.6%；而社会服务、住宿餐饮、批零贸易、交通运输、仓储、邮政等产业的就业比重合计达到了 25%以上。

表 1－6　外出进城务工人员就业产业分布（%）

年份	制造业	建筑业	社会服务业	住宿餐饮和批零贸易	运输仓储
2004	30.3	22.9	10.4	—	—
2006	35.7	20.5	10.2	10.6	—
2009	39.1	17.3	11.8	7.8	5.9

第10章　引文、诗句、成语及熟语错误

10.1　引文差错

引文，是用别人的观点来证明和解说自己的思想，原则上要求引用内容与原文完全一致。引用错误，有的只是个别字眼有出入，不影响原文意义的准确表达，有的则可能歪曲原意，对读者产生误导。一旦其他作者在书中转引此不准确甚至曲解原意的引文，就会以讹传讹，使知识的传播不断扭曲变形。

然而从实际情况来看，引文错误并不罕见。首先，由于作者对引文准确性的重视程度不够，有时仅凭浏览到的大意或者依靠记忆录入引文，甚至有的作者为了避免涉嫌“抄袭”，有意将借鉴的部分加以改动，把本该严格依照原文引用的部分也按照自己的意愿加以修改，导致引文内容错漏百出。原稿引文的准确性往往并不乐观。其次，引文的查证的确是一项枯燥而烦琐的工作，编辑对于核实引文的工作存在倦怠情绪，加上重视不够，引文核实工作时常被省略，导致引文质量难以保证。例如经核实，下例的引文存在多处错误。

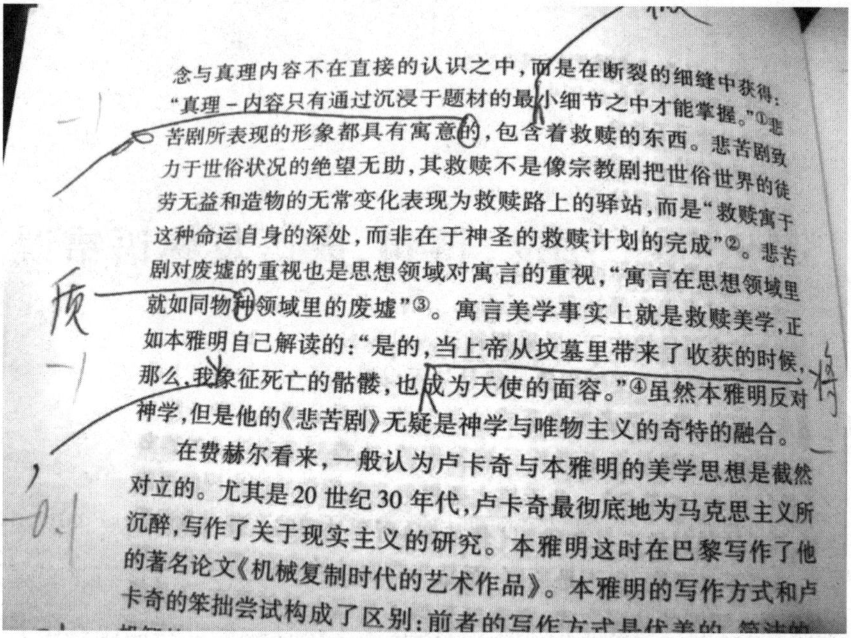
念与真理内容不在直接的认识之中，而是在断裂的细缝中获得："真理－内容只有通过沉浸于题材的最小细节之中才能掌握。"①悲苦剧所表现的形象都具有寓意的，包含着救赎的东西。悲苦剧致力于世俗状况的绝望无助，其救赎不是像宗教剧把世俗世界的徒劳无益和造物的无常变化表现为救赎路上的驿站，而是"救赎寓于这种命运自身的深处，而非在于神圣的救赎计划的完成"②。悲苦剧对废墟的重视也是思想领域对寓言的重视，"寓言在思想领域里就如同物种领域里的废墟"③。寓言美学事实上就是救赎美学，正如本雅明自己解读的："是的，当上帝从坟墓里带来了收获的时候，那么，我象征死亡的骷髅，也成为天使的面容。"④虽然本雅明反对神学，但是他的《悲苦剧》无疑是神学与唯物主义的奇特的融合。

在费赫尔看来，一般认为卢卡奇与本雅明的美学思想是截然对立的。尤其是20世纪30年代，卢卡奇最彻底地为马克思主义所沉醉，写作了关于现实主义的研究。本雅明这时在巴黎写作了他的著名论文《机械复制时代的艺术作品》。本雅明的写作方式和卢卡奇的笨拙尝试构成了区别：前者的写作方式是优美的，简洁的

下例在引用《基础教育课程改革纲要》(试行)时，既然加了引号，就应当与原文一致，可是经核对，出入较大，特别是其中"创设能引导学生主动参与的教学环境"变成了"创设、引导学生主动参与教学环境"，语义发生了变化。

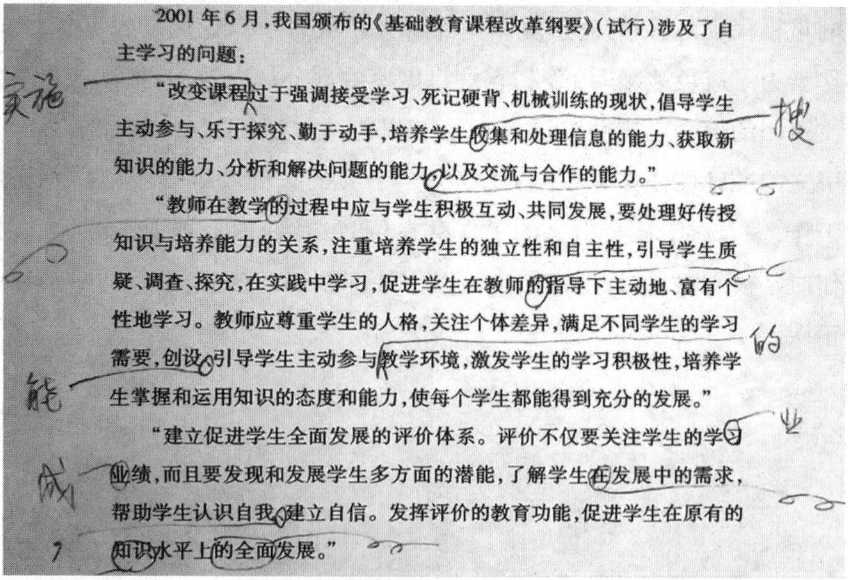
2001年6月，我国颁布的《基础教育课程改革纲要》(试行)涉及了自主学习的问题：

"改变课程过于强调接受学习、死记硬背、机械训练的现状，倡导学生主动参与、乐于探究、勤于动手，培养学生收集和处理信息的能力、获取新知识的能力、分析和解决问题的能力，以及交流与合作的能力。"

"教师在教学的过程中应与学生积极互动、共同发展，要处理好传授知识与培养能力的关系，注重培养学生的独立性和自主性，引导学生质疑、调查、探究，在实践中学习，促进学生在教师的指导下主动地、富有个性地学习。教师应尊重学生的人格，关注个体差异，满足不同学生的学习需要，创设、引导学生主动参与教学环境，激发学生的学习积极性，培养学生掌握和运用知识的态度和能力，使每个学生都能得到充分的发展。"

"建立促进学生全面发展的评价体系。评价不仅要关注学生的学习业绩，而且要发现和发展学生多方面的潜能，了解学生在发展中的需求，帮助学生认识自我，建立自信。发挥评价的教育功能，促进学生在原有的知识水平上的全面发展。"

不光是引用的内容，书名、作者名等信息也常出错误。此类问题在辅文

差错部分还会涉及。

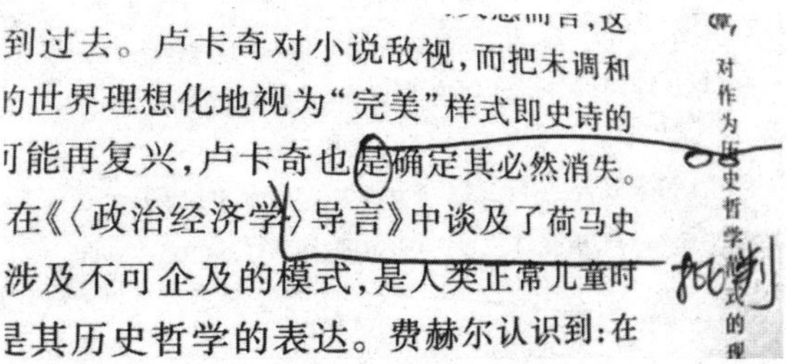
到过去。卢卡奇对小说敌视，而把未调和
的世界理想化地视为"完美"样式即史诗的
可能再复兴，卢卡奇也是确定其必然消失。
在《〈政治经济学〉导言》中谈及了荷马史
涉及不可企及的模式，是人类正常儿童时
是其历史哲学的表达。费赫尔认识到：在

下面两例，同一个作品在不同的脚注中名称不同，且作者信息不准确。

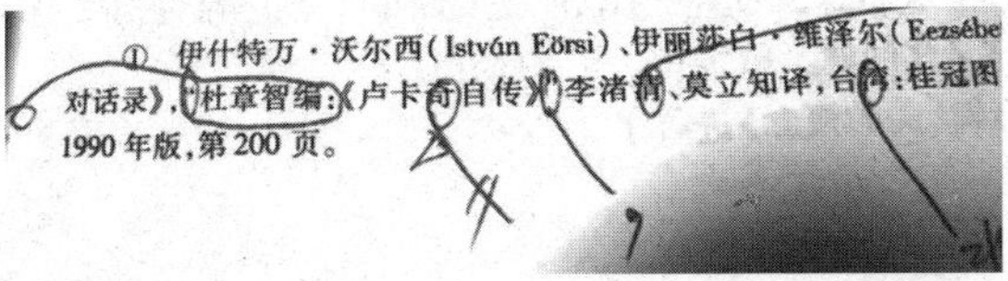
① 伊什特万·沃尔西（István Eörsi）、伊丽莎白·维泽尔（Eezsébe
对话录》，杜章智编：《卢卡奇自传》，李渚青、莫立知译，台湾：桂冠图
1990 年版，第 200 页。

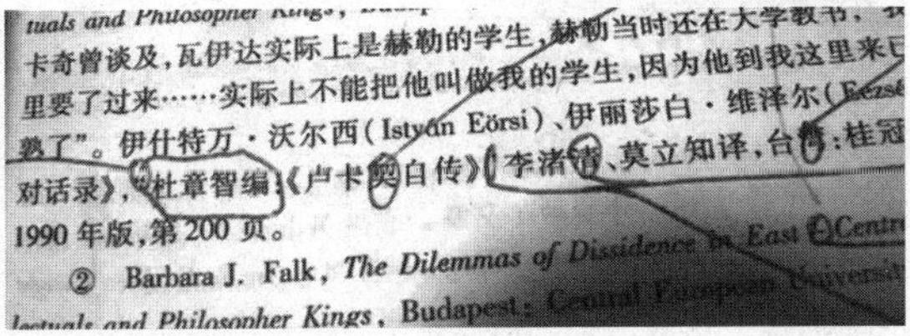
卡奇曾谈及，瓦伊达实际上是赫勒的学生，赫勒当时还在大学教书，
里要了过来……实际上不能把他叫做我的学生，因为他到我这里来
熟了"。伊什特万·沃尔西（István Eörsi）、伊丽莎白·维泽尔（Eezsé
对话录》，杜章智编：《卢卡奇自传》，李渚青、莫立知译，台湾：桂冠
1990 年版，第 200 页。
② Barbara J. Falk, *The Dilemmas of Dissidence in East-Central*
lectuals and Philosopher Kings, Budapest: Central European

涉及文言文时，错误频率更高。由于年代久远，以讹传讹出现多种版本的情况不胜枚举。因此，选择相对可靠的来源尤为重要。

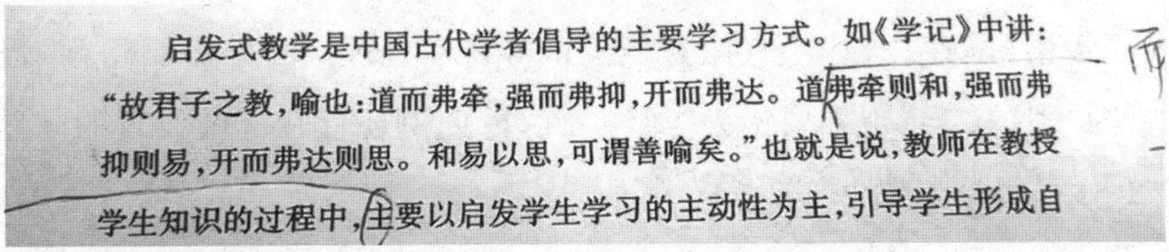
启发式教学是中国古代学者倡导的主要学习方式。如《学记》中讲："故君子之教，喻也：道而弗牵，强而弗抑，开而弗达。道弗牵则和，强而弗抑则易，开而弗达则思。和易以思，可谓善喻矣。"也就是说，教师在教授学生知识的过程中，主要以启发学生学习的主动性为主，引导学生形成自

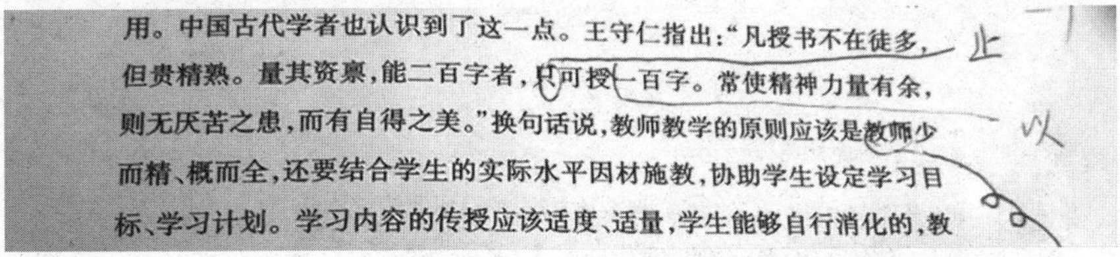
用。中国古代学者也认识到了这一点。王守仁指出："凡授书不在徒多，但贵精熟。量其资禀，能二百字者，只可授一百字。常使精神力量有余，则无厌苦之患，而有自得之美。"换句话说，教师教学的原则应该是教师少而精、概而全，还要结合学生的实际水平因材施教，协助学生设定学习目标、学习计划。学习内容的传授应该适度、适量，学生能够自行消化的，教

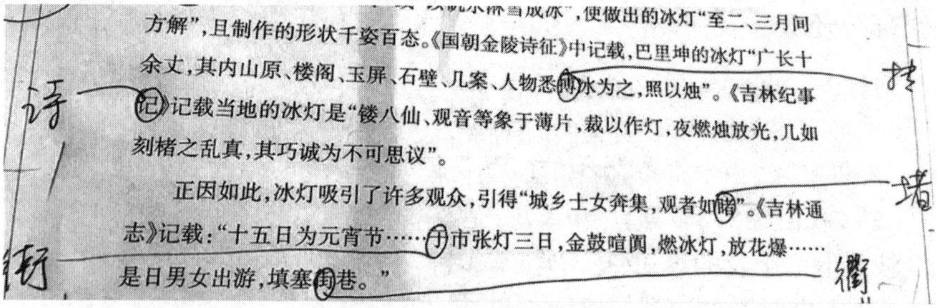
方解”，且制作的形状千姿百态。《国朝金陵诗征》中记载，巴里坤的冰灯“广长十余丈，其内山原、楼阁、玉屏、石壁、几案、人物悉俦冰为之，照以烛”。《吉林纪事记》记载当地的冰灯是“镂八仙、观音等象于薄片，裁以作灯，夜燃烛放光，几如刻楮之乱真，其巧诚为不可思议”。

正因如此，冰灯吸引了许多观众，引得“城乡士女奔集，观者如睹”。《吉林通志》记载：“十五日为元宵节……于市张灯三日，金鼓喧阗，燃冰灯，放花爆……是日男女出游，填塞街巷。”

文字识别录入的文言文尤其要注意形近别字的问题，因为文言文内容相对晦涩，形近别字不太容易发现，即便查找相关语料库，也常会出现录入错误的结果干扰判断。

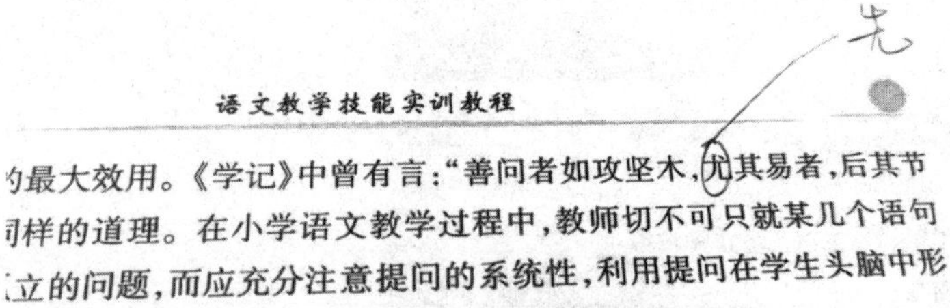
语文教学技能实训教程

最大效用。《学记》中曾有言：“善问者如攻坚木，允其易者，后其节

样的道理。在小学语文教学过程中，教师切不可只就某几个语句

立的问题，而应充分注意提问的系统性，利用提问在学生头脑中形

引用书名数字用法须一致。

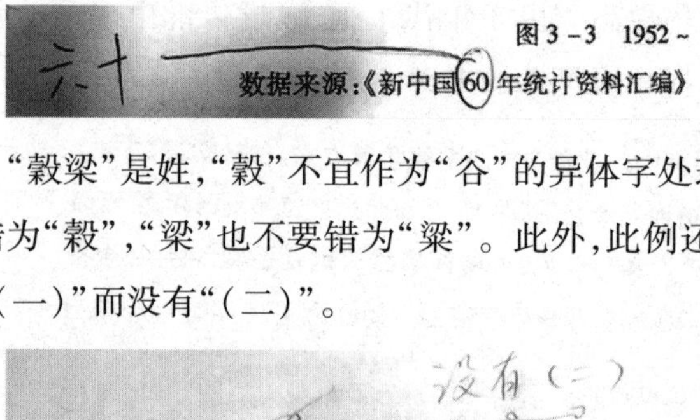
图 3－3　1952～

数据来源：《新中国 60 年统计资料汇编》

“穀梁”是姓，“穀”不宜作为“谷”的异体字处理。另外需要注意“穀”不要错为“毂”，“梁”也不要错为“粱”。此外，此例还存在标题设置的问题，只有“（一）”而没有“（二）”。

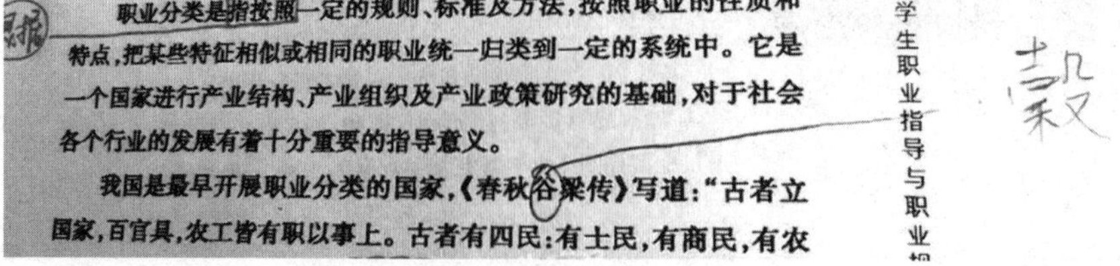
(一)职业的分类

职业分类是指按照一定的规则、标准及方法，按照职业的性质和特点，把某些特征相似或相同的职业统一归类到一定的系统中。它是一个国家进行产业结构、产业组织及产业政策研究的基础，对于社会各个行业的发展有着十分重要的指导意义。

我国是最早开展职业分类的国家，《春秋谷梁传》写道：“古者立国家，百官具，农工皆有职以事上。古者有四民：有士民，有商民，有农

第二章 ◇ 大学生职业指导与职业规

有时引用书名容易想当然，导致书名走样。尤其是下面的《中国改革开

放辉煌成就四十年》，表面看上去似乎并无不合理之处，但经查可以发现，这是出版于 1992 年的系列丛书，改革开放四十年则成了 2018 年。

> 实事求是，是写回忆录的基本原则。无论是人名、地名、
> 地点、事实都要准确无误。为此除回忆外，还查阅了大量原始资料，包括自己的笔记本、作品、手稿等，以及《杰生诗文选》，并参考了《黑龙江省志·地质矿产志》《中国矿床发现史·黑龙江卷》《黑龙江省区域地质志》《黑龙江省地质矿产局的三十年》《黑龙江省地矿事业辉煌50年》《黑龙江省地质矿产局大事记》《黑龙江地质报大事记》《黑龙江地质》《黑龙江国土资源》《黑龙江省科协省级学会、协会、研究会史志资料汇编》以及省“龙开委”和省老科协的资料。书中的储量数字，大都来自《中国矿床发现史·黑龙江卷》（地质出版社，1996）。
>
> 关于写作方法，一是先从大环境写起。国家的命运决定个人的命运，因此要把大环境交代清楚。关于1949年以来地质工作发展史，主要参考了《当代中国的地质事业》和《中国改革开放辉煌成就四十年》两书。二是对矿产的勘查经过，进行全面的记述。一个矿区，往往经过多个地质队的工作，每个地质队都做出了自己的贡献，在本书中都一一记述。三是采用对比的方法，写了一些地方的今昔变化。四是在文字上要详略适当，取舍得宜。

有一些内容并非引自文献资料，而是叙述其他文字内容，一旦加引号也需准确。

> 古时有水路交通，李庄的地位不可小觑。2013 年，中国邮政发行“中国古镇”系列邮票，第一批中就有“四川宜宾李庄”，面额 1.20 元。
>
> 由于偏居一隅，李庄历史上较少战火。古镇历经多年发展，貌至今保存，没有多大变化。走进古镇，仔细观察，可以看出，

非连续的引文，需用省略号分隔或分成两段引文。

> 这栋建筑“直到最小的细节都是他的作品，而且高度体现了它的创造者的特点，它的美和《逻辑哲学论》的文句所具有的那种朴素文静的美是相同的”①。如今，这座极尽简约的建筑依然静静地矗立在维也纳绿林掩映的库特芒大街上，仿佛在以一种无声的方式在表达着什么。

下图为上图引文出处。

他同修道士在一起的工作很快就告结束。1926年秋天维特根斯坦接受了一项任务，这耗费了他两年的时间和精力：他为他的一个姐姐在维也纳建造一幢住宅。这所房子直到最小的细节都是他的作品，而且高度体现了它的创造者的特点。它免除一切装潢，而以精确的测量和严格的比例为特色。它的美和《逻辑哲学论》的文句所具有的那种朴素文静的美是相同的。我认为不能把这所房子归于某一种风格，但是水平的屋顶和材料——水泥、玻璃和钢筋——使参观者想到了典型的“现代”建筑物。（1914年维特

10.2 诗句及解释、背景知识错误

相对于一般的古文，古诗词韵律性强，知名诗词传播范围也往往较广，因此出现差错查证起来相对容易一些。

实并非自然中某种特定的形象，甚至往自然中
鸟、兽、人物形象具有很多眼睛，这种近似图腾的形象，放大了物象本身的灵
性与神性，在画家的眼中它们是与人类具有同样智慧的精灵，它们与人类世
界并行，共同构成了美丽的世界。这种“万物与我为一”的审美境界，充满了
道家精神，是中国艺术最高的审美境界。老庄以为，人类最高的智慧不是站
在客体之外对待客观事物，只有消除物我对峙，物我泯一，才会显现出真原的
世界。苏轼的“其身与竹化”，辛弃疾的“我见青山皆妩媚，料青山见我皆如
是”，时代唐志契的“山性即我性，山情即我情”，都说的是在人与物的相互移
情过程中，主体的超然人格精神与客体的自然天地之美在审美的观照中融而

近代以来，过七夕节的传统在全国许多地方都已经淡化，甚至消失，但是，
岭南人对七夕节则较为重视并使之传承至今。南宋文人刘克庄曾有诗咏道：
“瓜果踸拳祝，喉罗朴卖声。粤人重巧夕，灯光到天明。”也许因为是最大商都
的原因，广州人尤其注重这一节日。明末清初著名文人屈大均的《广东新语》中
记载了清初广州七夕节的盛况。另外，清代大量的岭南竹枝词也反映了羊城乞
巧节的盛况。例如，清代的一首《羊城七夕竹枝词》中写道：“绣闼瑶扉取次开，
花为屏障玉为台。青溪小女蓝桥妙，有约今宵乞巧来。”到了清末民初，当七夕
节在其他地方逐渐式微的时候，这一节日在广州却更为兴盛，还形成了上九甫、
下九甫、第十甫等专卖女子物品的乞巧街市，其独具特色的节庆活动和热闹的
程度闻名全国。由于织女在传说中为玉皇大帝的第七个女儿，被称为“七仙
女”，因此羊城女性亲切地称之为“七姐”“七娘”，七夕节在广州被称为“七姐
诞”，乞巧活动则叫作“摆七娘”“拜七姐”。

5. 推荐张爱萍的《过草地》。
绿原无垠漫风烟，蓬高没膝步泥潭。
野菜水煮果腹暖，干草火烧驱夜寒。
随意坐地堪露宿，卧看行云逐浪翻。
帐月席茵刀枪枕，谈笑低吟道明天。

古诗诵读

乡村四月

宋·翁卷

绿遍山原白满川①，
子规声里雨如烟②。
乡政四月闲人少，
才了蚕桑又插田③。

注释：①山原：山陵和原野。川：山原，平地。②

展，比起尚未认识的部分仍是有限的。正如庄子所说“吾生也有涯，知也无涯”。

“问渠哪得清如许”，面对无限的未知，我们如何才能清如许呢？源头活水又在何方？这个问题的永恒存在，引无数哲人竞折腰。

东坡小有名气，书后尝自作一联：“识完天下字，读通人间书。”口气颇大。苏洵见了，不是简单地摘下对联，而是语重心长地给两句分别添了词语“勤奋”和“刻苦”。事实证明，苏东坡终身受用于此。

汽车大王福特当年只是个店员，月薪才10美元，但他却每周都要花2美元来买书。

月亮既是伟大的，也是悲伤的，更是温馨的。① 唐代诗人李白曾经写出过不朽的诗篇：“今人不识古时月，今月曾经照古人。古人今人若流水，共看明月皆如此。”② 正像李白所说，无论是今人还是古人，都对月亮产生了一份独特的感情。

南秦雪

【唐】白居易

往岁曾为西邑吏，惯从骆口到南秦。
三时云冷多飞雪，二月山寒少有春。
我思旧事犹惆怅，君作初行定苦辛。
任赖愁猿寒不叫，若闻猿叫更愁人。

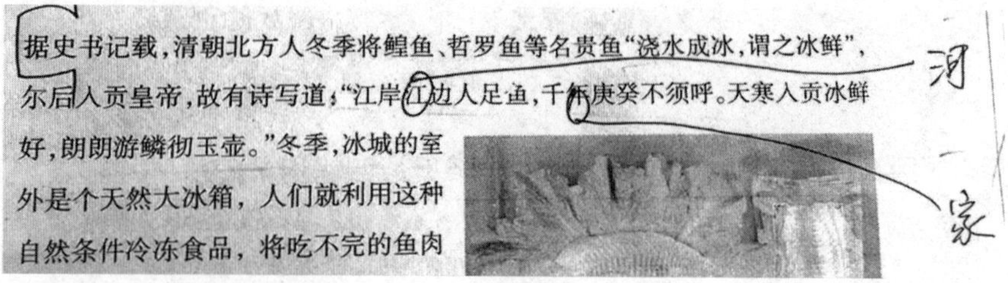

据史书记载，清朝北方人冬季将鳇鱼、哲罗鱼等名贵鱼“浇水成冰，谓之冰鲜”，尔后入贡皇帝，故有诗写道：“江岸江边人足渔，千杯庚癸不须呼。天寒入贡冰鲜好，朗朗游鳞彻玉壶。”冬季，冰城的室外是个天然大冰箱，人们就利用这种自然条件冷冻食品，将吃不完的鱼肉

一些添枝加叶的熟语或名句。

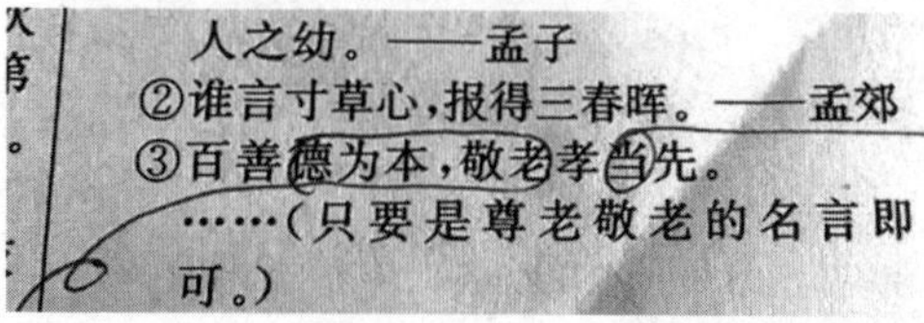

人之幼。——孟子
②谁言寸草心，报得三春晖。——孟郊
③百善德为本，敬老孝当先。
……（只要是尊老敬老的名言即可。）

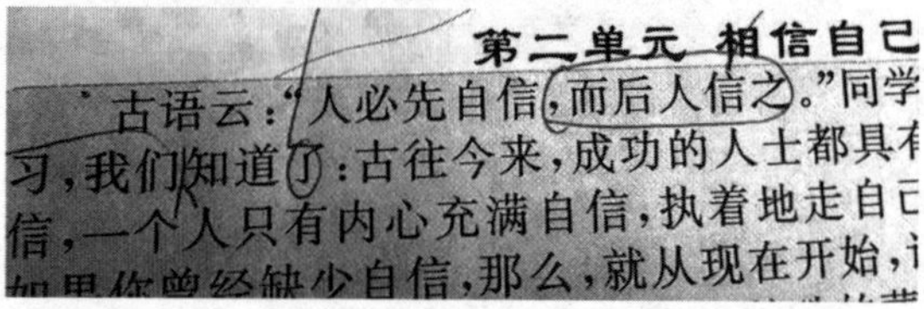

第二单元 相信自己
古语云：“人必先自信，而后人信之。”同学
习，我们知道了：古往今来，成功的人士都具有
信，一个人只有内心充满自信，执着地走自己
如果你曾经缺少自信，那么，就从现在开始，

还有些诗歌相对小众，那么根据意思，便可判断出其中用字是否准确。如其中的“蛋人”当为“疍人”，指水上居民。这里跟“吴侬”相对应，指闽粤一带水上居民。

洋艘骈津

一水森茫浪拍天，吴侬画舫蛋人船。圣朝何意通蛮货，只为观光近日边。

不只是诗句的内容，一些教辅书中对诗句的解释、出处等信息也需准确，否则将成为知识性差错。

月亮并不总是顺心如意，有时瘦瘦的，可怜兮兮，弯弯的，像是有什么劳役累弯了她的腰，像一只孤零零的小船，怎经得起旷宇中的海啸巨浪呢？也似一把总在劳作的镰刀，够累的。看到了弯月，宋朝词人就发出了"月有阴晴圆缺，人有悲欢离合，此事古难全"的感慨。

月亮的美，在于她美若天仙的气质，更在于她幽幽怨怨的灵魂。月亮，我们灵魂的家园。

⑥这首词出自宋朝诗人苏轼《水调歌头·丙辰中秋》，引用古诗词可以使文章更有文学内涵。

基础突破

. 文章写了月亮的哪些特点？

明月几时有

该例词语解释和诗句解释存在矛盾。

绿遍山原白满川①，
子规声里雨如烟②。
乡村四月闲人少，
才了蚕桑又插田③。

:①山原：山陵和原野。川：山原，平地。②子规

蚕桑：种桑养蚕。插田：插种稻秧。

今读：碧绿染遍山野，水田一片亮光，杜鹃声啼叫

乡村闲散人很少，才忙完养蚕采桑又要忙插秧。

此例词语解释和诗句解释存在矛盾，且诗文也有误。

古诗诵读

独坐敬亭山①

唐·李白

众鸟高飞尽②，孤云独去③闲④。
相看两不厌⑤，唯有敬亭山。

注释：①敬亭山：在今安徽宣城市北。②尽：没有了。③独去，独自去。④闲，形容云彩飘来飘去，悠闲自在的样子。⑤厌：满足。

译文：天上的鸟儿飞得没有了踪迹，一片白云独自悠闲地飘走，此时此刻和我久久相对而不厌倦的，只有眼前这敬亭山了。

厌倦

背景知识介绍不准确。

江南逢李龟年①

唐·杜甫

岐王②宅里寻常③见，
崔九堂前几度闻。
正是江南④好风景，
落花时节⑤又逢君⑥。

代著名音乐家。②岐王：唐李宗的弟弟。③寻常：经
南省一带。⑤落花时节：暮春，通常指阴历三月。⑥

带有英文翻译的诗句，翻译须准确，避免出现意思上的偏差。此例中除了英文翻译有出入外，中文解释也有不准确之处。

绝　句

【唐】杜甫

两个黄鹂鸣翠柳，
一行白鹭上青天。
窗含西岭千秋雪，
门泊东吴万里船。

【译文】

A Poem of Four Lines

Du Fu

Two golden orioles sing to make the willows green
A row of white egrets flies into the blue sky.
My window frames the snow-crowned western mountain scen
Ships from thousands of miles of Dongwu park at the door.

【请你赏析】

两只黄鹂在翠绿的柳树上鸣叫，一行白鹭直冲高空飞远。通
看到西岭千里雪景，门前停泊着往来东吴的船只。

10.3 成语及熟语差错

成语错用的现象向来比较普遍。的确有不少成语实际意义与表面上的意义并不一致，一旦没有深入了解其内涵和用法，就很容易错用。还有的成语经常被篡改，以符合一定的语境，这些都是成语的不当使用。很多资料都列举了一些较为常见的易错成语，在这里不再赘述。然而需要注意，一些高频错用的成语，很多使用者已经不知道其本义，《现代汉语词典》等工具书中的解释也逐渐发生了变化，接纳了过去认为错误的用法，如“空穴来风”等。因而使用成语需要谨慎，同时也要关注这些细微的变化。

“差强人意”常因为望文生义而错用。类似的还有“明日黄花”“望其项背”“炙手可热”等等。

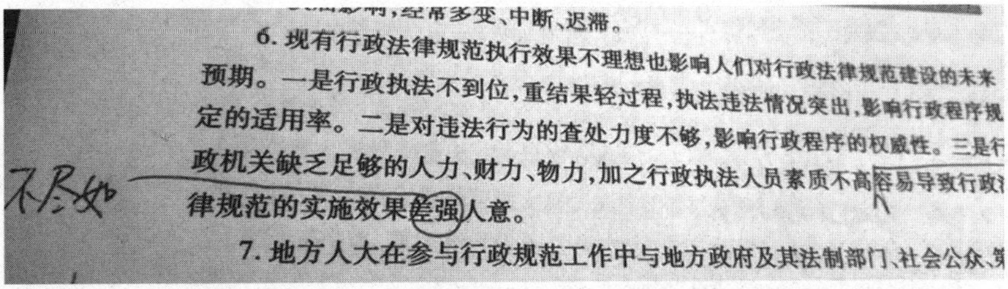
影响，经常多变、中断、迟滞。
6. 现有行政法律规范执行效果不理想也影响人们对行政法律规范建设的未来
预期。一是行政执法不到位，重结果轻过程，执法违法情况突出，影响行政程序规
定的适用率。二是对违法行为的查处力度不够，影响行政程序的权威性。三是行
政机关缺乏足够的人力、财力、物力，加之行政执法人员素质不高容易导致行政法
律规范的实施效果差强人意。
7. 地方人大在参与行政规范工作中与地方政府及其法制部门、社会公众、第

很多情况下，成语或熟语被根据需要或想当然地篡改了。

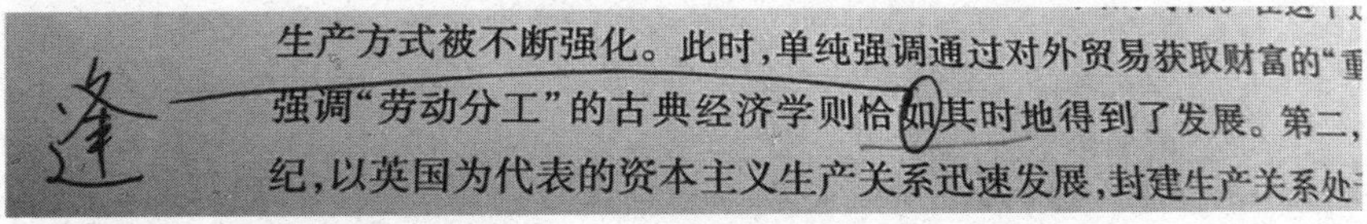
生产方式被不断强化。此时，单纯强调通过对外贸易获取财富的“重
强调“劳动分工”的古典经济学则恰如其时地得到了发展。第二，
纪，以英国为代表的资本主义生产关系迅速发展，封建生产关系处于

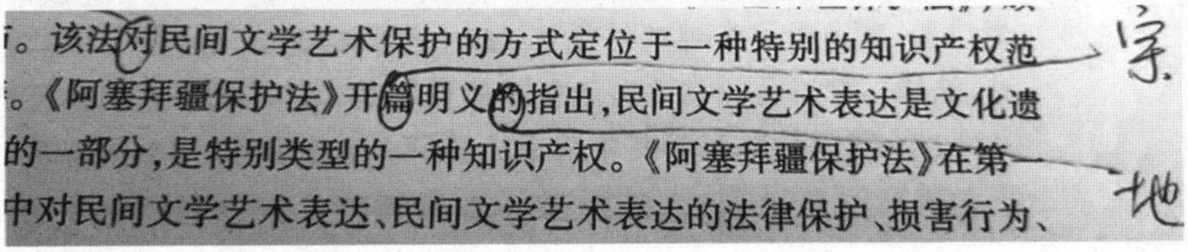
。该法对民间文学艺术保护的方式定位于一种特别的知识产权范
。《阿塞拜疆保护法》开篇明义的指出，民间文学艺术表达是文化遗
的一部分，是特别类型的一种知识产权。《阿塞拜疆保护法》在第
中对民间文学艺术表达、民间文学艺术表达的法律保护、损害行为、

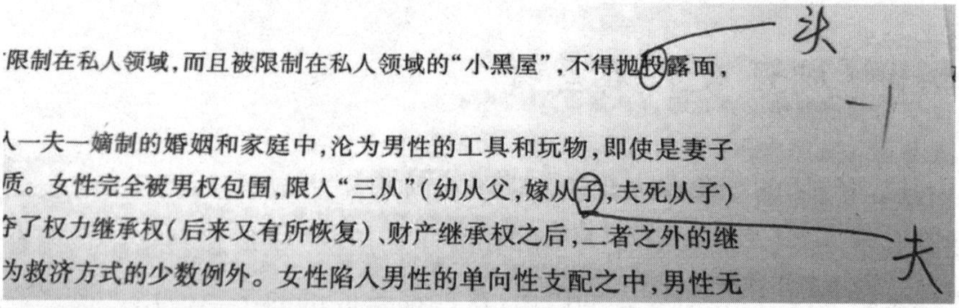
限制在私人领域，而且被限制在私人领域的“小黑屋”，不得抛投露面，
人一夫一嫡制的婚姻和家庭中，沦为男性的工具和玩物，即使是妻子
质。女性完全被男权包围，限人“三从”（幼从父，嫁从子，夫死从子）
夺了权力继承权（后来又有所恢复）、财产继承权之后，二者之外的继
为救济方式的少数例外。女性陷入男性的单向性支配之中，男性无

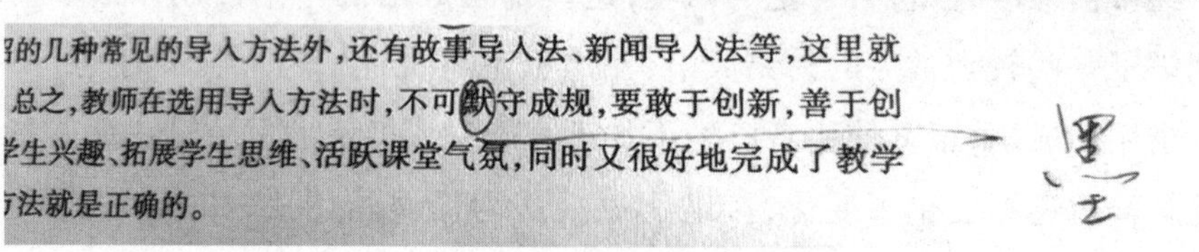
绍的几种常见的导入方法外，还有故事导入法、新闻导入法等，这里就
总之，教师在选用导入方法时，不可默守成规，要敢于创新，善于创
学生兴趣、拓展学生思维、活跃课堂气氛，同时又很好地完成了教学
方法就是正确的。

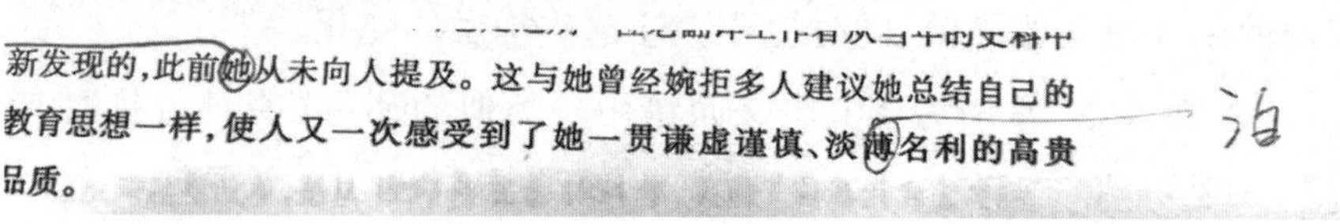
新发现的，此前她从未向人提及。这与她曾经婉拒多人建议她总结自己的
教育思想一样，使人又一次感受到了她一贯谦虚谨慎、淡薄名利的高贵
品质。

152 “失之偏颇”经常错为“有失偏颇”，二者意思完全不同。“有失”即“失去、在某方面有欠缺”，通常接褒义词，这样“有失偏颇”就是“不偏颇”；“失之偏颇”即“失之于偏颇”，指缺陷在于偏颇。

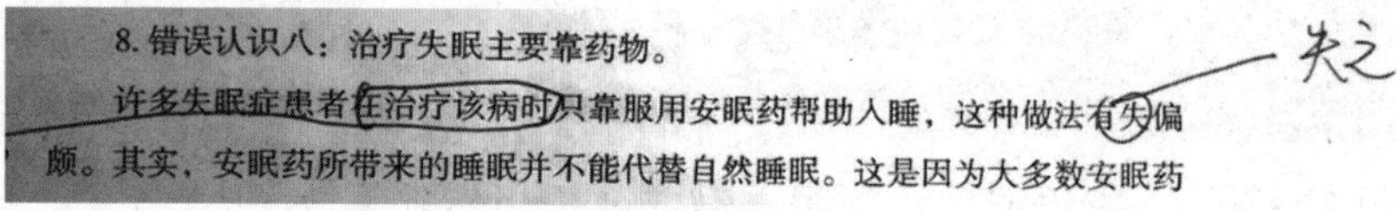
8. 错误认识八：治疗失眠主要靠药物。
许多失眠症患者在治疗该病时只靠服用安眠药帮助入睡，这种做法有失偏颇。其实，安眠药所带来的睡眠并不能代替自然睡眠。这是因为大多数安眠药

第 11 章　前后矛盾或不统一

一本书是一个整体,通常情况下,语言风格、表达方法、术语要求整齐划一,尤其观点要前后印证,不能前后矛盾。尤其是科技类图书,科技类图书侧重于传播知识、体现严谨的科学精神,对表达严谨性要求更高,不同于讲究生动唯美的文学作品,语言变换过于丰富势必使读者产生误解,影响知识传播的准确性。体例是否统一成了衡量科技类图书编校水平的一项重要指标。但书稿比文章体量大,体例统一无疑是一项繁重的工作,而且十分考验编辑的记忆力和判断力,是编辑加工水平的重要方面。

无论写作还是编辑加工、校对,都很容易因为时间跨度大而出现前后照应不到的问题,导致体例、表述前后不一致,甚至前后语言抵触、观点矛盾,影响知识的准确传达。此外,作者对体例统一问题的认识往往不同于字词和语法的正误等问题。字词和语法的错误,作者在写作的过程中往往能刻意避免,遗留的往往只是由于疏忽或文字水平有限而产生的错误。然而对于体例统一,有的作者认为统一虽好但不重要,写作的时候没有考虑统一的问题,整理的时候因统一起来太烦琐而放弃统一;也有的作者认为体例统一不但没必要,而且显得刻板、重复,把一件事物变着花样说才显得语言丰富、水平高深。这些必然给体例统一工作造成麻烦。

11.1　一般词语前后不一致

《图书编校质量差错判定细则计错表》针对行文前后不一致的情况规定:体例不一致,影响阅读的,每处计 1 个差错,全书最多计 3 处;体例不一致,不影响内容理解的,每处计 0.1 个差错,全书最多计 3 处。可见,是否影响理解是一个关键的判定依据，这也是出版物传播知识的属性决定的。但读者的理解能力和知识水平各不相同，对同一概念在表述不一致的情况下是否能够理解，往往并不存在一个一致的标准，因此找到影响理解与不影响理解之间的界限，操作起来其实并不容易。通常，学术类、教辅类图书对统一的要求更高一些，生僻晦涩的词语尽量做到统一。文艺作品、口语化表达，通俗易懂的词语，要求则宽些。

下例中“实验”与“试验”是经常混用的情况。另外，“建制”与“建置”，“震荡”与“振荡”，“体型”与“体形”等也须择优统一。

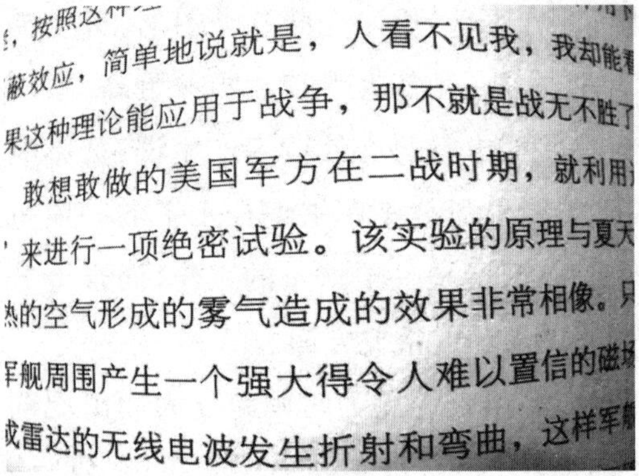
，按照这
蔽效应，简单地说就是，人看不见我，我却能看
果这种理论能应用于战争，那不就是战无不胜了
敢想敢做的美国军方在二战时期，就利用
来进行一项绝密试验。该实验的原理与夏天
热的空气形成的雾气造成的效果非常相像。只
军舰周围产生一个强大得令人难以置信的磁场
或雷达的无线电波发生折射和弯曲，这样军舰

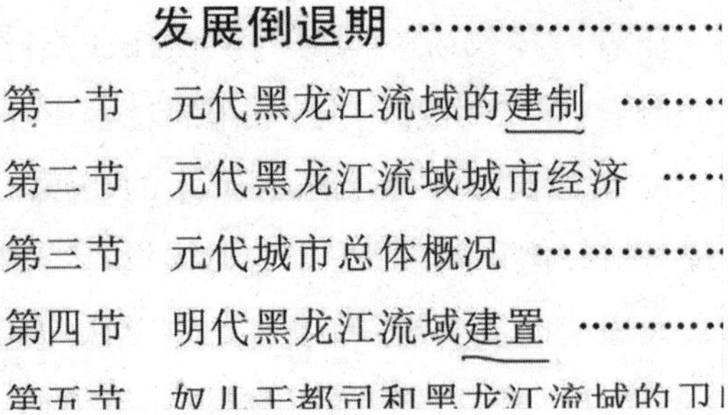

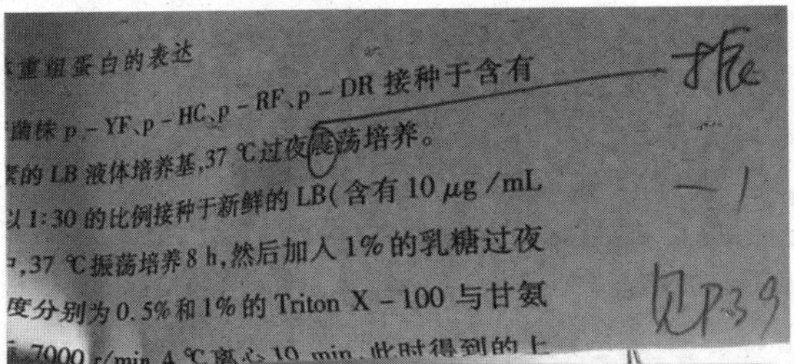
重组蛋白的表达
菌株 p – YF、p – HC、p – RF、p – DR 接种于含有
的 LB 液体培养基,37 ℃过夜摇培养。
以 1:30 的比例接种于新鲜的 LB(含有 10 μg /mL
,37 ℃振荡培养 8 h,然后加入 1% 的乳糖过夜
度分别为 0.5% 和 1% 的 Triton X – 100 与甘氨

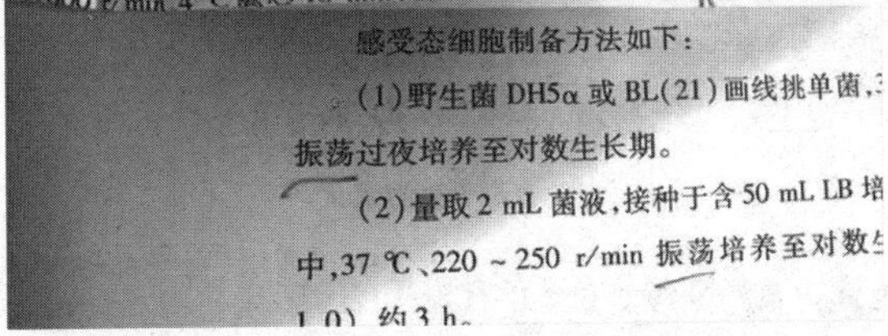
感受态细胞制备方法如下:
(1)野生菌 DH5α 或 BL(21)画线挑单菌,
振荡过夜培养至对数生长期。
(2)量取 2 mL 菌液,接种于含 50 mL LB 培
中,37 ℃、220 ~ 250 r/min 振荡培养至对数生
1.0)约 3 h。

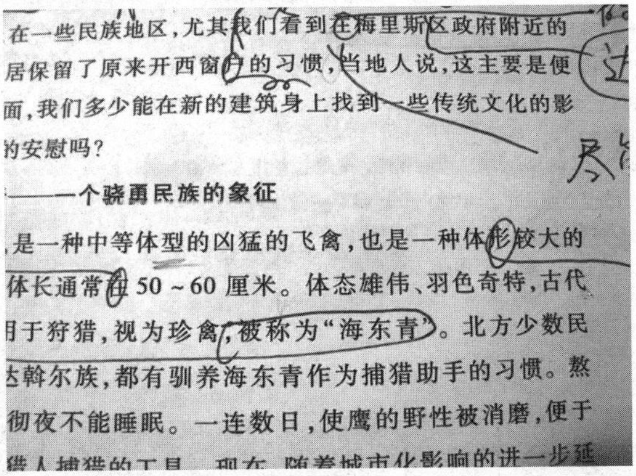
在一些民族地区,尤其我们看到在海里斯区政府附近的
居保留了原来开西窗户的习惯,当地人说,这主要是便
面,我们多少能在新的建筑身上找到一些传统文化的影
的安慰吗?
——一个骁勇民族的象征
,是一种中等体型的凶猛的飞禽,也是一种体形较大的
体长通常在 50 ~ 60 厘米。体态雄伟、羽色奇特,古代
用于狩猎,视为珍禽,被称为“海东青”。北方少数民
达斡尔族,都有驯养海东青作为捕猎助手的习惯。熬
彻夜不能睡眠。一连数日,使鹰的野性被消磨,便于

“蕴含”和“蕴涵”使用的场合不同,按推荐词形来统一。

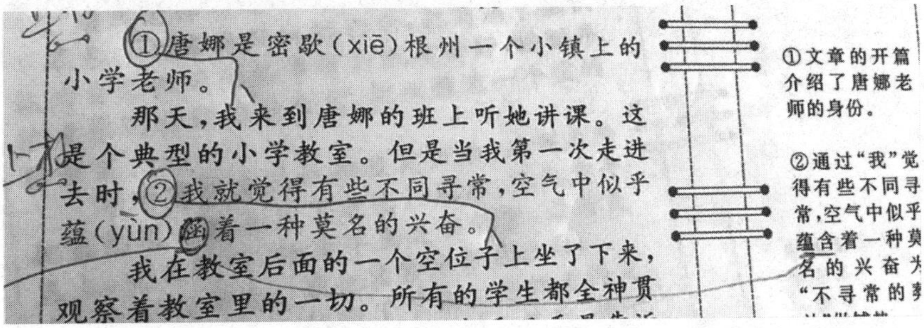
①唐娜是密歇(xiē)根州一个小镇上的
小学老师。
那天,我来到唐娜的班上听她讲课。这
是个典型的小学教室。但是当我第一次走进
去时,②我就觉得有些不同寻常,空气中似乎
蕴(yùn)涵着一种莫名的兴奋。
我在教室后面的一个空位子上坐了下来,
观察着教室里的一切。所有的学生都全神贯

11.2 术语、符号前后不一致

术语、名称前后不一致,通常容易影响理解,多属于计 1 个差错的情况。

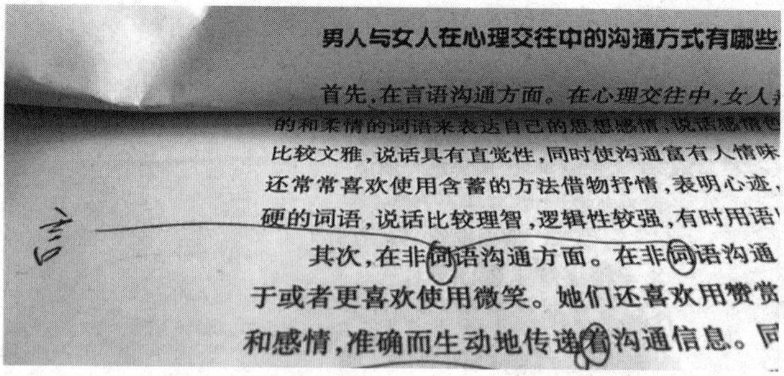

男人与女人在心理交往中的沟通方式有哪些

首先，在言语沟通方面。在心理交往中，女人

的和柔情的词语来表达自己的思想感情，说话感情

比较文雅，说话具有直觉性，同时使沟通富有人情味

还常常喜欢使用含蓄的方法借物抒情，表明心迹，

硬的词语，说话比较理智，逻辑性较强，有时用语

其次，在非词语沟通方面。在非词语沟通

于或者更喜欢使用微笑。她们还喜欢用赞赏

和感情，准确而生动地传递着沟通信息。同

同音字不一致的情况比较普遍。

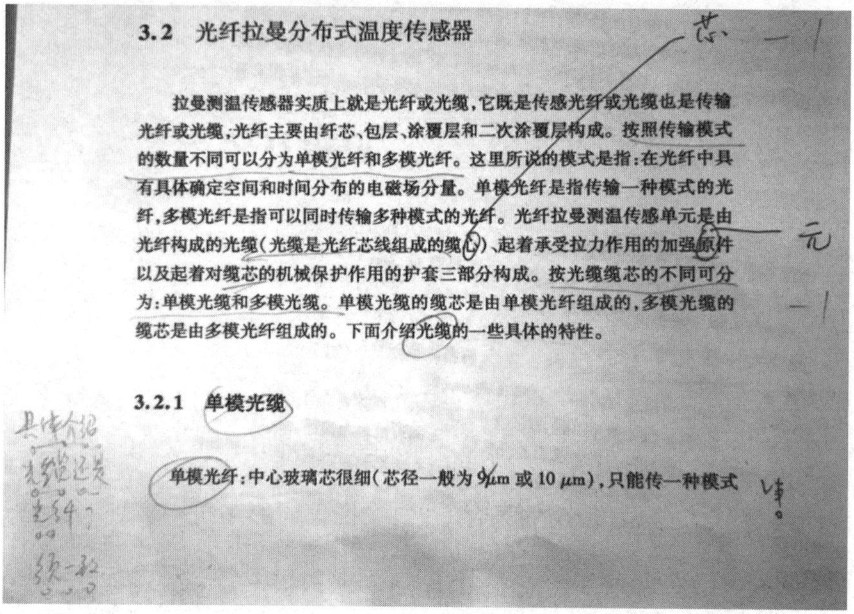

3.2　光纤拉曼分布式温度传感器

拉曼测温传感器实质上就是光纤或光缆，它既是传感光纤或光缆也是传输光纤或光缆，光纤主要由纤芯、包层、涂覆层和二次涂覆层构成。按照传输模式的数量不同可以分为单模光纤和多模光纤。这里所说的模式是指：在光纤中具有具体确定空间和时间分布的电磁场分量。单模光纤是指传输一种模式的光纤，多模光纤是指可以同时传输多种模式的光纤。光纤拉曼测温传感单元是由光纤构成的光缆（光缆是光纤芯线组成的缆心），起着承受拉力作用的加强原件以及起着对缆芯的机械保护作用的护套三部分构成。按光缆缆芯的不同可分为：单模光缆和多模光缆。单模光缆的缆芯是由单模光纤组成的，多模光缆的缆芯是由多模光纤组成的。下面介绍光缆的一些具体的特性。

3.2.1　单模光缆

单模光纤：中心玻璃芯很细（芯径一般为 9 μm 或 10 μm），只能传一种模式

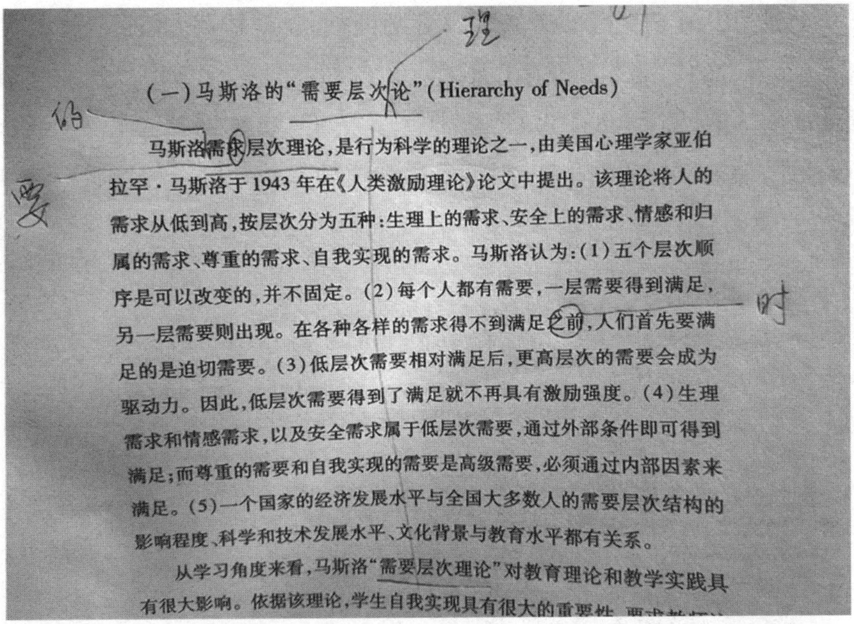

（一）马斯洛的"需要层次论"（Hierarchy of Needs）

马斯洛需求层次理论，是行为科学的理论之一，由美国心理学家亚伯拉罕·马斯洛于1943年在《人类激励理论》论文中提出。该理论将人的需求从低到高，按层次分为五种：生理上的需求、安全上的需求、情感和归属的需求、尊重的需求、自我实现的需求。马斯洛认为：(1)五个层次顺序是可以改变的，并不固定。(2)每个人都有需要，一层需要得到满足，另一层需要则出现。在各种各样的需求得不到满足之前，人们首先要满足的是迫切需要。(3)低层次需要相对满足后，更高层次的需要会成为驱动力。因此，低层次需要得到了满足就不再具有激励强度。(4)生理需求和情感需求，以及安全需求属于低层次需要，通过外部条件即可得到满足；而尊重的需要和自我实现的需要是高级需要，必须通过内部因素来满足。(5)一个国家的经济发展水平与全国大多数人的需要层次结构的影响程度、科学和技术发展水平、文化背景与教育水平都有关系。

从学习角度来看，马斯洛"需要层次理论"对教育理论和教学实践具有很大影响。依据该理论，学生自我实现具有很大的重要性，要求教师……

同一种物质的化学名称可能有不同的表述方法，为了避免引起误解，应当统一。

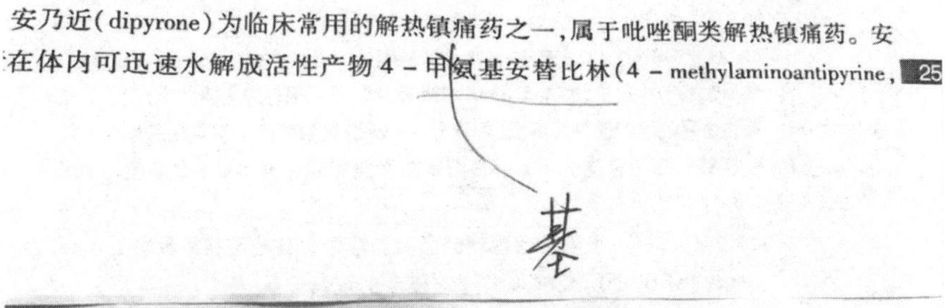

安乃近（dipyrone）为临床常用的解热镇痛药之一，属于吡唑酮类解热镇痛药。安……在体内可迅速水解成活性产物4－甲氨基安替比林（4－methylaminoantipyrine，25

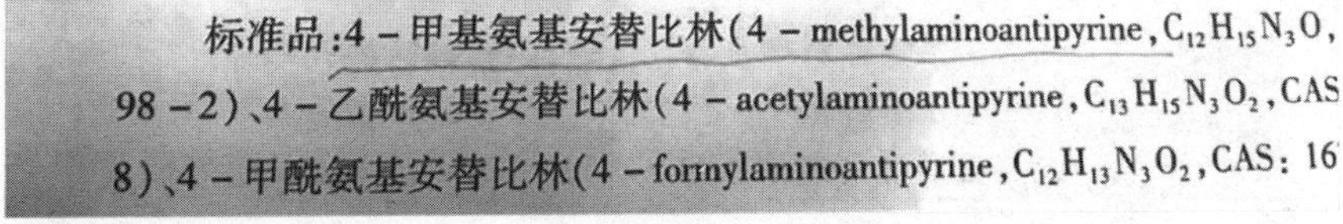

标准品：4－甲基氨基安替比林（4－methylaminoantipyrine，$C_{12}H_{15}N_3O$，……98－2）、4－乙酰氨基安替比林（4－acetylaminoantipyrine，$C_{13}H_{15}N_3O_2$，CAS……8）、4－甲酰氨基安替比林（4－formylaminoantipyrine，$C_{12}H_{13}N_3O_2$，CAS：16……

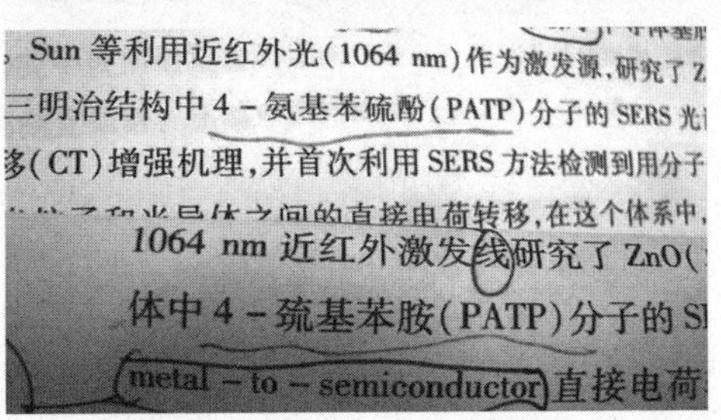

……Sun等利用近红外光（1064 nm）作为激发源，研究了Z……三明治结构中4－氨基苯硫酚（PATP）分子的SERS光……移（CT）增强机理，并首次利用SERS方法检测到用分子……分子和半导体之间的直接电荷转移，在这个体系中，……

1064 nm近红外激发线研究了ZnO（……体中4－巯基苯胺（PATP）分子的SE……（metal－to－semiconductor）直接电荷……

此例中,“葡萄糖酸酯激酶”和“葡萄糖酸激酶”并存。值得注意的是,经查,该书参考的标准本身即存在不统一的问题。显然,7.2 中提到的“葡萄糖酸酯激酶溶液”,在 4.8 中就是“葡萄糖酸激酶溶液”,二者是同一物质,名称不统一。如果不是找到印证,则很难辨别说的是否为同一种物质,非常影响理解。

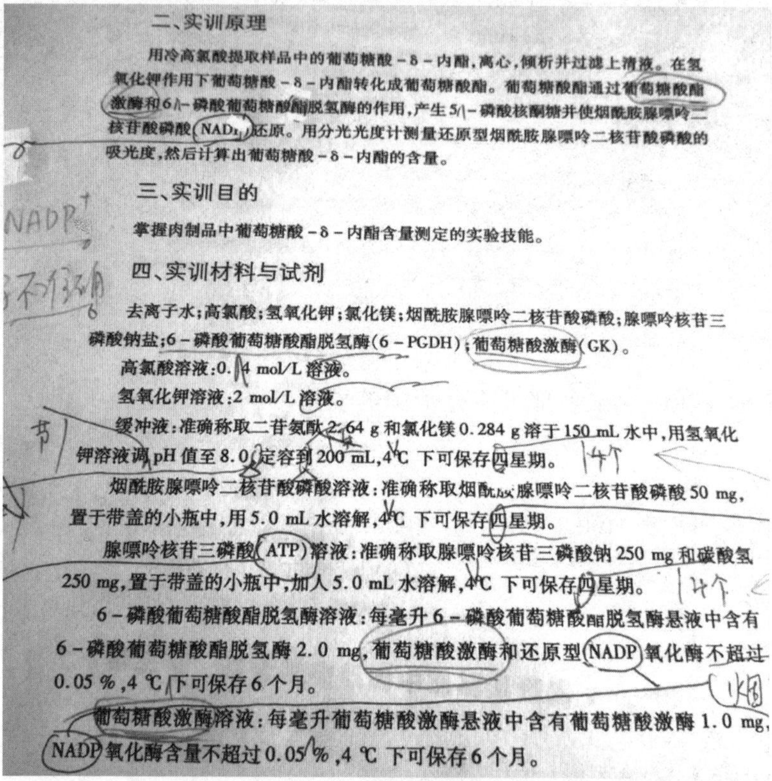

二、实训原理

用冷高氯酸提取样品中的葡萄糖酸 - δ - 内酯,离心,倾析并过滤上清液。在氢氧化钾作用下葡萄糖酸 - δ - 内酯转化成葡萄糖酸酯。葡萄糖酸酯通过葡萄糖酸酯激酶和6 - 磷酸葡萄糖酸酯脱氢酶的作用,产生5 - 磷酸核酮糖并使烟酰胺腺嘌呤二核苷酸磷酸(NADP)还原。用分光光度计测量还原型烟酰胺腺嘌呤二核苷酸磷酸的吸光度,然后计算出葡萄糖酸 - δ - 内酯的含量。

三、实训目的

掌握肉制品中葡萄糖酸 - δ - 内酯含量测定的实验技能。

四、实训材料与试剂

去离子水;高氯酸;氢氧化钾;氯化镁;烟酰胺腺嘌呤二核苷酸磷酸;腺嘌呤核苷三磷酸钠盐;6 - 磷酸葡萄糖酸酯脱氢酶(6 - PGDH);葡萄糖酸激酶(GK)。

高氯酸溶液:0.4 mol/L 溶液。

氢氧化钾溶液:2 mol/L 溶液。

缓冲液:准确称取二苷氨酰 2.64 g 和氯化镁 0.284 g 溶于 150 mL 水中,用氢氧化钾溶液调 pH 值至 8.0,定容到 200 mL,4℃ 下可保存四星期。

烟酰胺腺嘌呤二核苷酸磷酸溶液:准确称取烟酰胺腺嘌呤二核苷酸磷酸 50 mg,置于带盖的小瓶中,用 5.0 mL 水溶解,4℃ 下可保存四星期。

腺嘌呤核苷三磷酸(ATP)溶液:准确称取腺嘌呤核苷三磷酸钠 250 mg 和碳酸氢 250 mg,置于带盖的小瓶中,加入 5.0 mL 水溶解,4℃ 下可保存四星期。

6 - 磷酸葡萄糖酸酯脱氢酶溶液:每毫升 6 - 磷酸葡萄糖酸酯脱氢酶悬液中含有 6 - 磷酸葡萄糖酸酯脱氢酶 2.0 mg,葡萄糖酸激酶和还原型 NADP 氧化酶不超过 0.05 %,4 ℃ 下可保存 6 个月。

葡萄糖酸激酶溶液:每毫升葡萄糖酸激酶悬液中含有葡萄糖酸激酶 1.0 mg,NADP 氧化酶含量不超过 0.05 %,4 ℃ 下可保存 6 个月。

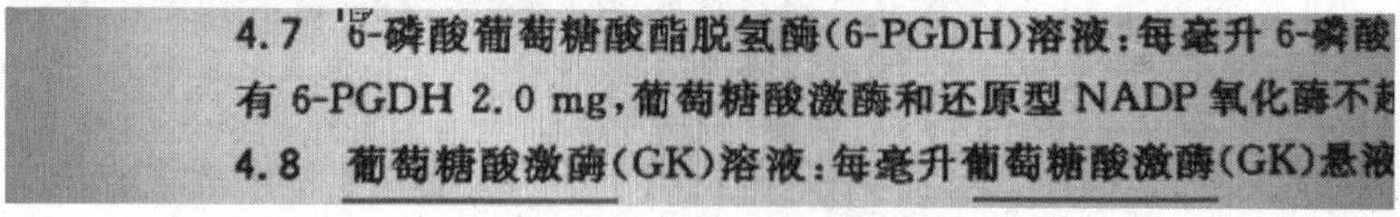

4.7 6-磷酸葡萄糖酸酯脱氢酶(6-PGDH)溶液:每毫升 6-磷酸……有 6-PGDH 2.0 mg,葡萄糖酸激酶和还原型 NADP 氧化酶不超……

4.8 葡萄糖酸激酶(GK)溶液:每毫升葡萄糖酸激酶(GK)悬液……

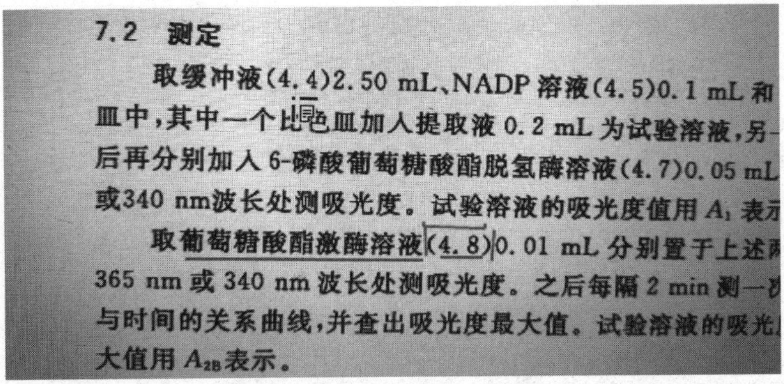
7.2　测定

取缓冲液(4.4)2.50 mL、NADP 溶液(4.5)0.1 mL 和

皿中，其中一个比色皿加入提取液 0.2 mL 为试验溶液，另-

后再分别加入 6-磷酸葡萄糖酸酯脱氢酶溶液(4.7)0.05 mL

或340 nm波长处测吸光度。试验溶液的吸光度值用 A_1 表示

取葡萄糖酸酯激酶溶液(4.8)0.01 mL 分别置于上述两

365 nm 或 340 nm 波长处测吸光度。之后每隔 2 min 测一次

与时间的关系曲线，并查出吸光度最大值。试验溶液的吸光

大值用 A_{2B} 表示。

名称中大写字母 I 和罗马数字 Ⅰ 很容易出现不统一的情况。

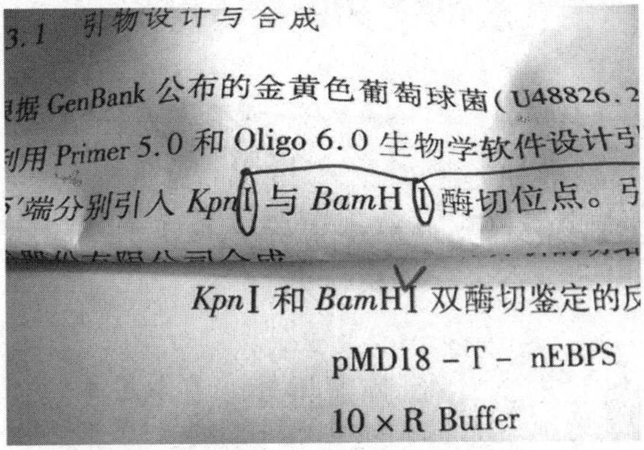
3.1　引物设计与合成

根据 GenBank 公布的金黄色葡萄球菌（U48826.2

利用 Primer 5.0 和 Oligo 6.0 生物学软件设计引

5′端分别引入 *Kpn*I 与 *Bam*H Ⅰ 酶切位点。引

*Kpn*Ⅰ 和 *Bam*HⅠ 双酶切鉴定的反

pMD18 - T - nEBPS

10 × R Buffer

此外，单位“升”的符号，“L”“l”大小写均可，但前后需统一。

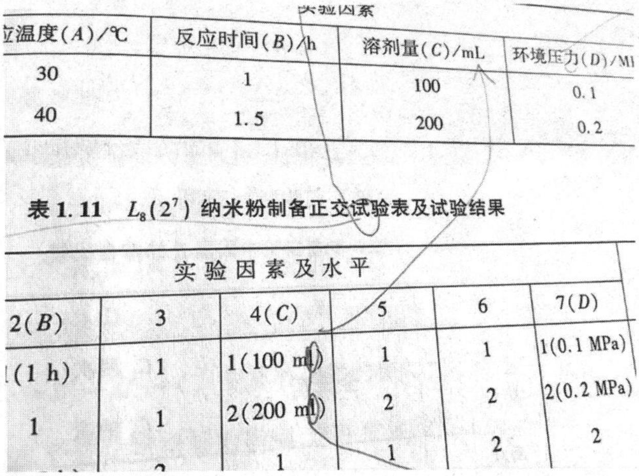
实验因素

应温度(A)/℃	反应时间(B)/h	溶剂量(C)/mL	环境压力(D)/MPa
30	1	100	0.1
40	1.5	200	0.2

表 1.11　$L_8(2^7)$ 纳米粉制备正交试验表及试验结果

实验因素及水平					
2(*B*)	3	4(*C*)	5	6	7(*D*)
1(1 h)	1	1(100 ml)	1	1	1(0.1 MPa)
1	1	2(200 ml)	2	2	2(0.2 MPa)
	2	1	1	2	2

“条例”不属于法律，涉及法律术语时，表述尤其需要严谨，避免用错法律概念造成误导。

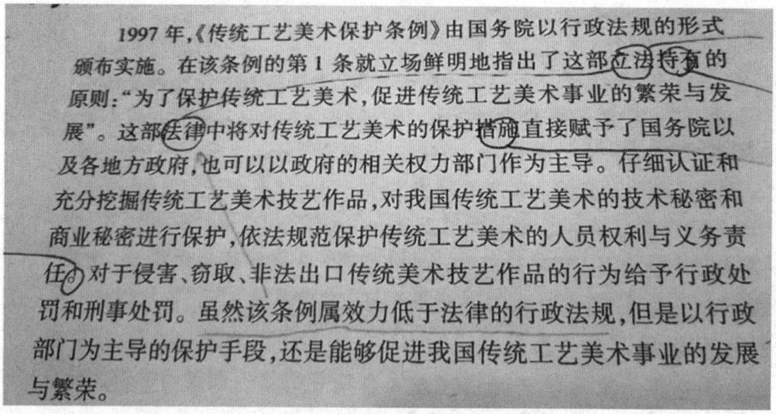
1997 年,《传统工艺美术保护条例》由国务院以行政法规的形式颁布实施。在该条例的第 1 条就立场鲜明地指出了这部立法持有的原则:“为了保护传统工艺美术,促进传统工艺美术事业的繁荣与发展”。这部法律中将对传统工艺美术的保护措施直接赋予了国务院以及各地方政府,也可以以政府的相关权力部门作为主导。仔细认证和充分挖掘传统工艺美术技艺作品,对我国传统工艺美术的技术秘密和商业秘密进行保护,依法规范保护传统工艺美术的人员权利与义务责任。对于侵害、窃取、非法出口传统美术技艺作品的行为给予行政处罚和刑事处罚。虽然该条例属效力低于法律的行政法规,但是以行政部门为主导的保护手段,还是能够促进我国传统工艺美术事业的发展与繁荣。

概念的翻译,译法需前后统一,或者避免有的翻译有的未翻译,否则都会造成理解上的障碍。

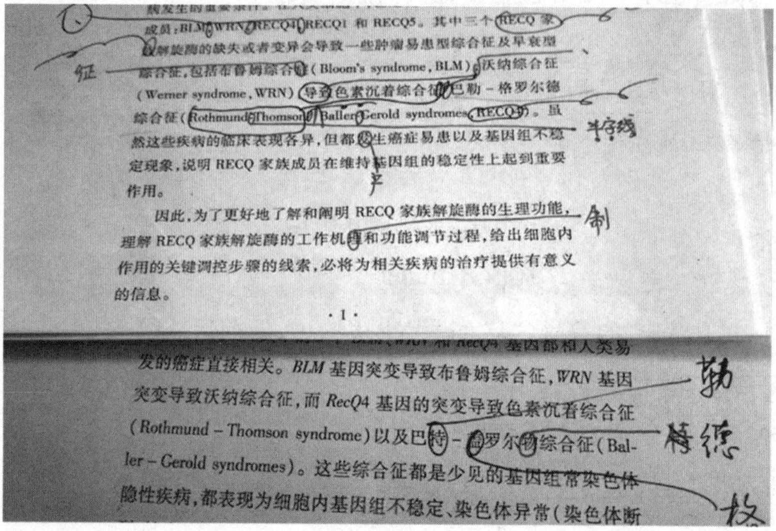
成员:BLM WRN RECQ4 RECQ1 和 RECQ5。其中三个 RECQ 家族解旋酶的缺失或者变异会导致一些肿瘤易患型综合征及早衰型综合征,包括布鲁姆综合症(Bloom's syndrome, BLM)沃纳综合征(Werner syndrome, WRN)导致色素沉着综合征巴勒 - 格罗尔德综合征(Rothmund Thomson Baller Gerold syndromes RECQ4)。虽然这些疾病的临床表现各异,但都发生癌症易患以及基因组不稳定现象,说明 RECQ 家族成员在维持基因组的稳定性上起到重要作用。

因此,为了更好地了解和阐明 RECQ 家族解旋酶的生理功能,理解 RECQ 家族解旋酶的工作机理和功能调节过程,给出细胞内作用的关键调控步骤的线索,必将为相关疾病的治疗提供有意义的信息。

·1·

发的癌症直接相关。*BLM* 基因突变导致布鲁姆综合征,*WRN* 基因突变导致沃纳综合征,而 *RecQ4* 基因的突变导致色素沉着综合征(Rothmund - Thomson syndrome)以及巴特 - 格罗尔德综合征(Baller - Gerold syndromes)。这些综合征都是少见的基因组常染色体隐性疾病,都表现为细胞内基因组不稳定、染色体异常(染色体断

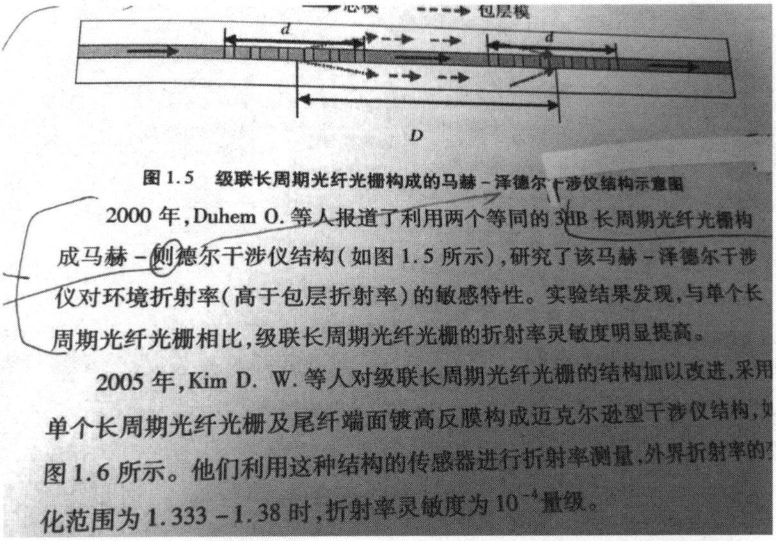

→ 芯模 ----→ 包层模

d d D

图 1.5 级联长周期光纤光栅构成的马赫－泽德尔－涉仪结构示意图

2000 年，Duhem O. 等人报道了利用两个等同的 3dB 长周期光纤光栅构成马赫－则德尔干涉仪结构（如图 1.5 所示），研究了该马赫－泽德尔干涉仪对环境折射率（高于包层折射率）的敏感特性。实验结果发现，与单个长周期光纤光栅相比，级联长周期光纤光栅的折射率灵敏度明显提高。

2005 年，Kim D. W. 等人对级联长周期光纤光栅的结构加以改进，采用单个长周期光纤光栅及尾纤端面镀高反膜构成迈克尔逊型干涉仪结构，如图 1.6 所示。他们利用这种结构的传感器进行折射率测量，外界折射率的变化范围为 1.333－1.38 时，折射率灵敏度为 10^{-4} 量级。

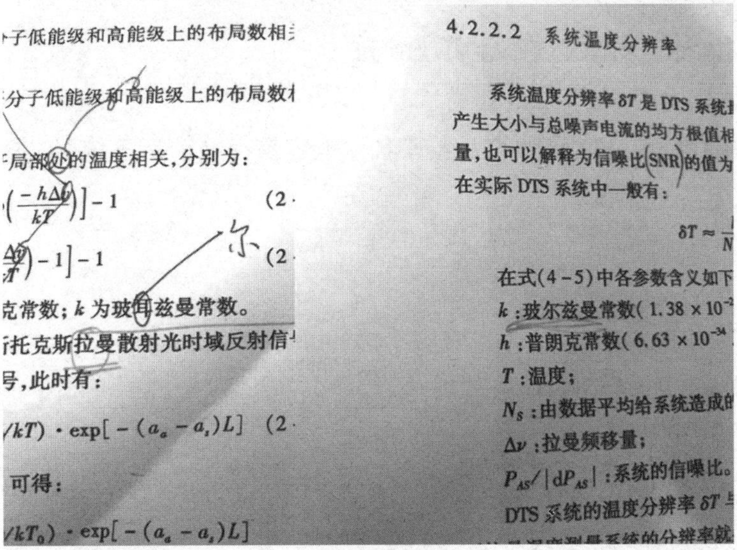

子低能级和高能级上的布局数相关

分子低能级和高能级上的布局数

局部处的温度相关，分别为：

$(\frac{-h\Delta\nu}{kT})]-1$ (2.

$\frac{\Delta\nu}{T})-1]-1$ (2.

克常数；k 为玻耳兹曼常数。

托克斯拉曼散射光时域反射信

号，此时有：

$/kT)\cdot\exp[-(a_a-a_s)L]$ (2.

可得：

$/kT_0)\cdot\exp[-(a_a-a_s)L]$

4.2.2.2 系统温度分辨率

系统温度分辨率 δT 是 DTS 系统

产生大小与总噪声电流的均方根值相

量，也可以解释为信噪比(SNR)的值为

在实际 DTS 系统中一般有：

$\delta T\approx\frac{}{N}$

在式(4－5)中各参数含义如下

k：玻尔兹曼常数（$1.38\times10^{-}$

h：普朗克常数（6.63×10^{-34}

T：温度；

N_S：由数据平均给系统造成的

$\Delta\nu$：拉曼频移量；

$P_{AS}/|dP_{AS}|$：系统的信噪比。

DTS 系统的温度分辨率 δT 与

此例除了翻译不一致外，半字线与连字符也存在混用的情况。

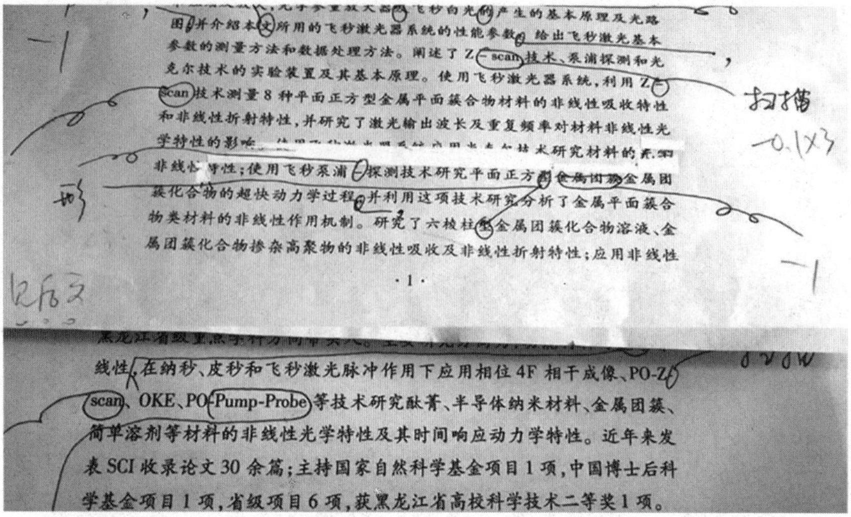

图，并介绍本文所用的飞秒激光器系统的性能参数，给出飞秒激光基本参数的测量方法和数据处理方法。阐述了 Z－scan 技术、泵浦探测和光克尔技术的实验装置及其基本原理。使用飞秒激光器系统，利用 Z－scan 技术测量 8 种平面正方型金属平面簇合物材料的非线性吸收特性和非线性折射特性，并研究了激光输出波长及重复频率对材料非线性光学特性的影响。

非线性特性；使用飞秒泵浦－探测技术研究平面正方型金属团簇金属团簇化合物的超快动力学过程，并利用这项技术研究分析了金属平面簇合物类材料的非线性作用机制。研究了六棱柱型金属团簇化合物溶液、金属团簇化合物掺杂高聚物的非线性吸收及非线性折射特性；应用非线性

·1·

线性，在纳秒、皮秒和飞秒激光脉冲作用下应用相位 4F 相干成像、PO-Z-scan、OKE、PO-Pump-Probe 等技术研究酞菁、半导体纳米材料、金属团簇、简单溶剂等材料的非线性光学特性及其时间响应动力学特性。近年来发表 SCI 收录论文 30 余篇；主持国家自然科学基金项目 1 项，中国博士后科学基金项目 1 项，省级项目 6 项，获黑龙江省高校科学技术二等奖 1 项。

11.3　名称、称谓前后不一致

与翻译的术语一样，翻译的人名等名称也容易存在前后不统一，或有的翻译有的未翻译的情况。

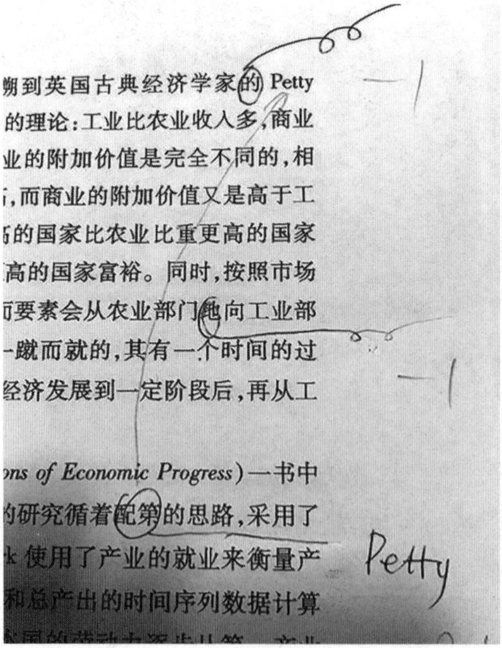

溯到英国古典经济学家的 Petty
的理论：工业比农业收入多，商业
业的附加价值是完全不同的，相
，而商业的附加价值又是高于工
的国家比农业比重更高的国家
高的国家富裕。同时，按照市场
要素会从农业部门转向工业部
一蹴而就的，其有一个时间的过
经济发展到一定阶段后，再从工

ons of Economic Progress）一书中
的研究循着配第的思路，采用了
k 使用了产业的就业来衡量产
和总产出的时间序列数据计算

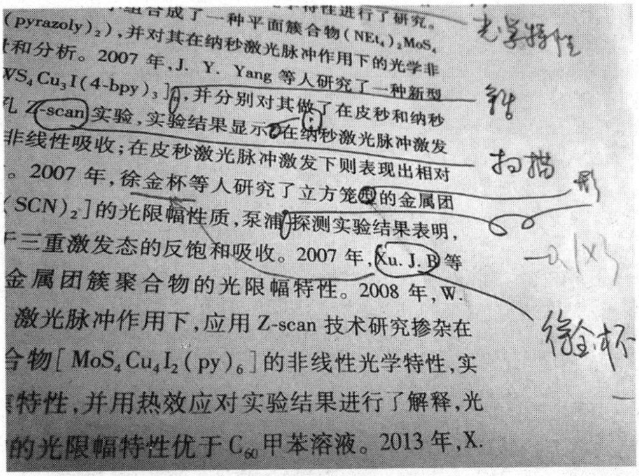

(pyrazoly)$_2$),并对其在纳秒激光脉冲作用下的光学非
和分析。2007 年,J. Y. Yang 等人研究了一种新型
$WS_4Cu_3I(4\text{-}bpy)_3$],并分别对其做了在皮秒和纳秒
Z-scan 实验,实验结果显示在纳秒激光脉冲激发
非线性吸收;在皮秒激光脉冲激发下则表现出相对
。2007 年,徐金杯等人研究了立方笼型的金属团
(SCN)$_2$]的光限幅性质,泵浦-探测实验结果表明,
三重激发态的反饱和吸收。2007 年,Xu. J. B 等
金属团簇聚合物的光限幅特性。2008 年,W.
激光脉冲作用下,应用 Z-scan 技术研究掺杂在
合物[$MoS_4Cu_4I_2(py)_6$]的非线性光学特性,实
特性,并用热效应对实验结果进行了解释,光
的光限幅特性优于 C_{60} 甲苯溶液。2013 年,X.

人名间隔号使用不统一,另外此例还存在机构名称不统一的问题。

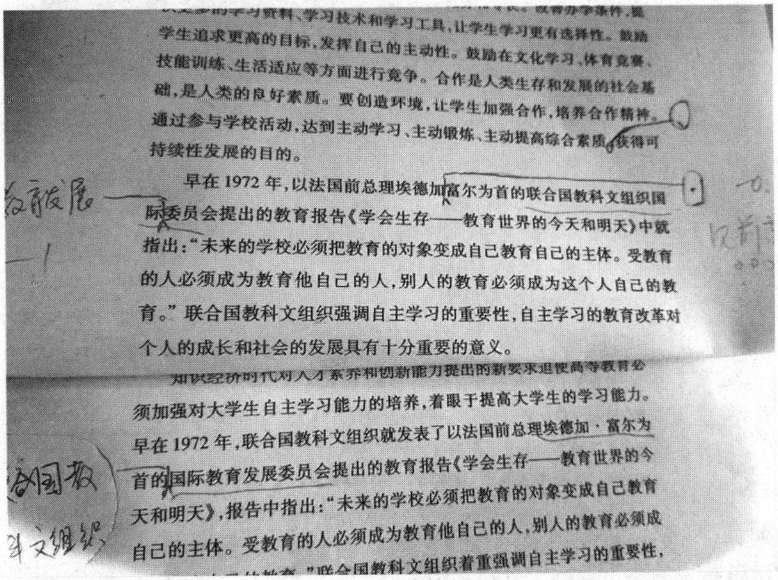

学生追求更高的目标,发挥自己的主动性。鼓励
技能训练、生活适应等方面进行竞争。合作是人类生存和发展的社会基
础,是人类的良好素质。要创造环境,让学生加强合作,培养合作精神,
通过参与学校活动,达到主动学习、主动锻炼、主动提高综合素质,获得可
持续性发展的目的。
早在 1972 年,以法国前总理埃德加富尔为首的联合国教科文组织国
际委员会提出的教育报告《学会生存——教育世界的今天和明天》中就
指出:“未来的学校必须把教育的对象变成自己教育自己的主体。受教育
的人必须成为教育他自己的人,别人的教育必须成为这个人自己的教
育。”联合国教科文组织强调自主学习的重要性,自主学习的教育改革对
个人的成长和社会的发展具有十分重要的意义。
须加强对大学生自主学习能力的培养,着眼于提高大学生的学习能力。
早在 1972 年,联合国教科文组织就发表了以法国前总理埃德加·富尔为
首的国际教育发展委员会提出的教育报告《学会生存——教育世界的今
天和明天》,报告中指出:“未来的学校必须把教育的对象变成自己教育
自己的主体。受教育的人必须成为教育他自己的人,别人的教育必须成
自己的主体。受教育的人必须成为教育他自己的人,别人的教育必须成
自己的主体。

“得克萨斯州”与“德克萨斯州”译法不一致。为了避免其简称“德州”与山东省“德州”混淆,通常采用“得”。

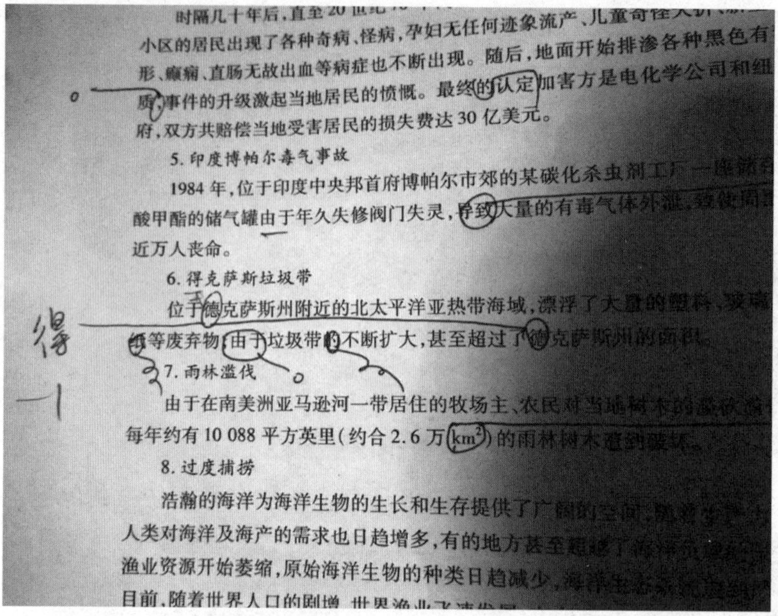

时隔几十年后，直至20世纪……

小区的居民出现了各种奇病、怪病，孕妇无任何迹象流产、儿童奇怪……形、癫痫、直肠无故出血等病症也不断出现。随后，地面开始排渗各种黑色有……质，事件的升级激起当地居民的愤慨。最终的认定加害方是电化学公司和纽……府，双方共赔偿当地受害居民的损失费达30亿美元。

5. 印度博帕尔毒气事故

1984年，位于印度中央邦首府博帕尔市郊的某碳化杀虫剂工厂一座储……酸甲酯的储气罐由于年久失修阀门失灵，导致大量的有毒气体外泄，致使周……近万人丧命。

6. 得克萨斯垃圾带

位于德克萨斯州附近的北太平洋亚热带海域，漂浮了大量的塑料、玻璃……纸等废弃物，由于垃圾带的不断扩大，甚至超过了德克萨斯州的面积。

7. 雨林滥伐

由于在南美洲亚马逊河一带居住的牧场主、农民对当地树木的滥伐……每年约有10 088平方英里（约合2.6万km^2）的雨林树木遭到破坏。

8. 过度捕捞

浩瀚的海洋为海洋生物的生长和生存提供了广阔的空间……人类对海洋及海产的需求也日趋增多，有的地方甚至超越了海洋负载……渔业资源开始萎缩，原始海洋生物的种类日趋减少，海洋生态……目前，随着世界人口的剧增，世界渔业飞速发展……

书名、文章名前后不一致，多出现在对译作的表述中，有的甚至只是标点符号或数字用法的差异，较容易疏忽。

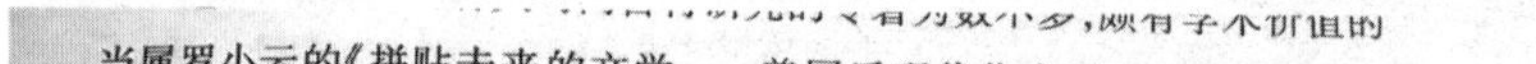

……颇有学术价值的当属罗小云的《拼贴未来的文学——美国后现代作家冯尼格特研究》和尚晓进的《走向艺术：冯内古特小说研究》。罗小云在专著中着重研究并论述了冯内古特的14部长篇小说、3个散文集和一些具有代表性的短篇小说、戏剧和绘画等作品。罗小云指出，冯内古特在小说中主要刻画了现代社会和未来社会中众多的扭曲变形的变态人物形象，其人性变态、扭曲和异化的主要原因是高速发展的科学技术以及冷酷无情的国家机器、教育体制和金融势力对民众的影响。罗小云把冯尼格特的思想、观点、态度和创作艺术总结为冯氏的“未来学说”，认为冯内古特采用打破时空界限的手法和突破现实主义和现代主义等传统小说的创作方法揭示了现今社会的矛盾、弊端和问题，寻找在现实层面和精神层面解决这些问题的出路和办法；冯内古特尽管在自己创作生涯的各个阶段都表现出悲观和宿命的态度，但他从没有停止对乌托邦式的人类未来世界的探索。冯内古特的思想经历了从技术至上论到技术毁灭论的过程，其文学创作由乐观主义的幻想转向悲观主义的焦虑。[①] 在《走向艺术——冯内古特小说研究》中，尚晓进从艺术与想象力的角度入手，重点研究了冯内古特的7部小……

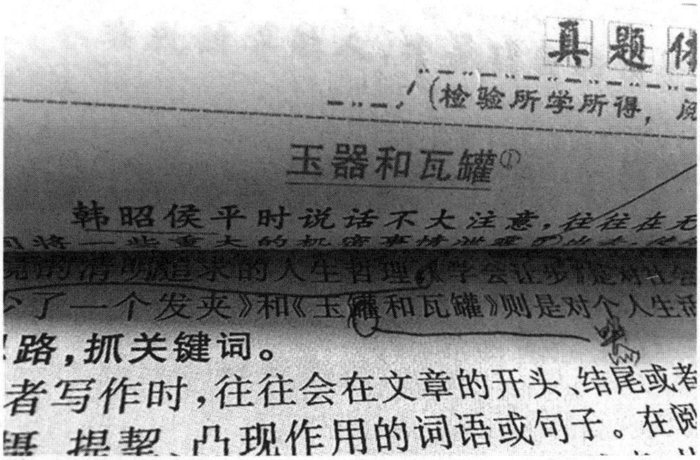
真题体
（检验所学所得，
玉器和瓦罐①
韩昭侯平时说话不大注意，往往在无
了一个发夹》和《玉罐和瓦罐》则是对个人生
路，抓关键词。
者写作时，往往会在文章的开头、结尾或者
提挈、凸现作用的词语或句子。在阅

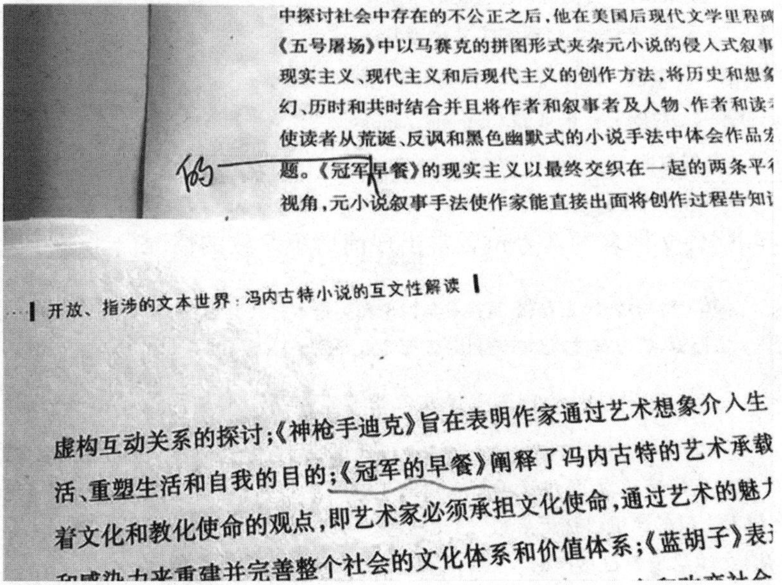
中探讨社会中存在的不公正之后，他在美国后现代文学里程碑
《五号屠场》中以马赛克的拼图形式夹杂元小说的侵入式叙事
现实主义、现代主义和后现代主义的创作方法，将历史和想象
幻、历时和共时结合并且将作者和叙事者及人物、作者和读者
使读者从荒诞、反讽和黑色幽默式的小说手法中体会作品宏
题。《冠军早餐》的现实主义以最终交织在一起的两条平行
视角，元小说叙事手法使作家能直接出面将创作过程告知读
的
开放、指涉的文本世界：冯内古特小说的互文性解读
虚构互动关系的探讨；《神枪手迪克》旨在表明作家通过艺术想象介人生
活、重塑生活和自我的目的；《冠军的早餐》阐释了冯内古特的艺术承载
着文化和教化使命的观点，即艺术家必须承担文化使命，通过艺术的魅力
和感染力来重建并完善整个社会的文化体系和价值体系；《蓝胡子》表達

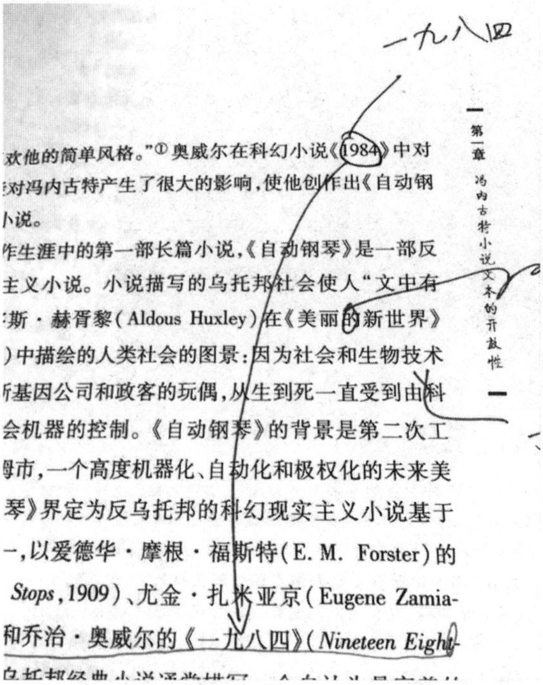

一些书名、文件名的括号位置常出现前后不一致的情况。

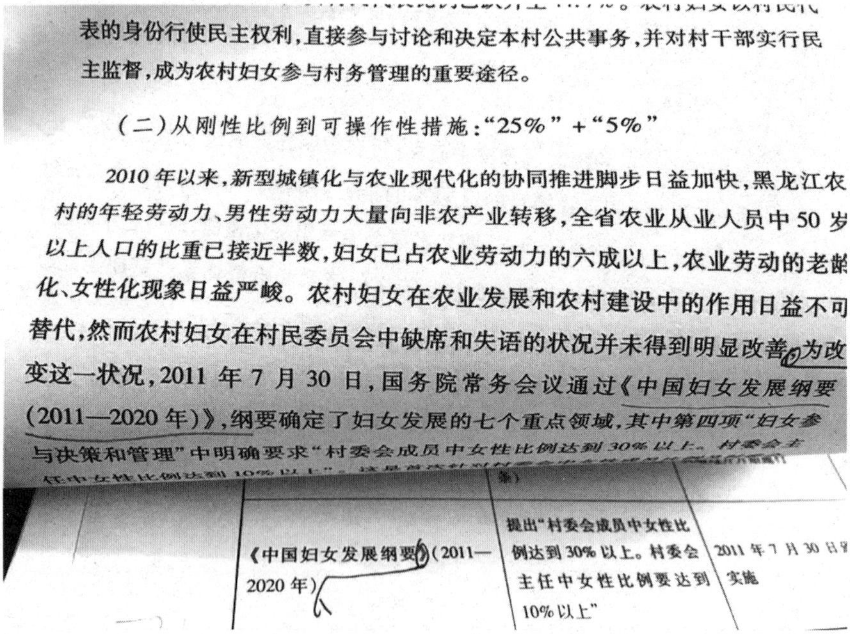

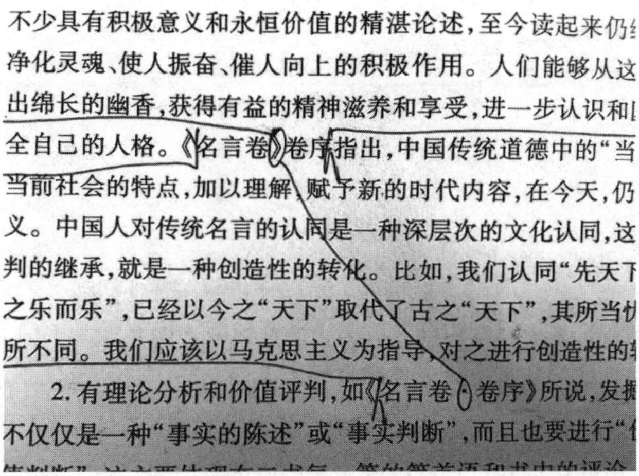
不少具有积极意义和永恒价值的精湛论述，至今读起来仍
净化灵魂、使人振奋、催人向上的积极作用。人们能够从这
出绵长的幽香，获得有益的精神滋养和享受，进一步认识和
全自己的人格。《名言卷》卷序指出，中国传统道德中的“当
当前社会的特点，加以理解，赋予新的时代内容，在今天，仍
义。中国人对传统名言的认同是一种深层次的文化认同，这
判的继承，就是一种创造性的转化。比如，我们认同“先天下
之乐而乐”，已经以今之“天下”取代了古之“天下”，其所当
所不同。我们应该以马克思主义为指导，对之进行创造性的
2. 有理论分析和价值评判，如《名言卷·卷序》所说，发掘
不仅仅是一种“事实的陈述”或“事实判断”，而且也要进行“

中文人名或称谓不统一，均为疏忽所致，当人名较多时，统一起来很容易出现疏漏。尤其需注意颠倒字、同音字误用或张冠李戴的情况，否则影响理解。

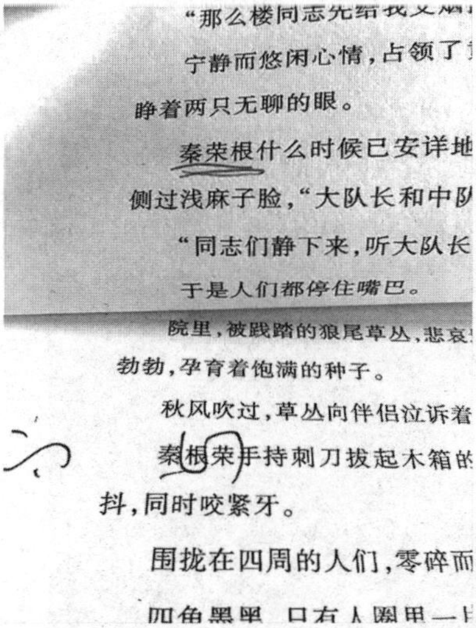
宁静而悠闲心情，占领了
睁着两只无聊的眼。
秦荣根什么时候已安详地
侧过浅麻子脸，“大队长和中队
“同志们静下来，听大队长
于是人们都停住嘴巴。
院里，被践踏的狼尾草丛，悲哀
勃勃，孕育着饱满的种子。
秋风吹过，草丛向伴侣泣诉着
秦根荣手持刺刀拔起木箱的
抖，同时咬紧牙。
围拢在四周的人们，零碎而

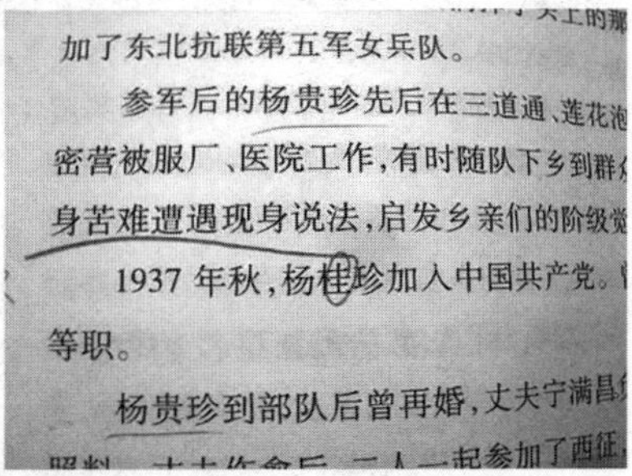
加了东北抗联第五军女兵队。
参军后的杨贵珍先后在三道通、莲花泡
密营被服厂、医院工作，有时随队下乡到群
身苦难遭遇现身说法，启发乡亲们的阶级觉
1937年秋，杨桂珍加入中国共产党。
等职。
杨贵珍到部队后曾再婚，丈夫宁满昌

我在几年前曾有幸走进芦咏莉老师的课堂，面对她灿烂的笑容
睿智的回答，我的情感经历了由倾慕到折服再到惊叹的变化
终伴随着我的这种变化

第 一 部 分

反映出哪些问题？面对这些问题又产生了哪些新的解决策
我思考更加深入的问题都被我以各种忙碌为借口忽略了。
时补给造成了一种肤浅的认识状态，缺乏细致的分析与思考
度的问题。我想能认识到了自身的肤浅也是好的，这样我才
么了。

我至今仍旧感谢芦老师，不只是因为她带给我的理论
性中的“真”，给了我剖析自己的勇气，提醒我要认清每一
意识久别的我找到了努力的方向。

胡子也长了许多，嘴唇干裂出了血口子……可他喊的号子，尽管声音沙哑，却很有力量。赵大娘越看越心疼，走上前大声喊：“王队长，歇一会儿吧！”可王进喜却似乎没看见赵大娘，走下钻台后抄起一截大撬杠插到了大绞车的底座下，拼命撬起来，他的肩膀渗出了殷红的血，把冰冷的撬杠都染红了。赵大娘又喊了几次，声音都被强大的号子声淹没，最后，赵大娘有些揪心地回家了。rj井架立起来了，王队长还是没回来，赵大娘不放心，又做好饭，提着柳条筐去井上看王队长，想让他吃上顿热乎饭，却满井场找不到王进喜。这时赵大娘碰上了场地工许万明，许万明把王大娘领到一个泥浆槽子边，大娘看见王进喜正躺在那儿睡觉。他的身下铺的是一些干草和一条被子，身上盖着老羊皮袄，头下枕着一个铁疙瘩。看到这一幕，慈母般的房东大娘眼里涌出了泪花，默默地说：“王队长，你可真是个铁人啊！”

大娘管王进喜叫“铁人”的事被工作组的同志一层层向上级汇报，最后汇报到了会战最高领导人余秋里部长那里。余部长听了王进喜的事迹感动不已，当即表示大会战的第一个英雄就树王进喜，名号就借用房东赵大娘生动形象的话，叫他“王铁人”。4月9日至11日，大庆油田召开第一

而有一些称谓不影响理解，但需要尽量做到局部统一，否则显得叙述思路混乱。

小学阶段的学生正处在一种"心欲求而尚未得,口欲言而尚不能"的求知状态中,由于他们没有掌握好提问的方法和技巧,所以课堂上提问常会有很多的顾虑。通过课后访谈、写写心里话等调查我发现,孩子们的担心主要是:我要提问会不会影响教师的讲解或问题不是老师希望的而挨教师的批评、指责;我提出的问题不好变成同学们的笑料怎么办;我提的问题价值太简单会不会被伙伴瞧不起;等等。因此,要让学生在课堂上敢于提问,首先要努力帮助学生消除这些心理障碍,鼓励学生大胆质疑,放心提问。所以我针对不同的学生采用了不同的提问方式,比如对于那些在课堂上由于情绪紧张而说不清楚的学生,就询问他们是否可以让伙伴帮助补问;对于不敢在公众场合提问的学生,就先让他在课下向我提问;

(2)善待学生的提问和回答。无论学生提什么样的问题,无论学生提的问题否有价值,只要是学生真实的想法,教师都应该首先对孩子敢于提问题给予充肯定,然后对问题本身采取有效的方法予以解决,或请其他学生解答。对于新意的问题或有独到的见解,不仅要表扬学生勇于提出问题,还要表扬他善出问题,更要表扬他提出问题的价值所在,进而引导大家学会如何去深层次考问题。只有这样,学生才能从提问题中感受到更大的收获,才会对提问题全感,才会越来越爱提问题,越来越会提问题。

指代同一对象时,代词也需局部一致,否则将造成指代混乱。

经济增长是指一个国或地区生产的物质产品和服务的持续增加,其是增加社会总供给的基本来源,它意味着经济规模和生产能力的扩大,可以反映一个国家或地区经济实力的状况。经济增长是一种长期的经济现象,表示一国或地区经济产业(即物质产品和服务)总量的持续增加。现实的经济产出总是围绕潜在经济产出而表现为周期性波动。在经济周期性波动过程中,处于经济活动高涨的繁荣时

形容词"高""大""强"等("低""小""弱"等)修饰的物理量范围有所不同,虽有可交叉使用的情况,不影响理解,但需要尽量统一。

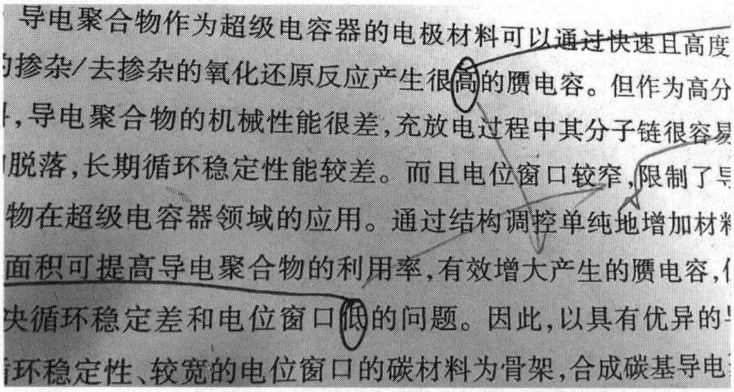

导电聚合物作为超级电容器的电极材料可以通过快速且高度
的掺杂/去掺杂的氧化还原反应产生很高的赝电容。但作为高分
子,导电聚合物的机械性能很差,充放电过程中其分子链很容易
脱落,长期循环稳定性能较差。而且电位窗口较窄,限制了导
物在超级电容器领域的应用。通过结构调控单纯地增加材料
面积可提高导电聚合物的利用率,有效增大产生的赝电容,但
决循环稳定差和电位窗口低的问题。因此,以具有优异的
环稳定性、较宽的电位窗口的碳材料为骨架,合成碳基导电

11.4　事实、观点、数据前后矛盾

此类前后矛盾情况有的距离较近,内容相对简单,如下面几例前后矛盾的情况较为明显,认真阅读便不难发现。

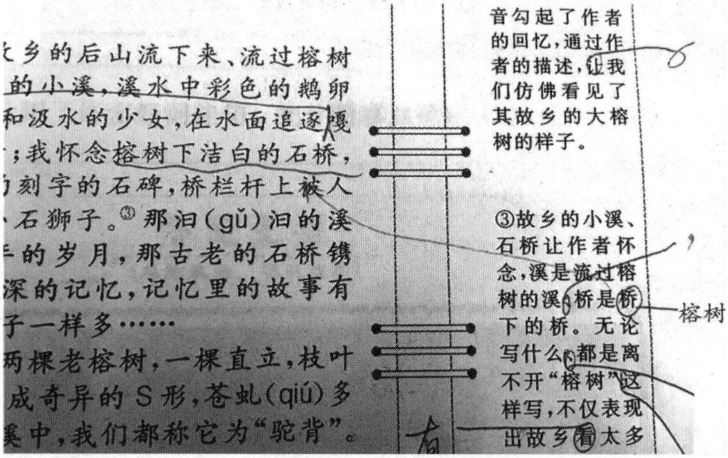

乡的后山流下来、流过榕树
的小溪,溪水中彩色的鹅卵
和汲水的少女,在水面追逐嬉
;我怀念榕树下洁白的石桥,
的刻字的石碑,桥栏杆上被人
石狮子。③那汩(gǔ)汩的溪
年的岁月,那古老的石桥镌
深的记忆,记忆里的故事有
子一样多……
两棵老榕树,一棵直立,枝叶
成奇异的S形,苍虬(qiú)多
溪中,我们都称它为“驼背”。

音勾起了作者
的回忆,通过作
者的描述,让我
们仿佛看见了
其故乡的大榕
树的样子。

③故乡的小溪、
石桥让作者怀
念,溪是流过榕
树的溪,桥是桥
下的桥。无论
写什么,都是离
不开“榕树”这
样写,不仅表现
出故乡有太多

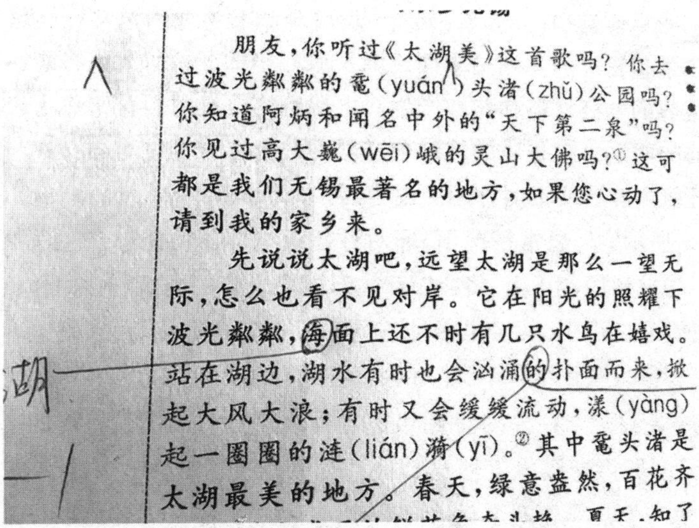

朋友，你听过《太湖美》这首歌吗？你去过波光粼粼的鼋（yuán）头渚（zhǔ）公园吗？你知道阿炳和闻名中外的“天下第二泉”吗？你见过高大巍（wēi）峨的灵山大佛吗？[1]这可都是我们无锡最著名的地方，如果您心动了，请到我的家乡来。

先说说太湖吧，远望太湖是那么一望无际，怎么也看不见对岸。它在阳光的照耀下波光粼粼，海面上还不时有几只水鸟在嬉戏。站在湖边，湖水有时也会汹涌的扑面而来，掀起大风大浪；有时又会缓缓流动，漾（yàng）起一圈圈的涟（lián）漪（yī）。[2]其中鼋头渚是太湖最美的地方。春天，绿意盎然，百花齐

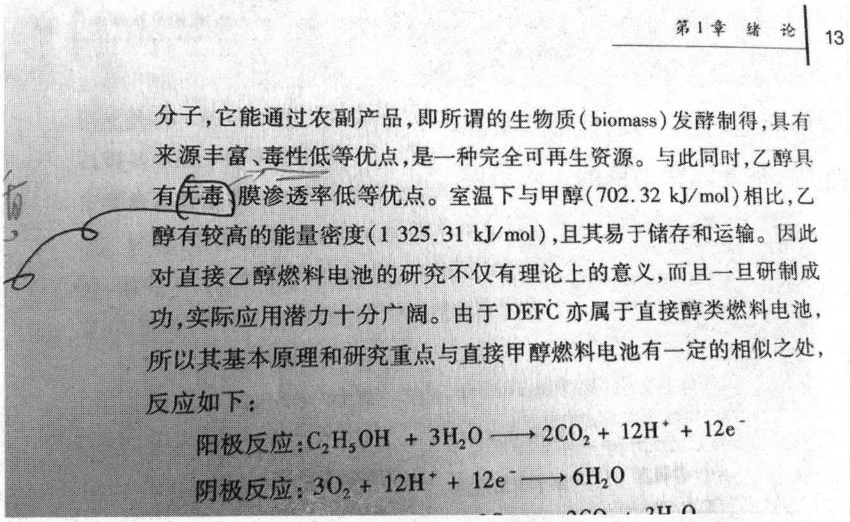

第1章 绪 论 13

分子，它能通过农副产品，即所谓的生物质（biomass）发酵制得，具有来源丰富、毒性低等优点，是一种完全可再生资源。与此同时，乙醇具有无毒、膜渗透率低等优点。室温下与甲醇（702.32 kJ/mol）相比，乙醇有较高的能量密度（1 325.31 kJ/mol），且其易于储存和运输。因此对直接乙醇燃料电池的研究不仅有理论上的意义，而且一旦研制成功，实际应用潜力十分广阔。由于 DEFC 亦属于直接醇类燃料电池，所以其基本原理和研究重点与直接甲醇燃料电池有一定的相似之处，反应如下：

阳极反应：$C_2H_5OH + 3H_2O \longrightarrow 2CO_2 + 12H^+ + 12e^-$

阴极反应：$3O_2 + 12H^+ + 12e^- \longrightarrow 6H_2O$

有的情况则相对复杂，如不读透文字的含义，就往往难以发现。此例中同一个术语定义了不同的含义。

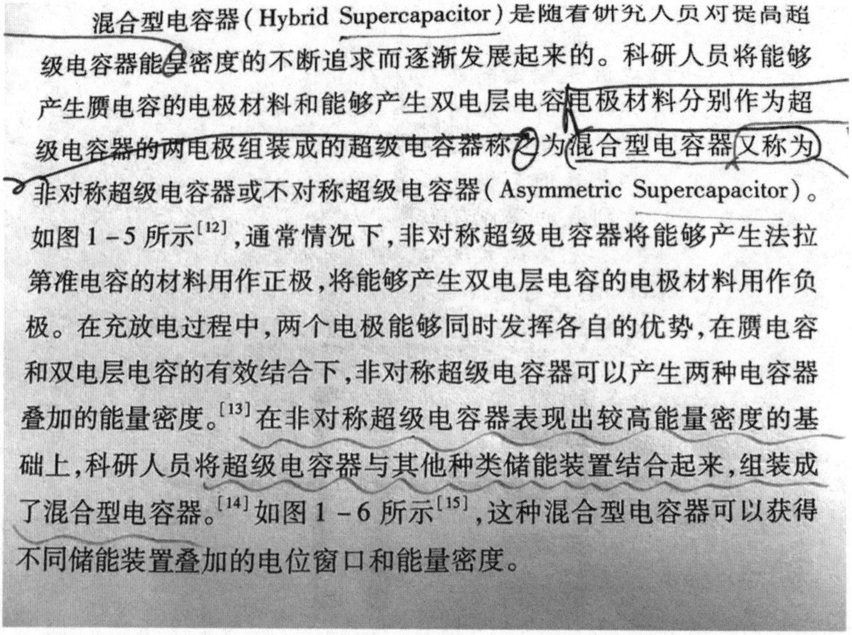

混合型电容器(Hybrid Supercapacitor)是随着研究人员对提高超级电容器能量密度的不断追求而逐渐发展起来的。科研人员将能够产生赝电容的电极材料和能够产生双电层电容电极材料分别作为超级电容器的两电极组装成的超级电容器称之为混合型电容器又称为非对称超级电容器或不对称超级电容器(Asymmetric Supercapacitor)。如图 1 - 5 所示[12],通常情况下,非对称超级电容器将能够产生法拉第准电容的材料用作正极,将能够产生双电层电容的电极材料用作负极。在充放电过程中,两个电极能够同时发挥各自的优势,在赝电容和双电层电容的有效结合下,非对称超级电容器可以产生两种电容器叠加的能量密度。[13]在非对称超级电容器表现出较高能量密度的基础上,科研人员将超级电容器与其他种类储能装置结合起来,组装成了混合型电容器。[14]如图 1 - 6 所示[15],这种混合型电容器可以获得不同储能装置叠加的电位窗口和能量密度。

前后地名不一致,但都是实际存在的地名,表面上似乎看不出差错。究其原因,是繁体字书稿的录入错误。

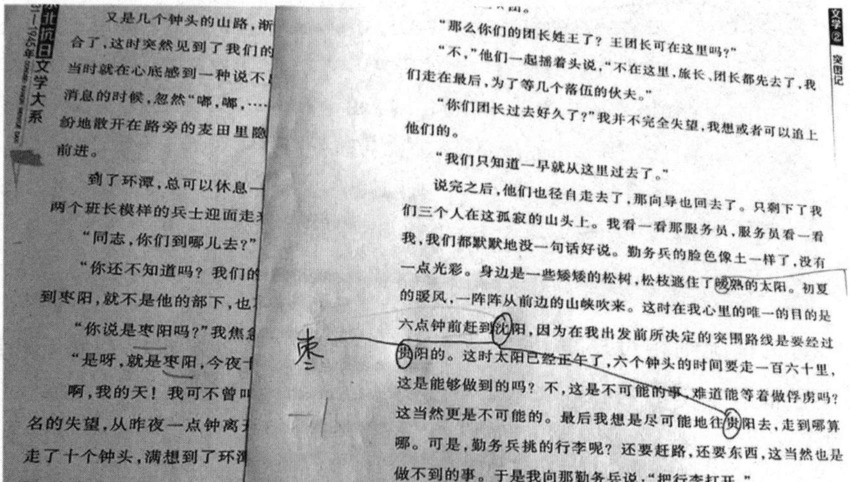

又是几个钟头的山路,渐
合了,这时突然见到了我们的
当时就在心底感到一种说不
消息的时候,忽然"嘟,嘟,……
纷地散开在路旁的麦田里隐
前进。

到了环潭,总可以休息一
两个班长模样的兵士迎面走
"同志,你们到哪儿去?"
"你还不知道吗?我们的
到枣阳,就不是他的部下,也
"你说是枣阳吗?"我焦
"是呀,就是枣阳,今夜
啊,我的天!我可不曾
名的失望,从昨夜一点钟离
走了十个钟头,满想到了环
阳,从这里到枣阳还有一百
加上已经走了十个钟头的路
忽然那两个士兵同我说
"你是长官部的吧?"
"是呀,你们怎么知道的

"那么你们的团长姓王了?王团长可在这里吗?"

"不,"他们一起摇着头说,"不在这里,旅长、团长都先去了,我们走在最后,为了等几个落伍的伙夫。"

"你们团长过去好久了?"我并不完全失望,我想或者可以追上他们的。

"我们只知道一早就从这里过去了。"

说完之后,他们也径自走去了,那向导也回去了。只剩下了我们三个人在这孤寂的山头上。我看一看那服务员,服务员看一看我,我们都默默地没一句话好说。勤务兵的脸色像土一样了,没有一点光彩。身边是一些矮矮的松树,松枝遮住了暖熟的太阳。初夏的暖风,一阵阵从前边的山峡吹来。这时在我心里的唯一的目的是六点钟前赶到沈阳,因为在我出发前所决定的突围路线是要经过贵阳的。这时太阳已经正午了,六个钟头的时间要走一百六十里,这是能够做到的吗?不,这是不可能的事,难道能等着做俘虏吗?这当然更是不可能的。最后我想是尽可能地往贵阳去,走到哪算哪。可是,勤务兵挑的行李呢?还要赶路,还要东西,这当然也是做不到的事。于是我向那勤务兵说:"把行李打开。"

"你做什么?"那服务员像是明白,又像是不明白似的问道。

"我想把东西尽可能地扔掉了。"

"扔掉了?"他有些惋惜似的向我说,"这许多东西?"

"是呀,"我说道,"不扔,谁能挑得起呢?"

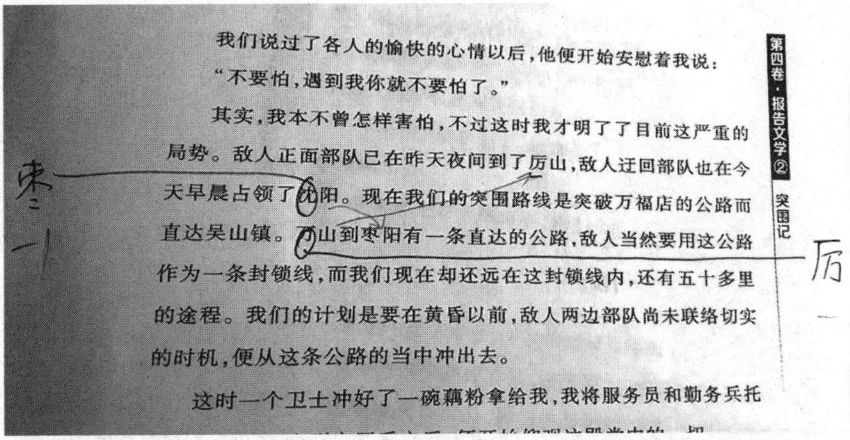

我们说过了各人的愉快的心情以后，他便开始安慰着我说：

"不要怕，遇到我你就不要怕了。"

其实，我本不曾怎样害怕，不过这时我才明了了目前这严重的局势。敌人正面部队已在昨天夜间到了厉山，敌人迂回部队也在今天早晨占领了沈阳。现在我们的突围路线是突破万福店的公路而直达吴山镇。历山到枣阳有一条直达的公路，敌人当然要用这公路作为一条封锁线，而我们现在却还远在这封锁线内，还有五十多里的途程。我们的计划是要在黄昏以前，敌人两边部队尚未联络切实的时机，便从这条公路的当中冲出去。

这时一个卫士冲好了一碗藕粉拿给我，我将服务员和勤务兵托

第四卷·报告文学② 突围记

统计数据前后不一致是非常常见的一类问题，写作或编辑加工过程中，一旦列举的项目有增减，而数量未相应修改，就很容易造成此类问题。但如果在编校过程中注意前后照应，仔细数一数，则较容易发现。

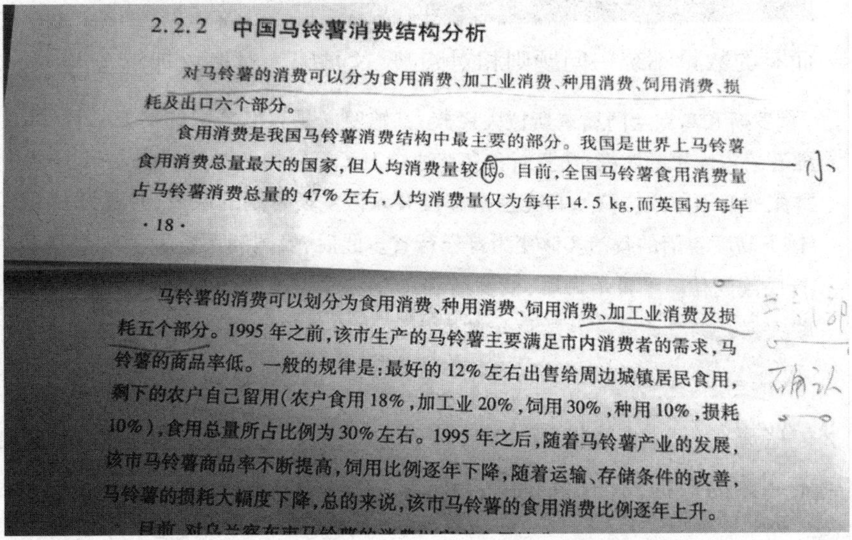

2.2.2 中国马铃薯消费结构分析

对马铃薯的消费可以分为食用消费、加工业消费、种用消费、饲用消费、损耗及出口六个部分。

食用消费是我国马铃薯消费结构中最主要的部分。我国是世界上马铃薯食用消费总量最大的国家，但人均消费量较低。目前，全国马铃薯食用消费量占马铃薯消费总量的47%左右，人均消费量仅为每年14.5 kg，而英国为每年

· 18 ·

马铃薯的消费可以划分为食用消费、种用消费、饲用消费、加工业消费及损耗五个部分。1995年之前，该市生产的马铃薯主要满足市内消费者的需求，马铃薯的商品率低。一般的规律是：最好的12%左右出售给周边城镇居民食用，剩下的农户自己留用（农户食用18%，加工业20%，饲用30%，种用10%，损耗10%），食用总量所占比例为30%左右。1995年之后，随着马铃薯产业的发展，该市马铃薯商品率不断提高，饲用比例逐年下降，随着运输、存储条件的改善，马铃薯的损耗大幅度下降，总的来说，该市马铃薯的食用消费比例逐年上升。

在我国很多的学科领域内都被广泛地来使用，当然在不同的语境和学科背景下也有着不同的具体含义。其中，“folklore”在我国的民俗学界、文艺界和法学界，其汉译有“民间文学”“民俗”“民间文化”“民间文学艺术”“传统知识”等。

二、汉语语境中的民间文学艺术

从汉语构词来看，“民间文学艺术”包含“民间”“民间文学”和“民间艺术”三个部分。“民间文学”是指民众在生活文化中传承、传播、共享的口头传统和语词艺术。从文类上看，其包括民间传说、神话故事、民间故事、曲艺、仪式、民间谚语、民间歌谣、史诗、经卷、图案造型艺术、音乐、舞蹈等。“民间艺术”是指劳动人民为满足生活和审美需求而创造的艺术，包括民间工艺美术各种表现形式，还包括诸如民间音乐、民间舞蹈和民间戏曲等。它们都带有浓郁的地方和民族特色，与民俗生活密切相关。“民间文学”和“民间艺术”共同构成了“民间文学艺术”。

在我国，1916 年文学家梅光迪在写给胡适先生的信中，最早使用了“民间文学”的概念。20 世纪 40 年代，民间文学艺术的范围扩展到了民族领域。20 世纪 80 年代后，人们对民间文学艺术的研究出现了

而有的数量不统一问题则相对隐蔽，这是因为对概念理解含混。

俄罗斯和乌克兰同属东斯拉夫民族，基辅罗斯是它们共同的摇篮。13 世随着蒙古大军的西征，俄罗斯和乌克兰走上了不同的发展道路。通过 1654 的《佩列亚斯拉夫协议》，乌克兰东部被并入俄罗斯帝国的版图，并逐渐从俄辖下高度自治的政治实体变为普通行省。此后，俄国利用各种手段对乌克行民族同化。十月革命后，俄罗斯和乌克兰成为苏联的加盟共和国，经历联大家庭的沧桑巨变。数百年共同生活的历史留给两个民族的不是手足，而是恩怨交织的复杂记忆。

一些离得较远的数据不一致，特别是当数据较多是，鱼龙混杂，在其中找到不一致的数据，有时也并不容易。

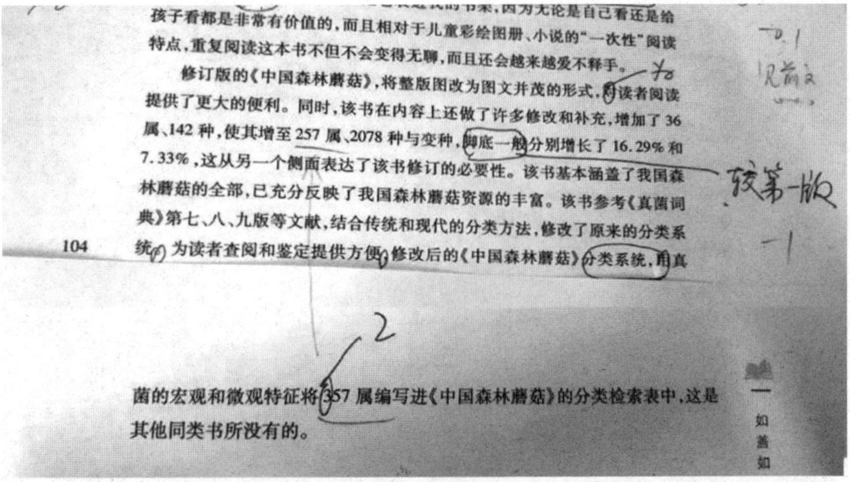

孩子看都是非常有价值的，而且相对于儿童彩绘图册、小说的“一次性”阅读特点，重复阅读这本书不但不会变得无聊，而且还会越来越爱不释手。

修订版的《中国森林蘑菇》，将整版图改为图文并茂的形式，为读者阅读提供了更大的便利。同时，该书在内容上还做了许多修改和补充，增加了36属、142种，使其增至257属、2078种与变种，脚底一般分别增长了16.29%和7.33%，这从另一个侧面表达了该书修订的必要性。该书基本涵盖了我国森林蘑菇的全部，已充分反映了我国森林蘑菇资源的丰富。该书参考《真菌词典》第七、八、九版等文献，结合传统和现代的分类方法，修改了原来的分类系统，为读者查阅和鉴定提供方便，修改后的《中国森林蘑菇》分类系统，用真

104

菌的宏观和微观特征将357属编写进《中国森林蘑菇》的分类检索表中，这是其他同类书所没有的。

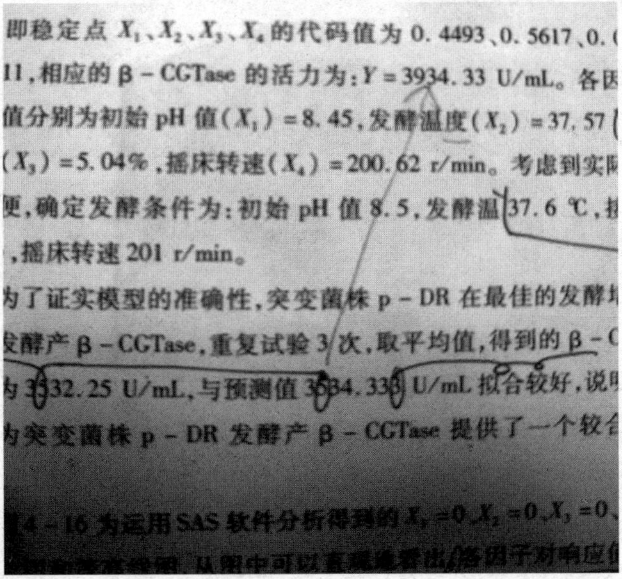

即稳定点 X_1、X_2、X_3、X_4 的代码值为 0.4493、0.5617、0.（
11，相应的 β－CGTase 的活力为：$Y=3934.33$ U/mL。各因
值分别为初始 pH 值（X_1）=8.45，发酵温度（X_2）=37.57（
（X_3）=5.04%，摇床转速（X_4）=200.62 r/min。考虑到实际
便，确定发酵条件为：初始 pH 值 8.5，发酵温 37.6 ℃，
，摇床转速 201 r/min。
为了证实模型的准确性，突变菌株 p－DR 在最佳的发酵
发酵产 β－CGTase，重复试验 3 次，取平均值，得到的 β－
为 3532.25 U/mL，与预测值 3534.33 U/mL 拟合较好，说
为突变菌株 p－DR 发酵产 β－CGTase 提供了一个较合
4－16 为运用 SAS 软件分析得到的 $X_1=0$、$X_2=0$、$X_3=0$、

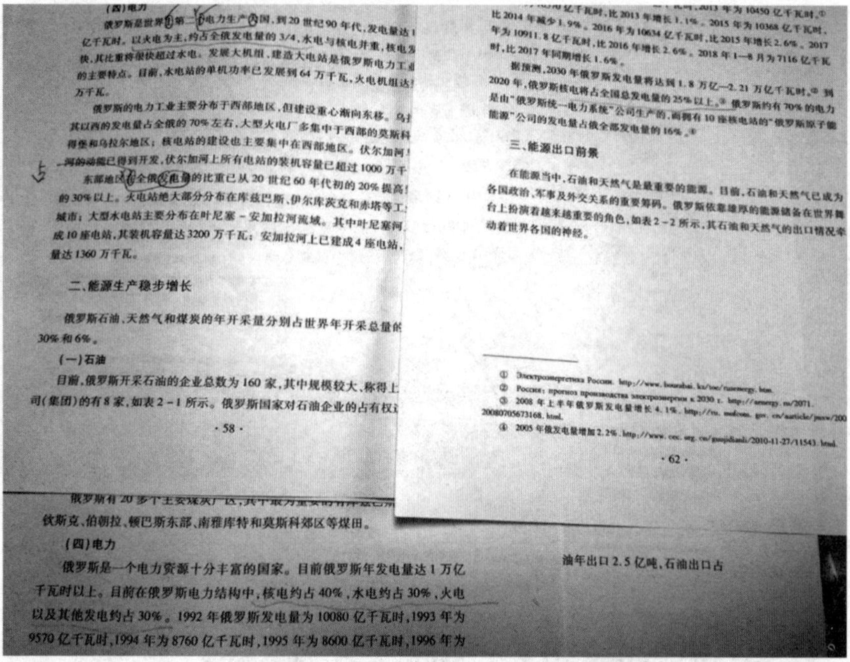
(四)电力

俄罗斯是世界上第二大电力生产大国,到20世纪90年代,发电量达1
亿千瓦时。以火电为主,约占全俄发电量的3/4,水电与核电并重,核电发
快,其比重将很快超过水电。发展大机组、建造大电站是俄罗斯电力工业
的主要特点。目前,水电站的单机功率已发展到64万千瓦,火电机组达
万千瓦。

俄罗斯的电力工业主要分布于西部地区,但建设重心渐向东移。乌拉
其以西的发电量占全俄的70%左右,大型火电厂多集中于西部的莫斯科
得堡和乌拉尔地区;核电站的建设也主要集中在西部地区。伏尔加河
河的动能已得到开发,伏尔加河上所有电站的装机容量已超过1000万千

东部地区在全俄发电量的比重已从20世纪60年代初的20%提高
的30%以上。火电站绝大部分分布在库兹巴斯、伊尔库茨克和赤塔等工
城市;大型水电站主要分布在叶尼塞-安加拉河流域。其中叶尼塞河
成10座电站,其装机容量达3200万千瓦;安加拉河上已建成4座电站,
量达1360万千瓦。

二、能源生产稳步增长

俄罗斯石油、天然气和煤炭的年开采量分别占世界年开采总量的
30%和6%。

(一)石油

目前,俄罗斯开采石油的企业总数为160家,其中规模较大、称得上
司(集团)的有8家,如表2-1所示。俄罗斯国家对石油企业的占有权

·58·

比2014年减少1.9%。2016年为10634亿千瓦时,比2015年增长2.6%。2017
年为10911.8亿千瓦时,比2016年增长2.6%。2018年1—8月为7116亿千瓦
时,比2017年同期增长1.6%。

据预测,2030年俄罗斯发电量将达到1.8万亿—2.21万亿千瓦时。[①] 到
2020年,俄罗斯核电将占全国总发电量的25%以上。[②] 俄罗斯约有70%的电力
是由"俄罗斯统一电力系统"公司生产的,而拥有10座核电站的"俄罗斯原子能
能源"公司的发电量占俄全部发电量的16%。[④]

三、能源出口前景

在能源当中,石油和天然气是最重要的能源。目前,石油和天然气已成为
各国政治、军事及外交关系的重要筹码。俄罗斯依靠雄厚的能源储备在世界舞
台上扮演着越来越重要的角色,如表2-2所示,其石油和天然气的出口情况牵
动着世界各国的神经。

① Электроэнергетика России. http://www...
② Россия: прогноз производства электроэнергии к 2030 г. ...
③ 2008年上半年俄罗斯发电量增长4.1%. ...
④ 2005年俄发电量增加2.2%. ...

·62·

钦斯克、伯朝拉、顿巴斯东部、南雅库特和莫斯科郊区等煤田。

(四)电力

俄罗斯是一个电力资源十分丰富的国家。目前俄罗斯年发电量达1万亿
千瓦时以上。目前在俄罗斯电力结构中,核电约占40%,水电约占30%,火电
以及其他发电约占30%。1992年俄罗斯发电量为10080亿千瓦时,1993年为
9570亿千瓦时,1994年为8760亿千瓦时,1995年为8600亿千瓦时,1996年为

油年出口2.5亿吨,石油出口占

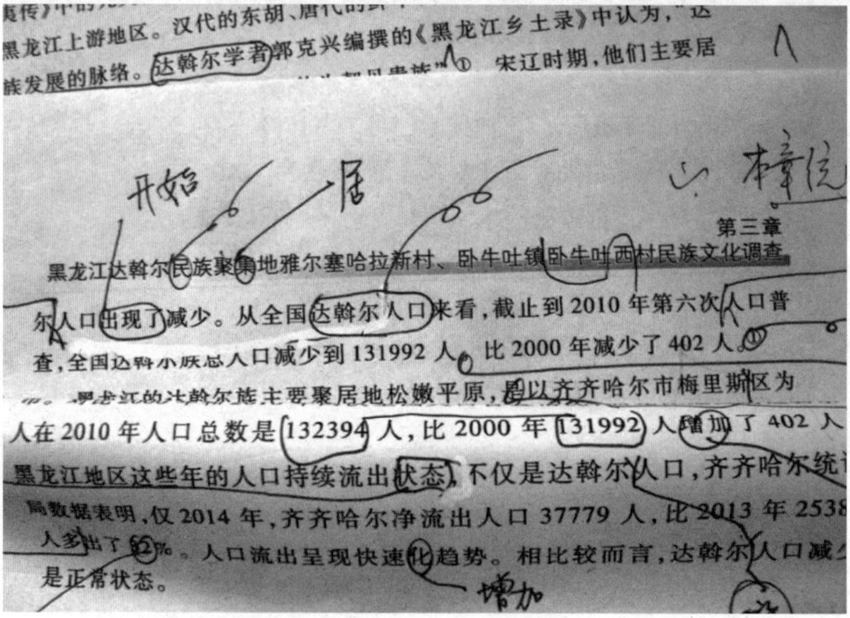
黑龙江上游地区。汉代的东胡、唐代的...《黑龙江乡土录》中认为,"达
族发展的脉络。达斡尔学者郭克兴编撰的...[①] 宋辽时期,他们主要居

第三章

黑龙江达斡尔民族聚集地雅尔塞哈拉新村、卧牛吐镇卧牛吐西村民族文化调查

尔人口出现了减少。从全国达斡尔人口来看,截止到2010年第六次人口普
查,全国达斡尔族总人口减少到131992人,比2000年减少了402人。
黑龙江的达斡尔族主要聚居地松嫩平原,以齐齐哈尔市梅里斯区为
人在2010年人口总数是132394人,比2000年131992人增加了402人
黑龙江地区这些年的人口持续流出状态,不仅是达斡尔人口,齐齐哈尔统
局数据表明,仅2014年,齐齐哈尔净流出人口37779人,比2013年2538
人多出了62%。人口流出呈现快速化趋势。相比较而言,达斡尔人口减
是正常状态。

此例中,前文介绍交谈礼仪时提到称呼游客时应避免"美女"等不规范的用语,而后面举例却使用了这种称呼,自相矛盾。

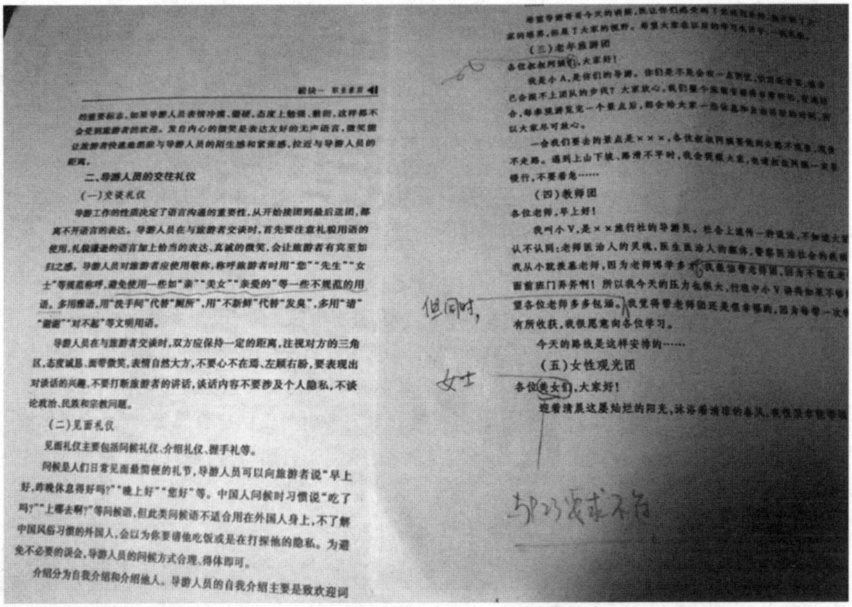
的重要标志。如果导游人员表情冷漠、僵硬，态度上勉强、敷衍，这样都不会受到旅游者的欢迎。发自内心的微笑是表达友好的无声语言，微笑能让旅游者快速地消除与导游人员的陌生感和紧张感，拉近与导游人员的距离。

二、导游人员的交往礼仪

（一）交谈礼仪

导游工作的性质决定了语言沟通的重要性，从开始接团到最后送团，都离不开语言的表达。导游人员在与旅游者交谈时，首先要注意礼貌用语的使用，礼貌谦逊的语言加上恰当的表达、真诚的微笑，会让旅游者有宾至如归之感。导游人员对旅游者应使用敬称，称呼旅游者时用"您""先生""女士"等规范称呼，避免使用一些如"亲""美女""亲爱的"等一些不规范的用语。多用雅语，用"洗手间"代替"厕所"，用"不新鲜"代替"发臭"，多用"请""谢谢""对不起"等文明用语。

导游人员在与旅游者交谈时，双方应保持一定的距离，注视对方的三角区，态度诚恳，面带微笑，表情自然大方，不要心不在焉、左顾右盼，要表现出对谈话的兴趣，不要打断旅游者的讲话，谈话内容不要涉及个人隐私，不谈论政治、民族和宗教问题。

（二）见面礼仪

见面礼仪主要包括问候礼仪、介绍礼仪、握手礼等。

问候是人们日常见面最简便的礼节，导游人员可以向旅游者说"早上好，昨晚休息得好吗？""晚上好""您好"等。中国人问候时习惯说"吃了吗？""上哪去啊？"等问候语，但此类问候语不适合用在外国人身上，不了解中国风俗习惯的外国人，会以为你要请他吃饭或是在打探他的隐私。为避免不必要的误会，导游人员的问候方式合理、得体即可。

介绍分为自我介绍和介绍他人。导游人员的自我介绍主要是致欢迎词

（三）老年旅游团

各位叔叔阿姨们，大家好！

以大家尽可放心。

（四）教师团

各位老师，早上好！

今天的路线是这样安排的……

（五）女性观光团

各位美女们，大家好！

此例中说的是行文无标点闹出的笑话，结果文中却出现了标点。

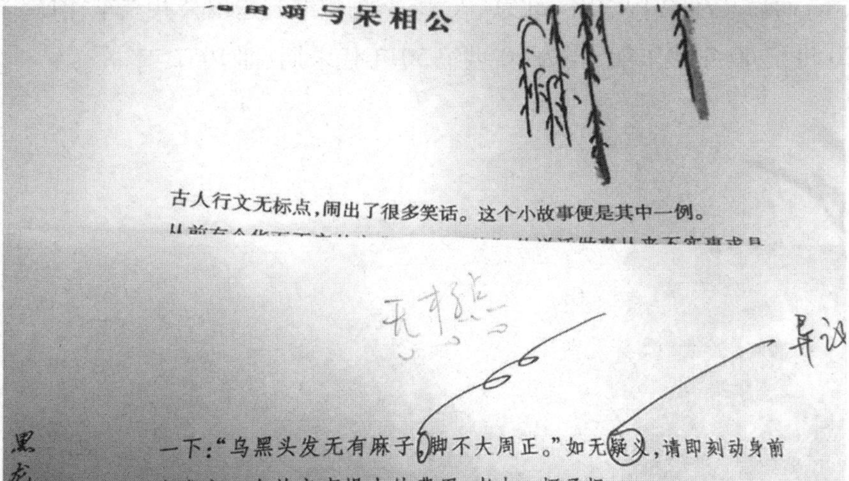
古人行文无标点，闹出了很多笑话。这个小故事便是其中一例。

一下："乌黑头发无有麻子，脚不大周正。"如无疑义，请即刻动身前来成亲。有关亲事操办的费用，老夫一概承担。

信送走半月后，一日，贾不执家下人忽然来报，说门外有一位张相公前来娶亲。贾不执闻听喜不自胜，忙吩咐大门悬灯，二门结彩，鼓乐吹动迎接

此例中前面说溶胶－凝胶法制备方法简单易操作，后面却说工艺过程复杂，有些难以自圆其说。

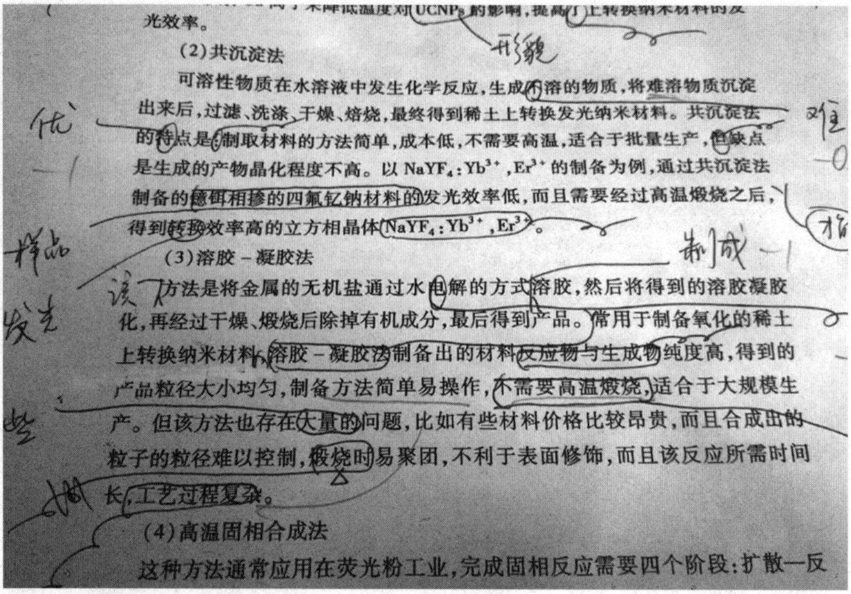

来降低温度对UCNPs的影响，提高了上转换纳米材料的发光效率。

(2)共沉淀法

可溶性物质在水溶液中发生化学反应，生成不溶的物质，将难溶物质沉淀出来后，过滤、洗涤、干燥、焙烧，最终得到稀土上转换发光纳米材料。共沉淀法的特点是：制取材料的方法简单，成本低，不需要高温，适合于批量生产，但缺点是生成的产物晶化程度不高。以 $NaYF_4:Yb^{3+},Er^{3+}$ 的制备为例，通过共沉淀法制备的镱铒相掺的四氟钇钠材料的发光效率低，而且需要经过高温煅烧之后，得到转换效率高的立方相晶体 $NaYF_4:Yb^{3+},Er^{3+}$。

(3)溶胶－凝胶法

方法是将金属的无机盐通过水电解的方式溶胶，然后将得到的溶胶凝胶化，再经过干燥、煅烧后除掉有机成分，最后得到产品。常用于制备氧化的稀土上转换纳米材料。溶胶－凝胶法制备出的材料反应物与生成物纯度高，得到的产品粒径大小均匀，制备方法简单易操作，不需要高温煅烧，适合于大规模生产。但该方法也存在大量的问题，比如有些材料价格比较昂贵，而且合成出的粒子的粒径难以控制，煅烧时易聚团，不利于表面修饰，而且该反应所需时间长，工艺过程复杂。

(4)高温固相合成法

这种方法通常应用在荧光粉工业，完成固相反应需要四个阶段：扩散一反

此例前面提到20世纪60年代末期，上海客车厂制造出中国第一辆公共汽车，而后文却说1957年，北京、天津、上海相继制造出公共汽车，前后矛盾。"20世纪60年代末期"当为20世纪50年代末期，即1957年。

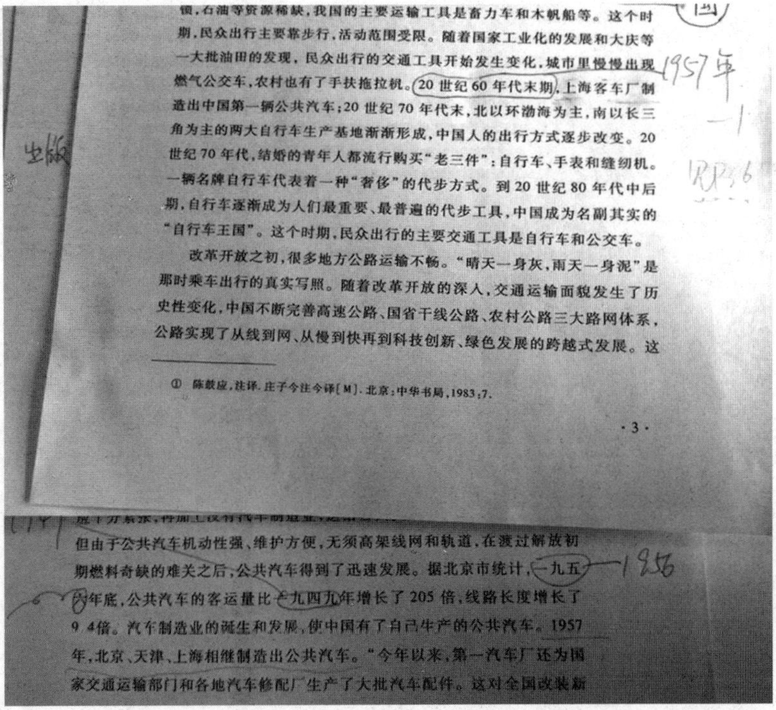

镇，石油等资源稀缺，我国的主要运输工具是畜力车和木帆船等。这个时期，民众出行主要靠步行，活动范围受限。随着国家工业化的发展和大庆等一大批油田的发现，民众出行的交通工具开始发生变化，城市里慢慢出现燃气公交车，农村也有了手扶拖拉机。20 世纪 60 年代末期，上海客车厂制造出中国第一辆公共汽车；20 世纪 70 年代末，北以环渤海为主，南以长三角为主的两大自行车生产基地渐渐形成，中国人的出行方式逐步改变。20 世纪 70 年代，结婚的青年人都流行购买“老三件”：自行车、手表和缝纫机。一辆名牌自行车代表着一种“奢侈”的代步方式。到 20 世纪 80 年代中后期，自行车逐渐成为人们最重要、最普遍的代步工具，中国成为名副其实的“自行车王国”。这个时期，民众出行的主要交通工具是自行车和公交车。

改革开放之初，很多地方公路运输不畅。“晴天一身灰，雨天一身泥”是那时乘车出行的真实写照。随着改革开放的深入，交通运输面貌发生了历史性变化，中国不断完善高速公路、国省干线公路、农村公路三大路网体系，公路实现了从线到网、从慢到快再到科技创新、绿色发展的跨越式发展。这

① 陈鼓应，注译. 庄子今注今译[M]. 北京：中华书局，1983：7.

·3·

但由于公共汽车机动性强、维护方便，无须高架线网和轨道，在渡过解放初期燃料奇缺的难关之后，公共汽车得到了迅速发展。据北京市统计，一九五六年底，公共汽车的客运量比一九四九年增长了 205 倍，线路长度增长了 9.4倍。汽车制造业的诞生和发展，使中国有了自己生产的公共汽车。1957 年，北京、天津、上海相继制造出公共汽车。“今年以来，第一汽车厂还为国家交通运输部门和各地汽车修配厂生产了大批汽车配件。这对全国改装新

从“我的假日在湘博”可知，该活动应当是湖南省博物馆推出，而非湖北省博物馆。

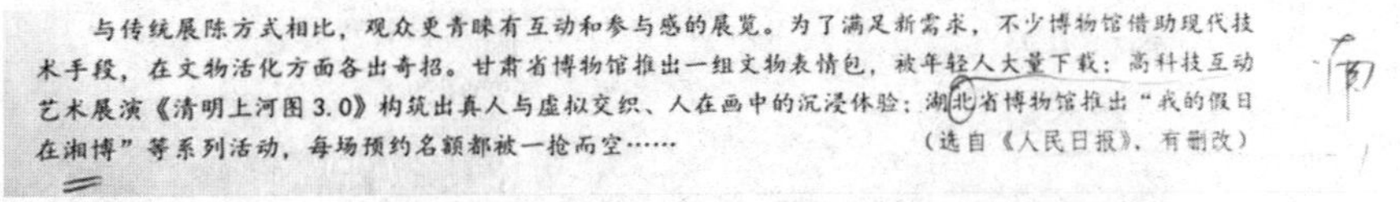

与传统展陈方式相比，观众更青睐有互动和参与感的展览。为了满足新需求，不少博物馆借助现代技术手段，在文物活化方面各出奇招。甘肃省博物馆推出一组文物表情包，被年轻人大量下载；高科技互动艺术展演《清明上河图 3.0》构筑出真人与虚拟交织、人在画中的沉浸体验；湖北省博物馆推出“我的假日在湘博”等系列活动，每场预约名额都被一抢而空……（选自《人民日报》，有删改）

前文已经说过讲解不是单向输出的过程，而是双向交流的过程，后文却说讲解技能的特点包括单向性。

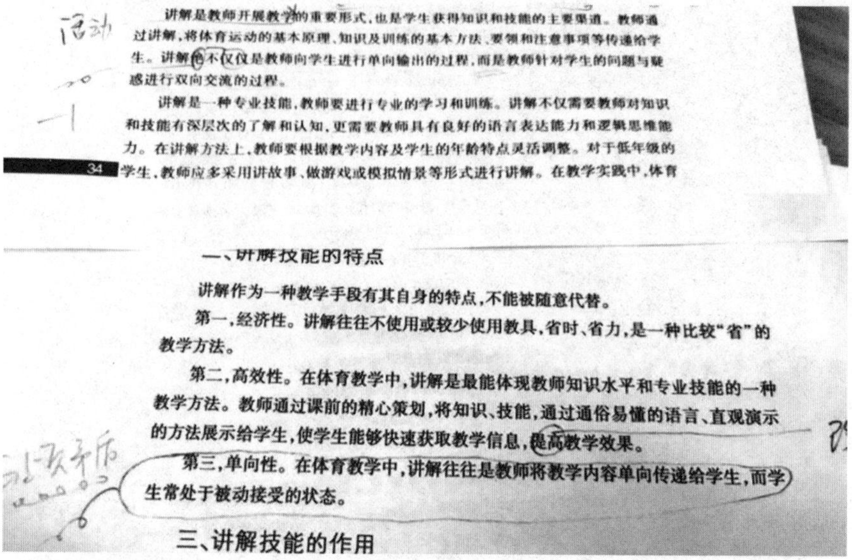

讲解是教师开展教学的重要形式，也是学生获得知识和技能的主要渠道。教师通过讲解，将体育运动的基本原理、知识及训练的基本方法、要领和注意事项等传递给学生。讲解的不仅仅是教师向学生进行单向输出的过程，而是教师针对学生的问题与疑惑进行双向交流的过程。

讲解是一种专业技能，教师要进行专业的学习和训练。讲解不仅需要教师对知识和技能有深层次的了解和认知，更需要教师具有良好的语言表达能力和逻辑思维能力。在讲解方法上，教师要根据教学内容及学生的年龄特点灵活调整。对于低年级的

34 学生，教师应多采用讲故事、做游戏或模拟情景等形式进行讲解。在教学实践中，体育

一、讲解技能的特点

讲解作为一种教学手段有其自身的特点，不能被随意代替。

第一，经济性。讲解往往不使用或较少使用教具，省时、省力，是一种比较“省”的教学方法。

第二，高效性。在体育教学中，讲解是最能体现教师知识水平和专业技能的一种教学方法。教师通过课前的精心策划，将知识、技能，通过通俗易懂的语言、直观演示的方法展示给学生，使学生能够快速获取教学信息，提高教学效果。

第三，单向性。在体育教学中，讲解往往是教师将教学内容单向传递给学生，而学生常处于被动接受的状态。

三、讲解技能的作用

建议的前后数量不一致，缺少“第四”，疑为删除第四点后其余部分未做修改。

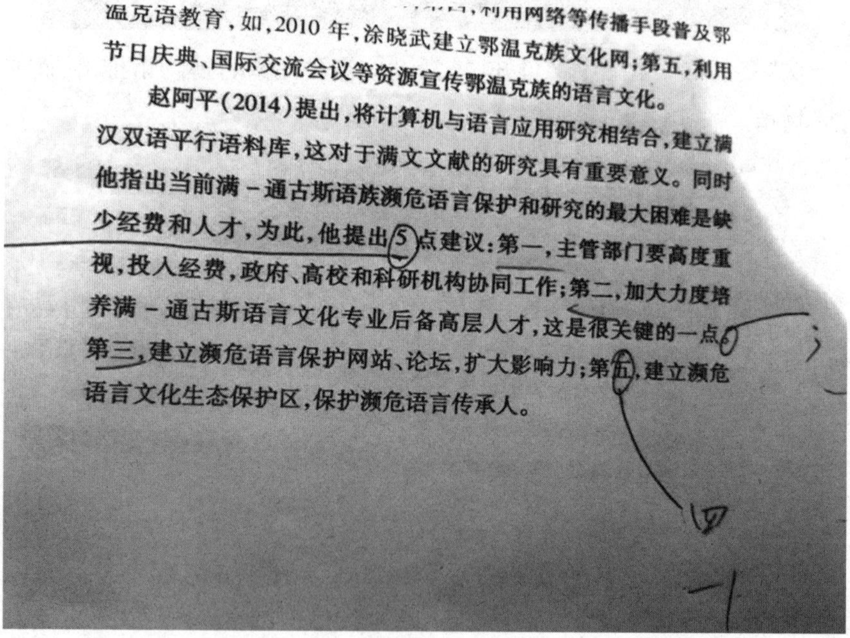

温克语教育，如，2010 年，涂晓武建立鄂温克族文化网；第五，利用节日庆典、国际交流会议等资源宣传鄂温克族的语言文化。

赵阿平(2014)提出，将计算机与语言应用研究相结合，建立满汉双语平行语料库，这对于满文文献的研究具有重要意义。同时他指出当前满－通古斯语族濒危语言保护和研究的最大困难是缺少经费和人才，为此，他提出5点建议：第一，主管部门要高度重视，投入经费，政府、高校和科研机构协同工作；第二，加大力度培养满－通古斯语言文化专业后备高层人才，这是很关键的一点。第三，建立濒危语言保护网站、论坛，扩大影响力；第五，建立濒危语言文化生态保护区，保护濒危语言传承人。

11.5 脚注、参考文献、括注等与正文不一致

脚注、参考文献等通常与正文关系紧密，一旦信息（名称、年份、数据等）出现矛盾，将构成差错。准确核实信息对于判断正误尤为重要。

城镇化视域下黑龙江人口较少民族聚居地文化田野调查与研究

愈，在老萨满的调教下康复，这样的人才有资格成为下一任萨满。萨满教是鄂温克人宗教文化的载体，在20世纪90年代，在鄂温克人居住地相对集中的内蒙古地区还有萨满的存在。2002年任立珍出版的《鄂温克族宗教信仰

① 任立珍：《鄂温克族宗教信仰与文化》，中央民族大学出版社2009年版。

·28·

区域创新系统

环境友好型社会

图3-1 区域绿色创新体系的理论根据

资料来源：根据陆小成(2008)②整理。

根据可持续发展的理念，区域绿色创新需要以节能、降耗、减排的绿色低碳经济发展的内在规律为出发点，探究区域发展中环境污染的根源。区域绿色创新的根本目的是顺应绿色经济、循环经济的发展要求，是实现现代绿色产业体系的关键环节。区域绿色创新是加强企业自主创新能力、形成企业长期竞争优势的同时，又加强生态文明建设，推进节能减排，推进资源节约型、环境友好型社会，建设为实施可持续发展战略的综合性创新实践，其在完善现代产业体系的同时，也与十七大报告提出的发展方向完全吻合。

3.1.3.2 建设区域绿色创新体系的意义

改革开放以来，我国经济飞速进步，这是在市场化改革推动下的工业化和城镇化深入发展下所取得的成绩。但是，单一的城市化和城市工业化加大了对土地需求的规模，社会总资本在城市的集中以及农村要素资源的流失使城乡在财富创造、生活质量和社会保障方面的差距扩大，二元结构明显。要解决城乡

① 陆小成.区域低碳创新系统的构建——基于技术预见的视角[J].科学与辩证法,2008(6).

② 陆小成.基于区域低碳创新系统的生产性服务业集群模式[M].北京:知识产权出版社,2010.

·61·

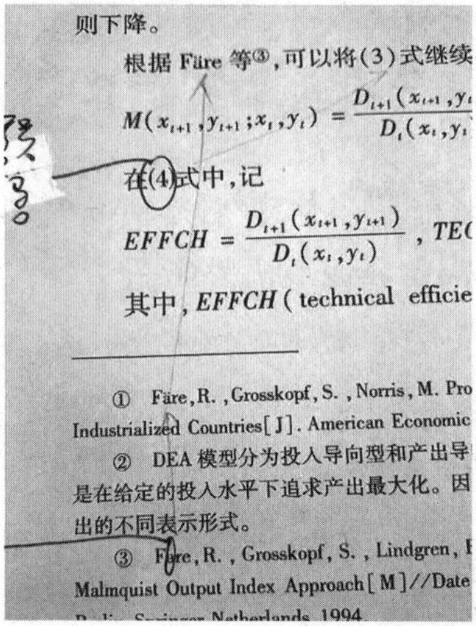

则下降。

根据 Färe 等③，可以将(3)式继续

$M(x_{t+1}, y_{t+1}; x_t, y_t) = \frac{D_{t+1}(x_{t+1}, y_{t}}{D_t(x_t, y_t}$

在(4)式中，记

$EFFCH = \frac{D_{t+1}(x_{t+1}, y_{t+1})}{D_t(x_t, y_t)}$, *TE*

其中，*EFFCH* (technical efficie

① Färe, R. , Grosskopf, S. , Norris, M. Pro
Industrialized Countries[J]. American Economic

② DEA 模型分为投入导向型和产出导
是在给定的投入水平下追求产出最大化。因
出的不同表示形式。

③ Fare, R. , Grosskopf, S. , Lindgren, B
Malmquist Output Index Approach[M]//Date

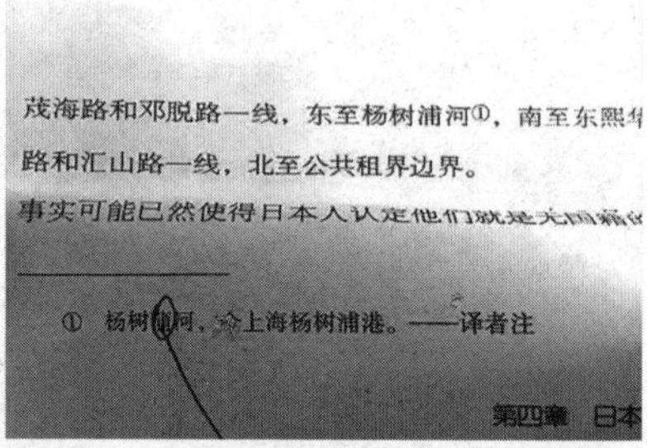

茂海路和邓脱路一线，东至杨树浦河①，南至东熙华
路和汇山路一线，北至公共租界边界。
事实可能已然使得日本人认定他们就是天同病

① 杨树浦河，今上海杨树浦港。——译者注

第四章 日本

配。咸与甜、[illegible]
是先上冷的或热的拼盘，然后隔几道[illegible]
讲求多样与和谐的文化心态。

①海鲜

靠山吃山、靠海吃海，潮州地区位于韩江的下游，潮州人得其[illegible]
族，鱼、虾、蚌、蛤，其类千状”。丰富的水产资源以及食海鲜的饮食习惯，[illegible]
菜以烹调海鲜见长。如果说广州菜是“无鸡不成宴”，那么潮州菜便是“无海鲜
不成宴”了。潮州菜谱里，过半属水产类菜肴。①

潮州菜烹调海鲜，注重选料鲜活，“海鲜海鲜，味贵在鲜”，突出一个“鲜”
字，力求原汁原味，清鲜爽口，同时又注重调味，在烹调时运用各种调料对主料
进行加工，以求得独到的美味。潮州海鲜名菜有红炖大海螺、清汤螺丸、油泡螺
球、彩丝龙虾、酿金钗蟹、清炖乌耳鳗、炒麦穗花鱿、潮州大鱼丸等。

②精巧

潮州菜烹调技艺精细，刀工考究，也讲究火候和调味，其烹调技艺在粤菜中
可与广州菜相媲美。潮州菜的烹调方法也比较多，有焖、炖、煎、炸、烧、扣、炒、
灼、焗、淋、清、炊(蒸)、泡等十多种，而后四种特别著名。潮州菜的制作在“精”
字上下功夫，是“食不厌精”在岭南饮食文化中的体现，如名菜“潮州肉丸”，不
论是用猪肉、牛肉，还是用海鲜做主料，其制作从打肉浆、调料到下锅蒸或煮都

① 据《中国潮州名菜谱》一书统计，水产品菜肴有 113 款，占该书所统计的潮州菜总数的 44.2%。

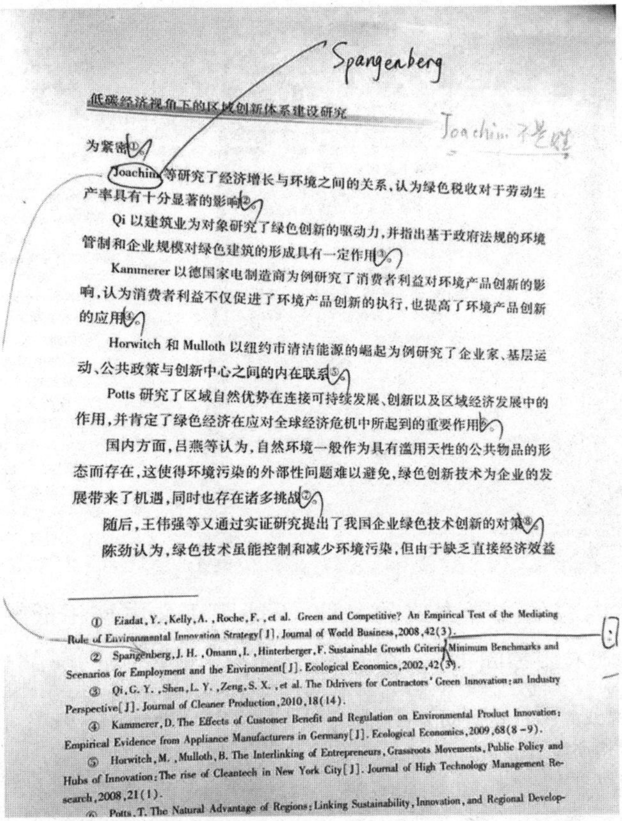

Spangenberg

低碳经济视角下的区域创新体系建设研究

Joachim 不是姓

为紧密①。

Joachim 等研究了经济增长与环境之间的关系，认为绿色税收对于劳动生产率具有十分显著的影响②。

Qi 以建筑业为对象研究了绿色创新的驱动力，并指出基于政府法规的环境管制和企业规模对绿色建筑的形成具有一定作用③。

Kammerer 以德国家电制造商为例研究了消费者利益对环境产品创新的影响，认为消费者利益不仅促进了环境产品创新的执行，也提高了环境产品创新的应用④。

Horwitch 和 Mulloth 以纽约市清洁能源的崛起为例研究了企业家、基层运动、公共政策与创新中心之间的内在联系⑤。

Potts 研究了区域自然优势在连接可持续发展、创新以及区域经济发展中的作用，并肯定了绿色经济在应对全球经济危机中所起到的重要作用⑥。

国内方面，吕燕等认为，自然环境一般作为具有滥用天性的公共物品的形态而存在，这使得环境污染的外部性问题难以避免，绿色创新技术为企业的发展带来了机遇，同时也存在诸多挑战⑦。

随后，王伟强等又通过实证研究提出了我国企业绿色技术创新的对策⑧。

陈劲认为，绿色技术虽能控制和减少环境污染，但由于缺乏直接经济效益

① Eiadat, Y., Kelly, A., Roche, F., et al. Green and Competitive? An Empirical Test of the Mediating Role of Environmental Innovation Strategy[J]. Journal of World Business, 2008, 42(3).

② Spangenberg, J. H., Omann, I., Hinterberger, F. Sustainable Growth Criteria Minimum Benchmarks and Scenarios for Employment and the Environment[J]. Ecological Economics, 2002, 42(3).

③ Qi, G. Y., Shen, L. Y., Zeng, S. X., et al. The Ddrivers for Contractors' Green Innovation: an Industry Perspective[J]. Journal of Cleaner Production, 2010, 18(14).

④ Kammerer, D. The Effects of Customer Benefit and Regulation on Environmental Product Innovation: Empirical Evidence from Appliance Manufacturers in Germany[J]. Ecological Economics, 2009, 68(8-9).

⑤ Horwitch, M., Mulloth, B. The Interlinking of Entrepreneurs, Grassroots Movements, Public Policy and Hubs of Innovation: The rise of Cleantech in New York City[J]. Journal of High Technology Management Research, 2008, 21(1).

⑥ Potts, T. The Natural Advantage of Regions: Linking Sustainability, Innovation, and Regional Develop-

注码位置整体错误。

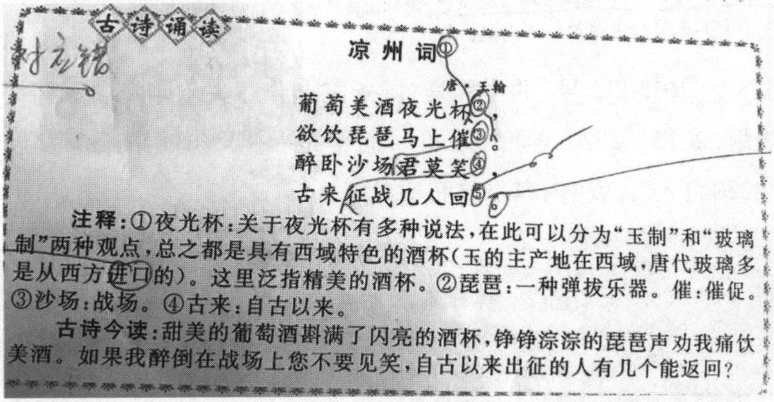

古诗诵读

对应错

凉州词①

唐·王翰

葡萄美酒夜光杯②，
欲饮琵琶马上催③。
醉卧沙场君莫笑④，
古来征战几人回⑤。

注释：①夜光杯：关于夜光杯有多种说法，在此可以分为“玉制”和“玻璃制”两种观点，总之都是具有西域特色的酒杯（玉的主产地在西域，唐代玻璃多是从西方进口的）。这里泛指精美的酒杯。②琵琶：一种弹拨乐器。催：催促。③沙场：战场。④古来：自古以来。

古诗今读：甜美的葡萄酒斟满了闪亮的酒杯，铮铮淙淙的琵琶声劝我痛饮美酒。如果我醉倒在战场上您不要见笑，自古以来出征的人有几个能返回？

在质量检查时，带有答案的教辅类图书习题与答案为连续内容，因此前后应该严格对应。

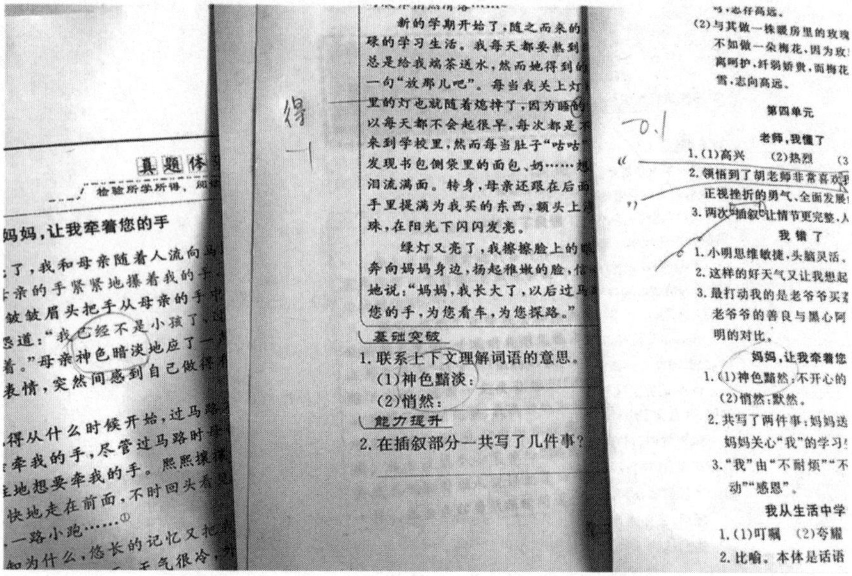
新的学期开始了，随之而来的……球的学习生活。我每天都要熬到……总是给我端茶送水，然而她得到的……一句"放那儿吧"。每当我关上灯……里的灯也就随着熄掉了，因为睡的……以每天都不会起很早，每次都是……来到学校里，然而每当肚子"咕咕"……发现书包侧袋里的面包、奶……泪流满面。转身，母亲还跟在后面……手里提满为我买的东西，额头上……珠，在阳光下闪闪发亮。

绿灯又亮了，我擦擦脸上的……奔向妈妈身边，扬起稚嫩的脸，信……地说："妈妈，我长大了，以后过马……您的手，为您看车，为您探路。"

基础突破

1. 联系上下文理解词语的意思。

(1)神色黯淡：

(2)悄然：

能力提升

2. 在插叙部分一共写了几件事？

括注作为对正文内容的注释方式的一种，不能跟正文内容相抵触。下面的例子中，"大城市"不能等同于"省会城市"。

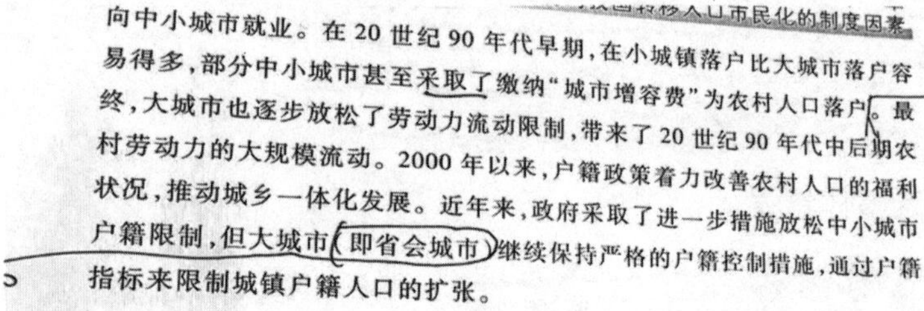
向中小城市就业。在 20 世纪 90 年代早期，在小城镇落户比大城市落户容易得多，部分中小城市甚至采取了缴纳"城市增容费"为农村人口落户。最终，大城市也逐步放松了劳动力流动限制，带来了 20 世纪 90 年代中后期农村劳动力的大规模流动。2000 年以来，户籍政策着力改善农村人口的福利状况，推动城乡一体化发展。近年来，政府采取了进一步措施放松中小城市户籍限制，但大城市（即省会城市）继续保持严格的户籍控制措施，通过户籍指标来限制城镇户籍人口的扩张。

"国办发〔2015〕32 号"的全称是"国务院办公厅关于印发中医药健康服务发展规划(2015—2020 年)的通知"，而不是"中医药健康服务发展规划(2015—2020 年)"，括注内容与前面不对等。

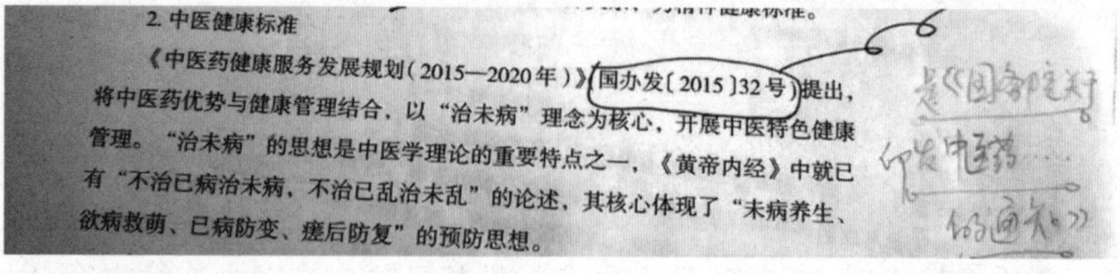
2. 中医健康标准

《中医药健康服务发展规划（2015—2020 年）》（国办发〔2015〕32 号）提出，将中医药优势与健康管理结合，以"治未病"理念为核心，开展中医特色健康管理。"治未病"的思想是中医学理论的重要特点之一，《黄帝内经》中就已有"不治已病治未病，不治已乱治未乱"的论述，其核心体现了"未病养生、欲病救萌、已病防变、瘥后防复"的预防思想。

"50 目""80 目"都对应"180μm"显然是不合理的。经查相关资料，"50 目"应当为"270μm"。

本章采用不锈钢作为电极，80 目的天然鳞片石墨为原料，硫酸为电解液，通过单因素实验考察了电解液浓度、电流密度、反应时间对可膨胀石墨膨胀容积的影响。最佳技术参数为：电解液浓度即硫酸质量分数为 93%、电流密度为 30 mA · cm^{-2}、反应时间为 120 min。按照上述最佳技术参数，分别筛选 50 目(180 μm)、80 目(180 μm)、100 目(150 μm)、200 目(75 μm)和 325 目(45 μm)的天然鳞片石墨作为原料进行电化学氧化插层试验，结果如图 2－5 所示。50 目、80 目、100 目、200 目和 325 目石墨制备的可膨胀石墨的膨胀容积分别为 360 mL · g^{-1}、330 mL · g^{-1}、250 mL · g^{-1}、175 mL · g^{-1}和 60 mL · g^{-1}，均达到 GB/T 10698－1989 标准。

目数(mesh)	微米(μm)	目数(mesh)	微米(μm)	目数(mesh)	微米(μm)	目数(mesh)	微米(μm)
2	8000	28	600	100	150	250	58
3	6700	30	550	115	125	270	53
4	4750	32	500	120	120	300	48
5	4000	35	425	125	115	325	45
6	3350	40	380	130	113	400	38
7	2800	42	355	140	109	500	25
8	2360	45	325	150	106	600	23
10	1700	48	300	160	96	800	18
12	1400	50	270	170	90	1000	13
14	1180	60	250	175	86	1340	10
16	1000	65	230	180	80	2000	6.5
18	880	70	212	200	75	5000	2.6
20	830	80	180	230	62	8000	1.6
24	700	90	160	240	61	10000	1.3

汉语的顺序同括注中英语的顺序不一致。

第2章
理论研究

满足可持续发展的需要，必需对其概念和相应体系进行必要的整合，使其对可持续发展的有害作用尽可能降低，有益作用尽可能得到加强，最大限度地满足经济、社会和自然界持续发展的需要。

国内方面，可持续发展的技术创新(sustainable technology innovation，STI)的核心环节是创新，而创新的客体则是可持续发展的技术(sustainable technology)。它的核心内涵是创造可持续发展的技术并将其推向市场使其得到广泛的应用。有的学者提出，可持续发展的技术就是以“环境－社会－自然”(emironment/nature/society，ESN)复合系统为适用范围和目标的新产品、新技术和新服务。研究可持续发展的技术创新就是研究这种技术的创新机制，从而使它在市场上成长起来并滚动发展[①]。有的学者在分析传统技术创新对可持续发展所表现出的双重外部性之后，为了对传统技术创新的概念和体系加以区分，提出了可持续技术创新的概念：“为了使技术创新能够面向可持续发展，必须对它的概

此段对课文的层次进行划分，显然第二部分和第三部分之间缺少了 10

个自然段，第三部分应当为3—15自然段。

不为名利、只求有益于社会的人生观与价值观。

课文内容简洁，脉络清晰，按照事情发展的顺序叙述。共15个自然段，可以分为三部分。第一部分（第1自然段）写在母亲的提议下我们种花生、收花生；第二部分（第2自然段）写母亲提议过个收获节，并为过收获节做了准备；第三部分（13—15自然段）写过收获节时一家人一起尝花生、议花生，这一部分是课文的重点，详写了父亲和我们的对话，父亲对于花生的赞扬使我们对普普通通的花生产生了敬佩之心，悟出了做人的道理。

11.6 标题、图片、表格、公式、章节编号等与文字不符

标题、图片、表格与文字不符的情况较为普遍，也往往较容易疏忽，一旦出现大多是扣分项。

以下几例，标题说的是此问题，内容为彼问题，造成文不对题。一方面是作者写作时疏忽，复制粘贴错误，另一方面是编辑没有深入阅读，未意识到文题不符。

一、伞灯

即在泛光灯上安装反光伞，打出的光的

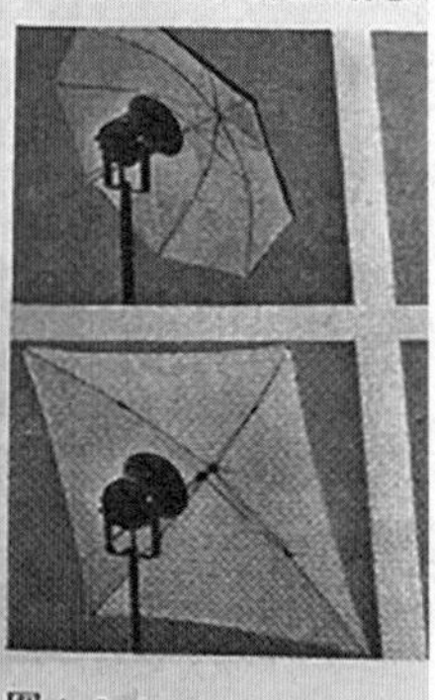

图 4-3-1

二、柔光灯

伞灯一般指给硬度较强的、具有直

射光，避免了被摄主体上过曝的高光，

……的发展变化轨迹方面具有重要的研究意义。但是在鲁日格勒舞的原生地区，鲁日格勒舞也和其他民间艺术一样，面临备受冷落和失传的危机。因此，对处于濒危状态的鲁日格勒舞采取保护措施势在必行。

（四）物态表达形式

物态表达形式也可称为有形表达形式，是指通过有形物质体现文化遗产特性的民间艺术表达形式。包括民间艺术品，尤其是绘画、雕塑、陶器、镶嵌、雕刻、木器、金属器皿、纺织、刺绣、编织、服装、手工艺品、乐器和民间建筑等艺术形式。黑龙江音乐表达形式同样异常丰富，大体上有：赫哲族鱼皮制作技艺、赫哲族传统服饰、桦树皮制作技艺、朝鲜族传统服饰、鄂伦春族兽皮制作技艺、勃利黑陶制作技艺、绥棱黑陶制作、鄂伦春族刺绣、鄂伦春族剪纸、赫哲族剪纸、麦秸工艺、鱼骨工艺、绥棱农民画、鄂伦春族斜仁柱、克东腐乳、鄂伦春族传统服饰、赫哲族传统渔具制作技艺、克东满绣、中国传统书画装裱修复技术、柳编技艺、民间纸扎、漆糊酒容器（髹漆）、鄂伦春族萨满服饰、皮影镂刻技艺、古筝制作、火山矿泥陶制作技艺等。这里介绍两个比较有代表性的物态表达形式：赫哲族鱼皮制作技艺和绥棱农民画。

一、发音人情况

姓名：付占祥，赫哲族国家级桦树皮制作技艺代表性传承人

单位：饶河县四排赫哲族乡文化站

地址：饶河县四排赫哲族乡文化站

电话：135××××××××

性别：男

民族：赫哲族

出生年月：1955年12月

出生地：黑龙江省同江市街津口赫哲族乡

文化程度：大专

职业：文艺工作者

会说的语言：汉语、赫哲语

现在主要说的语言：汉语、赫哲语

96 中俄跨境濒危语言研究

父亲的出生地，会说的语言：黑龙江省同江市街津口赫哲族乡，汉语、鄂温克语

母亲的出生地，会说的语言：黑龙江省同江市街津口赫哲族乡，汉语、鄂温克语

配偶的出生地，会说的语言：黑龙江省饶河县四排赫哲族乡，汉语、鄂温克语

二、所采集的词汇

用语保摄录机及相关软件对赫哲语1 395个词语进行了多媒

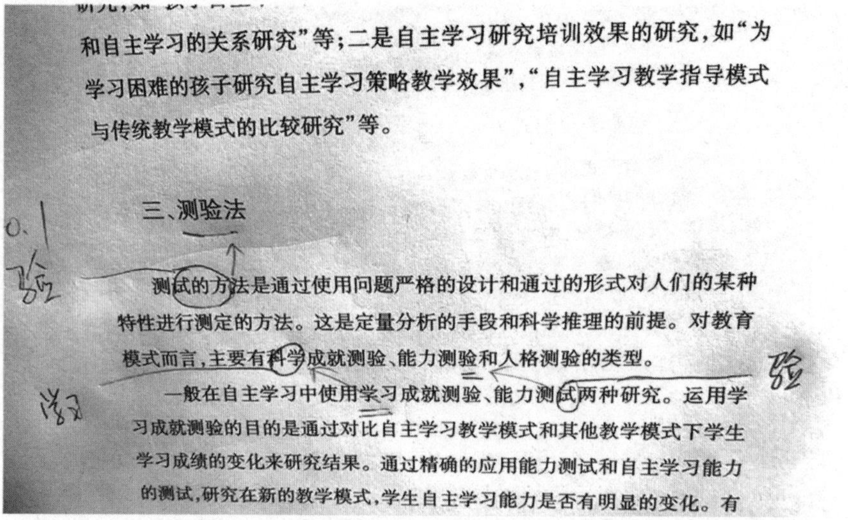

和自主学习的关系研究”等；二是自主学习研究培训效果的研究，如“为学习困难的孩子研究自主学习策略教学效果”，“自主学习教学指导模式与传统教学模式的比较研究”等。

三、测验法

测试的方法是通过使用问题严格的设计和通过的形式对人们的某种特性进行测定的方法。这是定量分析的手段和科学推理的前提。对教育模式而言，主要有科学成就测验、能力测验和人格测验的类型。

一般在自主学习中使用学习成就测验、能力测试两种研究。运用学习成就测验的目的是通过对比自主学习教学模式和其他教学模式下学生学习成绩的变化来研究结果。通过精确的应用能力测试和自主学习能力的测试，研究在新的教学模式，学生自主学习能力是否有明显的变化。有

此例中讲女性摄影，插图却出现了男性照片。

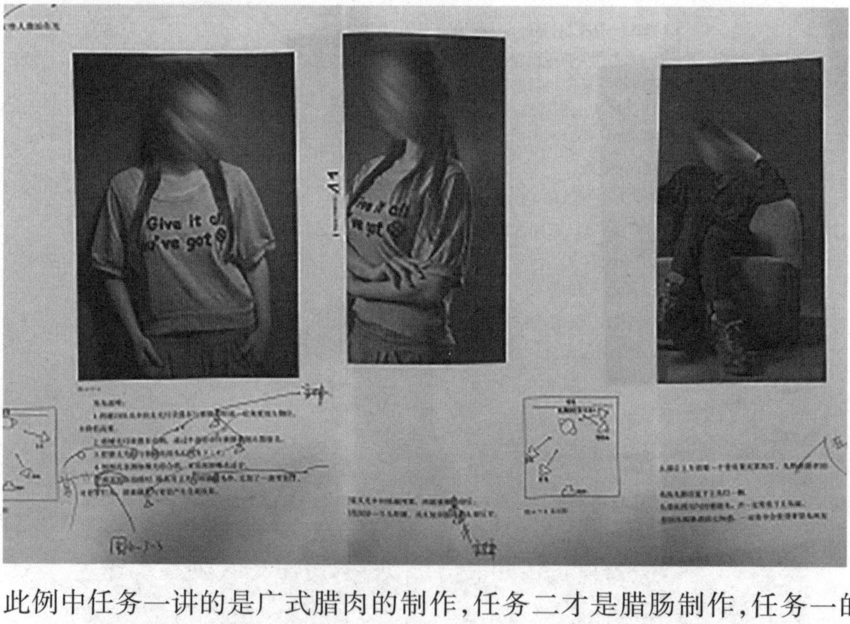

此例中任务一讲的是广式腊肉的制作，任务二才是腊肠制作，任务一的课后习题便提前涉及腊肠，不符合学习顺序，其实也是编写或修改时疏忽造成的。

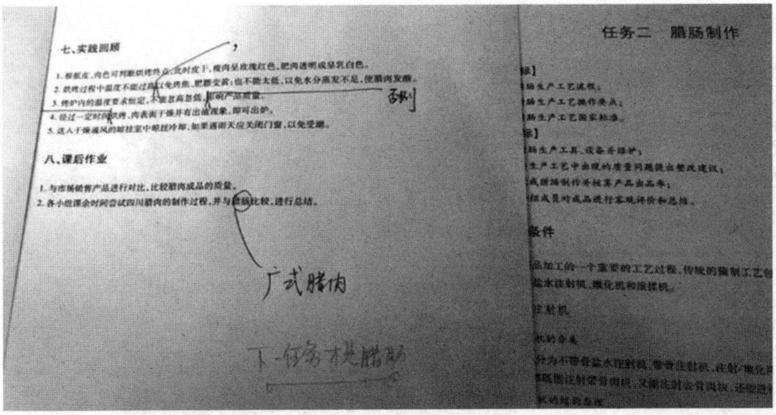

七、实践回顾

八、课后作业

1. 与市场销售产品进行对比,比较腊肉成品的质量。
2. 各小组课余时间尝试四川腊肉的制作过程,并与腊肠比较,进行总结。

任务二　腊肠制作

此例中对比研究的成果本应包含三部分——语音、词汇和语法,但是编写时只将语音和语法方面提取出来作为标题,忽视了词汇方面。参看其引用的文献也可印证这一点。编辑加工时如果只是流于表面机械地阅读文字,就很容易忽视这样的问题。

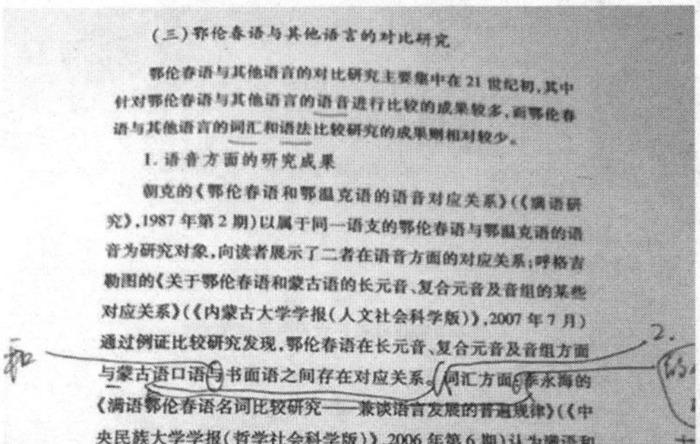

(三)鄂伦春语与其他语言的对比研究

鄂伦春语与其他语言的对比研究主要集中在 21 世纪初,其中针对鄂伦春语与其他语言的语音进行比较的成果较多,而鄂伦春语与其他语言的词汇和语法比较研究的成果则相对较少。

1. 语音方面的研究成果

朝克的《鄂伦春语和鄂温克语的语音对应关系》(《满语研究》,1987 年第 2 期)以属于同一语支的鄂伦春语与鄂温克语的语音为研究对象,向读者展示了二者在语音方面的对应关系;呼格吉勒图的《关于鄂伦春语和蒙古语的长元音、复合元音及音组的某些对应关系》(《内蒙古大学学报(人文社会科学版)》,2007 年 7 月)通过例证比较研究发现,鄂伦春语在长元音、复合元音及音组方面与蒙古语口语与书面语之间存在对应关系。词汇方面,季永海的《满语鄂伦春语名词比较研究——兼谈语言发展的普遍规律》(《中央民族大学学报(哲学社会科学版)》,2006 年第 6 期)认为满语和鄂伦春语都属于阿尔泰语系满 - 通古斯语族,二者不属于同一个语支,满语属于满语支,鄂伦春语属于通古斯语支。通过满语和鄂伦春语名词的数、格、领属等范畴的比较研究发现,满语的词汇在逐渐向简化的方向发展,鄂伦春语则是在向分析语的方向发展。

2. 语法方面的研究成果

其中具有代表性的博士论文是高娃的《鄂伦春语与蒙古语静词诸语法形态比较研究》(内蒙古大学博士学位论文,2011 年 10 月),该文是我们所收集到的为数不多的关于鄂伦春语与其他语言在语法方面的比较研究的论文,该文使用历史比较语言学的方法

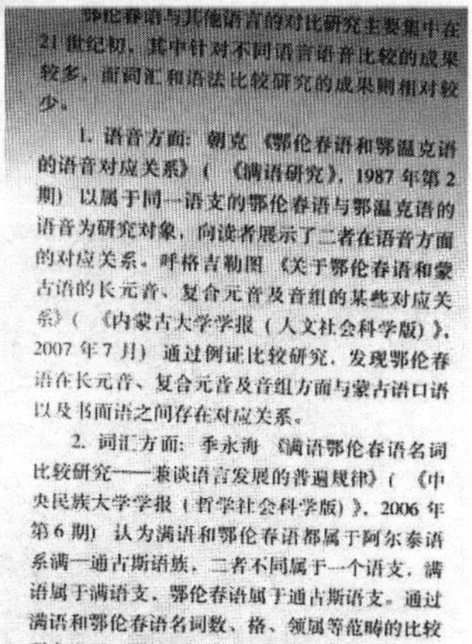

鄂伦春语与其他语言的对比研究主要集中在 21 世纪初。其中针对不同语言语音比较的成果较多,而词汇和语法比较研究的成果则相对较少。

1. 语音方面:朝克《鄂伦春语和鄂温克语的语音对应关系》(《满语研究》,1987 年第 2 期)以属于同一语支的鄂伦春语与鄂温克语的语音为研究对象,向读者展示了二者在语音方面的对应关系。呼格吉勒图《关于鄂伦春语和蒙古语的长元音、复合元音及音组的某些对应关系》(《内蒙古大学学报(人文社会科学版)》,2007 年 7 月)通过例证比较研究,发现鄂伦春语在长元音、复合元音及音组方面与蒙古语口语以及书面语之间存在对应关系。

2. 词汇方面:季永海《满语鄂伦春语名词比较研究——兼谈语言发展的普遍规律》(《中央民族大学学报(哲学社会科学版)》,2006 年第 6 期)认为满语和鄂伦春语都属于阿尔泰语系满—通古斯语族,二者不同属于一个语支,满语属于满语支,鄂伦春语属于通古斯语支。通过满语和鄂伦春语名词数、格、领属等范畴的比较研究发现,满语的词汇在逐渐朝着简化的方向发展,鄂伦春语则是朝着分析语的方向发展。

3. 语法方面:其中博士论文具有代表性的是高娃《鄂伦春语与蒙古语静词诸语法形态比较研究》(内蒙古大学博士学位论文,2011 年 10 月)是我们所收集到的为数不多的关于鄂伦春语与其他语言在语法方面的比较研究,文章使用历史比较语言学的方法以鄂伦春语与蒙古语的静词为研究对象,向读者展示了鄂伦春语和蒙古语的语法范畴中的名词"格""数""领属"和形容词"比较级",并分析了二者的不同与对应

正文与图题人名等信息矛盾。

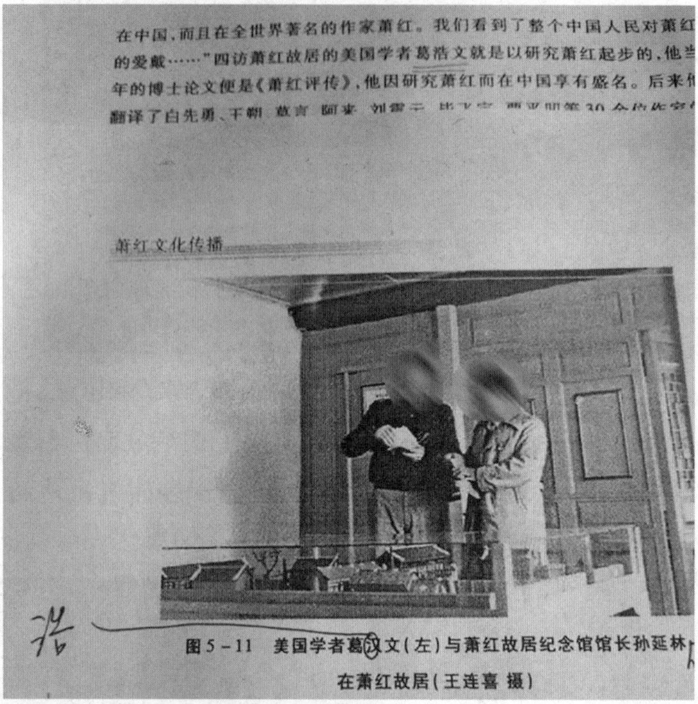
在中国，而且在全世界著名的作家萧红。我们看到了整个中国人民对萧红
的爱戴……"四访萧红故居的美国学者葛浩文就是以研究萧红起步的，他当
年的博士论文便是《萧红评传》，他因研究萧红而在中国享有盛名。后来他
翻译了白先勇、……

萧红文化传播

图5－11　美国学者葛汉文（左）与萧红故居纪念馆馆长孙延林
在萧红故居（王连喜 摄）

012 年与友人陈沛润先生在七家子村
下，在友人陈佩润先生陪同下
与七家子村进行田野调查

此例正文中的“肢干”应当为“支杆”，如不参考图片，很容易误以为人体的肢体。

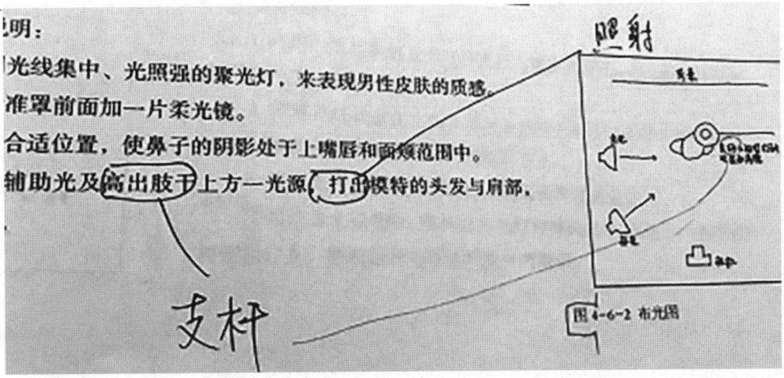

学术著作中较为复杂的图，其中的信息尤其需要搞懂并且和文字叙述相吻合，否则将造成知识性差错。下例中，正文中 1315 nm 对应的跃迁为 $^4F_{3/2}\rightarrow{}^4I_{13/2}$，图中与正文不一致。修图后，尤其要注意后录入的文字与正文是否一致。

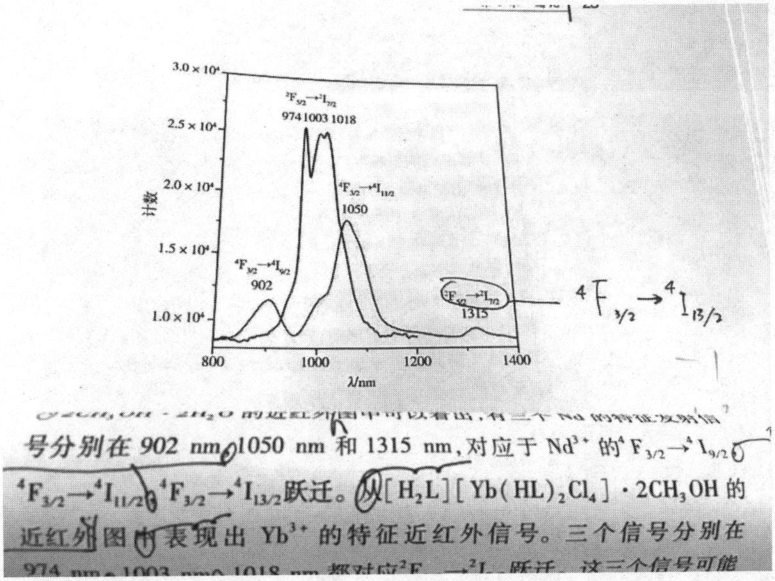

此两图也存在坐标值、图上文字标注与正文不一致的情况。

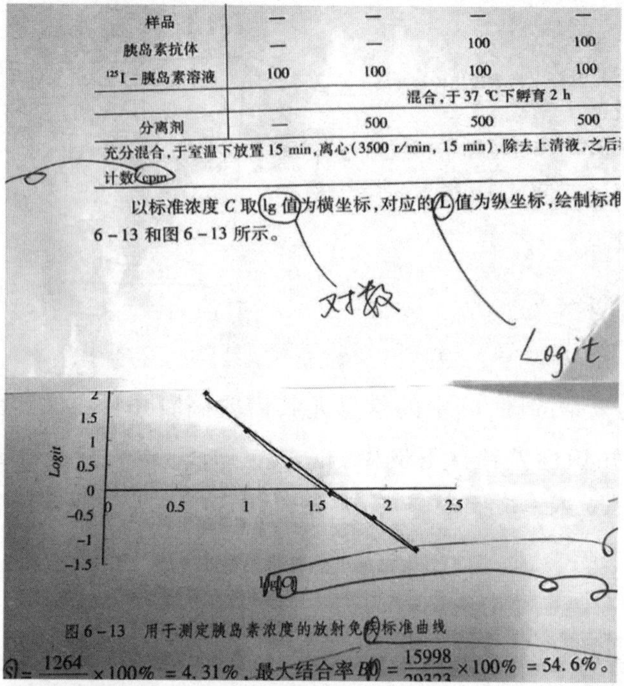

样品	—	—	—	—
胰岛素抗体	—	—	100	100
^{125}I－胰岛素溶液	100	100	100	100
	混合，于37 ℃下孵育2 h			
分离剂	—	500	500	500

充分混合，于室温下放置15 min，离心(3500 r/min，15 min)，除去上清液，之后
计数(cpm)

以标准浓度 C 取 lg 值为横坐标，对应的 L 值为纵坐标，绘制标准
6－13 和图6－13所示。

图6－13　用于测定胰岛素浓度的放射免疫标准曲线

$= \frac{1264}{\ }\times 100\% = 4.31\%$，最大结合率 $B_0 = \frac{15998}{29323}\times 100\% = 54.6\%$。

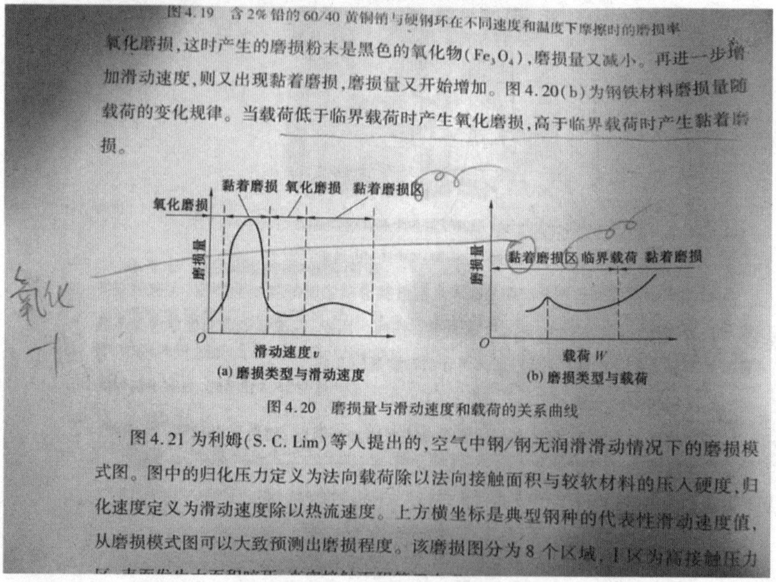

图4.19　含2%铅的60/40黄铜销与硬钢环在不同速度和温度下摩擦时的磨损率

氧化磨损，这时产生的磨损粉末是黑色的氧化物(Fe_3O_4)，磨损量又减小。再进一步增加滑动速度，则又出现黏着磨损，磨损量又开始增加。图4.20(b)为钢铁材料磨损量随载荷的变化规律。当载荷低于临界载荷时产生氧化磨损，高于临界载荷时产生黏着磨损。

(a) 磨损类型与滑动速度　(b) 磨损类型与载荷

图4.20　磨损量与滑动速度和载荷的关系曲线

图4.21为利姆(S. C. Lim)等人提出的，空气中钢/钢无润滑滑动情况下的磨损模式图。图中的归化压力定义为法向载荷除以法向接触面积与较软材料的压入硬度，归化速度定义为滑动速度除以热流速度。上方横坐标是典型钢种的代表性滑动速度值，从磨损模式图可以大致预测出磨损程度。该磨损图分为8个区域，Ⅰ区为高接触压力

表格中通常存在大量的数据，尤其需要与正文的叙述相吻合。下例中表格三列本应分别为Fe、Co、Ni三种金属，却均录成了Fe。

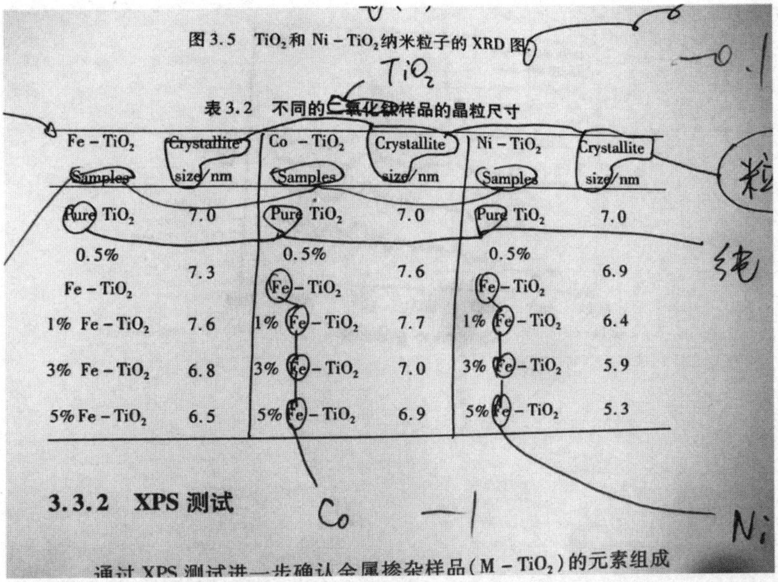
图 3.5 TiO_2和 Ni－TiO_2纳米粒子的XRD图

表 3.2 不同的二氧化钛样品的晶粒尺寸

Fe－TiO_2 Samples	Crystallite size/nm	Co－TiO_2 Samples	Crystallite size/nm	Ni－TiO_2 Samples	Crystallite size/nm
Pure TiO_2	7.0	Pure TiO_2	7.0	Pure TiO_2	7.0
0.5% Fe－TiO_2	7.3	0.5% Fe－TiO_2	7.6	0.5% Fe－TiO_2	6.9
1% Fe－TiO_2	7.6	1% Fe－TiO_2	7.7	1% Fe－TiO_2	6.4
3% Fe－TiO_2	6.8	3% Fe－TiO_2	7.0	3% Fe－TiO_2	5.9
5% Fe－TiO_2	6.5	5% Fe－TiO_2	6.9	5% Fe－TiO_2	5.3

3.3.2 XPS 测试

通过 XPS 测试进一步确认金属掺杂样品（M－TiO_2）的元素组成

此例中提到的离子溅射镀膜仪的型号，在表格中却是扫描电镜的型号。

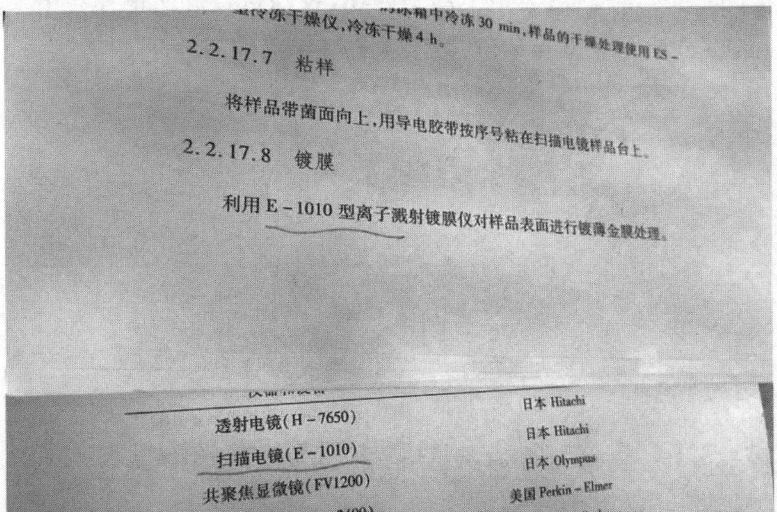
……的冰箱中冷冻 30 min，样品的干燥处理使用 ES－
……至冷冻干燥仪，冷冻干燥 4 h。

2.2.17.7 粘样

将样品带菌面向上，用导电胶带按序号粘在扫描电镜样品台上。

2.2.17.8 镀膜

利用 E－1010 型离子溅射镀膜仪对样品表面进行镀薄金膜处理。

仪器和设备	
透射电镜（H－7650）	日本 Hitachi
扫描电镜（E－1010）	日本 Hitachi
共聚焦显微镜（FV1200）	日本 Olympus
PCR 仪（Gene Amp 2400）	美国 Perkin－Elmer
凝胶成像仪（ChemiDoc XRS）	美国 Bio－Rad
	美国 Bio－Rad
	……生物科技有限公司

此例中，PEO 和丹皮酚对 DPPH 的清除能力是通过 EC_{50} 值体现的，两个表格中两种物质的 EC_{50} 值大小关系不相同，清除能力的大小关系却是相同的，要么数据有误，要么结论错误。

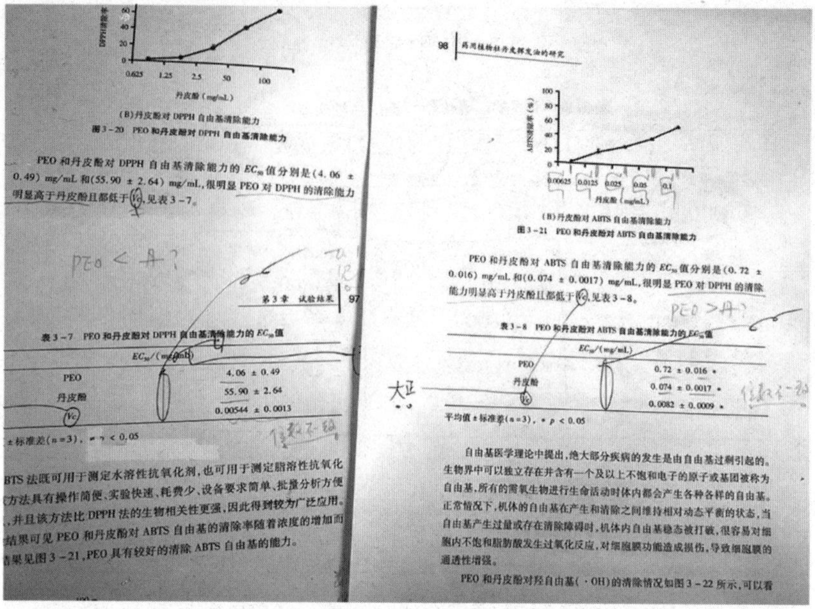

(B)丹皮酚对 DPPH 自由基清除能力

图 3-20 PEO 和丹皮酚对 DPPH 自由基清除能力

PEO 和丹皮酚对 DPPH 自由基清除能力的 EC_{50} 值分别是(4.06 ± 0.49) mg/mL 和(55.90 ± 2.64) mg/mL，很明显 PEO 对 DPPH 的清除能力明显高于丹皮酚且都低于 Vc，见表 3-7。

第 3 章 试验结果 97

表 3-7 PEO 和丹皮酚对 DPPH 自由基清除能力的 EC_{50} 值

	EC_{50}/(mg/mL)
PEO	4.06 ± 0.49
丹皮酚	55.90 ± 2.64
Vc	0.00544 ± 0.0013

±标准差(n=3)，* p < 0.05

BTS 法既可用于测定水溶性抗氧化剂，也可用于测定脂溶性抗氧化方法具有操作简便、实验快速、耗费少、设备要求简单、批量分析方便，并且该方法比 DPPH 法的生物相关性更强，因此得到较为广泛应用。结果可见 PEO 和丹皮酚对 ABTS 自由基的清除率随着浓度的增加而结果见图 3-21，PEO 具有较好的清除 ABTS 自由基的能力。

98 药用植物牡丹皮挥发油的研究

(B)丹皮酚对 ABTS 自由基清除能力

图 3-21 PEO 和丹皮酚对 ABTS 自由基清除能力

PEO 和丹皮酚对 ABTS 自由基清除能力的 EC_{50} 值分别是(0.72 ± 0.016) mg/mL 和(0.074 ± 0.0017) mg/mL，很明显 PEO 对 DPPH 的清除能力明显高于丹皮酚且都低于 Vc，见表 3-8。

表 3-8 PEO 和丹皮酚对 ABTS 自由基清除能力的 EC_{50} 值

	EC_{50}/(mg/mL)
PEO	0.72 ± 0.016 *
丹皮酚	0.074 ± 0.0017 *
Vc	0.0082 ± 0.0009 *

平均值±标准差(n=3)，* p < 0.05

自由基医学理论中提出，绝大部分疾病的发生是由自由基过剩引起的。生物界中可以独立存在并含有一个及以上不饱和电子的原子或基团被称为自由基，所有的需氧生物进行生命活动时体内都会产生各种各样的自由基。正常情况下，机体的自由基在产生和清除之间维持相对动态平衡的状态，当自由基产生过量或存在清除障碍时，机体内自由基稳态被打破，很容易对细胞内不饱和脂肪酸发生过氧化反应，对细胞膜功能造成损伤，导致细胞膜的通透性增强。

PEO 和丹皮酚对羟自由基(·OH)的清除情况如图 3-22 所示，可以看

正文中提到三项指标，表格中却是四项，投药量百分比也存在出入。另外表头中的百分比并非量和单位，数字和百分号之间不宜使用“/”。

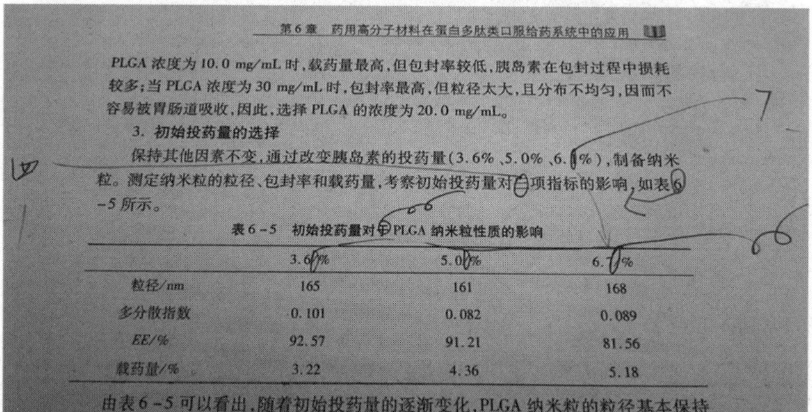

第 6 章 药用高分子材料在蛋白多肽类口服给药系统中的应用

PLGA 浓度为 10.0 mg/mL 时，载药量最高，但包封率较低，胰岛素在包封过程中损耗较多；当 PLGA 浓度为 30 mg/mL 时，包封率最高，但粒径太大，且分布不均匀，因而不容易被胃肠道吸收，因此，选择 PLGA 的浓度为 20.0 mg/mL。

3. 初始投药量的选择

保持其他因素不变，通过改变胰岛素的投药量(3.6%、5.0%、6.1%)，制备纳米粒。测定纳米粒的粒径、包封率和载药量，考察初始投药量对三项指标的影响，如表 6-5 所示。

表 6-5 初始投药量对于 PLGA 纳米粒性质的影响

	3.6/%	5.0/%	6.1/%
粒径/nm	165	161	168
多分散指数	0.101	0.082	0.089
EE/%	92.57	91.21	81.56
载药量/%	3.22	4.36	5.18

由表 6-5 可以看出，随着初始投药量的逐渐变化，PLGA 纳米粒的粒径基本保持不变，多分散指数也几乎相同，即粒子的粒度分布也基本保持不变，说明初始投药量对于粒径几乎没有影响。然而，随着初始投药量的增加，胰岛素的包封率逐渐降低，这

此例中，结合表格和正文，欧美一些国家的城市人均绿地面积不及长春市，所以说“均高于国内”不准确。

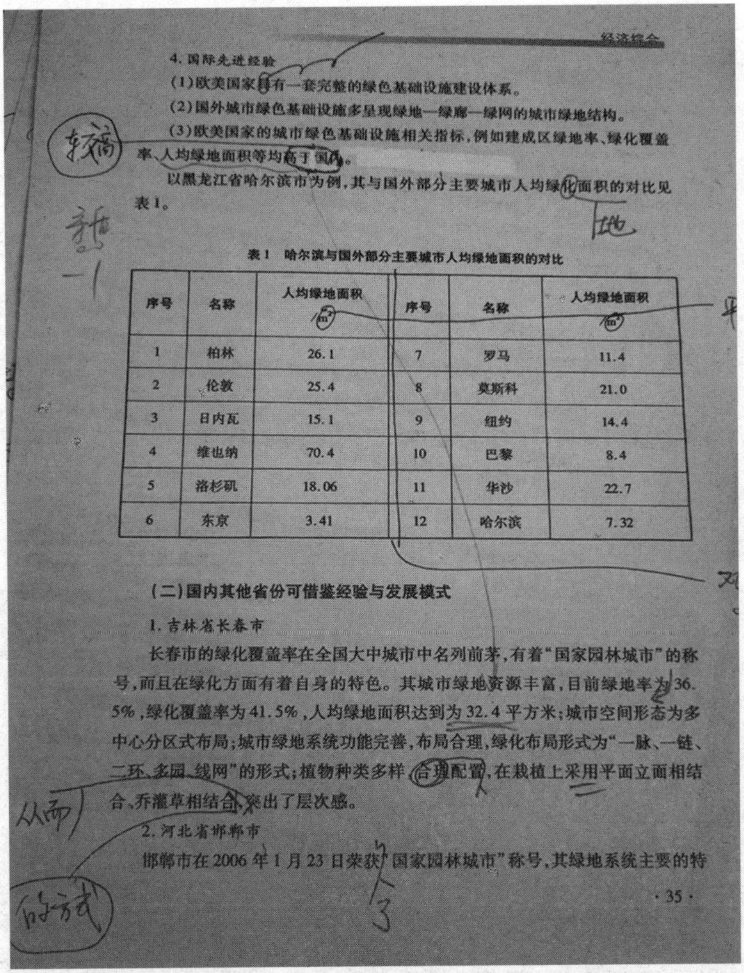

4. 国际先进经验

(1)欧美国家具有一套完整的绿色基础设施建设体系。

(2)国外城市绿色基础设施多呈现绿地—绿廊—绿网的城市绿地结构。

(3)欧美国家的城市绿色基础设施相关指标，例如建成区绿地率、绿化覆盖率、人均绿地面积等均高于国内。

以黑龙江省哈尔滨市为例，其与国外部分主要城市人均绿化面积的对比见表1。

表1　哈尔滨与国外部分主要城市人均绿地面积的对比

序号	名称	人均绿地面积（m²）	序号	名称	人均绿地面积（m²）
1	柏林	26.1	7	罗马	11.4
2	伦敦	25.4	8	莫斯科	21.0
3	日内瓦	15.1	9	纽约	14.4
4	维也纳	70.4	10	巴黎	8.4
5	洛杉矶	18.06	11	华沙	22.7
6	东京	3.41	12	哈尔滨	7.32

（二）国内其他省份可借鉴经验与发展模式

1. 吉林省长春市

长春市的绿化覆盖率在全国大中城市中名列前茅，有着"国家园林城市"的称号，而且在绿化方面有着自身的特色。其城市绿地资源丰富，目前绿地率为36.5%，绿化覆盖率为41.5%，人均绿地面积达到为32.4平方米；城市空间形态为多中心分区式布局；城市绿地系统功能完善，布局合理，绿化布局形式为"一脉、一链、二环、多园、线网"的形式；植物种类多样，合理配置，在栽植上采用平面立面相结合、乔灌草相结合，突出了层次感。

2. 河北省邯郸市

邯郸市在2006年1月23日荣获"国家园林城市"称号，其绿地系统主要的特

同样，根据表格，正文中说"误差仍为零"显然不准确。

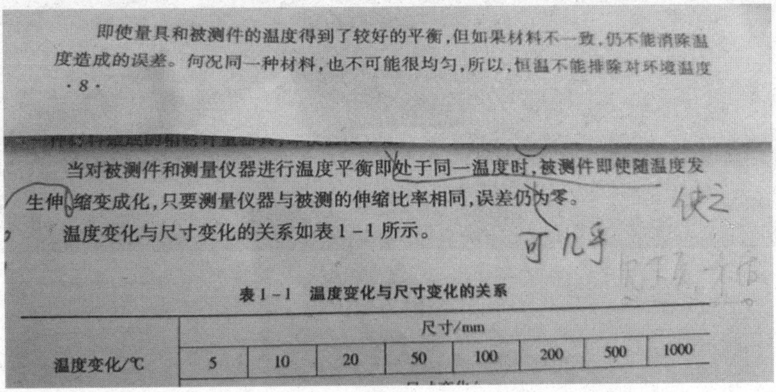

即使量具和被测件的温度得到了较好的平衡，但如果材料不一致，仍不能消除温度造成的误差。何况同一种材料，也不可能很均匀，所以，恒温不能排除对环境温度

当对被测件和测量仪器进行温度平衡即处于同一温度时，被测件即使随温度发生伸缩变成化，只要测量仪器与被测的伸缩比率相同，误差仍为零。

温度变化与尺寸变化的关系如表1－1所示。

表1－1　温度变化与尺寸变化的关系

温度变化/℃	尺寸/mm							
	5	10	20	50	100	200	500	1000

除此之外，公式编号、章节编号等也常与正文提到的有出入，往往是因为增加或删除内容，编号调整，正文中相应的叙述却没有调整。

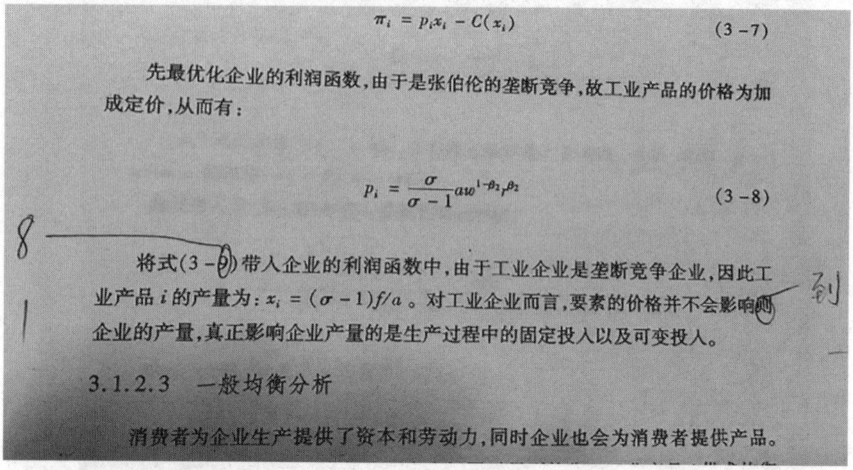

$$\pi_i = p_i x_i - C(x_i) \tag{3-7}$$

先最优化企业的利润函数，由于是张伯伦的垄断竞争，故工业产品的价格为加成定价，从而有：

$$p_i = \frac{\sigma}{\sigma - 1} a w^{1-\beta_2} r^{\beta_2} \tag{3-8}$$

将式(3－9)带人企业的利润函数中，由于工业企业是垄断竞争企业，因此工业产品 i 的产量为：$x_i = (\sigma - 1)f/a$。对工业企业而言，要素的价格并不会影响则企业的产量，真正影响企业产量的是生产过程中的固定投入以及可变投人。

3.1.2.3　一般均衡分析

消费者为企业生产提供了资本和劳动力，同时企业也会为消费者提供产品。

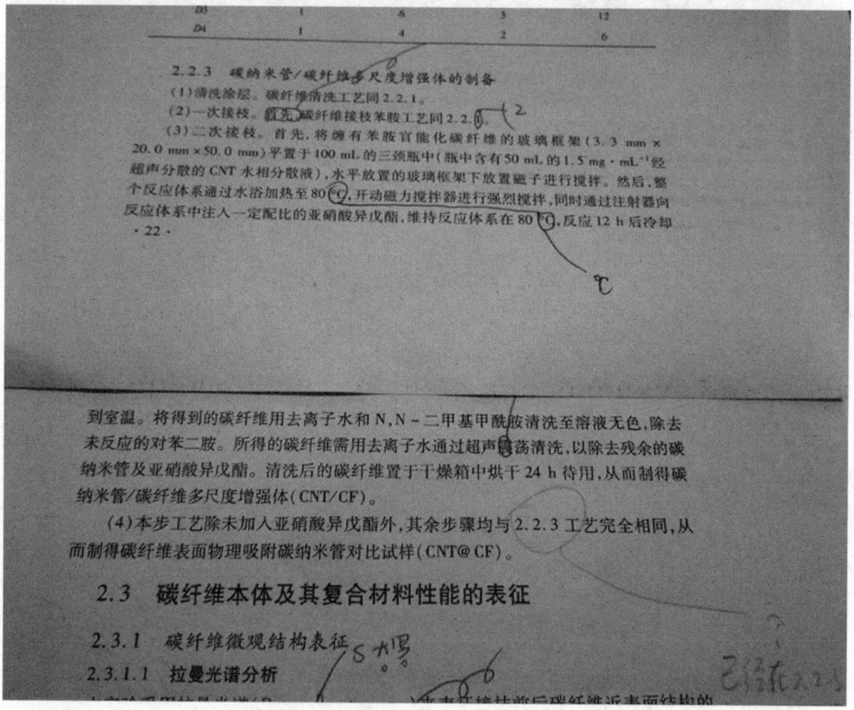

2.2.3　碳纳米管/碳纤维多尺度增强体的制备

(1)清洗涂层。碳纤维清洗工艺同2.2.1。

(2)一次接枝。首先，碳纤维接枝苯胺工艺同2.2.1。

(3)二次接枝。首先，将缠有苯胺官能化碳纤维的玻璃框架(3.3 mm × 20.0 mm × 50.0 mm)平置于100 mL的三颈瓶中(瓶中含有50 mL的1.5 mg · mL^{-1}经超声分散的CNT水相分散液)，水平放置的玻璃框架下放置磁子进行搅拌。然后，整个反应体系通过水浴加热至80 ℃，开动磁力搅拌器进行强烈搅拌，同时通过注射器向反应体系中注入一定配比的亚硝酸异戊酯，维持反应体系在80 ℃，反应12 h后冷却

· 22 ·

到室温。将得到的碳纤维用去离子水和N,N－二甲基甲酰胺清洗至溶液无色，除去未反应的对苯二胺。所得的碳纤维需用去离子水通过超声震荡清洗，以除去残余的碳纳米管及亚硝酸异戊酯。清洗后的碳纤维置于干燥箱中烘干24 h待用，从而制得碳纳米管/碳纤维多尺度增强体(CNT/CF)。

(4)本步工艺除未加人亚硝酸异戊酯外，其余步骤均与2.2.3工艺完全相同，从而制得碳纤维表面物理吸附碳纳米管对比试样(CNT@CF)。

2.3　碳纤维本体及其复合材料性能的表征

2.3.1　碳纤维微观结构表征

2.3.1.1　拉曼光谱分析

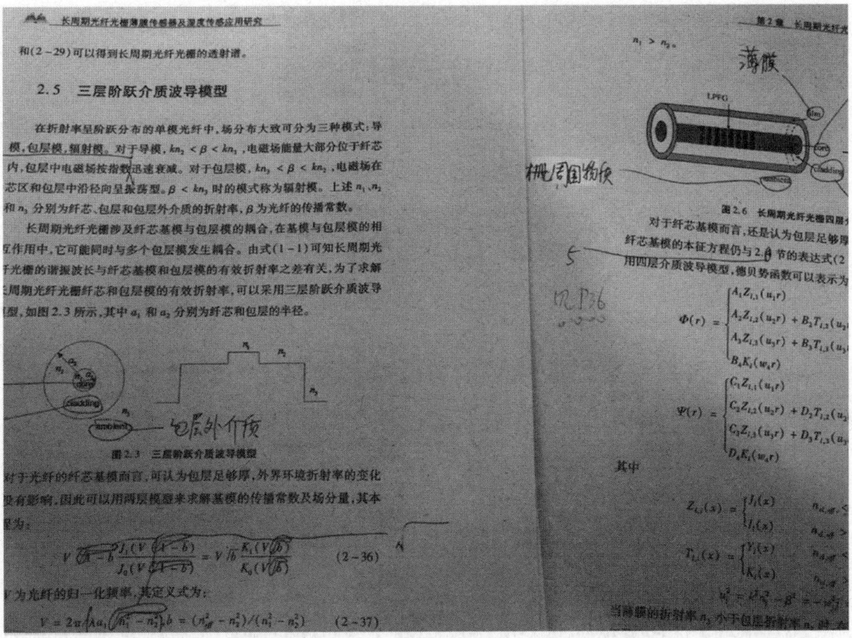

长周期光纤光栅薄膜传感器及湿度传感应用研究

和(2-29)可以得到长周期光纤光栅的透射谱。

2.5 三层阶跃介质波导模型

在折射率呈阶跃分布的单模光纤中，场分布大致可分为三种模式：导模，包层模，辐射模。对于导模，$kn_2 < \beta < kn_1$，电磁场能量大部分位于纤芯内，包层中电磁场按指数迅速衰减。对于包层模，$kn_3 < \beta < kn_2$，电磁场在芯区和包层中沿径向呈振荡型。$\beta < kn_3$ 时的模式称为辐射模。上述 n_1、n_2 和 n_3 分别为纤芯、包层和包层外介质的折射率，β 为光纤的传播常数。

长周期光纤光栅涉及纤芯基模与包层模的耦合，在基模与包层模的相互作用中，它可能同时与多个包层模发生耦合。由式(1-1)可知长周期光纤光栅的谐振波长与纤芯基模和包层模的有效折射率之差有关，为了求解长周期光纤光栅纤芯和包层模的有效折射率，可以采用三层阶跃介质波导模型，如图2.3所示，其中 a_1 和 a_2 分别为纤芯和包层的半径。

图2.3 三层阶跃介质波导模型

对于光纤的纤芯基模而言，可认为包层足够厚，外界环境折射率的变化没有影响，因此可以用两层模型来求解基模的传播常数及场分量，其本征方程为：

$$V\sqrt{1-b}\frac{J_1(V\sqrt{1-b})}{J_0(V\sqrt{1-b})} = V\sqrt{b}\frac{K_1(V\sqrt{b})}{K_0(V\sqrt{b})} \quad (2-36)$$

V 为光纤的归一化频率，其定义式为：

$$V = 2\pi/\lambda a_1\sqrt{n_1^2-n_2^2}, b = (n_{eff}^2-n_2^2)/(n_1^2-n_2^2) \quad (2-37)$$

第2章 长周期光纤光

$n_1 > n_2$。

图2.6 长周期光纤光栅四层

对于纤芯基模而言，还是认为包层足够厚，纤芯基模的本征方程仍与2.5节的表达式(2……用四层介质波导模型，德贝势函数可以表示为

$$\Phi(r) = \begin{cases} A_1Z_{l,1}(u_1r) \\ A_2Z_{l,2}(u_2r) + B_2T_{l,2}(u_2r) \\ A_3Z_{l,3}(u_3r) + B_3T_{l,3}(u_3r) \\ B_4K_l(w_4r) \end{cases}$$

$$\Psi(r) = \begin{cases} C_1Z_{l,1}(u_1r) \\ C_2Z_{l,2}(u_2r) + D_2T_{l,2}(u_2r) \\ C_3Z_{l,3}(u_3r) + D_3T_{l,3}(u_3r) \\ D_4K_l(w_4r) \end{cases}$$

其中

$$Z_{l,i}(x) = \begin{cases} J_l(x) \\ I_l(x) \end{cases} \qquad T_{l,i}(x) = \begin{cases} Y_l(x) \\ K_l(x) \end{cases}$$

当薄膜的折射率 n_3 小于包层折射率 n_2 时……

总之，书稿中前后矛盾或不统一的问题十分普遍而又棘手，考验着作者和编辑的细心和耐心。

第 12 章　辅文差错

辅文,顾名思义是辅助性文字。虽然在地位上看似低于正文,但它们是图书的重要组成部分,甚至是图书的门面,编辑尤其马虎不得。

12.1　封面、扉页差错

图书封面、扉页的设置及内容规范可参见国家标准《图书书名页》(GB/T 12450—2001)。《图书编校质量差错率计算方法》规定:封一、扉页上的文字差错,每处计 2 个差错;相关文字不一致,有一项计 1 个差错。作为图书的门面,同样的文字差错,封一和扉页上出现的,计错分值加倍。可见一本书呈献给读者的第一印象一定马虎不得。

下面两例中,书脊上的书名和封一上的作者姓氏分别出现了错误。

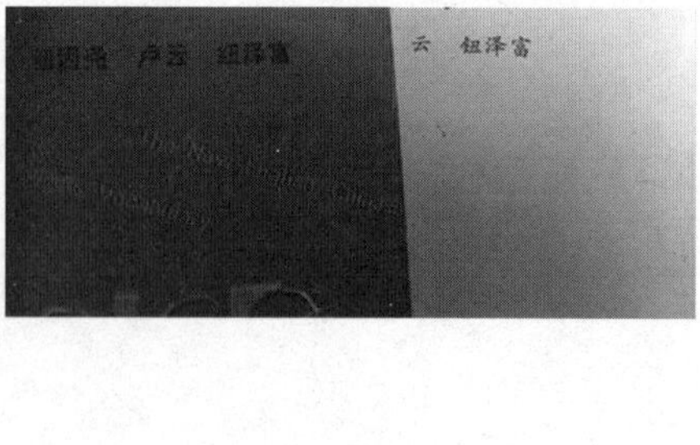

扉页上的出版年写错。

封面和扉页的作者不一致。

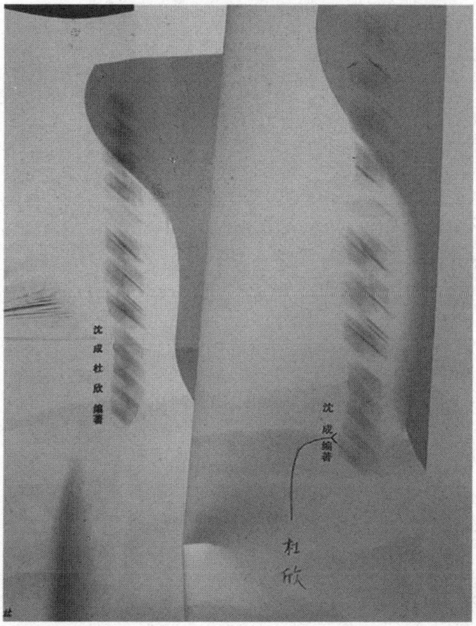

封面标题转行不规范。

书名的汉语拼音拼写除了遵循汉语拼音相关标准《汉语拼音正词法基本规则》（GB/T 16159—2012）外，还有《中文书刊名称汉语拼音拼写法》（GB 3259—92）。下面例子中，封面和扉页的拼音分词不一致，并列结构、缩略语等可以用短横。

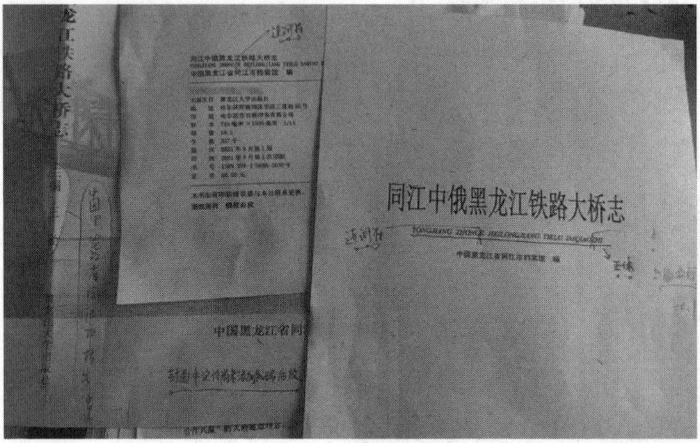

此例差错较为隐蔽。封面上书名的拼音是正确的，但是拼音的阴影缺少一个字母，因此每一行都需要仔细核对，艺术设计的效果有时并非自动生成而是人为制作，存在错漏的可能。

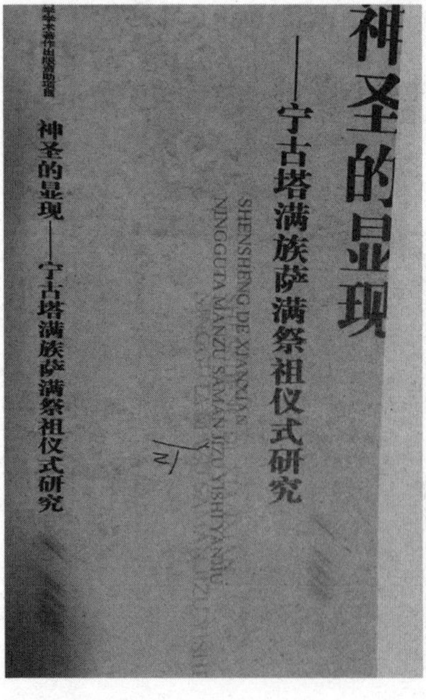

12.2 版权页差错

图书的版权页(版本记录页)记载着图书的很多关键信息,涉及《图书在版编目数据》(GB/T 12451—2001)、《中国标准书号条码》(GB/T 12906—2008)、《中国标准书号》(GB/T 5795—2006)等相关国家标准。

下面几例,都是CIP中的信息(书号、著录方式、作者名等)与其他处不符的情况。

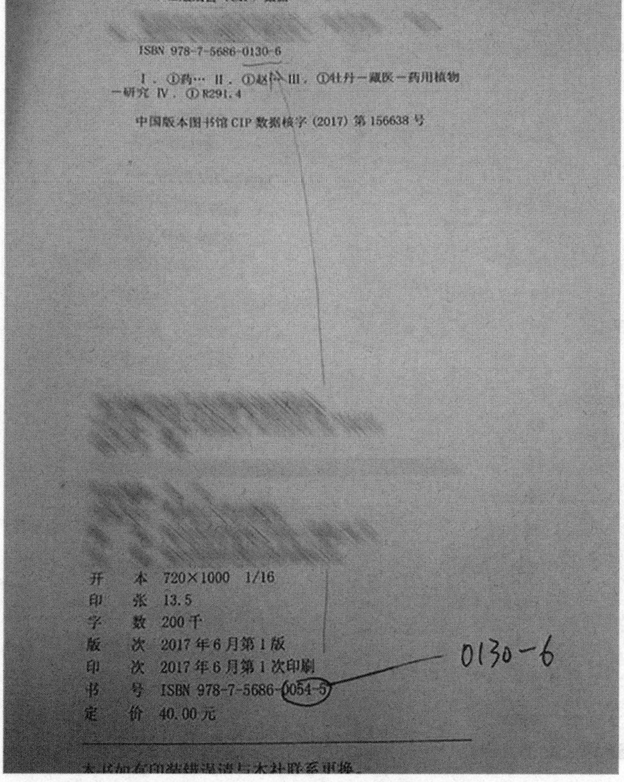
图书在版编目(CIP)数据

ISBN 978-7-5686-0130-6

Ⅰ.①药… Ⅱ.①赵… Ⅲ.①牡丹—藏医—药用植物—研究 Ⅳ.①R291.4

中国版本图书馆CIP数据核字(2017)第156638号

开　本　720×1000　1/16
印　张　13.5
字　数　200千
版　次　2017年6月第1版
印　次　2017年6月第1次印刷
书　号　ISBN 978-7-5686-0054-5
定　价　40.00元

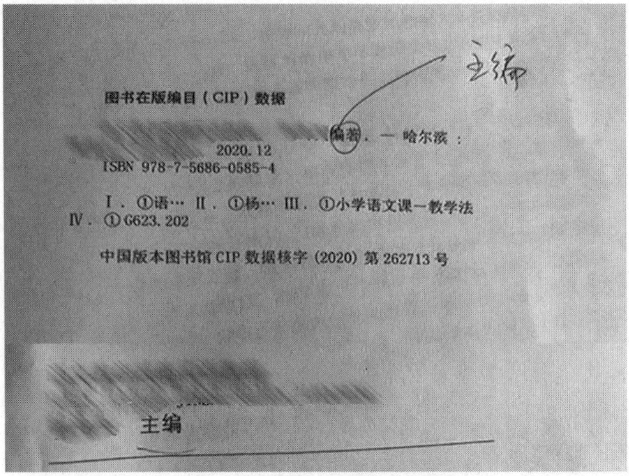

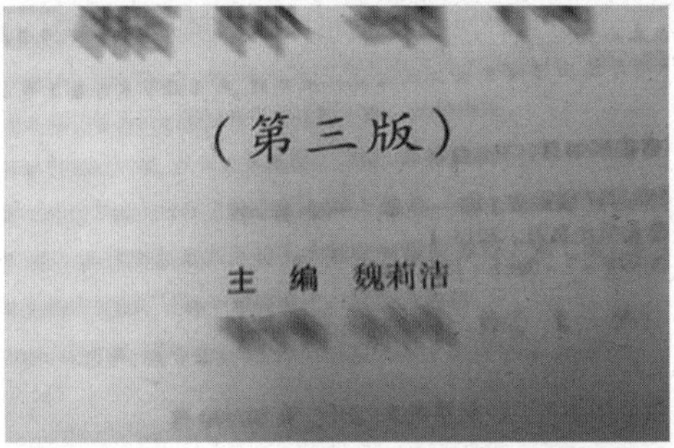

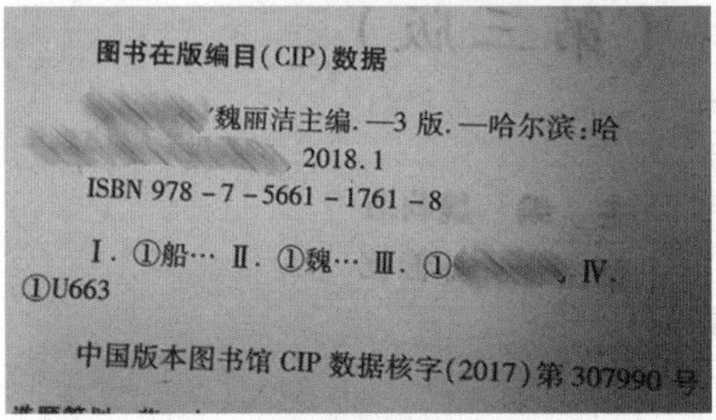

还有CIP写为GIP的情况。

图书信息中，书名拼音、印张和字数计算的差错。

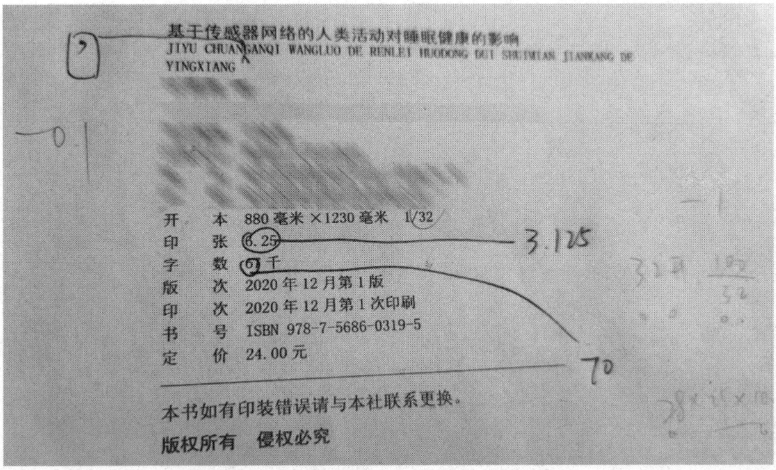
基于传感器网络的人类活动对睡眠健康的影响
JIYU CHUANGANQI WANGLUO DE RENLEI HUODONG DUI SHUIMIAN JIANKANG DE YINGXIANG

开	本	880 毫米 ×1230 毫米 1/32
印	张	[illegible].25
字	数	[illegible]千
版	次	2020 年 12 月第 1 版
印	次	2020 年 12 月第 1 次印刷
书	号	ISBN 978-7-5686-0319-5
定	价	24.00 元

本书如有印装错误请与本社联系更换。

版权所有 侵权必究

按照规定，再版图书需标明第一版的出版时间。

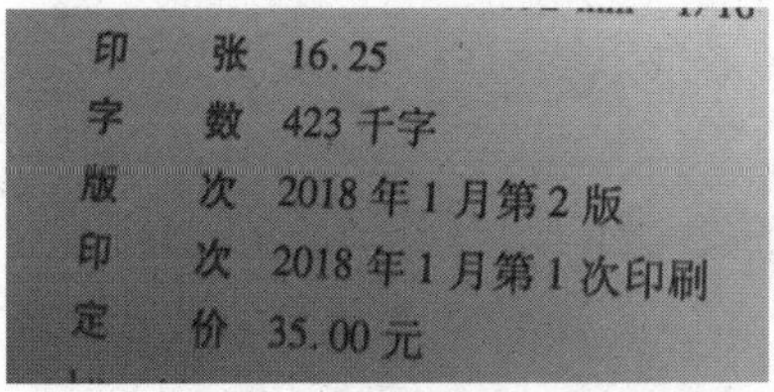

印	张	16.25
字	数	423 千字
版	次	2018 年 1 月第 2 版
印	次	2018 年 1 月第 1 次印刷
定	价	35.00 元

12.3 编委会页、前言、后记、目录、页眉差错

有编委会页的图书，尤其需要注意姓名排序问题。只要标注了排序方式，就要严格按照该方式排序。

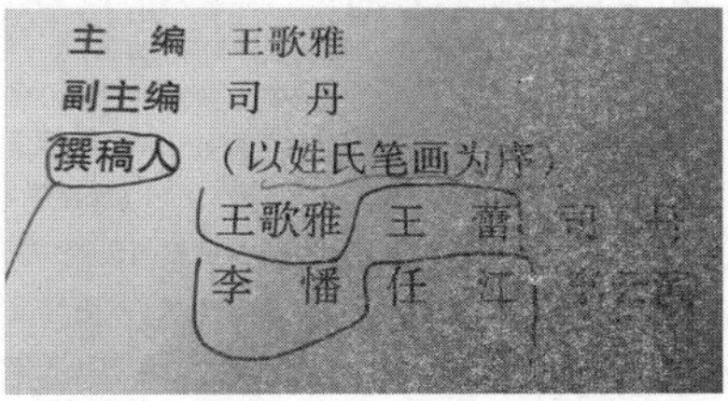
主 编 王歌雅
副主编 司 丹
撰稿人 （以姓氏笔画为序）
王歌雅 王 蕾 司 丹
李 憣 任 江

书中各章节标题名称在目录、页眉、正文中反复出现，前言或后记等部分中有时也会提及某一标题。前面几种较容易核查，隐藏在文中的标题名称，一旦该标题有所修改，就经常遗漏，造成不一致。

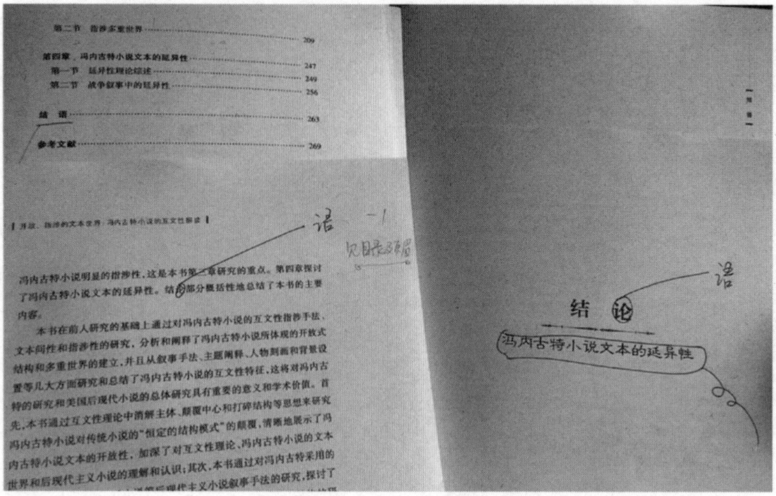

第二节 指涉多重世界……209

第四章 冯内古特小说文本的延异性……247

第一节 延异性理论综述……249

第二节 战争叙事中的延异性……256

结 语……263

参考文献……269

冯内古特小说明显的指涉性，这是本书第三章研究的重点。第四章探讨了冯内古特小说文本的延异性。结论部分概括性地总结了本书的主要内容。

本书在前人研究的基础上通过对冯内古特小说的互文性指涉手法、文本间性和指涉性的研究，分析和阐释了冯内古特小说所体现的开放式结构和多重世界的建立，并且从叙事手法、主题阐释、人物刻画和背景设置等几大方面研究和总结了冯内古特小说的互文性特征，这将对冯内古特的研究和美国后现代小说的总体研究具有重要的意义和学术价值。首先，本书通过互文性理论中消解主体、颠覆中心和打碎结构等思想来研究冯内古特小说对传统小说的"恒定的结构模式"的颠覆，清晰地展示了冯内古特小说文本的开放性，加深了对互文性理论、冯内古特小说的文本世界和后现代主义小说的理解和认识；其次，本书通过对冯内古特采用的

结 论

冯内古特小说文本的延异性

再版后记写作的时间点为再版时间，较初版时应有所更新。

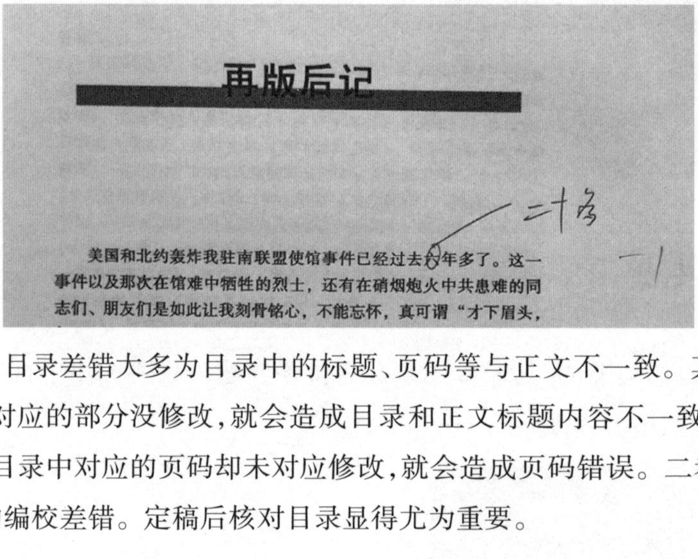

再版后记

美国和北约轰炸我驻南联盟使馆事件已经过去六年多了。这一事件以及那次在馆难中牺牲的烈士，还有在硝烟炮火中共患难的同志们、朋友们是如此让我刻骨铭心，不能忘怀，真可谓"才下眉头，

目录差错大多为目录中的标题、页码等与正文不一致。其中之一修改了，对应的部分没修改，就会造成目录和正文标题内容不一致；正文标题串版，目录中对应的页码却未对应修改，就会造成页码错误。二者都是较为常见的编校差错。定稿后核对目录显得尤为重要。

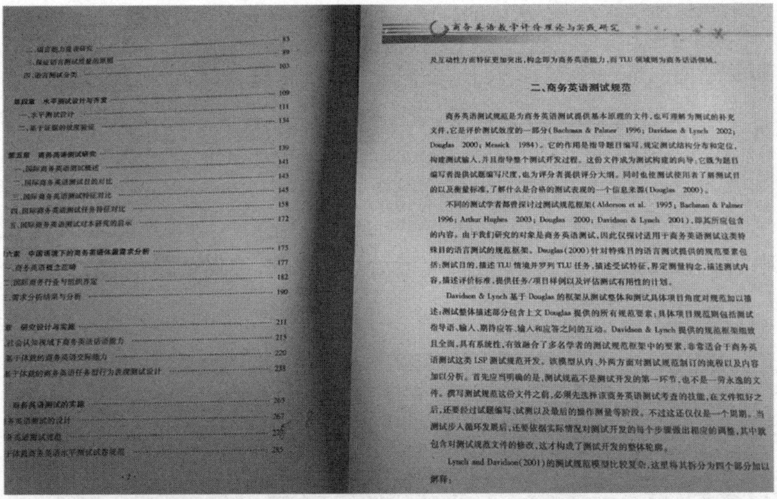

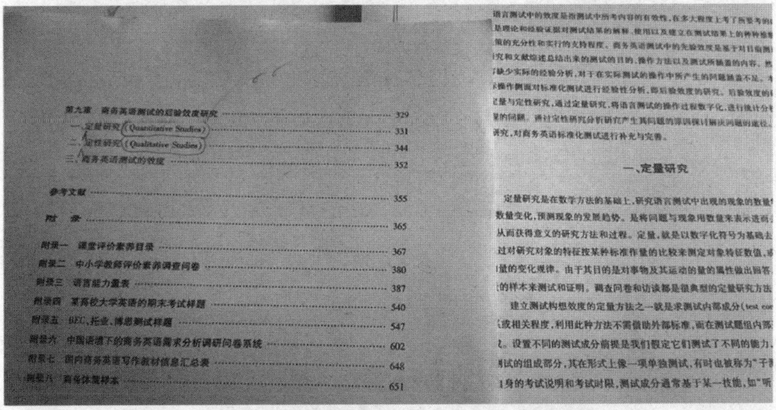

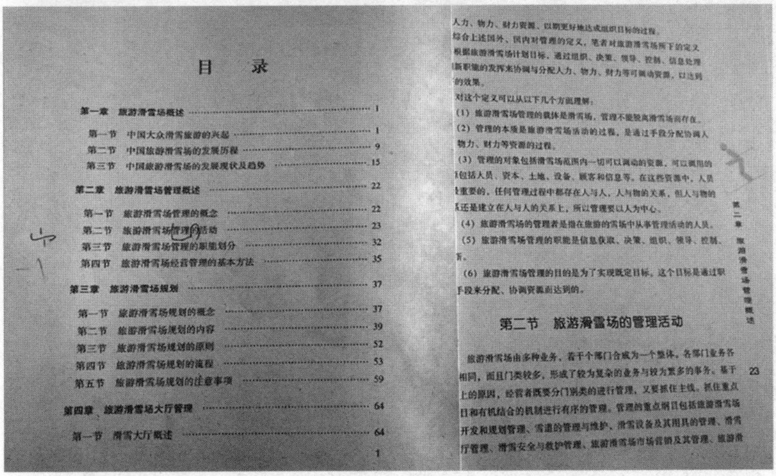

此例中目录页码顺序出现了异常，提示一定有错误。

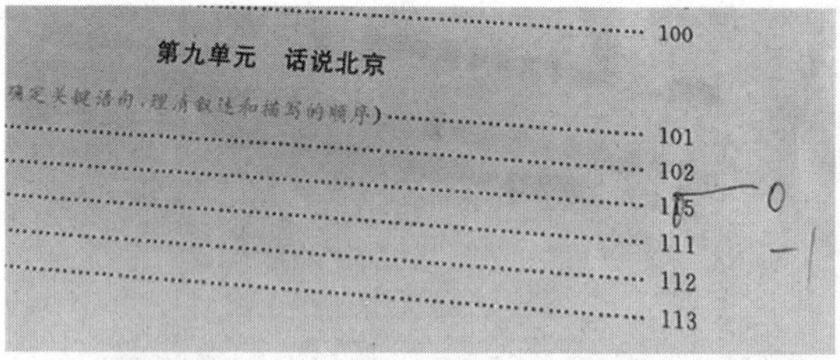

此例中除了1.1标题名称不一致以外，二级和三级标题的格式设计成一致也不尽合理。

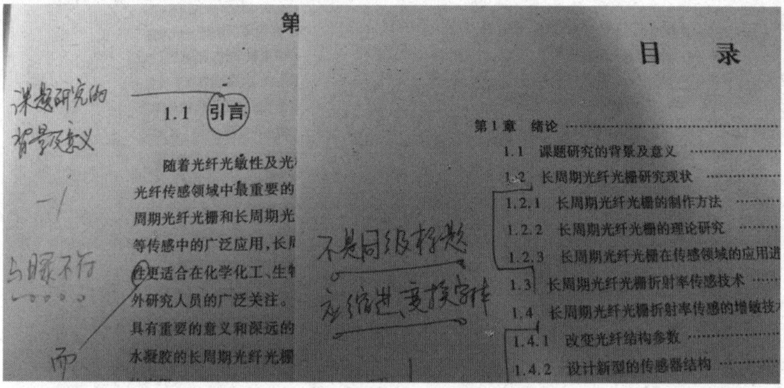

第
1.1 引言
随着光纤光敏性及光
光纤传感领域中最重要的
周期光纤光栅和长周期光
等传感中的广泛应用，长
性更适合在化学化工、生
外研究人员的广泛关注。
具有重要的意义和深远的
水凝胶的长周期光纤光栅

目 录

不该进入目录的标题级别进入了目录，往往是排版时标题级别设置错误造成的，正文中的标题格式也需要相应核查。

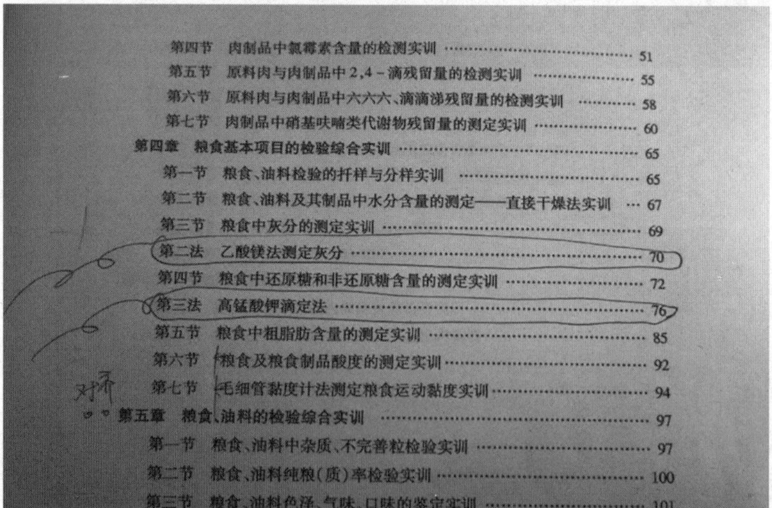

页眉与目录一样，只要正文有改动，页眉就一定要同步修改，避免不一致。下面两例分别是书名和章名同页眉不一致。

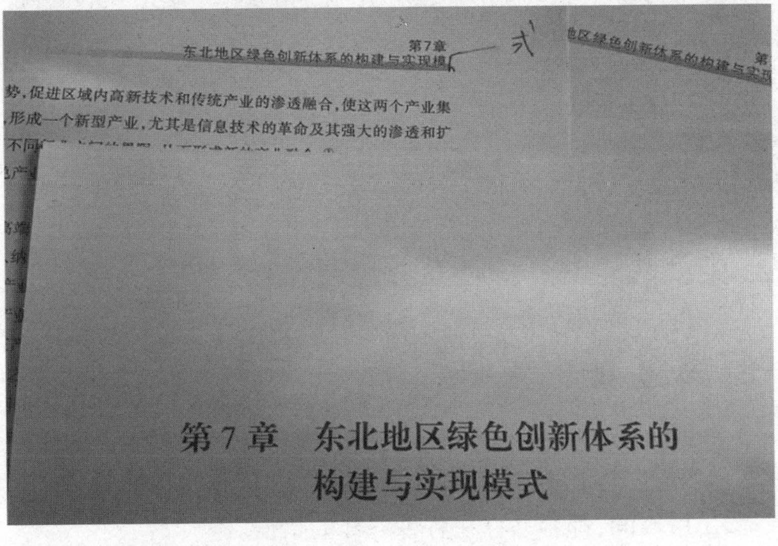

空白页页眉可不予保留。

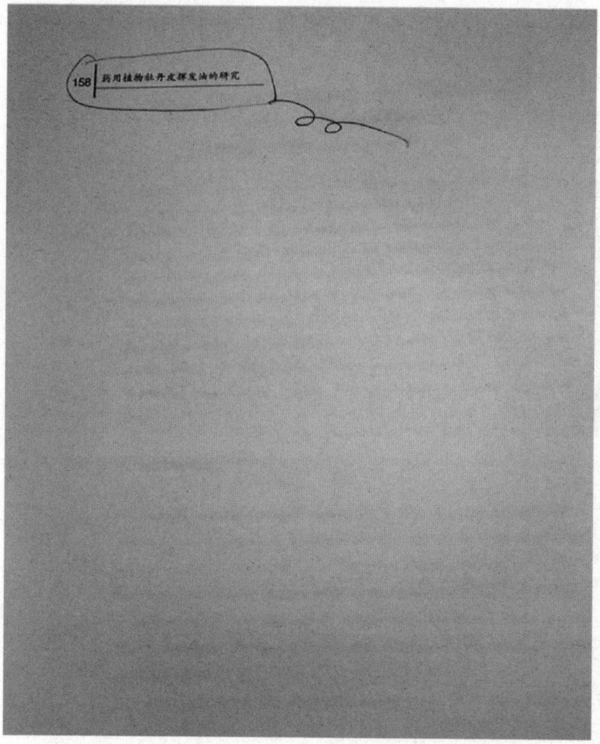
158 药用植物牡丹皮挥发油的研究

12.4 注释差错

注释差错大多出现在表示出处的参考文献类注释中。从作者名、文献名到出版地、出版时间,都容易存在各种各样的错误。

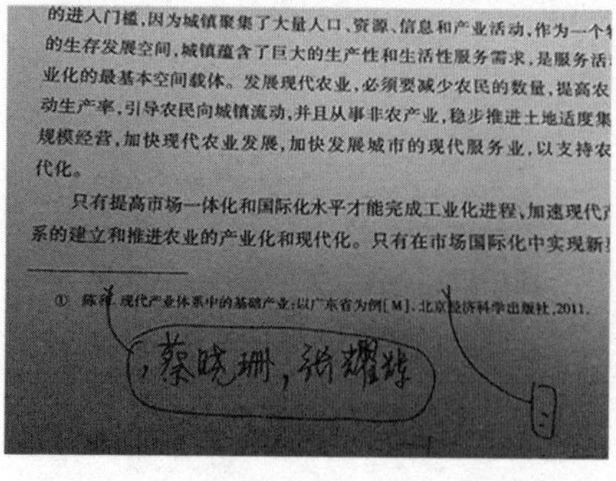
的进入门槛,因为城镇聚集了大量人口、资源、信息和产业活动,作为一个
的生存发展空间,城镇蕴含了巨大的生产性和生活性服务需求,是服务活
业化的最基本空间载体。发展现代农业,必须要减少农民的数量,提高农
动生产率,引导农民向城镇流动,并且从事非农产业,稳步推进土地适度集
规模经营,加快现代农业发展,加快发展城市的现代服务业,以支持农
代化。

只有提高市场一体化和国际化水平才能完成工业化进程、加速现代
系的建立和推进农业的产业化和现代化。只有在市场国际化中实现新

① 陈泽.现代产业体系中的基础产业:以广东省为例[M].北京经济科学出版社,2011.

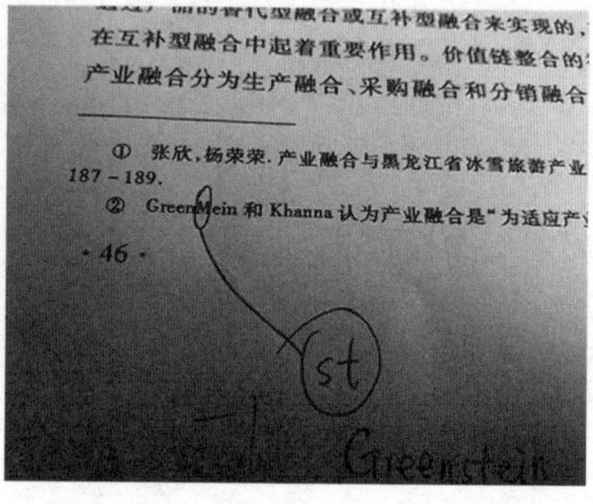
在互补型融合中起着重要作用。价值链整合的
产业融合分为生产融合、采购融合和分销融合

① 张欣,杨荣荣.产业融合与黑龙江省冰雪旅游产业
187－189.

② GreenMein 和 Khanna 认为产业融合是"为适应产

·46·

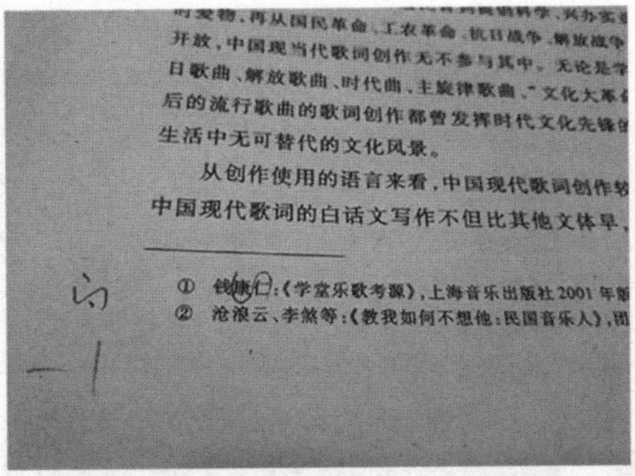
开放，中国现当代歌词创作无不参与其中。无论是学
日歌曲、解放歌曲、时代曲、主旋律歌曲、"文化大革命
后的流行歌曲的歌词创作都曾发挥时代文化先锋作
生活中无可替代的文化风景。

从创作使用的语言来看，中国现代歌词创作较
中国现代歌词的白话文写作不但比其他文体早，

① 钱仁康：《学堂乐歌考源》，上海音乐出版社2001年版
② 沧浪云、李煞等：《教我如何不想他：民国音乐人》，团

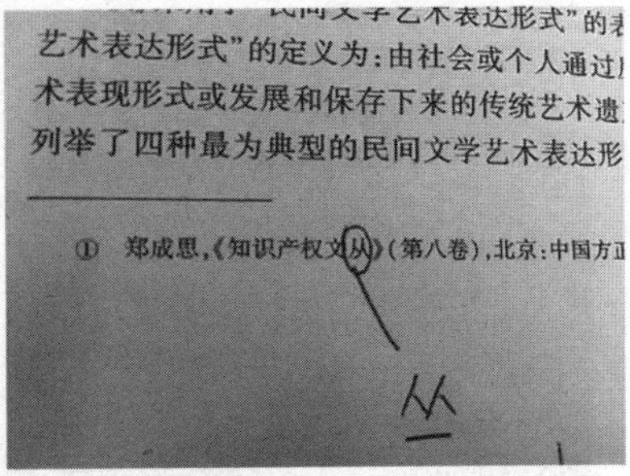
艺术表达形式"的定义为：由社会或个人通过
术表现形式或发展和保存下来的传统艺术遗
列举了四种最为典型的民间文学艺术表达形

① 郑成思，《知识产权文从》（第八卷），北京：中国方

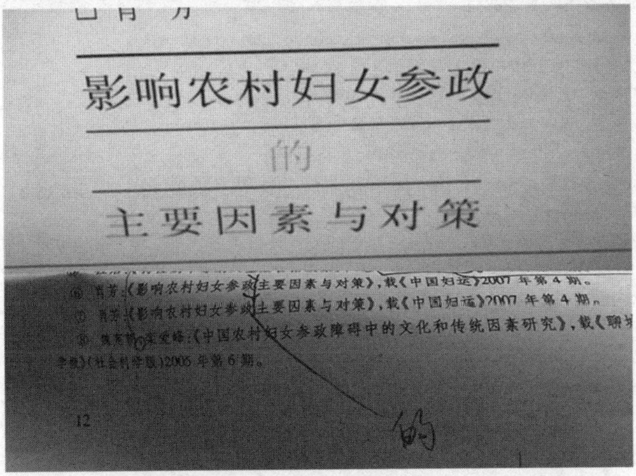
影响农村妇女参政
的
主要因素与对策

① 肖芳：《影响农村妇女参政主要因素与对策》，载《中国妇运》2007年第4期。
② 肖芳：《影响农村妇女参政主要因素与对策》，载《中国妇运》2007年第4期。
③ 魏宪朝、王爱峰：《中国农村妇女参政障碍中的文化和传统因素研究》，载《聊城大学学报》(社会科学版)2005年第6期。

12

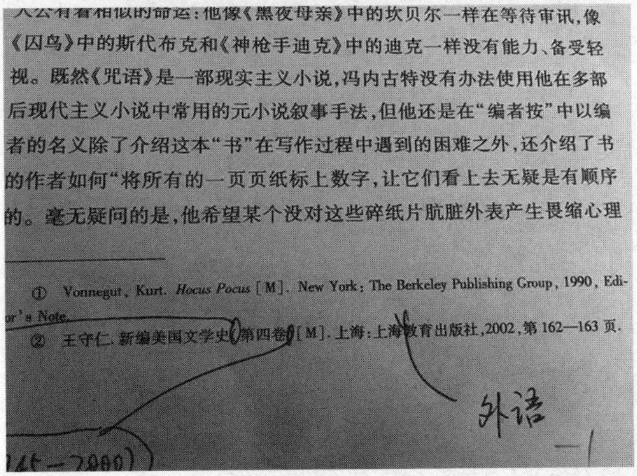
人公有着相似的命运：他像《黑夜母亲》中的坎贝尔一样在等待审讯，像
《囚鸟》中的斯代布克和《神枪手迪克》中的迪克一样没有能力、备受轻
视。既然《咒语》是一部现实主义小说，冯内古特没有办法使用他在多部
后现代主义小说中常用的元小说叙事手法，但他还是在"编者按"中以编
者的名义除了介绍这本"书"在写作过程中遇到的困难之外，还介绍了书
的作者如何"将所有的一页页纸标上数字，让它们看上去无疑是有顺序
的。毫无疑问的是，他希望某个没对这些碎纸片肮脏外表产生畏缩心理

① Vonnegut, Kurt. *Hocus Pocus* [M]. New York: The Berkeley Publishing Group, 1990, Editor's Note.
② 王守仁. 新编美国文学史 第四卷 [M]. 上海：上海教育出版社,2002,第162—163页.

有一些差错，只要前后相比较或跟正文仔细核对就不难发现。

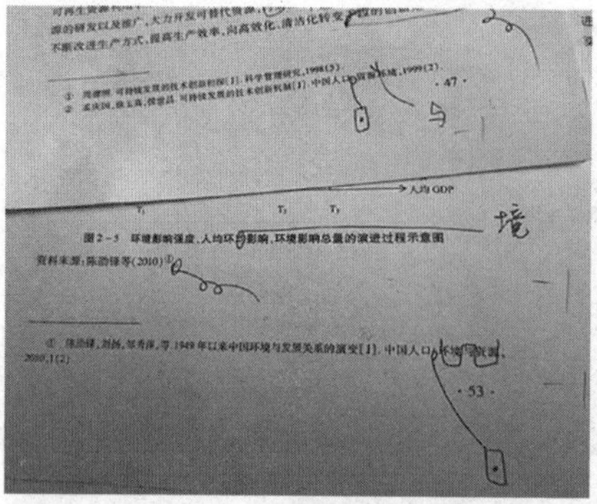

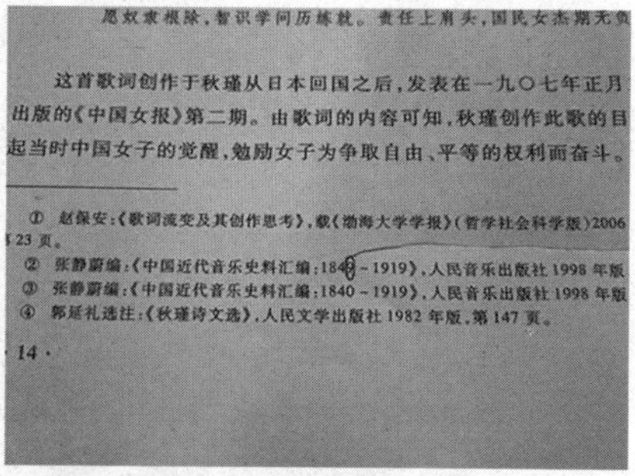
这首歌词创作于秋瑾从日本回国之后，发表在一九〇七年正月出版的《中国女报》第二期。由歌词的内容可知，秋瑾创作此歌的目起当时中国女子的觉醒，勉励女子为争取自由、平等的权利而奋斗。

① 赵保安：《歌词流变及其创作思考》，载《渤海大学学报》（哲学社会科学版）2006 第23页。
② 张静蔚编：《中国近代音乐史料汇编：1840－1919》，人民音乐出版社1998年版
③ 张静蔚编：《中国近代音乐史料汇编：1840－1919》，人民音乐出版社1998年版
④ 郭延礼选注：《秋瑾诗文选》，人民文学出版社1982年版，第147页。

· 14 ·

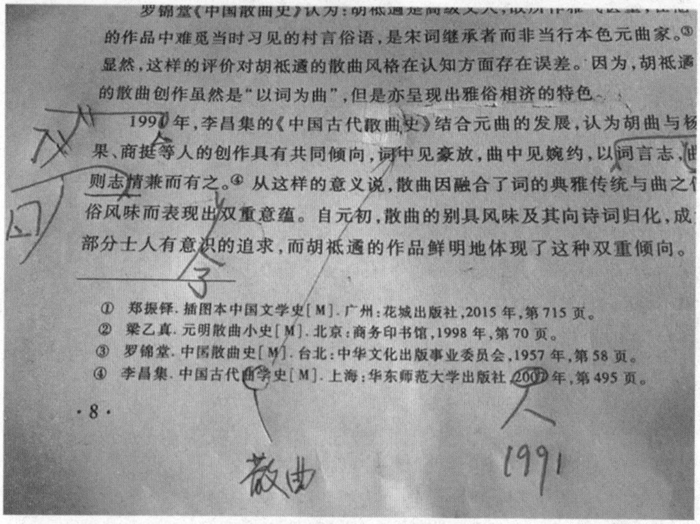
的作品中难觅当时习见的村言俗语，是宋词继承者而非当行本色元曲家。③显然，这样的评价对胡祗遹的散曲风格在认知方面存在误差。因为，胡祗遹的散曲创作虽然是"以词为曲"，但是亦呈现出雅俗相济的特色。

1991年，李昌集的《中国古代散曲史》结合元曲的发展，认为胡曲与杨果、商挺等人的创作具有共同倾向，词中见豪放，曲中见婉约，以词言志，曲则志情兼而有之。④从这样的意义说，散曲因融合了词的典雅传统与曲之俗风味而表现出双重意蕴。自元初，散曲的别具风味及其向诗词归化，成部分士人有意识的追求，而胡祗遹的作品鲜明地体现了这种双重倾向。

① 郑振铎. 插图本中国文学史[M]. 广州：花城出版社，2015年，第715页。
② 梁乙真. 元明散曲小史[M]. 北京：商务印书馆，1998年，第70页。
③ 罗锦堂. 中国散曲史[M]. 台北：中华文化出版事业委员会，1957年，第58页。
④ 李昌集. 中国古代曲学史[M]. 上海：华东师范大学出版社，2007年，第495页。

· 8 ·

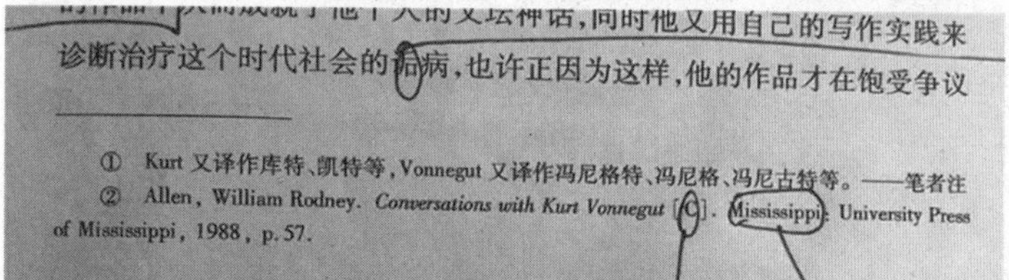
诊断治疗这个时代社会的病病，也许正因为这样，他的作品才在饱受争议

① Kurt 又译作库特、凯特等，Vonnegut 又译作冯尼格特、冯尼格、冯尼古特等。——笔者注
② Allen, William Rodney. *Conversations with Kurt Vonnegut* [C]. Mississippi: University Press of Mississippi, 1988, p.57.

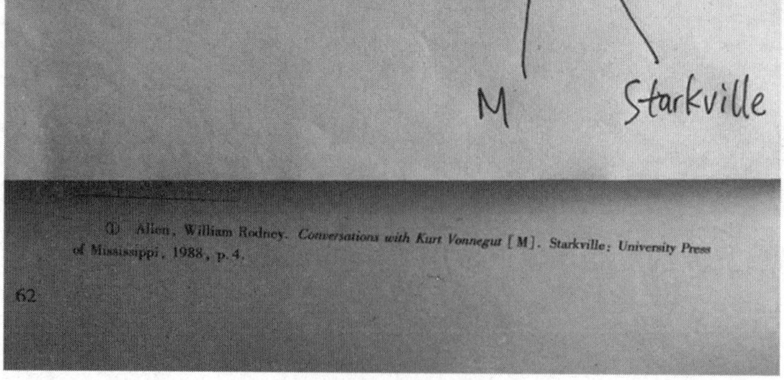
① Allen, William Rodney. *Conversations with Kurt Vonnegut* [M]. Starkville: University Press of Mississippi, 1988, p.4.

62

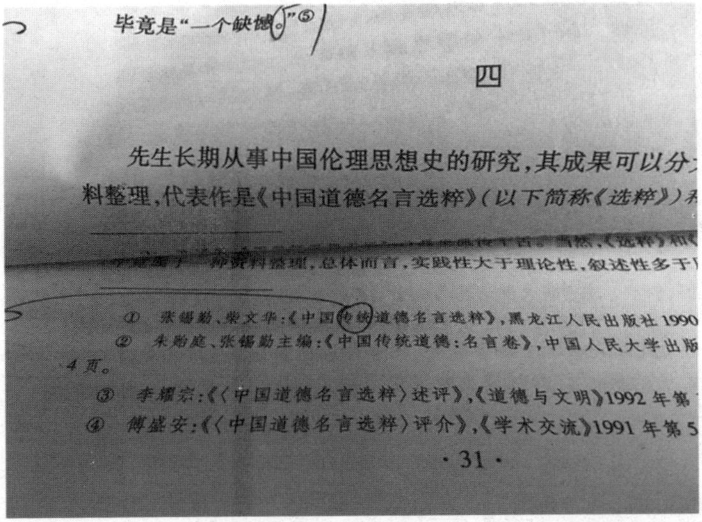

毕竟是"一个缺憾。"⑤

四

先生长期从事中国伦理思想史的研究,其成果可以分
料整理,代表作是《中国道德名言选粹》(以下简称《选粹》)

的资料整理,总体而言,实践性大于理论性,叙述性多于

① 张锡勤、柴文华:《中国传统道德名言选粹》,黑龙江人民出版社 1990
② 朱贻庭、张锡勤主编:《中国传统道德:名言卷》,中国人民大学出版
4 页。
③ 李耀宗:《〈中国道德名言选粹〉述评》,《道德与文明》1992 年第
④ 傅盛安:《〈中国道德名言选粹〉评介》,《学术交流》1991 年第 5

· 31 ·

12.5 文后参考文献差错

文后参考文献是很多专业性较强的图书重要的组成部分,在学术研究中有着一定的价值,也是编辑对书稿内容进行核实的重要参照,但核对起来也确实困难、枯燥。国家标准《信息与文献　参考文献著录规则》(GB/T 7714—2015)对文后参考文献的格式做了细致的规定,但实际上文后参考文献出现的差错大多是内容上的差错,因此要仔细核查参考文献信息的准确性,切不可将其当成单纯的凑字工具,也莫将核查参考文献看成无意义的负担。

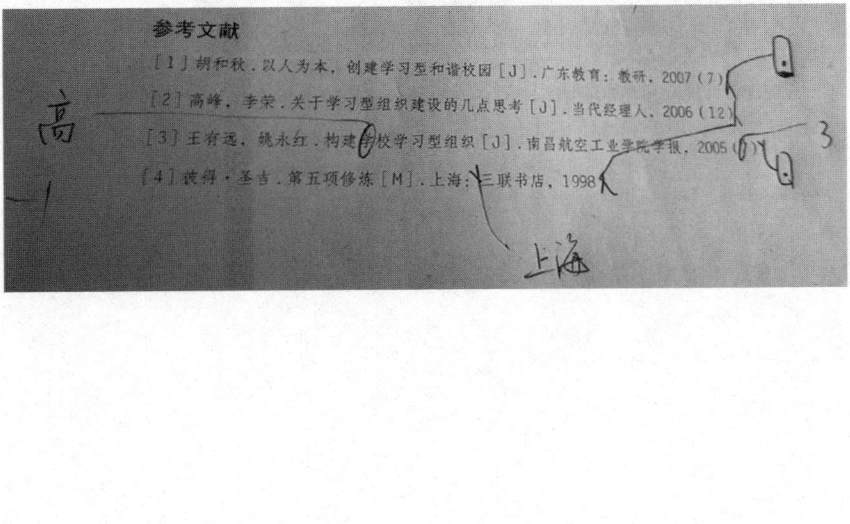

参考文献

[1] 胡和秋. 以人为本, 创建学习型和谐校园 [J]. 广东教育: 教研, 2007 (7)
[2] 高峰, 李荣. 关于学习型组织建设的几点思考 [J]. 当代经理人, 2006 (12)
[3] 王有远, 姚永红. 构建学校学习型组织 [J]. 南昌航空工业学院学报, 2005 (1)
[4] 彼得·圣吉. 第五项修炼 [M]. 上海: 三联书店, 1998

[33]杨立滨. 几种基于半导体涉及电荷转移的 SERS 及
究 [D]. 吉林:吉林大学理论化学研究所,2010.
[34]王延飞. Ⅱ - Ⅵ族半导体纳米粒子的制备及其作
射基底的研究 [D]. 吉林:吉林大学理论化学研究所

e photoinduced charging events in ZnO
ge distribution and frmi - level equilibr
n. B 2003, 107, 7479 - 7485.

社,2013.
[9]曲伟. 《黑龙江省村民自治研究[M]. 哈尔滨:黑龙江省人民出版
社,2005.

[78]姜华,高原,杨景明,等. 源于"整体观"思想的中药质量评价方法研究概述
[J]. 中国中药杂志,2015,40(6):1027 - 1031.
[79]程新玮. 基于新一代测序技术的中药制剂质量评价方法[D]. 济南:济南大
学出,2014.
[80]张玉峰,范骁辉,瞿海斌. 基于选择离子集成谱的中药质量评价新方法[J].
高等学校化学学报,2011,32(11):1236 - 1242.

英文参考文献人名的处理一直是一个难题,很容易把姓和名搞混,造成缩写形式错误。下例中的作者名缩写后应当为"FONTAINE M C,PEREZ - CASAL J"。

2007,90(12):5798 - 5813.
[15]Michael C F,Jose P C, Song X M,et al. Immunisation of dairy
with recombineant *Streptococcus uberis* GapC or a chimeric CAM
tigen confers protection against heterologous bacterial challenge
Vaccine,2002, 20(17 - 18):2278 - 2286.

此例中则没有搞清哪些英文单词是一个作者的名字,造成缩写错误。

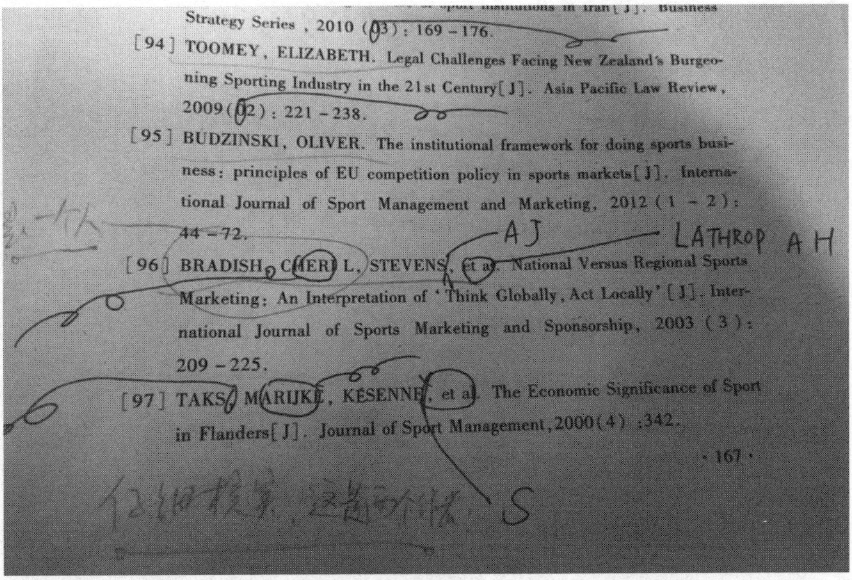
Strategy Series, 2010 (03): 169 – 176.
[94] TOOMEY, ELIZABETH. Legal Challenges Facing New Zealand's Burgeoning Sporting Industry in the 21st Century[J]. Asia Pacific Law Review, 2009(02): 221 – 238.
[95] BUDZINSKI, OLIVER. The institutional framework for doing sports business: principles of EU competition policy in sports markets[J]. International Journal of Sport Management and Marketing, 2012 (1 – 2): 44 – 72.
[96] BRADISH, CHERI L, STEVENS, et al. National Versus Regional Sports Marketing: An Interpretation of 'Think Globally, Act Locally' [J]. International Journal of Sports Marketing and Sponsorship, 2003 (3): 209 – 225.
[97] TAKS, MARIJKE, KESENNE, et al. The Economic Significance of Sport in Flanders[J]. Journal of Sport Management, 2000(4): 342.
· 167 ·

姓氏中的冠词、介词缩写时保留，不可只将 Van 单独作为姓。

Group Decision and Negotiation, 1998.
[5] R. C. Van. Decisional Power in Group
Members' Weights in the Multiplicat
Negotiation, 2001, 10: 275 – 286.
[6]宋兆泓，陈光，张景武，等. 航空发动

一些书稿中原本有文后参考文献的注码，编辑加工时统一去掉了，但是有些在正文中提及的注码如果不小心一并去掉了，就不知道是哪一条文献，语句就不通了。

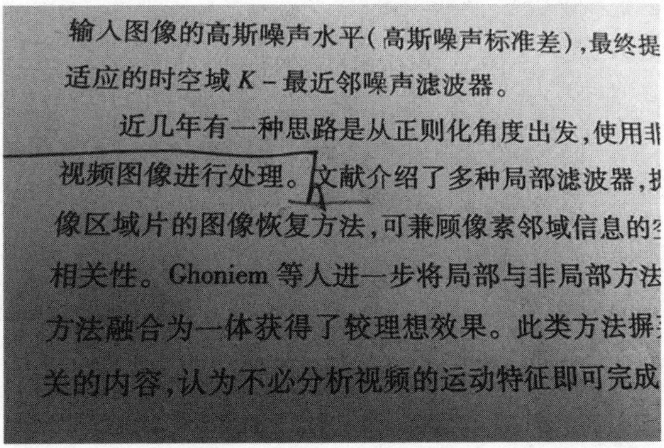
输入图像的高斯噪声水平（高斯噪声标准差），最终提
适应的时空域 K – 最近邻噪声滤波器。
近几年有一种思路是从正则化角度出发，使用非
视频图像进行处理。文献介绍了多种局部滤波器，拼
像区域片的图像恢复方法，可兼顾像素邻域信息的空
相关性。Ghoniem 等人进一步将局部与非局部方法
方法融合为一体获得了较理想效果。此类方法摒弃
关的内容，认为不必分析视频的运动特征即可完成

此例中除了参考文献信息错误外，书名误加了书名号，末尾未加句点，都与标准要求的格式不相符。

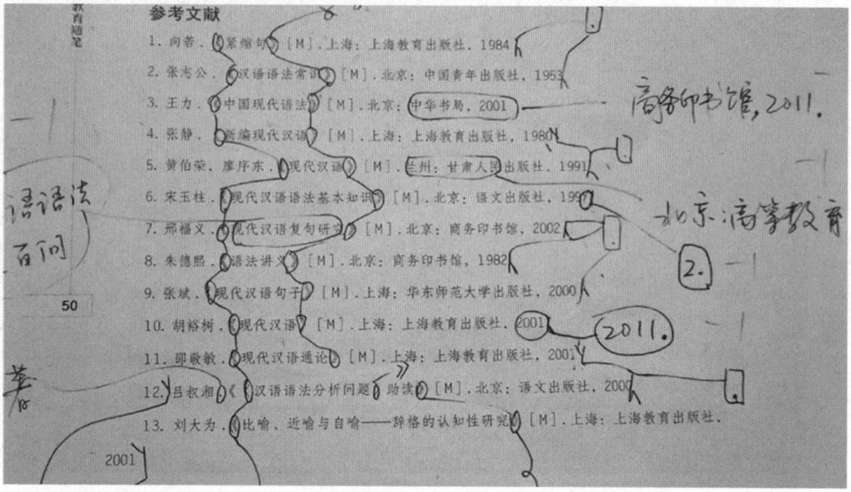
参考文献

1. 向若．《紧缩句》[M]．上海：上海教育出版社，1984
2. 张志公．《汉语语法常识》[M]．北京：中国青年出版社，1953
3. 王力．《中国现代语法》[M]．北京：中华书局，2001
4. 张静．《新编现代汉语》[M]．上海：上海教育出版社，1980
5. 黄伯荣，廖序东．《现代汉语》[M]．兰州：甘肃人民出版社，1991
6. 宋玉柱．《现代汉语语法基本知识》[M]．北京：语文出版社，1990
7. 邢福义．《现代汉语复句研究》[M]．北京：商务印书馆，2002
8. 朱德熙．《语法讲义》[M]．北京：商务印书馆，1982
9. 张斌．《现代汉语句子》[M]．上海：华东师范大学出版社，2000
10. 胡裕树．《现代汉语》[M]．上海：上海教育出版社，2001
11. 邵敬敏．《现代汉语通论》[M]．上海：上海教育出版社，2001
12. 吕叔湘．《〈汉语语法分析问题〉助读》[M]．北京：语文出版社，2000
13. 刘大为．《比喻、近喻与自喻——辞格的认知性研究》[M]．上海：上海教育出版社，

两个连续的注码用半字线连接，即“[31－32]”，而非“[31、32]”“[31，32]”“[31][32]”“[31]、[32]”“[31]，[32]”“[31]－[32]”等形式。

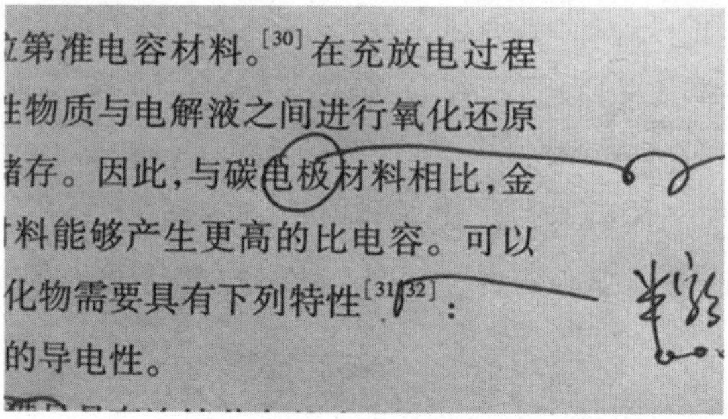
立第准电容材料。[30]在充放电过程
性物质与电解液之间进行氧化还原
储存。因此，与碳电极材料相比，金
材料能够产生更高的比电容。可以
化物需要具有下列特性[31,32]：
的导电性。

第13章 格式、版式差错

在《图书编校质量差错率计算方法》中,格式、版式差错每一处都只计0.1个差错,但格式、版式也体现着图书的观感,格式、版式差错不仅导致图书不美观,有时还会影响理解,造成更大的差错。

13.1 语段转行与空格问题

行文转行不当,不仅影响美观,而且会对阅读造成一定的障碍。

汉语语段转行不当多是疏忽造成,编辑过程中只要用心就不难发现。Word稿编辑加工后再排版的稿件尤其要注意排版稿中是否存在这样的问题。下面的例子中有较多转行和空格不当的情况。

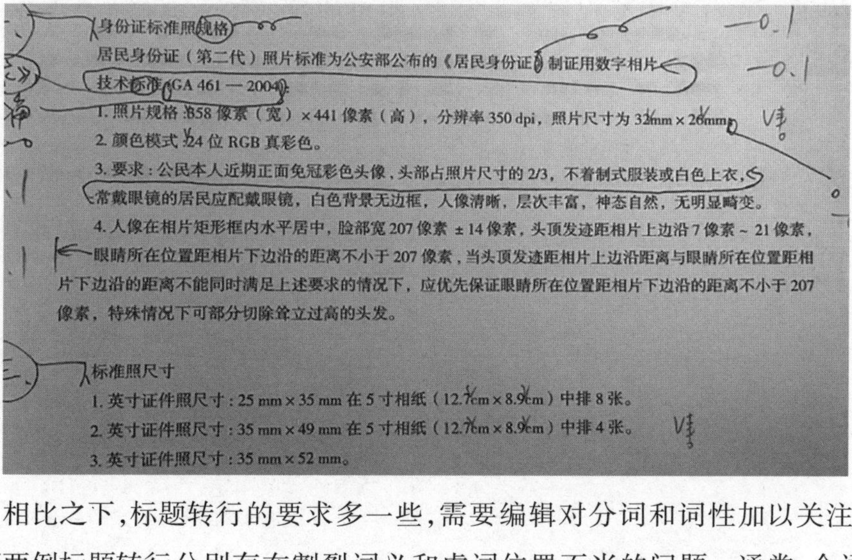

身份证标准照规格

居民身份证(第二代)照片标准为公安部公布的《居民身份证》制证用数字相片

技术标准(GA 461 — 2004):

1. 照片规格:358像素(宽)×441像素(高),分辨率350 dpi,照片尺寸为32mm×26mm

2. 颜色模式:24位RGB真彩色。

3. 要求:公民本人近期正面免冠彩色头像,头部占照片尺寸的2/3,不着制式服装或白色上衣,

常戴眼镜的居民应配戴眼镜,白色背景无边框,人像清晰,层次丰富,神态自然,无明显畸变。

4. 人像在相片矩形框内水平居中,脸部宽207像素 ±14像素,头顶发迹距相片上边沿7像素~21像素,

眼睛所在位置距相片下边沿的距离不小于207像素,当头顶发迹距相片上边沿距离与眼睛所在位置距相片下边沿的距离不能同时满足上述要求的情况下,应优先保证眼睛所在位置距相片下边沿的距离不小于207像素,特殊情况下可部分切除耸立过高的头发。

标准照尺寸

1. 英寸证件照尺寸:25 mm×35 mm在5寸相纸(12.7cm×8.9cm)中排8张。

2. 英寸证件照尺寸:35 mm×49 mm在5寸相纸(12.7cm×8.9cm)中排4张。

3. 英寸证件照尺寸:35 mm×52 mm。

相比之下,标题转行的要求多一些,需要编辑对分词和词性加以关注。下面两例标题转行分别存在割裂词义和虚词位置不当的问题。通常,介词

和连词位于行首，助词和叹词位于行末。

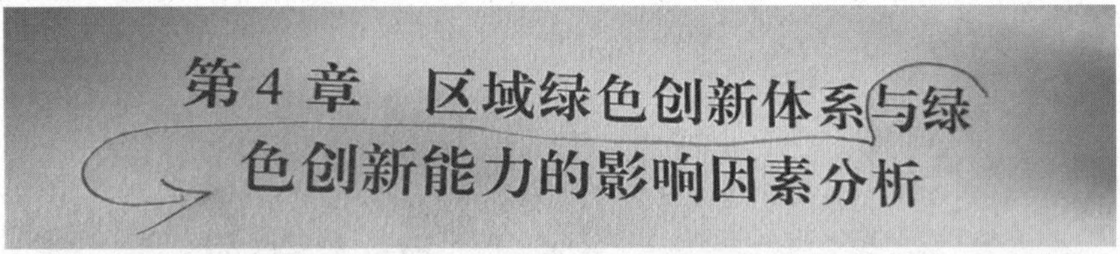
第4章　区域绿色创新体系与绿
色创新能力的影响因素分析

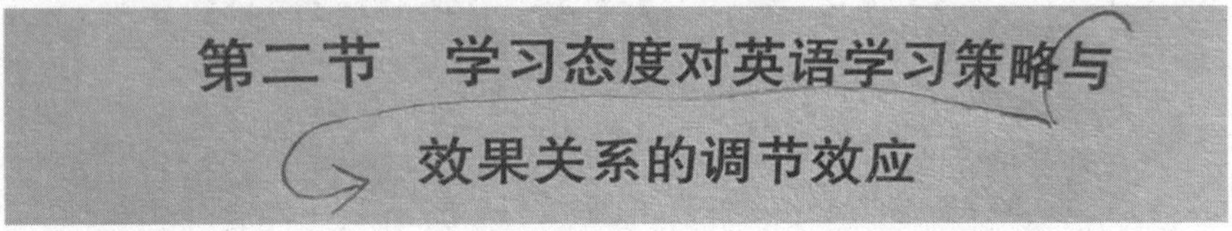
第二节　学习态度对英语学习策略与
效果关系的调节效应

下面两例都是跨页时空格错误，该顶格的未顶格，该空格的却未空格。

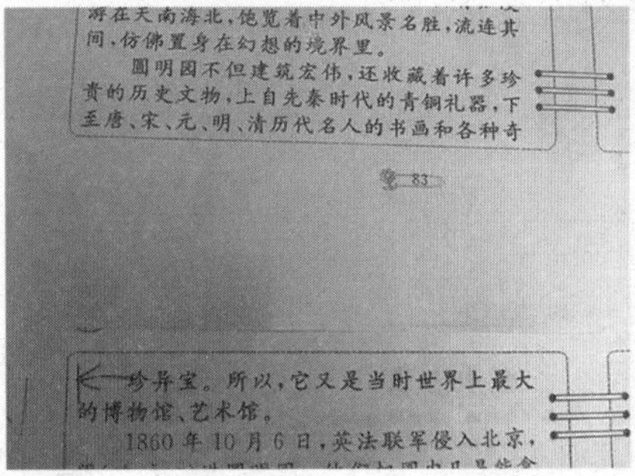
游在天南海北，饱览着中外风景名胜，流连其间，仿佛置身在幻想的境界里。
圆明园不但建筑宏伟，还收藏着许多珍贵的历史文物，上自先秦时代的青铜礼器，下至唐、宋、元、明、清历代名人的书画和各种奇
83
珍异宝。所以，它又是当时世界上最大的博物馆、艺术馆。
1860年10月6日，英法联军侵入北京，

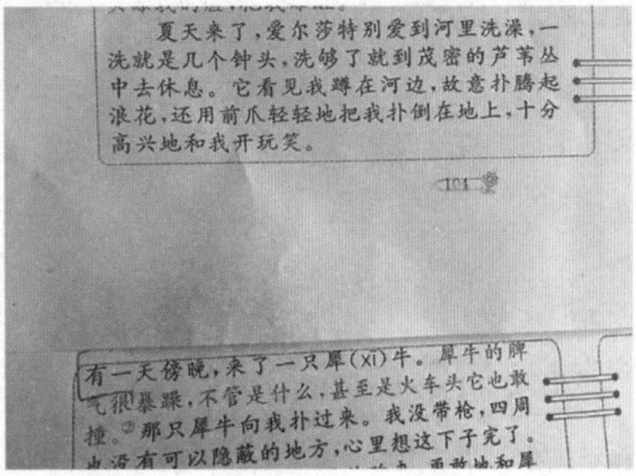
夏天来了，爱尔莎特别爱到河里洗澡，一洗就是几个钟头，洗够了就到茂密的芦苇丛中去休息。它看见我蹲在河边，故意扑腾起浪花，还用前爪轻轻地把我扑倒在地上，十分高兴地和我开玩笑。
104
有一天傍晚，来了一只犀(xī)牛。犀牛的脾气很暴躁，不管是什么，甚至是火车头它也敢撞。那只犀牛向我扑过来。我没带枪，四周也没有可以隐蔽的地方，心里想这下子完了。

标题中空格偏大，单看正文标题不易发现，但在自动生成的目录中则比较明显。在目录中发现标题未对齐，很可能提示正文也存在空距不等的问题。

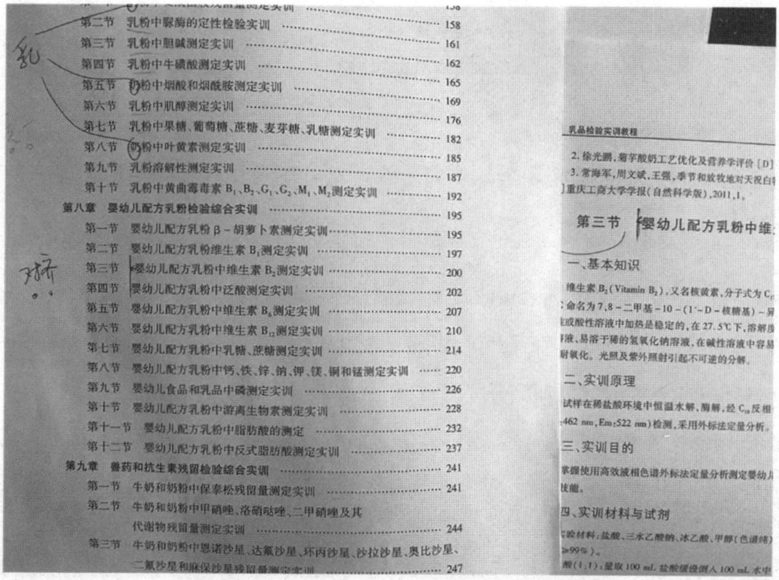

第二节 乳粉中脲酶的定性检验实训 …… 158
第三节 乳粉中胆碱测定实训 …… 161
第四节 乳粉中牛磺酸测定实训 …… 162
第五节 奶粉中烟酸和烟酰胺测定实训 …… 165
第六节 乳粉中肌醇测定实训 …… 169
第七节 乳粉中果糖、葡萄糖、蔗糖、麦芽糖、乳糖测定实训 …… 176
第八节 奶粉中叶黄素测定实训 …… 182
第九节 乳粉溶解性测定实训 …… 185
第十节 乳粉中黄曲霉毒素 B_1、B_2、G_1、G_2、M_1、M_2测定实训 …… 187
第八章 婴幼儿配方乳粉检验综合实训 …… 192
第一节 婴幼儿配方乳粉 β-胡萝卜素测定实训 …… 195
第二节 婴幼儿配方乳粉维生素 B_1测定实训 …… 197
第三节 婴幼儿配方乳粉中维生素 B_2测定实训 …… 200
第四节 婴幼儿配方乳粉中泛酸测定实训 …… 202
第五节 婴幼儿配方乳粉中维生素 B_6测定实训 …… 207
第六节 婴幼儿配方乳粉中维生素 B_{12}测定实训 …… 210
第七节 婴幼儿配方乳粉中乳糖、蔗糖测定实训 …… 214
第八节 婴幼儿配方乳粉中钙、铁、锌、钠、钾、镁、铜和锰测定实训 …… 220
第九节 婴幼儿食品和乳品中磷测定实训 …… 226
第十节 婴幼儿配方乳粉中游离生物素测定实训 …… 228
第十一节 婴幼儿配方乳粉中脂肪酸的测定 …… 232
第十二节 婴幼儿配方乳粉中反式脂肪酸测定实训 …… 237
第九章 兽药和抗生素残留检验综合实训 …… 241
第一节 牛奶和奶粉中保泰松残留量测定实训 …… 241
第二节 牛奶和奶粉中甲硝唑、洛硝哒唑、二甲硝唑及其代谢物残留量测定实训 …… 244
第三节 牛奶和奶粉中恩诺沙星、达氟沙星、环丙沙星、沙拉沙星、奥比沙星、二氟沙星和麻保沙星残留量测定实训 …… 247

乳品检验实训教程

2. 徐光鹏，菊芋酸奶工艺优化及营养学评价[D]
3. 常海军，周文斌，王强，季节和放牧地对天祝白
]重庆工商大学学报(自然科学版)，2011，1。

第三节 婴幼儿配方乳粉中维

一、基本知识

维生素 B_2(Vitamin B_2)，又名核黄素，分子式为 C
命名为 7，8-二甲基-10-(1'-D-核糖基)-异
或酸性溶液中加热是稳定的，在 27.5℃下，溶解度
液、易溶于稀的氢氧化钠溶液，在碱性溶液中容易
耐氧化。光照及紫外照射引起不可逆的分解。

二、实训原理

试样在稀盐酸环境中恒温水解，酶解，经 C_{18}反相
462 nm，Em:522 nm)检测，采用外标法定量分析。

三、实训目的

掌握使用高效液相色谱外标法定量分析测定婴幼
技能。

四、实训材料与试剂

实验材料：盐酸、三水乙酸钠、冰乙酸、甲醇(色谱纯)
≥99%)。
酸(1:1)：量取 100 mL 盐酸缓慢倒入 100 mL 水中

完全一样的内容，两行的字距不同，相差很多，影响美观。

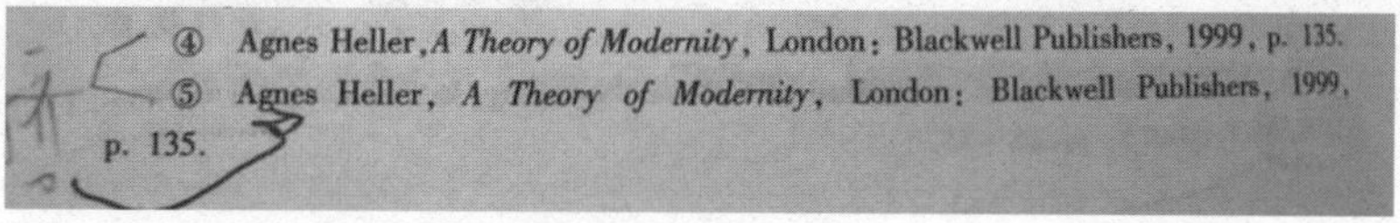

④ Agnes Heller, *A Theory of Modernity*, London: Blackwell Publishers, 1999, p. 135.
⑤ Agnes Heller, *A Theory of Modernity*, London: Blackwell Publishers, 1999, p. 135.

书稿中通常不同文种间都有空格。量和单位之间空四分之一个字常被忽视，因此强调得较多，编辑关注也较多，但数字和汉字、字母和汉字之间有时容易丢掉空格却难以被发现。

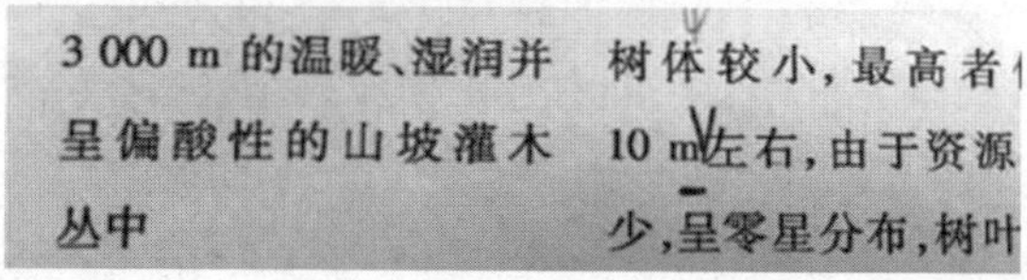

3 000 m 的温暖、湿润并 | 树体较小，最高者
呈偏酸性的山坡灌木 | 10 m左右，由于资源
丛中 | 少，呈零星分布，树叶

转行时，不宜将数字或单位割裂，也不宜将数字和单位拆分开来。下例分别出现了割裂数字、割裂单位、割裂数字和单位的情况。

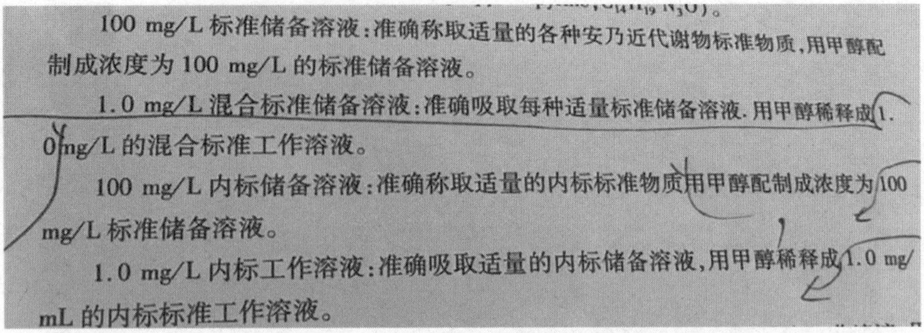

100 mg/L 标准储备溶液：准确称取适量的各种安乃近代谢物标准物质，用甲醇配制成浓度为 100 mg/L 的标准储备溶液。

1.0 mg/L 混合标准储备溶液：准确吸取每种适量标准储备溶液，用甲醇稀释成1.0 mg/L 的混合标准工作溶液。

100 mg/L 内标储备溶液：准确称取适量的内标标准物质用甲醇配制成浓度为100 mg/L 标准储备溶液。

1.0 mg/L 内标工作溶液：准确吸取适量的内标储备溶液，用甲醇稀释成1.0 mg/mL 的内标标准工作溶液。

英文单词转行时应当在音节和音节之间转行并加连字符，缩写词以及人名、地名等专有名词不宜拆分，不宜将单个字母拆分出来。

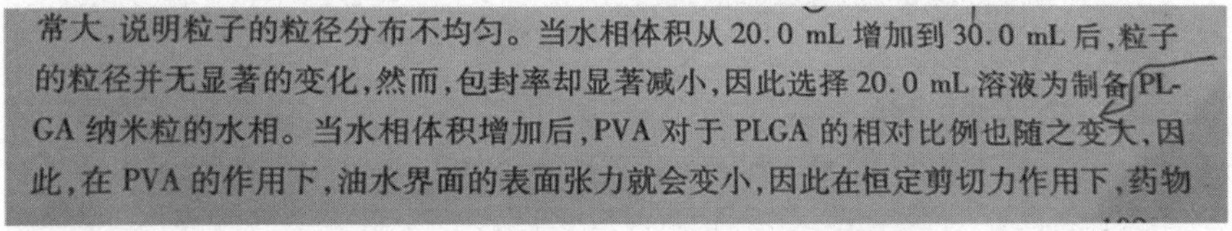

常大，说明粒子的粒径分布不均匀。当水相体积从 20.0 mL 增加到 30.0 mL 后，粒子的粒径并无显著的变化，然而，包封率却显著减小，因此选择 20.0 mL 溶液为制备 PL-GA 纳米粒的水相。当水相体积增加后，PVA 对于 PLGA 的相对比例也随之变大，因此，在 PVA 的作用下，油水界面的表面张力就会变小，因此在恒定剪切力作用下，药物

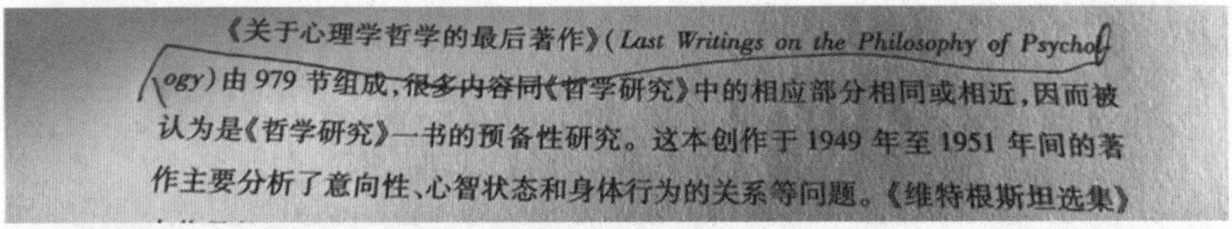

《关于心理学哲学的最后著作》(*Last Writings on the Philosophy of Psychol-ogy*)由 979 节组成，很多内容同《哲学研究》中的相应部分相同或相近，因而被认为是《哲学研究》一书的预备性研究。这本创作于 1949 年至 1951 年间的著作主要分析了意向性、心智状态和身体行为的关系等问题。《维特根斯坦选集》

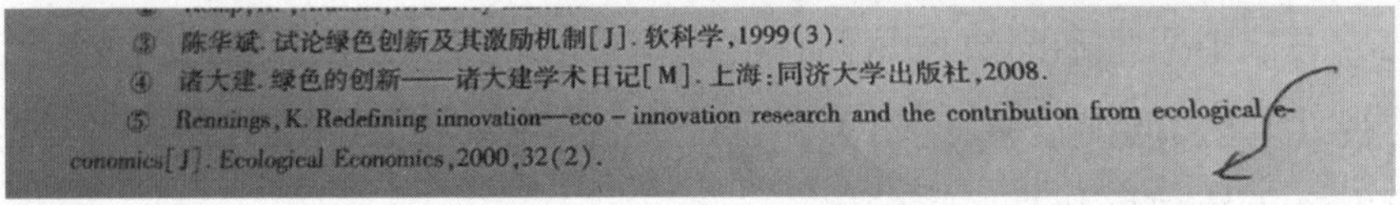

③ 陈华斌. 试论绿色创新及其激励机制[J]. 软科学,1999(3).

④ 诸大建. 绿色的创新——诸大建学术日记[M]. 上海:同济大学出版社,2008.

⑤ Rennings, K. Redefining innovation—eco－innovation research and the contribution from ecological economics[J]. Ecological Economics,2000,32(2).

涉及数学公式时转行情况较为复杂。目前还没有相关的标准对此做出规定。一般情况下，数学公式前后的文字如果连续，公式下方的文字顶格排，表示不分段。

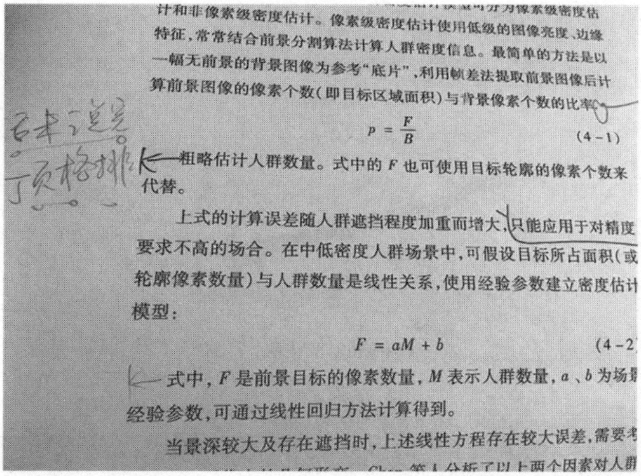
计和非像素级密度估计。像素级密度估计使用低级的图像亮度、边缘特征，常常结合前景分割算法计算人群密度信息。最简单的方法是以一幅无前景的背景图像为参考“底片”，利用帧差法提取前景图像后计算前景图像的像素个数（即目标区域面积）与背景像素个数的比率

$$p = \frac{F}{B} \tag{4-1}$$

粗略估计人群数量。式中的 F 也可使用目标轮廓的像素个数来代替。

上式的计算误差随人群遮挡程度加重而增大，只能应用于对精度要求不高的场合。在中低密度人群场景中，可假设目标所占面积（或轮廓像素数量）与人群数量是线性关系，使用经验参数建立密度估计模型：

$$F = aM + b \quad (4-2$$

式中，F 是前景目标的像素数量，M 表示人群数量，a、b 为场景经验参数，可通过线性回归方法计算得到。

当景深较大及存在遮挡时，上述线性方程存在较大误差，需要考

但是下面两例中两行汉字之间并没有公式，下一行既未接排也未空两格，就没有道理了。

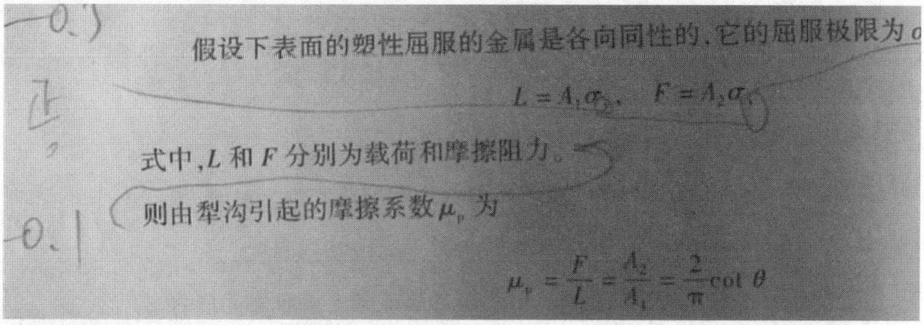
假设下表面的塑性屈服的金属是各向同性的，它的屈服极限为 σ

$$L = A_1\sigma_s, \quad F = A_2\sigma_s$$

式中，L 和 F 分别为载荷和摩擦阻力。

则由犁沟引起的摩擦系数 μ_p 为

$$\mu_p = \frac{F}{L} = \frac{A_2}{A_1} = \frac{2}{\pi}\cot\theta$$

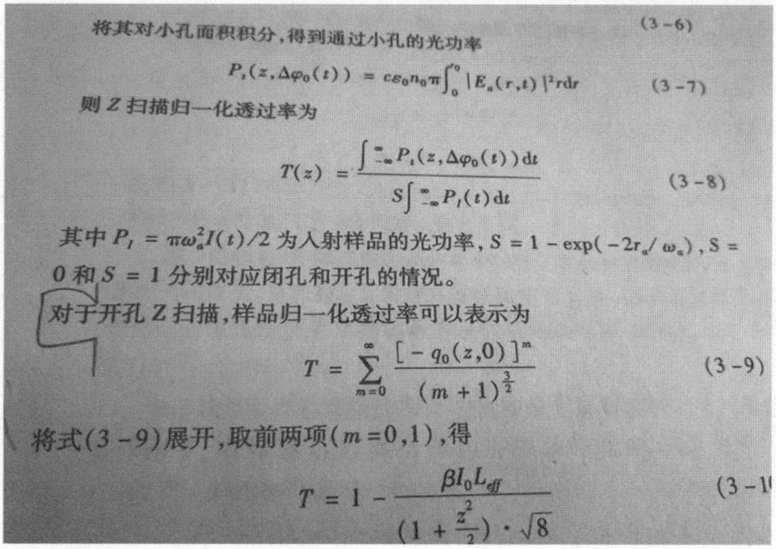
(3-6)

将其对小孔面积积分，得到通过小孔的光功率

$$P_t(z,\Delta\varphi_0(t)) = c\varepsilon_0 n_0 \pi \int_0^{r_a} |E_a(r,t)|^2 r\mathrm{d}r \tag{3-7}$$

则 Z 扫描归一化透过率为

$$T(z) = \frac{\int_{-\infty}^{\infty} P_t(z,\Delta\varphi_0(t))\,\mathrm{d}t}{S\int_{-\infty}^{\infty} P_I(t)\,\mathrm{d}t} \tag{3-8}$$

其中 $P_I = \pi\omega_a^2 I(t)/2$ 为入射样品的光功率，$S = 1 - \exp(-2r_a/\omega_a)$，$S = 0$ 和 $S = 1$ 分别对应闭孔和开孔的情况。

对于开孔 Z 扫描，样品归一化透过率可以表示为

$$T = \sum_{m=0}^{\infty} \frac{[-q_0(z,0)]^m}{(m+1)^{\frac{3}{2}}} \tag{3-9}$$

将式(3-9)展开，取前两项($m=0,1$)，得

$$T = 1 - \frac{\beta I_0 L_{eff}}{(1+\frac{z^2}{2})\cdot\sqrt{8}} \quad (3-1$$

下例中公式没换行就居中排,不太符合编排习惯。

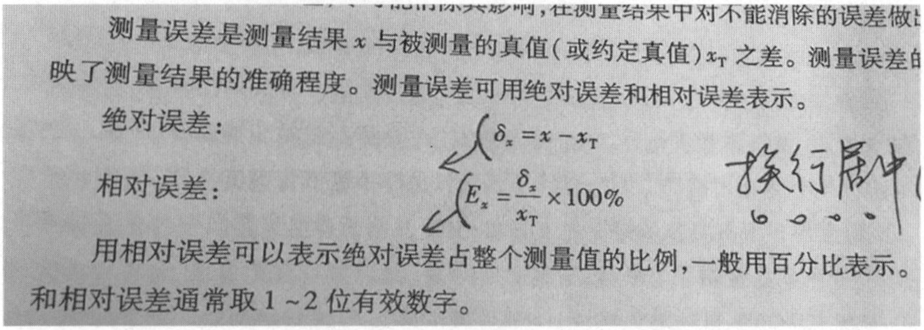
测量误差是测量结果 x 与被测量的真值(或约定真值)x_T 之差。测量误差的
映了测量结果的准确程度。测量误差可用绝对误差和相对误差表示。
绝对误差: $\delta_x = x - x_T$
相对误差: $E_x = \frac{\delta_x}{x_T} \times 100\%$
用相对误差可以表示绝对误差占整个测量值的比例,一般用百分比表示。
和相对误差通常取 1 ~2 位有效数字。

此例中公式是串文排,句末点号不能省略。

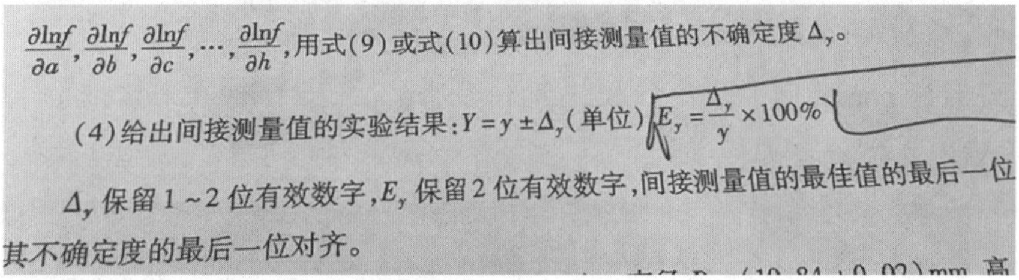
$\frac{\partial \ln f}{\partial a}, \frac{\partial \ln f}{\partial b}, \frac{\partial \ln f}{\partial c}, \cdots, \frac{\partial \ln f}{\partial h}$,用式(9)或式(10)算出间接测量值的不确定度 Δ_y。
(4)给出间接测量值的实验结果:$Y = y \pm \Delta_y$(单位) $E_y = \frac{\Delta_y}{y} \times 100\%$
Δ_y 保留 1 ~2 位有效数字,E_y 保留 2 位有效数字,间接测量值的最佳值的最后一位
其不确定度的最后一位对齐。

13.2 字体、字号差错

不同的字体除了体现不同的风格、传达不同的美感之外,在书稿中还有一定的区分内容的作用,例如区分标题层级、内容性质。地图中还用于区分行政单位的级别等,一旦用错,就是大事。

下面两例都是在行文中夹杂了其他字体的汉字,虽不影响理解,但影响观感。

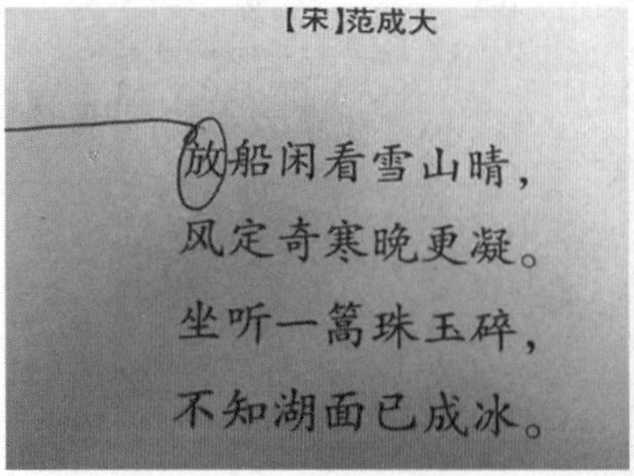
【宋】范成大
放船闲看雪山晴,
风定奇寒晚更凝。
坐听一篙珠玉碎,
不知湖面已成冰。

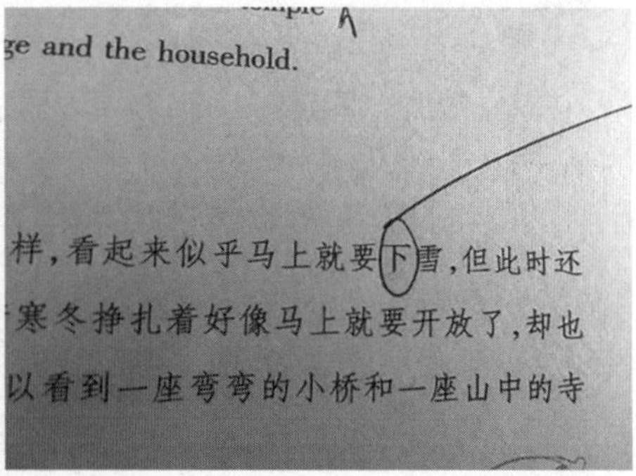
ge and the household.
样,看起来似乎马上就要下雪,但此时还
寒冬挣扎着好像马上就要开放了,却也
以看到一座弯弯的小桥和一座山中的寺

粗细体不一致(注意区分粗细体和黑白体,粗细体是同一种字体是否加

粗的区别，黑白体则是不同的字体）。

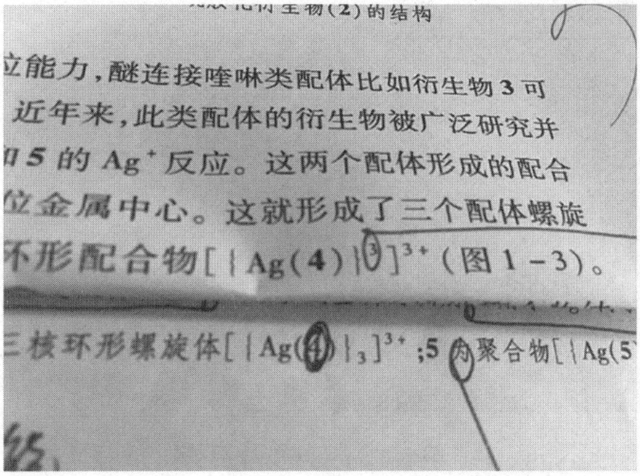
…衍生物(2)的结构
位能力，醚连接喹啉类配体比如衍生物3可
近年来，此类配体的衍生物被广泛研究并
和5的Ag^+反应。这两个配体形成的配合
位金属中心。这就形成了三个配体螺旋
环形配合物[{Ag(4)}$_3$]$^{3+}$（图1－3）。

三核环形螺旋体[{Ag(4)}$_3$]$^{3+}$；5为聚合物[{Ag(5)

表注的字号同正文一样，不符合要求，也影响理解，其字号大小有着区别内容性质的作用。

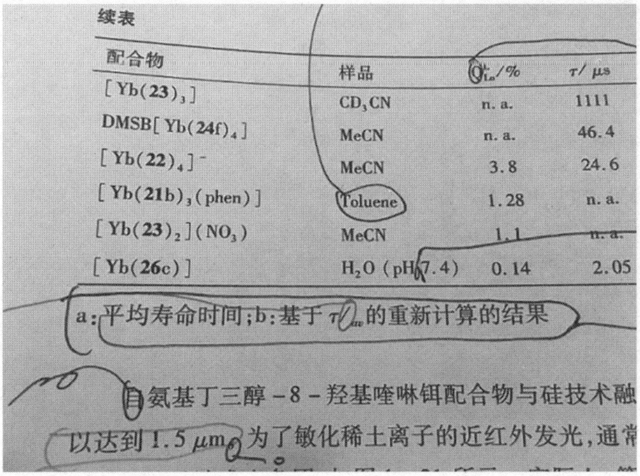
续表

配合物	样品	Φ_{Ln}/%	τ/μs
[Yb(**23**)$_3$]	CD_3CN	n. a.	1111
DMSB[Yb(**24f**)$_4$]	MeCN	n. a.	46.4
[Yb(**22**)$_4$]$^-$	MeCN	3.8	24.6
[Yb(**21b**)$_3$(phen)]	Toluene	1.28	n. a.
[Yb(**23**)$_2$](NO_3)	MeCN	1.1	n. a.
[Yb(**26c**)]	H_2O (pH 7.4)	0.14	2.05

a：平均寿命时间；b：基于τ_m的重新计算的结果

自氨基丁三醇－8－羟基喹啉铒配合物与硅技术融
以达到1.5 μm。为了敏化稀土离子的近红外发光，通常

序号字体的不同。

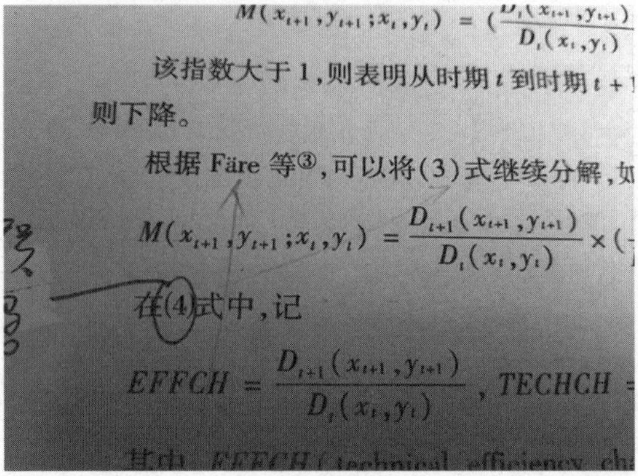
$M(x_{t+1},y_{t+1};x_t,y_t) = (\frac{D_t(x_{t+1},y_{t+1})}{D_t(x_t,y_t)}$

该指数大于1,则表明从时期 t 到时期 $t+$

则下降。

根据 Färe 等③,可以将(3)式继续分解,如

$M(x_{t+1},y_{t+1};x_t,y_t) = \frac{D_{t+1}(x_{t+1},y_{t+1})}{D_t(x_t,y_t)} \times ($

在(4)式中,记

$EFFCH = \frac{D_{t+1}(x_{t+1},y_{t+1})}{D_t(x_t,y_t)}$, $TECHCH =$

同一级标题如果字体字号不同,便影响读者对标题级别的判断。

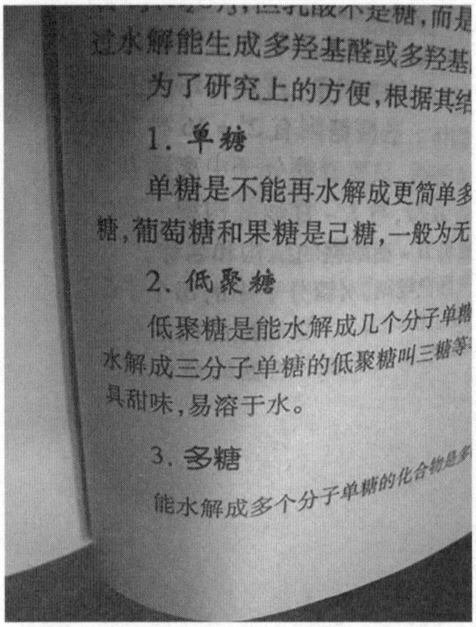
过水解能生成多羟基醛或多羟基

为了研究上的方便,根据其结

1. 单糖

单糖是不能再水解成更简单多

糖,葡萄糖和果糖是己糖,一般为无

2. 低聚糖

低聚糖是能水解成几个分子单糖

水解成三分子单糖的低聚糖叫三糖等

具甜味,易溶于水。

3. 多糖

能水解成多个分子单糖的化合物是多

13.3 序号标注差错

按照《图书编校质量差错判定细则计错表》,序号标注差错计 0.1 处差错,但其实它也属于文字差错,从就低不就高的角度,按照格式和版式问题处理。这类问题比较普遍且容易忽视,编辑进行微观细节的加工时,往往容易忽略宏观角度的序号编排问题。图片有增加或删除的情况,尤其要注意图序的编排。

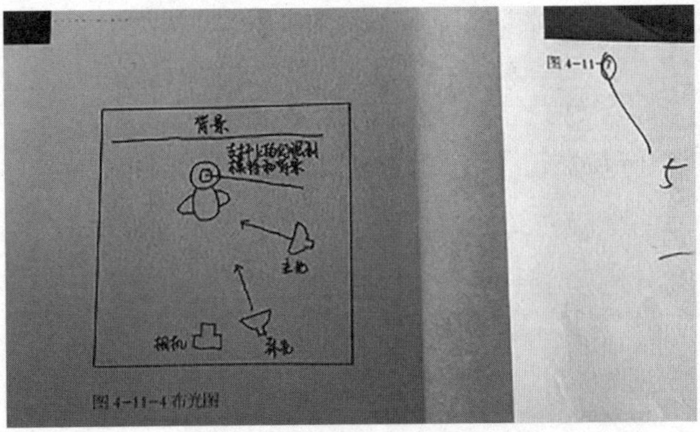

13.4 标题格式问题

标题格式问题除了前面提到的转行不当以外，还存在背题、层级错误等问题。

书稿改版时串版，很容易出现背题的问题，需要编辑通过文字技术整理发现并消除。

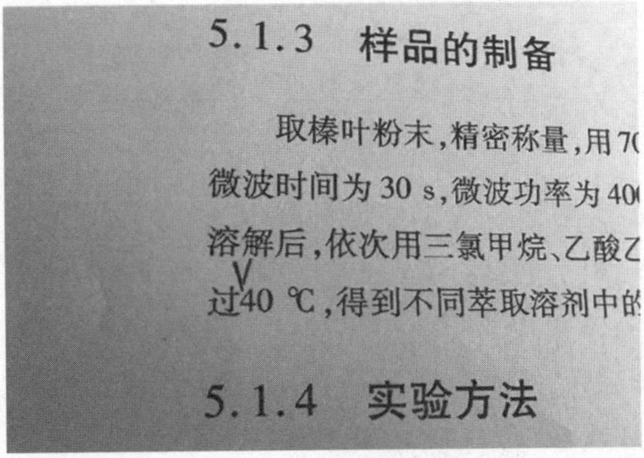
5.1.3 样品的制备

取榛叶粉末，精密称量，用7(
微波时间为30 s，微波功率为40(
溶解后，依次用三氯甲烷、乙酸乙
过40 ℃，得到不同萃取溶剂中的

5.1.4 实验方法

同一级别不同的项目有的作为标题，有的是语段，就会造成标题的混乱。《标点符号用法》指出，二级标题在换行分段情况下不使用句号。是否有句号往往用来作为是不是标题的依据。同层级的内容，是否有单独的标题需要统一。

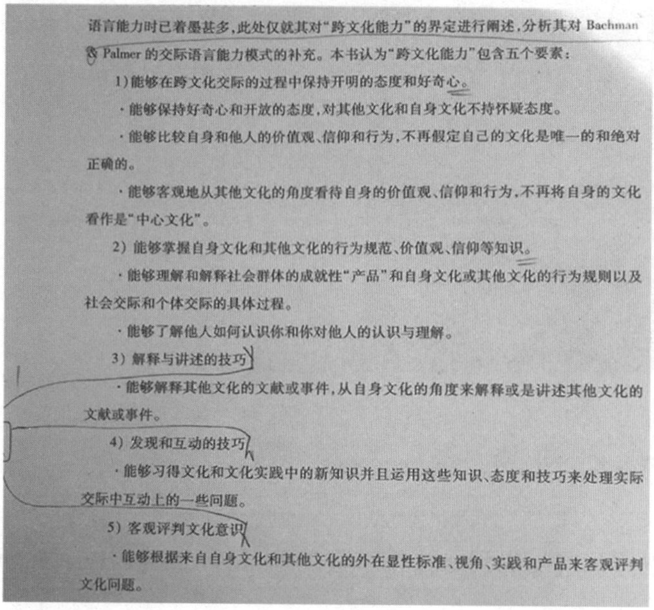
语言能力时已着墨甚多，此处仅就其对“跨文化能力”的界定进行阐述，分析其对 Bachman & Palmer 的交际语言能力模式的补充。本书认为“跨文化能力”包含五个要素：

1）能够在跨文化交际的过程中保持开明的态度和好奇心。

·能够保持好奇心和开放的态度，对其他文化和自身文化不持怀疑态度。

·能够比较自身和他人的价值观、信仰和行为，不再假定自己的文化是唯一的和绝对正确的。

·能够客观地从其他文化的角度看待自身的价值观、信仰和行为，不再将自身的文化看作是“中心文化”。

2）能够掌握自身文化和其他文化的行为规范、价值观、信仰等知识。

·能够理解和解释社会群体的成就性“产品”和自身文化或其他文化的行为规则以及社会交际和个体交际的具体过程。

·能够了解他人如何认识你和你对他人的认识与理解。

3）解释与讲述的技巧

·能够解释其他文化的文献或事件，从自身文化的角度来解释或是讲述其他文化的文献或事件。

4）发现和互动的技巧

·能够习得文化和文化实践中的新知识并且运用这些知识、态度和技巧来处理实际交际中互动上的一些问题。

5）客观评判文化意识

·能够根据来自自身文化和其他文化的外在显性标准、视角、实践和产品来客观评判文化问题。

竖排文字，习惯上从右向左读，因此竖排的标题也应从右向左编排，下例中的两列文字顺序反了。

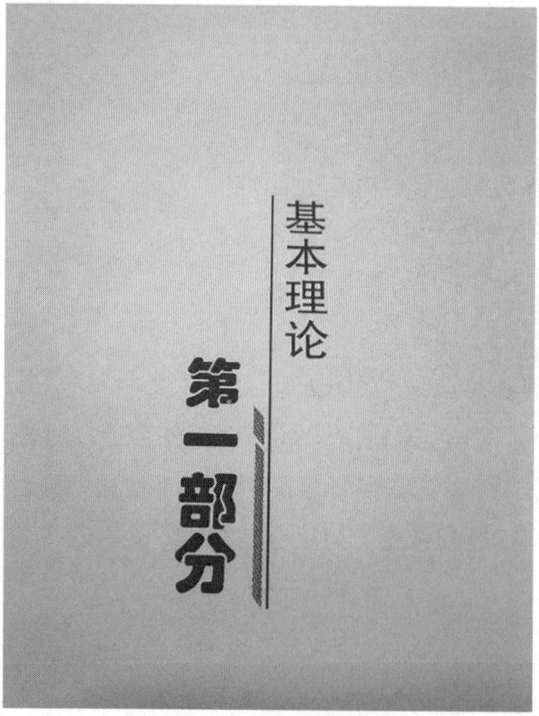

下例中，仔细阅读内容就会发现，“3. 其他通用量具”不应在“指示表的使用”下一级，而应为同一级，即“四、其他通用量具”，其他标题级别顺次修改。这样的问题比较隐蔽，单纯校对文字表面不太容易发现。

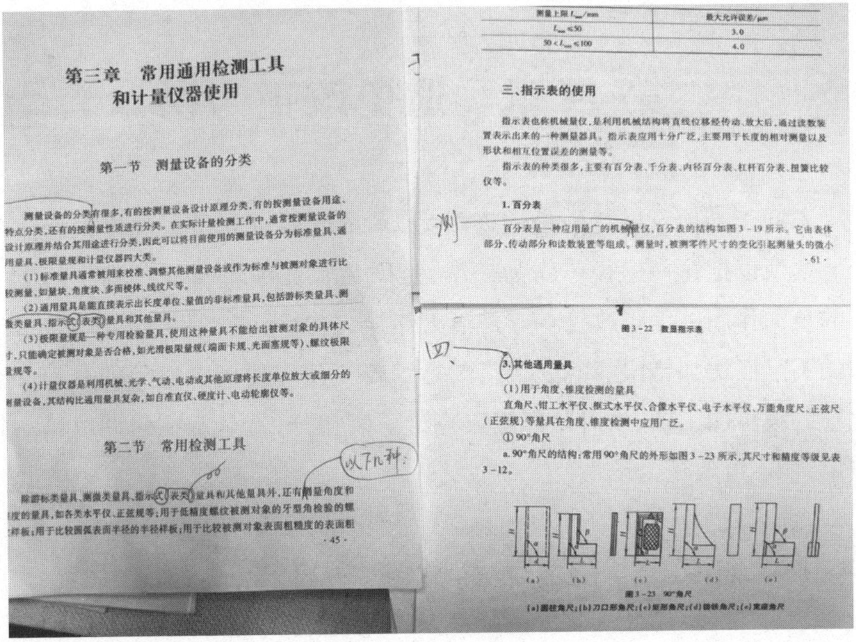

第三章　常用通用检测工具
和计量仪器使用

第一节　测量设备的分类

测量设备的分类有很多，有的按测量设备设计原理分类，有的按测量设备用途、特点分类，还有的按测量性质进行分类。在实际计量检测工作中，通常按测量设备的设计原理并结合其用途进行分类，因此可以将目前使用的测量设备分为标准量具、通用量具、极限量规和计量仪器四大类。

(1)标准量具通常被用来校准、调整其他测量设备或作为标准与被测对象进行比较测量，如量块、角度块、多面棱体、线纹尺等。

(2)通用量具是能直接表示出长度单位、量值的非标准量具，包括游标类量具、测微类量具、指示式（表类）量具和其他量具。

(3)极限量规是一种专用检验量具，使用这种量具不能给出被测对象的具体尺寸，只能确定被测对象是否合格，如光滑极限量规（端面卡规、光面塞规等）、螺纹极限量规等。

(4)计量仪器是利用机械、光学、气动、电动或其他原理将长度单位放大或细分的测量设备，其结构比通用量具复杂，如自准直仪、硬度计、电动轮廓仪等。

第二节　常用检测工具

除游标类量具、测微类量具、指示式（表类）量具和其他量具外，还有测量角度和锥度的量具，如各类水平仪、正弦规等；用于低精度螺纹被测对象的牙型角检验的螺纹样板；用于比较圆弧表面半径的半径样板；用于比较被测对象表面粗糙度的表面粗

·45·

测量上限 L_{max}/mm	最大允许误差/μm
L_{max}≤50	3.0
50<L_{max}≤100	4.0

三、指示表的使用

指示表也称机械量仪，是利用机械结构将直线位移经传动、放大后，通过读数装置表示出来的一种测量器具。指示表应用十分广泛，主要用于长度的相对测量以及形状和相互位置误差的测量等。

指示表的种类很多，主要有百分表、千分表、内径百分表、杠杆百分表、扭簧比较仪等。

1. 百分表

百分表是一种应用最广的机械量仪，百分表的结构如图3－19所示。它由表体部分、传动部分和读数装置等组成。测量时，被测零件尺寸的变化引起测量头的微小

·61·

图3－22　数显指示表

3. 其他通用量具

(1)用于角度、锥度检测的量具

直角尺、钳工水平仪、框式水平仪、合像水平仪、电子水平仪、万能角度尺、正弦尺（正弦规）等量具在角度、锥度检测中应用广泛。

① 90°角尺

a. 90°角尺的结构：常用90°角尺的外形如图3－23所示，其尺寸和精度等级见表3－12。

(a)　(b)　(c)　(d)　(e)

图3－23　90°角尺

(a)圆柱角尺；(b)刀口形角尺；(c)矩形角尺；(d)铸铁角尺；(e)宽座角尺

第 14 章　避免改正为误

不同于其他章讲述的是错误类型，本章内容讲的是一种错误产生的途径。之所以把这一途径单作为一章，是因为它在编辑改稿过程中起到了不小的负面作用。编辑改稿本应是消灭错误、提高质量，但是因为疏忽或者认知的不足而增加错误、降低质量，则是编辑工作需要极力避免的。很多编校比赛的编辑加工题、校对题都规定答错了倒扣分，就是意在强调改稿一定要谨慎，切不可改正为误。

14.1　编辑理解错误或凭主观感觉误改

编辑工作量大，每日改稿工作繁重，改稿过程中难免由于思维惯性或者阅读过快而没有准确理解作者原意，把原本正确的稿改错了。

此例中，参考文献的注码[39]和[40]分别标注前后两个分句，编辑把[40]放在了句号后面就变成了标注整句话，这是不合理的。

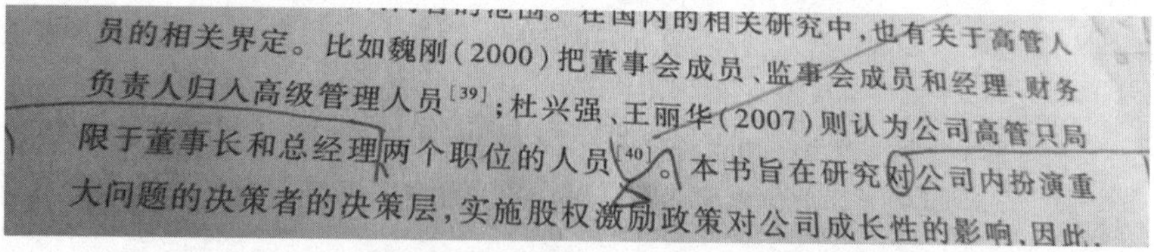
员的相关界定。比如魏刚(2000)把董事会成员、监事会成员和经理、财务负责人归入高级管理人员[39]；杜兴强、王丽华(2007)则认为公司高管只局限于董事长和总经理两个职位的人员[40]。本书旨在研究对公司内扮演重大问题的决策者的决策层，实施股权激励政策对公司成长性的影响，因此，

这里的“英美法”指的是英国、美国的法律，不加顿号也可以，但如果在“美”和“法”之间也加上顿号，“法”似乎就变成了法国，无法解释成法律了。

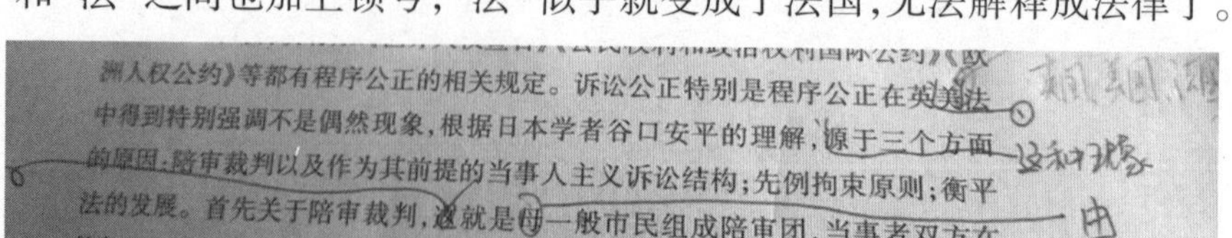
洲人权公约》等都有程序公正的相关规定。诉讼公正特别是程序公正在英美法中得到特别强调不是偶然现象，根据日本学者谷口安平的理解，源于三个方面的原因：陪审裁判以及作为其前提的当事人主义诉讼结构；先例拘束原则；衡平法的发展。首先关于陪审裁判，这就是由一般市民组成陪审团，当事者双方在

此例中，仔细阅读会发现，《多元逻辑》和《克里斯蒂娃：多元逻辑》并不是同一本书。前者是克里斯蒂娃的著作，由西川直子翻译；后者则是西川直子写作的介绍克里斯蒂娃及其多元逻辑理论等的书。编辑简单地将二者当作一回事统一了起来，就错了。

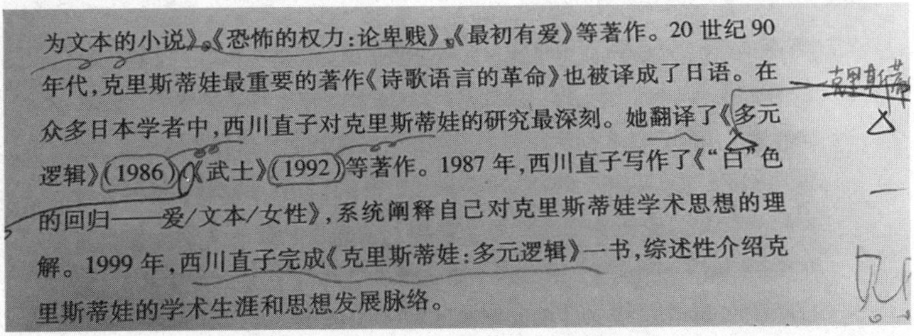

为文本的小说》、《恐怖的权力：论卑贱》、《最初有爱》等著作。20 世纪 90 年代，克里斯蒂娃最重要的著作《诗歌语言的革命》也被译成了日语。在众多日本学者中，西川直子对克里斯蒂娃的研究最深刻。她翻译了《多元逻辑》(1986)、《武士》(1992)等著作。1987 年，西川直子写作了《"白"色的回归——爱/文本/女性》，系统阐释自己对克里斯蒂娃学术思想的理解。1999 年，西川直子完成《克里斯蒂娃：多元逻辑》一书，综述性介绍克里斯蒂娃的学术生涯和思想发展脉络。

“保留到小数点后第一位”和“保留一位有效数字”是不同的概念，原本是合理的，不能随意修改。

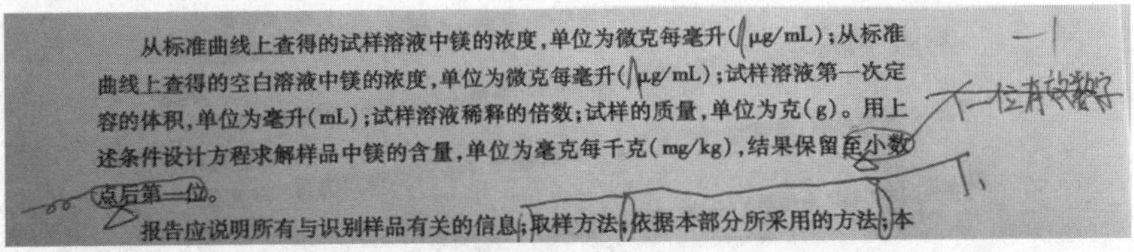

从标准曲线上查得的试样溶液中镁的浓度，单位为微克每毫升(μg/mL)；从标准曲线上查得的空白溶液中镁的浓度，单位为微克每毫升(μg/mL)；试样溶液第一次定容的体积，单位为毫升(mL)；试样溶液稀释的倍数；试样的质量，单位为克(g)。用上述条件设计方程求解样品中镁的含量，单位为毫克每千克(mg/kg)，结果保留至小数点后第一位。

报告应说明所有与识别样品有关的信息；取样方法；依据本部分所采用的方法；本

“分模线”是一个词，画“分模线”不是“划分”“模线”。

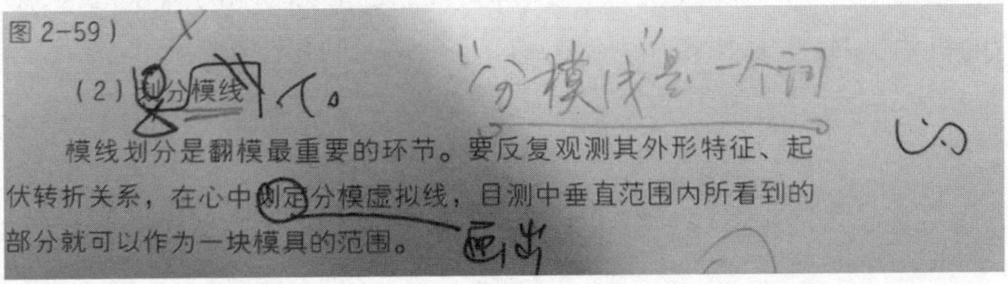

图 2-59）

（2）划分模线

模线划分是翻模最重要的环节。要反复观测其外形特征、起伏转折关系，在心中确定分模虚拟线，目测中垂直范围内所看到的部分就可以作为一块模具的范围。

此例中“无乙醇氯仿”是不含有乙醇的氯仿，编辑认为是“无水乙醇”少了个“水”字便加上了，意思就变成了无水乙醇和氯仿，最终将影响实验结果。

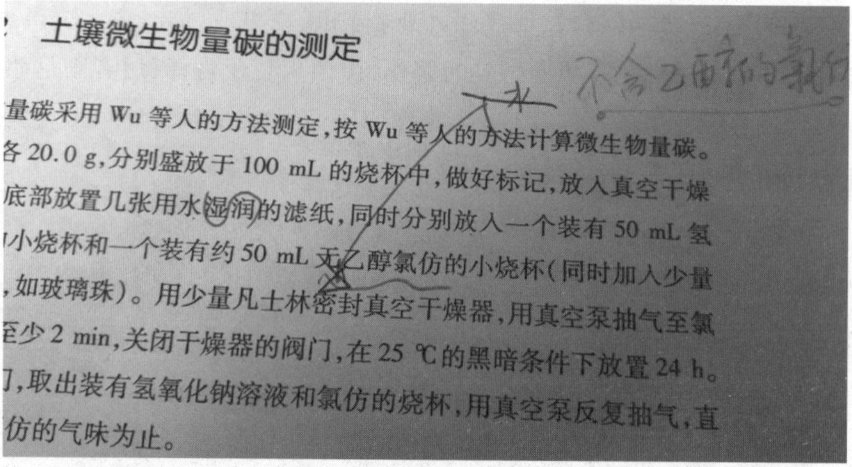
2 土壤微生物量碳的测定

量碳采用 Wu 等人的方法测定，按 Wu 等人的方法计算微生物量碳。各 20.0 g，分别盛放于 100 mL 的烧杯中，做好标记，放入真空干燥底部放置几张用水湿润的滤纸，同时分别放入一个装有 50 mL 氢小烧杯和一个装有约 50 mL 无乙醇氯仿的小烧杯（同时加入少量，如玻璃珠）。用少量凡士林密封真空干燥器，用真空泵抽气至氯至少 2 min，关闭干燥器的阀门，在 25 ℃的黑暗条件下放置 24 h。门，取出装有氢氧化钠溶液和氯仿的烧杯，用真空泵反复抽气，直仿的气味为止。

此句话原本是“提供新的能量较低的吸附位点”，“提供”是谓语动词，“吸附位点”是宾语中心语，编辑误将“能量”和“吸附位点”当成两个宾语，加上了顿号，意思就错了。

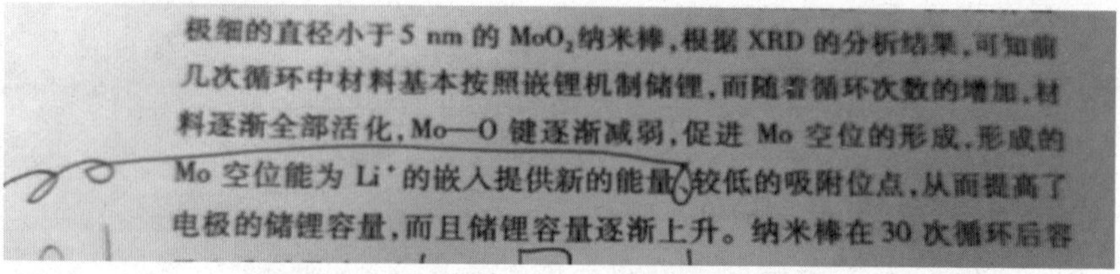
极细的直径小于 5 nm 的 MoO_2 纳米棒，根据 XRD 的分析结果，可知前几次循环中材料基本按照嵌锂机制储锂，而随着循环次数的增加，材料逐渐全部活化，Mo—O 键逐渐减弱，促进 Mo 空位的形成，形成的 Mo 空位能为 Li^+ 的嵌入提供新的能量、较低的吸附位点，从而提高了电极的储锂容量，而且储锂容量逐渐上升。纳米棒在 30 次循环后容

此例中的“中央研究院”“中央博物院”是抗战时期的国家机构，不是台湾的机构，编辑将其特意加上引号多此一举。

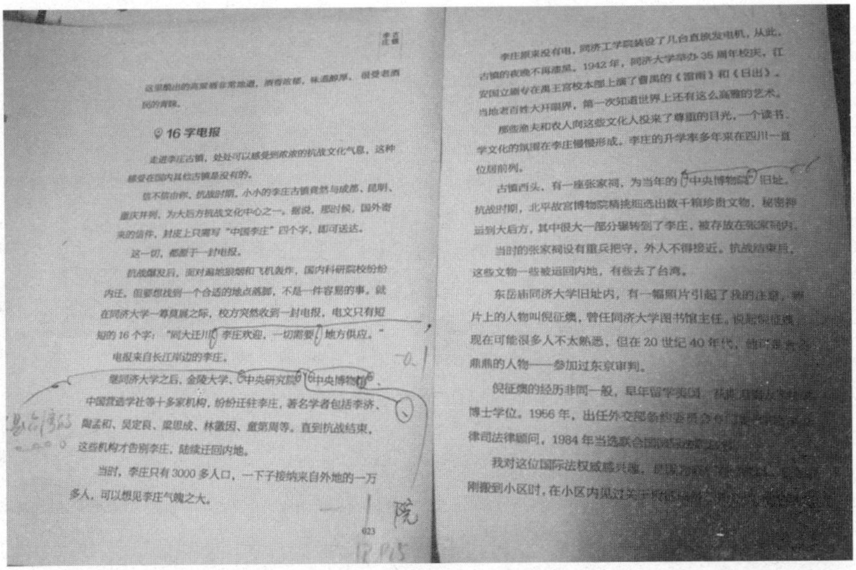

16 字电报

走进李庄古镇，处处可以感受到浓浓的抗战文化气息，这种感受在国内其他古镇是没有的。

信不信由你，抗战时期，小小的李庄古镇竟然与成都、昆明、重庆并列，为大后方抗战文化中心之一。据说，那时候，国外寄来的信件，封皮上只需写“中国李庄”四个字，即可送达。

这一切，都源于一封电报。

抗战爆发后，面对遍地狼烟和飞机轰炸，国内科研院校纷纷内迁。但要想找到一个合适的地点落脚，不是一件容易的事。就在同济大学一筹莫展之际，校方突然收到一封电报，电文只有短短的16个字：“同大迁川，李庄欢迎，一切需要，地方供应。”

电报来自长江岸边的李庄。

继同济大学之后，金陵大学、“中央研究院”“中央博物馆”、中国营造学社等十多家机构，纷纷迁往李庄，著名学者包括李济、陶孟和、吴定良、梁思成、林徽因、童第周等。直到抗战结束，这些机构才告别李庄，陆续迁回内地。

当时，李庄只有3000多人口，一下子接纳来自外地的一万多人，可以想见李庄气魄之大。

023

古镇西头，有一座张家祠，为当年的“中央博物院”旧址。抗战时期，北平故宫博物院精挑细选出数千箱珍贵文物，秘密押运到大后方，其中很大一部分辗转到了李庄，被存放在张家祠内。

当时的张家祠设有重兵把守，外人不得接近。抗战结束后，这些文物一些被运回内地，有些去了台湾。

此例中的诗为陈独秀所作，监察院是当时国民政府的机构，并非后来设在台湾的机构，改为“台湾有关当局”就不合理了。当时的宁夏省也还没有改为宁夏回族自治区，此处的修改也是不正确的。

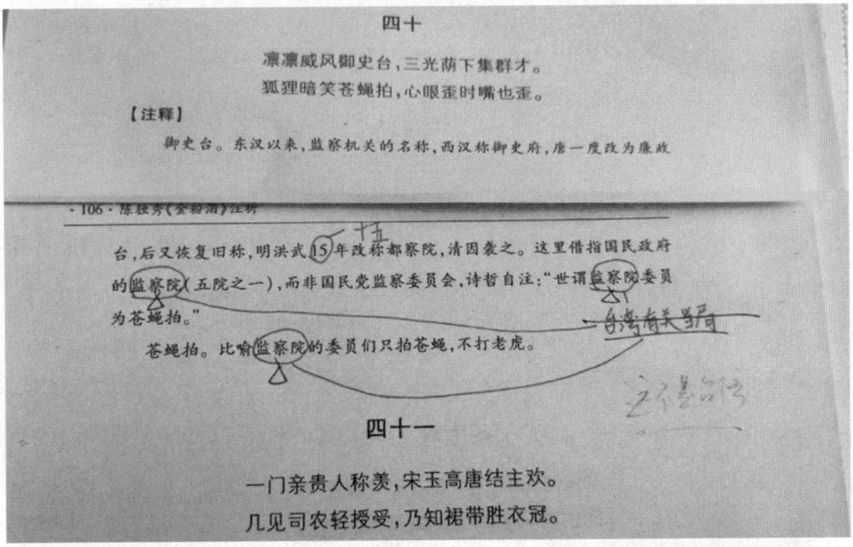

四十

凛凛威风御史台，三光荫下集群才。

狐狸暗笑苍蝇拍，心眼歪时嘴也歪。

【注释】

御史台。东汉以来，监察机关的名称，西汉称御史府，唐一度改为肃政

·106·陈独秀《金粉泪》注析

台，后又恢复旧称，明洪武15年改称都察院，清因袭之。这里借指国民政府的监察院（五院之一），而非国民党监察委员会，诗哲自注：“世谓监察院委员为苍蝇拍。”

苍蝇拍。比喻监察院的委员们只拍苍蝇，不打老虎。

四十一

一门亲贵人称羡，宋玉高唐结主欢。

几见司农轻授受，乃知裙带胜衣冠。

是标本兼治。南京国民政府自1928年成立后，建立了一整套监察、法院等防贪反贪机构，也出台了一整套的法律法规，还惩办了一批区、乡政府中的贪官，但正如冯玉祥将军所说："右任公只拍苍蝇，不打老虎。"民间也有此等说法。国府对地方行政实行④级体制，即省、县、区、乡(镇)。省级贪官基本上逍遥法外，县级贪官被法办的也很少，打的主要是区、乡两级政府的贪官。所以，诗哲将监察院委员比成苍蝇拍，非常确切。1929年，清东陵盗墓案主犯孙殿英用盗来的宝物，向宋美龄、戴笠、阎锡山(时任京、津卫戍区司令)等关键人物一一打点，于是慈禧嘴里的夜明珠就成了蒋夫人手里的玩物，乾隆陪葬的宝剑就出现在戴笠坠机人亡的现场；于是孙殿英照当他的军长，那位作为替罪羊的负责销赃的师长，很快也就被无罪释放。1930年任宁夏省省长的马鸿逵之前驻防徐州时，控制铁路运输线，动用客、货车辆大量贩运食盐，牟取巨额暴利，蒋委员长不追究，监察院委员们也就视而不见，卖个人情。类似事件，不胜枚举。

从1929年至1949年的20年间，于右任在监察院院长的岗位上，其实既

这里的45000万个中国人，即“四万万五千万同胞”正是当时统计的中国人口数量，改成45万就相差了1000倍，犯了知识性错误。

“东洋人打死中国人”八个字的意义何等深刻，它资本家两个打手大班元木、川村上升到日本法西斯统治正红一个人上升到45000万个中国人，由一两个人上族，唤起民众觉醒，投身到轰轰烈烈的大革命中。本面镇压的却是英国警察，这说明不同肤色的帝国主义有肥瘦不均之争，但在镇压反抗他们的中国人却有共着兔死狐悲之感。所以，大革命的对象是侵略中国的

此例中的哲学用语句子较长，且比较晦涩，如果不能准确分析出句子的结构，就很容易改错。“如同……一样”是一个层次，其中“人类丧失了……，人就不成其为人”又是一个层次，“类本质”“发展本质”“共同体本质”都是“丧失”的宾语中心语，“丧失了”和“不成其为人”是假设关系的复句。编辑没有理解好“人就不成其为人”的语法作用，这样一修改，整个句子就不通了。

的实现形成巨大的障碍。如同人类丧失了自由的有意识的活动的类本质、人的超越生命需要的发展本质和作为良善的生存方式的共同体本质，人就不成其为人一样，真正的社会联系也是人的本质的重要方面，社会联系的异化也会使人丧失重要的机会和手段，去积极实现着人的本质，“探讨他们在类生活中、在真正的人的生活中的相互补充”②。

此例中编辑改错了两处。第一处编辑理解为“阶层的变化使敌人作为……不复存在”，其实应为“中国社会发生了翻天覆地的巨变，阶层发生了变化，敌人作为必须加以镇压的群体不复存在”，敌人不复存在是对阶层变化的展开，而不是结果，只要把“阶层的变化”这一名词性偏正短语改为主谓式就可以了。下一处“随之而来敌人和人民的界限与樊篱也在思想和实践中不断被冲刷”，编辑只在“随之而来”后面加了一个“的”，随之而来变成了“界限与樊篱”的定语，意思就变了，后面再加一个“是，”，才表示“冲刷”这件事是随之而来的。

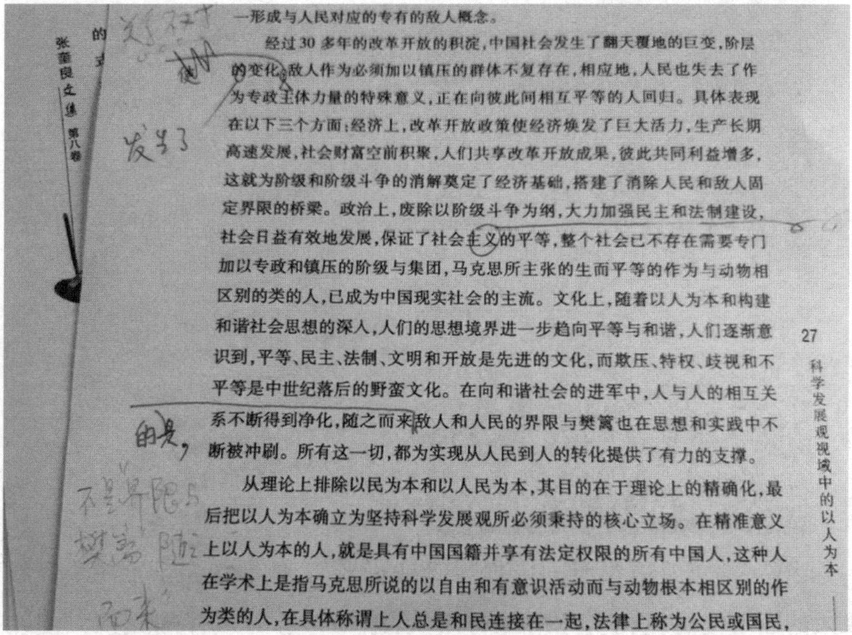

一形成与人民对应的专有的敌人概念。

经过30多年的改革开放的积淀，中国社会发生了翻天覆地的巨变，阶层的变化，敌人作为必须加以镇压的群体不复存在，相应地，人民也失去了作为专政主体力量的特殊意义，正在向彼此间相互平等的人回归。具体表现在以下三个方面：经济上，改革开放政策使经济焕发了巨大活力，生产长期高速发展，社会财富空前积聚，人们共享改革开放成果，彼此共同利益增多，这就为阶级和阶级斗争的消解奠定了经济基础，搭建了消除人民和敌人固定界限的桥梁。政治上，废除以阶级斗争为纲，大力加强民主和法制建设，社会日益有效地发展，保证了社会主义的平等，整个社会已不存在需要专门加以专政和镇压的阶级与集团，马克思所主张的生而平等的作为与动物相区别的类的人，已成为中国现实社会的主流。文化上，随着以人为本和构建和谐社会思想的深入，人们的思想境界进一步趋向平等与和谐，人们逐渐意识到，平等、民主、法制、文明和开放是先进的文化，而欺压、特权、歧视和不平等是中世纪落后的野蛮文化。在向和谐社会的进军中，人与人的相互关系不断得到净化，随之而来敌人和人民的界限与樊篱也在思想和实践中不断被冲刷。所有这一切，都为实现从人民到人的转化提供了有力的支撑。

从理论上排除以民为本和以人民为本，其目的在于理论上的精确化，最后把以人为本确立为坚持科学发展观所必须秉持的核心立场。在精准意义上以人为本的人，就是具有中国国籍并享有法定权限的所有中国人，这种人在学术上是指马克思所说的以自由和有意识活动而与动物根本相区别的作为类的人，在具体称谓上人总是和民连接在一起，法律上称为公民或国民，

27 科学发展观视域中的以人为本

此例中收录的是《东北日报》1947 年刊登的作品，原文“没有共产党就没有中国”的歌名是正确的。1950 年毛主席才在“中国”前面加上了一个“新”字。无论从逻辑上看还是从保留原貌的角度看，这里还是不加“新”字更合理，更符合实际。

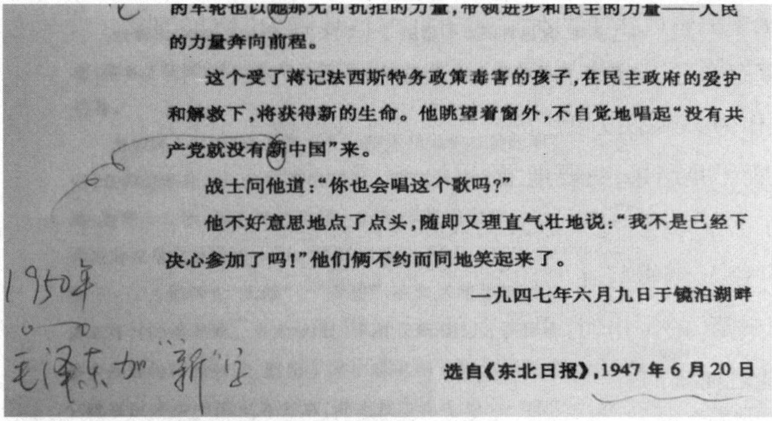
的车轮也以不可抗拒的力量，带领进步和民主的力量——人民的力量奔向前程。

这个受了蒋记法西斯特务政策毒害的孩子，在民主政府的爱护和解救下，将获得新的生命。他眺望着窗外，不自觉地唱起“没有共产党就没有新中国”来。

战士问他道：“你也会唱这个歌吗？”

他不好意思地点了点头，随即又理直气壮地说：“我不是已经下决心参加了吗！”他们俩不约而同地笑起来了。

一九四七年六月九日于镜泊湖畔

选自《东北日报》，1947 年 6 月 20 日

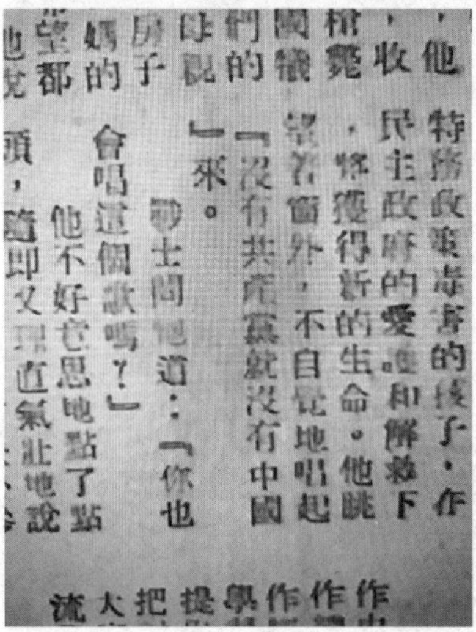
特務政策毒害的孩子，作
民主政府的愛護和解救下
，將獲得新的生命。他眺
望着窗外，不自覺地唱起
「沒有共產黨就沒有中國
」來。
戰士問他道：「你也
會唱這個歌嗎？」
他不好意思地點了點
頭，隨即又理直氣壯地說

当然，编辑改稿参照的依据也无法做到万无一失。例如一些资料网站录入的图书信息就和实际情况有出入，编辑参考时须仔细甄别，寻找一手、直接的来源。例如照片或扫描件往往比录入的文字准确性高。

儒家在中国近代的命运

【作者】张锡勤著

【出版发行】北京：人民出版社，

【ISBN号】978-7-01-009518-9

【页数】261

【原书定价】32.00

【主题词】儒家-研究-中国-近代

【中图法分类号】B222.05

中国改革开发辉煌成就四十年 湛江卷

作者：顾明主编

出版发行：中国经济法研究会；北京：中国经济出版社，1992.10

ISBN号：7-5017-2112-2

页数：532

原书定价：56.00

中图法分类号：F127.65（经济->世界各国经济概况、经济史、经济地理->中国经济->地方经济）

参考文献格式：顾明主编. 中国改革开发辉煌成就四十年 湛江卷[M]. 中国经济法研究会；北京：中国经济出版社, 1992.10.

包库全文阅读　图书馆文献传递

有的图书自身存在信息矛盾的情况。这样查证起来难度更大。

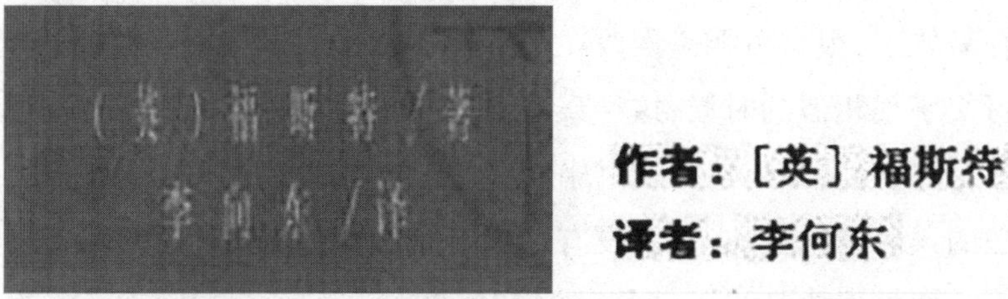

由于文字识别存在一定误差，往往错误的语料搜索结果也会有很多。

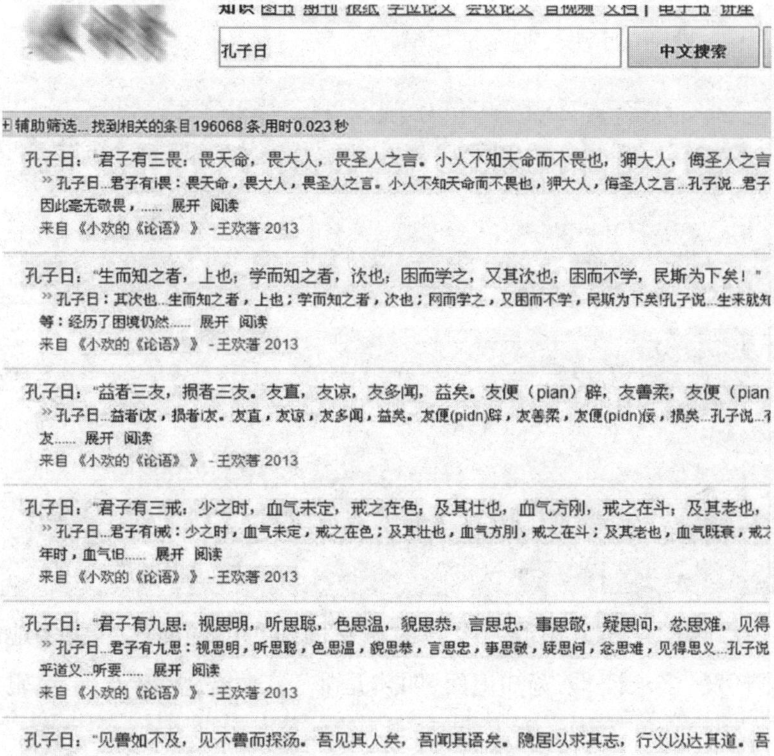
孔子日　中文搜索

辅助筛选...找到相关的条目196068条,用时0.023秒

孔子日："君子有三畏：畏天命，畏大人，畏圣人之言。小人不知天命而不畏也，狎大人，侮圣人之言

» 孔子日...君子有i畏：畏天命，畏大人，畏圣人之言。小人不知天命而不畏也，狎大人，侮圣人之言...孔子说...君子因此毫无敬畏，...... 展开 阅读

来自《小欢的《论语》》-王欢著 2013

孔子日："生而知之者，上也；学而知之者，次也；困而学之，又其次也；困而不学，民斯为下矣！"

» 孔子日：其次也...生而知之者，上也；学而知之者，次也；网而学之，又困而不学，民斯为下矣!孔子说...生来就知等：经历了困境仍然...... 展开 阅读

来自《小欢的《论语》》-王欢著 2013

孔子日："益者三友，损者三友。友直，友谅，友多闻，益矣。友便（pian）辟，友善柔，友便（pian

» 孔子日...益者i友，损者i友。友直，友谅，友多闻，益矣。友便(pidn)辟，友善柔，友便(pidn)佞，损矣...孔子说...友...... 展开 阅读

来自《小欢的《论语》》-王欢著 2013

孔子日："君子有三戒：少之时，血气未定，戒之在色；及其壮也，血气方刚，戒之在斗；及其老也，

» 孔子日...君子有i戒：少之时，血气未定，戒之在色；及其壮也，血气方刚，戒之在斗；及其老也，血气既衰，戒之年时，血气旧...... 展开 阅读

来自《小欢的《论语》》-王欢著 2013

孔子日："君子有九思：视思明，听思聪，色思温，貌思恭，言思忠，事思敬，疑思问，忿思难，见得

» 孔子日...君子有九思：视思明，听思聪，色思温，貌思恭，言思忠，事思敬，疑思问，忿思难，见得思义...孔子说乎道义...所要...... 展开 阅读

来自《小欢的《论语》》-王欢著 2013

孔子日："见善如不及，见不善而探汤。吾见其人矣，吾闻其语矣。隐居以求其志，行义以达其道。吾

因此，对查找的依据也要合理取舍，明辨是非。

14.2 改版误改

编辑对书稿的修改，最终会由排版人员来付诸实施。但是排版人员每日的工作量尤其巨大，视觉和感觉等常处于疲劳状态，再加上排版人员可能并不知道编辑每一处修改的真实意图，只能按照编校符号机械地修改，这样偶尔出错也在所难免。因此，核红环节就显得尤为重要，特别是漏改的地方也不要轻易放过，很有可能是误改在了离得不远的其他位置，尤其是当离得近的几行文字很相似的时候，这种误改更容易发生。一旦编辑没发现，错误很可能就留在里面，最终遗留在书中。

一般的误改情况五花八门，没有什么特别的规律，这里只举两个改错位置的例子。两处误改都只差一行，编辑核红时只发现了该改动而未改动的地方，却忽略了不该改动而改动了的地方，结果消灭了一处错误的同时又无意中增添了一处新的错误，实在是可惜。

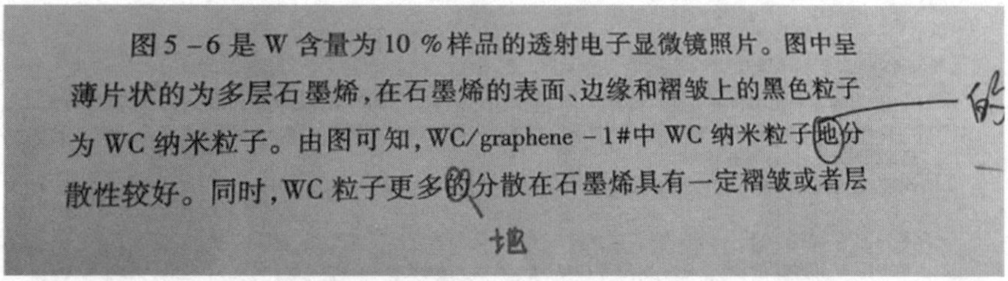
图5－6是W含量为10％样品的透射电子显微镜照片。图中呈薄片状的为多层石墨烯，在石墨烯的表面、边缘和褶皱上的黑色粒子为WC纳米粒子。由图可知，WC/graphene－1#中WC纳米粒子地分散性较好。同时，WC粒子更多的分散在石墨烯具有一定褶皱或者层

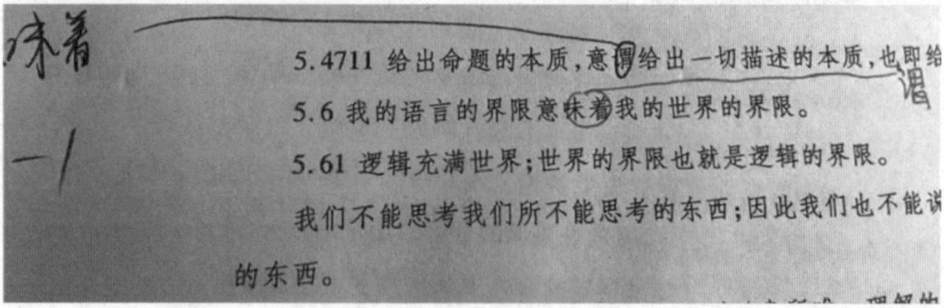
5.4711 给出命题的本质，意谓给出一切描述的本质，也即给

5.6 我的语言的界限意味着我的世界的界限。

5.61 逻辑充满世界；世界的界限也就是逻辑的界限。

我们不能思考我们所不能思考的东西；因此我们也不能

的东西。

总之，编辑的工作是在最大限度保障原稿面貌的同时尽可能多地改正错误。多怀疑，多求证，拓宽知识面，明辨是非，多改错，少犯错，是编辑出版的目标。

附　录

附录 1

图书质量管理规定

第一条　为建立健全图书质量管理机制，规范图书出版秩序，促进图书出版业的繁荣和发展，保护消费者的合法权益，根据《中华人民共和国产品质量法》和国务院《出版管理条例》，制定本规定。

第二条　本规定适用于依法设立的图书出版单位出版的图书的质量管理。

出版时间超过十年且无再版或者重印的图书，不适用本规定。

第三条　图书质量包括内容、编校、设计、印制四项，分为合格、不合格两个等级。

内容、编校、设计、印制四项均合格的图书，其质量属合格。内容、编校、设计、印制四项中有一项不合格的图书，其质量属不合格。

第四条　符合《出版管理条例》第二十六、二十七条规定的图书，其内容质量属合格。

不符合《出版管理条例》第二十六、二十七条规定的图书，其内容质量属不合格。

第五条　差错率不超过万分之一的图书，其编校质量属合格。

差错率超过万分之一的图书，其编校质量属不合格。

图书编校质量差错的判定以国家正式颁布的法律法规、国家标准和相关行业制定的行业标准为依据。图书编校质量差错率的计算按照本规定附件《图书编校质量差错率计算方法》执行。

第六条 图书的整体设计和封面（包括封一、封二、封三、封底、勒口、护封、封套、书脊）、扉页、插图等设计均符合国家有关技术标准和规定，其设计质量属合格。

图书的整体设计和封面（包括封一、封二、封三、封底、勒口、护封、封套、书脊）、扉页、插图等设计中有一项不符合国家有关技术标准和规定的，其设计质量属不合格。

第七条 符合中华人民共和国出版行业标准《印刷产品质量评价和分等导则》（CY/T 2—1999）规定的图书，其印制质量属合格。

不符合中华人民共和国出版行业标准《印刷产品质量评价和分等导则》（CY/T 2—1999）规定的图书，其印制质量属不合格。

第八条 新闻出版总署负责全国图书质量管理工作，依照本规定实施图书质量检查，并向社会及时公布检查结果。

第九条 各省、自治区、直辖市新闻出版行政部门负责本行政区域内的图书质量管理工作，依照本规定实施图书质量检查，并向社会及时公布检查结果。

第十条 图书出版单位的主办单位和主管机关应当履行其主办、主管职能，尽其责任，协助新闻出版行政部门实施图书质量管理，对不合格图书提出处理意见。

第十一条 图书出版单位应当设立图书质量管理机构，制定图书质量管理制度，保证图书质量合格。

第十二条 新闻出版行政部门对图书质量实施的检查包括：图书的正文、封面（包括封一、封二、封三、封底、勒口、护封、封套、书脊）、扉页、版权页、前言（或序）、后记（或跋）、目录、插图及其文字说明等。正文部分的抽查必须内容（或页码）连续且不少于 10 万字，全书字数不足 10 万字的必须检查全书。

第十三条 新闻出版行政部门实施图书质量检查，须将审读记录和检查结果书面通知出版单位。出版单位如有异议，可以在接到通知后 15 日内提出申辩意见，请求复检。对复检结论仍有异议的，可以向上一级新闻出版行政部门请求裁定。

第十四条　对在图书质量检查中被认定为成绩突出的出版单位和个人,新闻出版行政部门给予表扬或者奖励。

第十五条　对图书内容违反《出版管理条例》第二十六、二十七条规定的,根据《出版管理条例》第五十六条实施处罚。

第十六条　对出版编校质量不合格图书的出版单位,由省级以上新闻出版行政部门予以警告,可以根据情节并处 3 万元以下罚款。

第十七条　经检查属编校质量不合格的图书,差错率在万分之一以上万分之五以下的,出版单位必须自检查结果公布之日起 30 天内全部收回,改正重印后可以继续发行;差错率在万分之五以上的,出版单位必须自检查结果公布之日起 30 天内全部收回。

出版单位违反本规定继续发行编校质量不合格图书的,由省级以上新闻出版行政部门按照《中华人民共和国产品质量法》第五十条的规定处理。

第十八条　对于印制质量不合格的图书,出版单位必须及时予以收回、调换。

出版单位违反本规定继续发行印制质量不合格图书的,由省级以上新闻出版行政部门按照《中华人民共和国产品质量法》第五十条的规定处理。

第十九条　一年内造成三种以上图书不合格或者连续两年造成图书不合格的直接责任者,由省、自治区、直辖市新闻出版行政部门注销其出版专业技术人员职业资格,三年之内不得从事出版编辑工作。

第二十条　本规定自 2005 年 3 月 1 日起实施。新闻出版署于 1997 年 3 月 3 日公布的《图书质量管理规定》同时停止执行。

附件：

图书编校质量差错率计算方法

一、图书编校差错率

图书编校差错率，是指一本图书的编校差错数占全书总字数的比率，用万分比表示。实际鉴定时，可以依据抽查结果对全书进行认定。如检查的总字数为10万，检查后发现两个差错，则其差错率为0.2/10000。

二、图书总字数的计算方法

图书总字数的计算方法，一律以该书的版面字数为准，即：总字数＝每行字数×每面行数×总面数。

1. 除环衬等空白面不计字数外，凡连续编排页码的正文、目录、辅文等，不论是否排字，均按一面满版计算字数。分栏排版的图书，各栏之间的空白也计算版面字数。

2. 书眉（或中缝）和单排的页码、边码作为行数或每行字数计入正文，一并计算字数。

3. 索引、附录等字号有变化时，分别按实际版面计算字数。

4. 用小号字排版的脚注文字超过5行不足10行的，该面按正文满版字数加15%计算；超过10行的，该面按正文满版计算字数。对小号字排版的夹注文字，可采用折合行数的方法，比照脚注文字进行计算。

5. 封一、封二、封三、封底、护封、封套、扉页，除空白面不计以外，每面按正文满版字数的50%计算；版权页、书脊、有文字的勒口，各按正文的一面满版计算。

6. 正文中的插图、表格，按正文的版面字数计算；插图占一面的，按正文满版字数的20%计算字数。

7. 以图片为主的图书，有文字说明的版面，按满版字数的50%计算；没有文字说明的版面，按满版字数的20%计算。

8. 乐谱类图书、地图类图书，按满版字数全额计算。

9. 外文图书、少数民族文字图书，拼音图书的拼音部分，以对应字号的中文满版字数加30%计算。

三、图书编校差错的计算方法

1. 文字差错的计算标准

(1)封底、勒口、版权页、正文、目录、出版说明(或凡例)、前言(或序)、后记(或跋)、注释、索引、图表、附录、参考文献等中的一般性错字、别字、多字、漏字、倒字,每处计 1 个差错。前后颠倒字,可以用一个校对符号改正的,每处计 1 个差错。书眉(或中缝)中的差错,每处计 1 个差错;同样性质的差错重复出现,全书按一面差错基数加 1 倍计算。阿拉伯数字、罗马数字差错,无论几位数,都计 1 个差错。

(2)同一错字重复出现,每面计 1 个差错,全书最多计 4 个差错。每处多、漏 2 ~5 个字,计 2 个差错,5 个字以上计 4 个差错。

(3)封一、扉页上的文字差错,每处计 2 个差错;相关文字不一致,有一项计 1 个差错。

(4)知识性、逻辑性、语法性差错,每处计 2 个差错。

(5)外文、少数民族文字、国际音标,以一个单词为单位,无论其中几处有错,计 1 个差错。汉语拼音不符合《汉语拼音方案》和《汉语拼音正词法基本规则》(GB/T 16159—1996)规定的,以一个对应的汉字或词组为单位,计 1 个差错。

(6)字母大小写和正斜体、黑白体误用,不同文种字母混用的(如把英文字母 N 错为俄文字母 И),字母与其他符号混用的(如把汉字的〇错为英文字母 O),每处计 0.5 个差错;同一差错在全书超过 3 处,计 1.5 个差错。

(7)简化字、繁体字混用,每处计 0.5 个差错;同一差错在全书超过 3 处,计 1.5 个差错。

(8)工具书的科技条目、科技类教材、学习辅导书和其他科技图书,使用计量单位不符合国家标准《量和单位》(GB 3100 ~ 3102—1993)的中文名称的、使用科技术语不符合全国科学技术名词审定委员会公布的规范词的,每处计 1 个差错;同一差错多次出现,每面只计 1 个差错,同一错误全书最多计 3 个差错。

(9)阿拉伯数字与汉语数字用法不符合《出版物上数字用法的规定》(GB/T 15835—1995)的,每处计 0.1 个差错。全书最多计 1 个差错。

2. 标点符号和其他符号差错的计算标准

（1）标点符号的一般错用、漏用、多用，每处计 0.1 个差错。

（2）小数点误为中圆点，或中圆点误为小数点的，以及冒号误为比号，或比号误为冒号的，每处计 0.1 个差错。专名线、着重点的错位、多、漏，每处计 0.1 个差错。

（3）破折号误为一字线、半字线，每处计 0.1 个差错。标点符号误在行首、行末的，每处计 0.1 个差错。

（4）外文复合词、外文单词按音节转行，漏排连接号的，每处计 0.1 个差错；同样差错在每面超过 3 个，计 0.3 个差错，全书最多计 1 个差错。

（5）法定计量单位符号、科学技术各学科中的科学符号、乐谱符号等差错，每处计 0.5 个差错；同样差错同一面内不重复计算，全书最多计 1.5 个差错。

（6）图序、表序、公式序等标注差错，每处计 0.1 个差错；全书超过 3 处，计 1 个差错。

3. 格式差错的计算标准

（1）影响文意、不合版式要求的另页、另面、另段、另行、接排、空行，需要空行、空格而未空的，每处计 0.1 个差错。

（2）字体错、字号错或字体、字号同时错，每处计 0.1 个差错；同一面内不重复计算，全书最多计 1 个差错。

（3）同一面上几个同级标题的位置、转行格式不统一且影响理解的，计 0.1 个差错；需要空格而未空格的，每处计 0.1 个差错。

（4）阿拉伯数字、外文缩写词转行的，外文单词未按音节转行的，每处计 0.1 个差错。

（5）图、表的位置错，每处计 1 个差错。图、表的内容与说明文字不符，每处计 2 个差错。

（6）书眉单双页位置互错，每处计 0.1 个差错，全书最多计 1 个差错。

（7）正文注码与注文注码不符，每处计 0.1 个差错。

附录 2

图书编校质量差错判定细则计错表

类别	序号	内容	计算方法
A 类:知识性错误	A1	一般政治性差错	每处计 2 个差错
	A2	时间年代(年号)差错	每处计 2 个差错
	A3	取材不真实、不合规律、知识陈旧过时	每处计 2 个差错
	A4	人名、地名、文本名、机构名等专名与事实不符	每处计 2 个差错
	A5	引用标准、法律、法规文件有误	每处计 2 个差错
	A6	概念、定义不明确、有歧义	每处计 2 个差错
B 类	B	语法、逻辑性错误	每处计 2 个差错
C 类:正文中的文字差错	C1	一般性错字、别字(含一面内文字连续错)	每处计 1 个差错,同一文字错每面计 1 处差错;全书最多计 4 处
	C2	一般性多字、漏字(含一面内文字连续多、漏字)	每处计 1 个差错;每处多、漏 2 ~ 5 个字,计 2 个差错;5 个字以上计 4 个差错
	C3	前后颠倒字,可以用一个校对符号改正的	每处计 1 个差错
	C4	简化字、繁体字混用	每处计 0.5 个差错,同一差错每面计 1 处差错;全书最多计 3 处
	C5	字母大小写、正斜体、黑白体误用,不同文种字母混用,字母与其他符号混用	每处计 0.5 个差错,同一差错全书最多计 3 处
	C6	外文拼写差错,国际音标(包括重音符号)差错,少数民族文字差错	以一个单词为单位计错,每处计 1 个差错,同一差错每面计 1 处差错;全书最多计 4 处
	C7	汉语拼音(包括声调)不符合《汉语拼音方案》和 GB/T 16159—2012《汉语拼音正词法基本规则》规定的	以一个对应的汉字或词组为单位计错,每处计 1 个差错,同一差错每面计 1 处差错;全书最多计 4 处
	C8	汉语拼音未按分词连写规则拼写的[根据识字需要(如小学生和幼儿汉语识字读物),可按字注音,不计错]	每处计 0.1 个差错,同一差错全书最多计 3 处
	C9	汉语拼音未按人名和地名拼写规则拼写的	每处计 0.1 个差错,同一差错全书最多计 3 处
	C10	少儿读物"儿化音"未加标注而产生歧义的	每处计 1 个差错,同一差错全书最多计 3 处
D 类:专有名称、名词术语使用差错	D1	科技术语不符合全国科学技术名词审定委员会公布的规范名词	每处计 1 个差错,同一差错每面计 1 处差错;全书最多计 3 处
	D2	专业字母词、非通用字母词在文中首次出现能译成中文的未括注中文术语	每处计 0.5 个差错
	D3	人名、地名、机构名、作品名等专有名词中的错误	每处计 1 个差错,同一差错每面计 1 处差错;全书最多计 3 处
	D4	外文人名、地名、机构名、作品名等专有名词译成中文,与原文不符	每处计 1 个差错,同一差错全书最多计 3 处
	D5	外文人名、地名、机构名、作品名等专有名词译成中文,未按有关规范使用但不影响理解的	每处计 0.5 个差错,同一差错全书最多计 3 处
	D6	字母词和外文人名、地名、国名、机构名、作品名等专有名词大小写、正斜体不规范	每处计 0.5 个差错,同一差错全书最多计 3 处

续表

类别	序号	内容	计算方法
E类：标点符号使用差错	E1	标点符号的一般错用、漏用、多用（成组符号按组计）	每处计0.1个差错
	E2	小数点与间隔号互混	每处计0.1个差错
	E3	冒号与比例号互混	每处计0.1个差错
	E4	专名线、着重号的错位、多、漏	每处计0.1个差错
	E5	浪纹号、破折号、一字线、半字线混用	每处计0.1个差错
	E6	标点符号误在行首	每处计0.1个差错
F类：行文前后不一致	F1	上下文对应关系显示内容缺失或重复的	有一项计2个差错
	F2	引述文内内容的页码、章节号、位置、序号不正确	有一项计1个差错
	F3	相同内容（名称、符号）前后不一致	有一项计1个差错
	F4	译文与原文不符	每处计0.5~2个差错
	F5	相关文字用法全书不一致	有一项计0.1个差错，同一差错全书最多计3处
	F6	外文字母大小写、正斜体、黑白体不一致	有一项计0.5个差错，同一差错全书最多计3处
	F7	体例不一致，影响阅读的	每处计1个差错，全书最多计3处
	F8	体例不一致，不影响内容理解的	每处计0.1个差错，全书最多计3处
G类：量和单位、科技符号和数字用法使用差错	G1	单位的中文名称和中文符号使用差错	每处计1个差错，同一差错每面计1处差错；全书最多计3处
	G2	单位的国际符号使用差错	每处计0.5个差错，同一差错每面计1处差错；全书最多计3处
	G3	SI词头符号使用错误	每处计0.5个差错，同一差错每面计1处差错；全书最多计3处
	G4	量的名称使用差错	每处计1个差错，同一差错每面计1处差错；同一差错全书最多计3处
	G5	量符号的书写和使用差错	每处计0.5个差错，同一差错每面计1处差错；全书最多计3处
	G6	量值的表达差错	每处计1个差错
	G7	数值（量值）范围表示不当	每处计0.1个差错，同类差错全书最多计3处
	G8	科技符号的书写或使用差错	每处计0.5个差错，同一差错每面计1处差错；全书最多计3处
	G9	量和单位、科技符号的表达形式局部不一致	有一项计0.5个差错
	G10	数理公式分式书写有歧义	每处计0.5个差错
	G11	数理公式、化学式编排不规范	每处计0.1个差错，同类差错全书最多计3处
	G12	应用阿拉伯数字形式的用了汉字数字形式，应用汉字数字形式的用了阿拉伯数字形式	每处计0.1个差错，同类差错全书最多计10处
	G13	阿拉伯数字和汉字数字组合使用错误	每处计0.1个差错，同类差错全书最多计10处
	G14	含有数字（月日）的专名使用错误	每处计0.1个差错，同类差错全书最多计10处

续表

类别	序号	内容	计算方法
G类：量和单位、科技符号和数字用法使用差错	G15	同类别的数字表达形式不一致	每处计0.1个差错，同类差错全书最多计10处
	G16	日期、时间书写错误	每处计0.1个差错，同一差错全书最多计10处
	G17	概数使用错误	每处计0.1个差错，同类差错全书最多
H类：计算、解题错误	H1	数学运算、公式推导、解题过程错误	每处计2个差错，1处差错引出连续多处差错，最多计2处
	H2	题目中有科学性、知识性错误	每处计2个差错
	H3	题文不符	影响做题的，每处计2个差错；不影响做题的，每处计1个差错
	H4	题目表述有误，影响做题	每处计2个差错
	H5	题目答案错误	每处计2个差错
	H6	教学参考书的题目与配套教材明显不匹配	每处计2个差错
	H7	数理公式、化学式字符差错，不影响推导、计算结果的	以一个式子为单位计1个差错
I类：插图、表格差错	I1	图、表的内容与说明文字不符	每处计2个差错
	I2	图、表中的科学性错误（含数据计算错）	每处计2个差错（数据计算错，1处差错引出多处差错，最多计2处
	I3	正文中引用图、表时未指明图序、表序	每处计1个差错
	I4	正文中排有图、表，应在正文提及却没有	每处计1个差错
	I5	图序、图题、表序、表题与正文不一致	有一项计1个差错
	I6	图、表中的文字、数值、符号与正文主体文字相应表述不一致	有一项计1个差错
	I7	正文文字叙述中有的字符在图、表中却没有	有一项计1个差错
	I8	图、表中应标明单位未标明	每处计1个差错
	I9	图、表中用特定单位表示的量的数值，未用量和单位的比值形式	每处计0.5个差错，同一差错每幅图或每个表计1处差错；全书最多计3处
	I10	表格不自明（缺表题，表头栏缺失，栏线划分有误）	每处计2个差错
	I11	表头名称与内容不符，表头缺失	每处计1个差错
	I12	多面续排表，栏目缺失	每处计2个差错
	I13	表格用线不规范	每处计0.1个差错
	I14	图、表中的外文字母的大小写、正斜体、黑白体与正文不一致	有一项计0.5个差错，同一差错全书最多计3处
	I15	图、表位置与正文描述不一致	每处计1个差错
	I16	图序、表序标注差错	每处计0.1个差错，全书超过3处计1个差错

续表

类别	序号	内容	计算方法
J类：辅文差错	J1	封一、书脊、扉页、版权页等处的各项相关文字记录不一致	有1项计1个差错
	J2	前言、内容简介与目录或正文相同内容不一致	每处计1个差错
	J3	封一、扉页上的文字差错	每处计2个差错
	J4	辅文(除封一、扉页)上的文字差错	同正文文字差错计算方法
	J5	书眉差错	每处计1个差错,同一差错全书最多计2处
	J6	书眉单双页位置互错	每处计0.1个差错,同类差错全书最多计10处
	J7	编委会名单排序有误	每处计1个差错
	J8	CIP内容或格式错误	内容错误每处计1个差错,格式错误计0.1个差错
	J9	正文注码与注文内容不符,有注码而无注文,有注文而无注码	每处计2个差错
	J10	正文注码位置标错	每处计1个差错
	J11	正文注码与注文注码排序差错或遗漏	每处计0.1个差错
	J12	参考文献内容差错或著录不规范	内容错误每处计1个差错,格式错误计0.1个差错
	J13	索引或词汇表排序有误、词条重复,索引词条与正文不一致,索引页码错	每处计1个差错
K类：格式、版式差错	K1	影响文意、不合版式要求的另页、另面、另段、另行、接排、空行、转行,需要空行、空格而未空的	每处计0.1个差错
	K2	字体错、字号错或字体、字号同时错	每处计0.1个差错;同一差错每面计1处差错;全书最多计10处
	K3	同一面上几个同级标题的位置、转行格式不统一且影响理解的,需要空格而未空格的	每处计0.1个差错
	K4	外文转行差错(外文缩写词拆开转行、外文单词未按音节转行),一组阿拉伯数字拆开转行	每处计0.1个差错
	K5	外文复合词、外文单词按音节转行,漏排连接号	每处计0.1个差错;同样差错在每面超过3个,计3处差错,全书最多计10处
	K6	页码、标题、公式等序号标注差错	每处计0.1个差错,全书最多计10处

后　记

拙作成稿时,恰好是笔者从事出版工作十周年。和出版一线的资深编辑相比,十年不值得一提,只是漫长编辑生涯的弹指一挥间。但这十年,恰恰是出版业态飞速发展、质量检查不断严格、编辑的危机感不断加深的十年。笔者能够经历,深感荣幸。本书的写作,也正是在繁重的工作之余断断续续进行的,同时笔者又不断在工作中汲取养分,积累素材,在整理素材的过程中又不断反思和总结,争取在接下来的工作中避免曾经遇到过的自己的或者他人的失误。可以说本书的写作既在跟工作争夺时间,同时又相辅相成,互为促进。这也从一个侧面反映出当前出版工作体量之大、节奏之快、责任之重。不过既然选择了这条路,就无怨无悔走下去。

本书稿的问世,首先要感谢出版社领导的栽培和支持,引领笔者在出版之路上前行。还要感谢并肩前行、互帮互助的同事以及令我受益匪浅、茅塞顿开的前辈,在充满荆棘的进步之路上互相学习和鼓舞。更要感谢本书的责任编辑,也是我的同事,还是我的妻子——杨琳琳,在工作和生活上,尤其是本书的写作上给予了无限的理解和支持,多少次都因为枯燥繁杂的图片整理工作而产生了放弃的念头,但最终还是在妻子的支持和鼓励下进行下去。有周围亲友的支持,我觉得不孤单,有信心齐心协力为书的浩瀚海洋增添一朵朵微不足道的浪花。

魏翕然

2022 年 4 月